"考古中国"重大项目　甲编第 003 号
宁夏回族自治区文物考古研究所丛刊之三十九

隆德沙塘北塬遗址考古发掘报告

（第二册）

宁夏回族自治区文物考古研究所
隆德县文物管理所　编　著

文物出版社

Archaeological Excavation Report on the Shatang Beiyuan Site in Longde (II)

by

Ningxia Institute of Cultural Relics and Archaeology

Longde County Cultural Relics Administration

Cultural Relics Press

第四章　遗迹

沙塘北塬遗址发掘清理的遗迹较为丰富，清理的房址有 30 座、灰坑 400 个、墓葬 11 座、陶窑 5 座。

房址分半地穴式、窑洞式和窖穴式三类，面积绝大多数在 10 平方米以下。半地穴式房址较多，平面多为"凸"字形，居室为圆角长方形，凸出部分为门道，居室正中设有一圆形的灶坑，居住面铺设有白灰面。窑洞式房址，由洞室、过洞、过道、门前等场所构成，洞室居住面为踩踏硬面，居住面上有柱洞、用火痕迹等。窖穴式房址居室为一袋状坑，坑底居住面为一层踩踏硬面，中间有一柱洞，一侧壁面设有一立式灶，另一侧为一斜坡式门道。从平面布局来看，半地穴式房址以 2～3 个一组分布，门道方向一致，似乎有一定的规划。

灰坑是沙塘北塬遗址清理最多的遗迹，主要有袋状、筒状、圜底状、不规则状等几类，这些灰坑密集地分布于遗址内。其中袋状灰坑比较有特色，口大底小，加工较为规整，主要分布于房址周围，应该是当时居民用于储藏物品的窖穴。其他类型的灰坑分布较多，形制有大有小，形状也比较多样化，应该是当时人类从事生产活动而形成的，证明当时居民在这里长期生活。

墓葬以竖穴土坑墓为主，分单人葬和合葬墓两类，葬式有仰身直肢、侧身曲肢、俯身曲肢几种，墓室内均不见随葬陶器、石器或玉器等现象，只有个别墓内发现随葬有动物骨骼及滑石制成的串饰，所有墓葬未发现有葬具。

陶窑形制不大，有操作坑，窑室破坏较为严重，具体形制不详。从分布位置来看，有 3 座一组和 2 座一组的相对集中分布，可能为两个小型的制陶作坊区。

下面对这些遗迹分类进行介绍。

第一节　房址

1. F1

F1 位于ⅢT0102 内，部分延伸至ⅢT0101 内，开口于第于④层下，被 H26、H14 打破（图 4-1；彩版四三，1）。半地穴式，平面呈"凸"字形，门道位于居室南侧。F1 经过四次修整使用（彩版四四，1、2），由晚到早分别用 F1①层、F1②层、F1③层、F④层表示。

F1①层居室平面呈圆角长方形，南北长 4.06、东西宽 3.00 米，面积约 12 平方米。墙壁残高为 0.46 米，向下较直，部分墙壁残存有白灰面墙裙。居室中部有一圆形灶坑，编号为 Z1，直径约 1.00、深约 0.18 米（彩版四三，2）。灶坑内堆积分五层，第①层烧结面，厚 1.4 厘米。第②层红

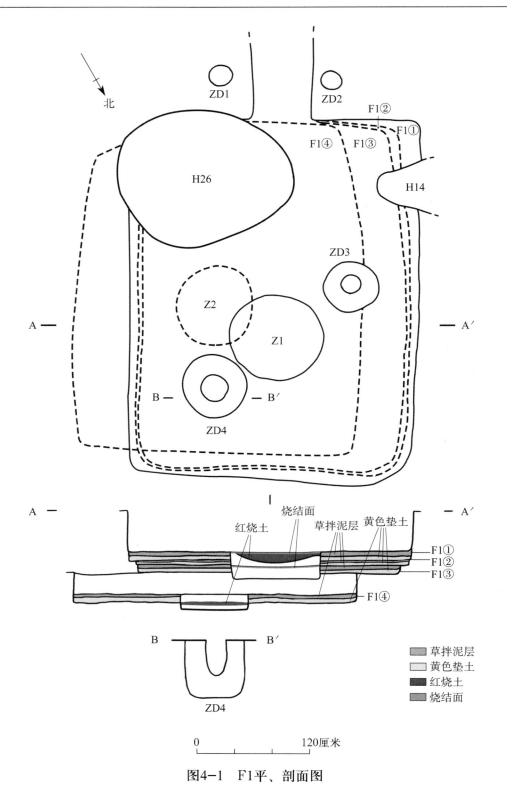

图4-1　F1平、剖面图

烧土，厚 0~0.09 米。第③层为褐色垫土，厚 0.03~0.12 米。第④层为一层厚 1.4 厘米的烧结面。第⑤层为浅黄色垫土，厚 0.10~0.12 米。门道南北长 1.00、宽 0.60 米。门道两侧各有一个圆形柱洞，分别编号为ZD1和ZD2（彩版四四，1）。ZD1 直径约 0.21、深约 0.13 米，ZD2 直径约 0.22、深约 0.12 米。F1①层最底部为一层黄色垫土，厚 0.02～0.04 米。黄色垫土上为一层厚 2～5 厘米草拌泥，草拌泥上涂抹 0.4 厘米白灰皮。居室西部和北部分别有一柱洞，编号为 ZD3 和 ZD4。ZD3 直径 0.56、深 0.50 米，柱窝直径 0.20、柱窝深 0.30 米，柱窝周围填有坚硬的黑垆土。ZD4 直径 0.68、深 0.60 米，柱窝直径 0.30、柱窝深 0.40 米，柱窝周围填有坚硬的黑垆土。F1①层房内堆积未分层，土色浅黄，土质疏松，包含少量红烧土颗粒、炭粒，出土少量陶片、石块、兽骨。

F1②层居室平面呈圆角长方形，南北长 3.90、东西宽 2.84 米，面积约 11 平方米。墙体因房屋修整利用已被破坏。F1②层最底部为一层黄色垫土，厚 0.02～0.03 米。黄色垫土上涂抹一层厚 0.8～1 厘米草拌泥，草拌泥上涂抹 0.4 厘米白灰皮。门道和灶坑与 F1①层共用。

F1③层居室平面呈圆角长方形，南北长 3.70、东西宽 2.80 米，面积约 10.3 平方米。墙体因房屋修整利用已被破坏。F1③层最底部为一层黄色垫土，厚 2～5 厘米。黄色垫土上涂抹一层厚 2～4 厘米草拌泥，草拌泥上涂抹 0.4 厘米白灰皮。门道和灶坑与 F1①层共用。

F1④层居室平面呈圆角长方形，南北长 3.60、东西宽 2.32 米，面积约 8.4 平方米。墙壁较笔直，残高 0.32 米。F1④层最底部为一层黄色垫土，厚 0.03～0.06 米。黄色垫土上涂抹一层厚 1～4 厘米草拌泥，草拌泥上涂抹 0.4 厘米白灰皮。居室中部有一圆形灶坑，编号为 Z2，直径约 0.70、深约 0.16 米。灶坑内堆积分三层，第①层为褐色垫土，厚 0.07～0.08 米。第②层红烧土，厚 0.03～0.05 米。第③层为浅黄色垫土，厚 0.04 米。门道不详。F1④层房内堆积未分层，土色浅黄，土质疏松，包含少量的烧土颗粒、炭粒，出土少量陶片。

F1 出土少量陶片，以腹部残片为主，可辨器形有圆腹罐、花边罐、双耳罐、鸮面罐、盆。另出土骨器 1 件（表 4-1、2）。

表4-1　F1器类数量统计表

器形＼陶色（陶质）	泥质				夹砂				合计
	红	橙黄	灰	黑	红	橙黄	灰	黑	
圆腹罐						1			1
双耳罐	1								1
鸮面罐					1				1
盆	1					2			3
花边罐						1			1

表4-2　F1陶片统计表

纹饰＼陶色（陶质）	泥质				夹砂				合计
	橙黄	灰	红	灰底黑彩	橙黄	灰	红	褐	
素面	35	3			9				47
绳纹	2		5						7
篮纹	10								10
刻划纹			3						3
麻点纹					28				28

圆腹罐　1件。

标本F1：1，夹砂橙黄陶。侈口，圆唇，矮领，束颈，颈部以下残。颈部饰斜向篮纹，有烟炱。残高3.6、残宽5.2厘米（图4-2，1）。

花边罐　1件。

标本F1：8，夹砂橙黄陶。微侈口，锯齿唇，高领，微束颈，颈部以下残。颈部素面且有烟炱。残高5.4、残宽5.4厘米（图4-2，2）。

双耳罐　1件。

标本F1：2，泥质红陶。侈口，圆唇，矮束颈，上腹圆弧，下腹残，颈部饰有对称拱形双耳。口沿外侧有一周折棱，器表素面。口径17、残高9厘米（图4-2，3）。

鹗面罐　1件。

标本F1：4，夹砂红陶。现仅残存面部，面部呈弧形，方唇，腹部残，唇外侧饰一条附加堆泥条，泥条与唇部均饰戳印纹，面部饰竖向篮纹。残长13.8、残宽5.8厘米（图4-2，4）。

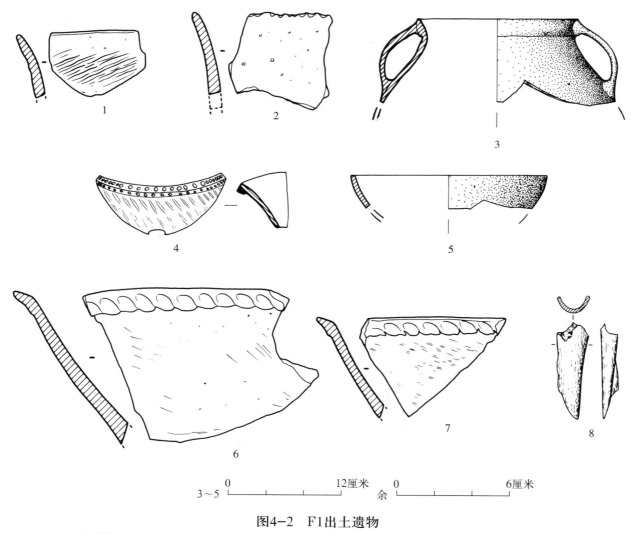

图4-2　F1出土遗物

1.圆腹罐F1：1　2.花边罐F1：8　3.双耳罐F1：2　4.鹗面罐F1：4　5~7.盆F1：3、6、7　8.骨器F1：5

盆　3 件。

标本F1：3，夹砂橙黄陶。敞口，圆唇，弧腹，底残。器表素面且粗糙，内壁泥条盘筑痕迹明显。口径21、残高4厘米（图4-2，5）。

标本F1：6，泥质红陶。敞口，窄平沿，尖唇，斜弧腹，底残。口沿外侧饰有一周附加泥条，泥条经手指按压呈波状，腹部饰斜向细绳纹，内壁素面磨光。残高8.5、残宽12.5厘米（图4-2，6）。

标本F1：7，泥质橙黄陶。敞口，窄平沿，尖唇，斜弧腹，底残。口沿外侧饰有一周附加泥条，泥条经手指按压呈波状，腹部饰斜向细绳纹，内壁素面磨光。残高5.5、残宽7.7厘米（图4-2，7）。

骨器　1 件。

标本F1：5，动物骨骼加工而成，器表有轻微磨痕，一端尖锐。残长5.2、宽1.7、厚0.36厘米，重3.21克（图4-2，8）。

其他地层出土陶片见下表（表4-3～10）。

表4-3　F1①垫土层陶片统计表

纹饰 \ 陶色（陶质）	橙黄	灰	红	灰底黑彩	夹砂	灰	红	褐	合计
素面	1								1
绳纹					1				1

表4-4　F1①灶坑层陶片统计表

纹饰 \ 陶色	橙黄	灰	红	灰底黑彩	橙黄	灰	红	褐	合计
	泥质				夹砂				
素面	1								1

表4-5　F1①灶坑填土层陶片统计表

纹饰 \ 陶色	橙黄	灰	红	灰底黑彩	橙黄	灰	红	褐	合计
	泥质				夹砂				
素面					3				3
绳纹					3				3

表4-6　F1②层陶片统计表

纹饰 \ 陶色	橙黄	灰	红	灰底黑彩	橙黄	灰	红	褐	合计
	泥质				夹砂				
素面	2	1							3
绳纹	2					1			3

表4-7　F1③层陶片统计表

纹饰	陶质陶色	泥质				夹砂				合计
		橙黄	灰	红	灰底黑彩	橙黄	灰	红	褐	
素面		2		2						4
绳纹		1								1
篮纹		2								2

表4-8　F1③垫土层陶片统计表

纹饰	陶质陶色	泥质				夹砂				合计
		橙黄	灰	红	灰底黑彩	橙黄	灰	红	褐	
素面		5		3		3				11
篮纹						3				3
麻点纹						7				7

表4-9　F1③灶坑层陶片统计表

纹饰	陶质陶色	泥质				夹砂				合计
		橙黄	灰	红	灰底黑彩	橙黄	灰	红	褐	
篮纹		1								1

表4-10　F1④垫土层陶片统计表

纹饰	陶质陶色	泥质				夹砂				合计
		橙黄	灰	红	灰底黑彩	橙黄	灰	红	褐	
素面		2								2
篮纹		1								1
麻点纹						2				2

2. F2

F2位于Ⅲ T0101内，部分叠压在Ⅲ T0101东隔梁和Ⅲ T0201北隔梁下，开口于第④层下（图4-3；彩版四五，1）。半地穴式，平面呈"凸"字形，门道位于居室西南侧。

F2居室平面近圆角长方形，南北长3.14、东西宽2.84米，面积约8.9平方米。墙壁向下外扩呈袋装，残存高0.13~0.32米.西侧墙壁靠南侧向内收0.036米。居住面为一层厚0.2厘米白灰皮，白灰皮下涂抹有一层厚4厘米草拌泥。居室中部有一圆形灶坑，直径0.94~1.00、深约0.18米（彩版四五，2）。灶的表面和壁面有一层白灰皮，厚0.1~0.3厘米。灶坑内堆积分三层。第①层为红烧土，厚0~0.072米。第②层为褐色垫土，厚0.02~0.06米。第③层为黄色垫土，厚0~0.08米。在灶坑底部有一圆形柱洞，编号ZD1，壁面斜直内收，直径0.50、深0.36米。底部发现少量陶片。柱窝直径0.20、深0.36米，窝内填土浅黄色，土质疏松。柱窝与柱洞之间区域填有坚硬的黑垆土。门道长0.56、宽0.82米。

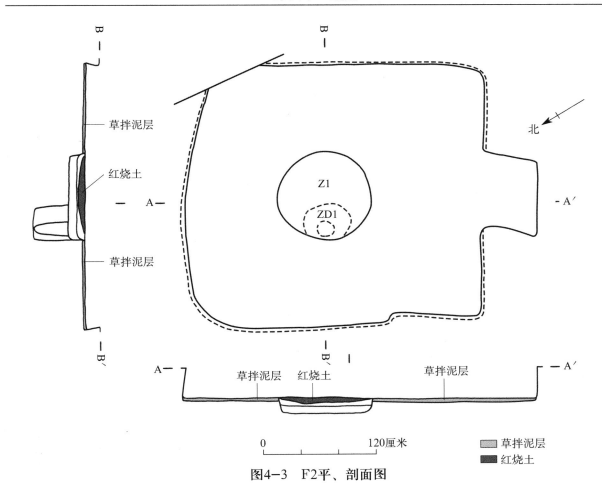

图4-3　F2平、剖面图

房内堆积未分层，土色浅黄，土质疏松，包含零散炭粒及红烧土颗粒，出土少量陶片、石块、兽骨。

F2出土少量陶片，以腹部残片为主，可辨器形有圆腹罐和鸮面罐。另出土石器2件，石刀1件，獠牙1件、骨锥1件（表4-11～14）。

表4-11　F2器类数量统计表

器形 \ 陶质 陶色	泥质				夹砂				合计
	红	橙黄	灰	黑	红	橙黄	灰	黑	
鸮面罐						1			1
圆腹罐					1				1

表4-12　F2陶片统计表

纹饰 \ 陶质 陶色	泥质				夹砂				合计
	橙黄	灰	红	灰底黑彩	橙黄	灰	红	褐	
素面	25	3							28
绳纹					6				6
篮纹	13				7				20

纹饰　陶质／陶色	泥质				夹砂				合计
	橙黄	灰	红	灰底黑彩	橙黄	灰	红	褐	
麻点纹					13				13
附加堆纹					1				1

表4-13　F2柱洞陶片统计表

纹饰　陶质／陶色	泥质				夹砂				合计
	橙黄	灰	红	灰底黑彩	橙黄	灰	红	褐	
素面	4								4
篮纹	2								2
麻点纹					1				1

表4-14　F2硬面层陶片统计表

纹饰　陶质／陶色	泥质				夹砂				合计
	橙黄	灰	红	灰底黑彩	橙黄	灰	红	褐	
素面	13	1					5		19
绳纹					6				6
篮纹	2	2					5		9
麻点纹	13						1		14
刻划纹＋绳纹						1			1
麻点纹＋篮纹					1	1			2

圆腹罐　1件。

标本F2：6，夹砂红陶。侈口，圆唇，矮领，束颈，上腹斜，下腹残。颈部素面，上腹饰麻点纹。残高6.1、残宽6.6厘米（图4-4，1）。

鸮面罐　1件。

标本F2：1，夹砂橙黄陶。现仅存面部，弧形面，锯齿唇，腹部残。面部饰横向篮纹，边缘有三个钻孔。残长12.4、宽6厘米（图4-4，2）。

石器　2件。

标本F2：3，石英岩，器表通体磨制精细，器身残损严重，残长6、残宽2.1、厚0.4厘米，重10.21克（图4-4，5；彩版四六，3）。

标本F2：4，石英岩，器身残损严重，器表磨制精细，一边缘磨制痕迹明显，器身残长2.3、宽1.8、厚0.3厘米，重1.76克（图4-4，6；彩版四六，4）。

石刀　1件。

标本F2：5，石英砂岩，器身有磨制痕迹，双面刃石刀。刃长17.5厘米，刃角67.1°，现残长19.5、宽5.5、厚1.51厘米，重219.18克（图4-4，7；彩版四六，5）。

骨锥　1件。

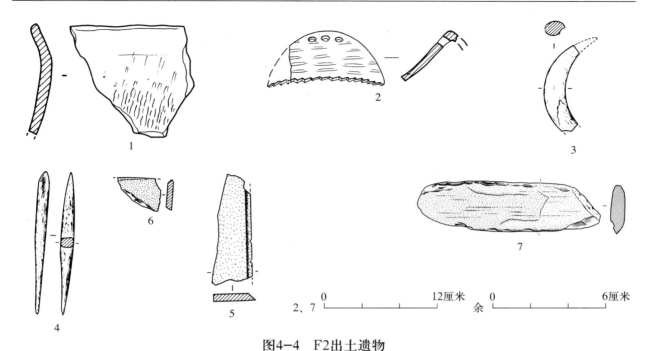

图4-4 F2出土遗物

1.圆腹罐F2：6 2.鸮面罐F2：1 3.獠牙F2：7 4.骨锥F2：2 5、6.石器F2：3、4 7.石刀F2：5

标本F2：2，动物骨骼磨制而成，一端较尖锐，一端扁平，中腰部分呈柱状。长7.8、厚0.7厘米（图4-4，4；彩版四六，2）。

獠牙 1件。

标本F2：7，器体近月牙状，两端均残。残长4.8、尾端直径1、尖端直径0.6厘米（图4-4，3；彩版四六，1）。

3. F3

F3位于ⅢT0504北部，部分叠压于ⅢT0604及ⅢT0605北隔梁内，开口于第③层下（图4-5；彩版四七，1）。半地穴式，平面呈"凸"字形，门道位于居室南侧。

F3居室平面呈南窄北宽，南北长3.70、东西宽2.20～2.90米，面积约10.7平方米（彩版四七，2）。墙壁残高0.36～0.58米，向下外扩呈袋装。居室中部有一圆形灶坑，编号为Z1，直径0.86～0.90、深0.12米，灶坑底部为一层厚0.6～1.6厘米红烧土。门道高于居住面，呈台阶状，南北长0.60、东西宽0.79、残高0.32米，高于居住面约0.26米。居住面为一层厚0.2厘米白灰皮，白灰皮下为一层厚2厘米草拌泥，草拌泥下为厚0～5厘米黄色垫土。在Z1下面又发现有一残存灶坑，编号为Z2，直径1.00～1.20、深0.10米，底部为厚0～0.014米红烧土。灶坑四周分布5个柱洞，均在白灰皮下，分别编号为ZD1、ZD2、ZD3、ZD4、ZD5。ZD1位于灶坑西侧，直径0.56米，壁面向下斜直内收，底平，深0.54米，柱窝直径0.28、深0.50米，剖面呈锥形，柱窝周围填有坚硬的黑垆土。ZD2、ZD3分别与ZD4、ZD5东西对称，比较浅。ZD2直径0.20、深0.18米。ZD3直径0.205、深0.16米。ZD4直径0.195、深0.15米。ZD5直径0.19、深0.18米。F3灶坑经过二次修整。

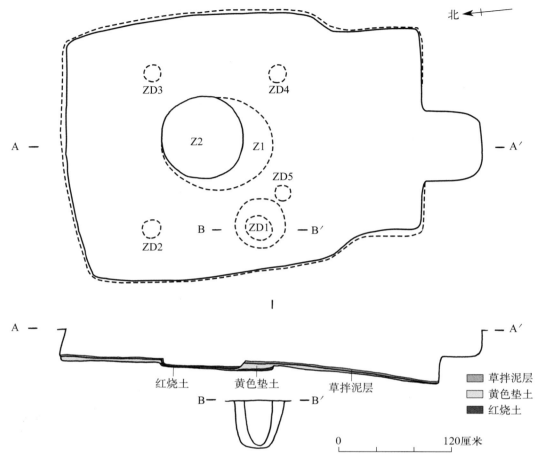

图4-5　F3平、剖面图

房址内堆积未分层，土色褐色，土质较疏松，包含少量红烧土颗粒和零星炭粒，出土少量陶片及石凿1件。

（1）F3①层

出土少量陶片，以腹部残片为主，可辨器形有盆，另出土石刀、石凿、蚌饰（表4-15、16）。

表4-15　F3①器类数量统计表

器形＼陶质＼陶色	泥质				夹砂				合计
	红	橙黄	灰	黑	红	橙黄	灰	黑	
盆					1				1

表4-16　F3①陶片统计表

纹饰＼陶质＼陶色	泥质				夹砂				合计
	橙黄	灰	红	灰底黑彩	橙黄	灰	红	褐	
素面	36	2	4		10		1		53
绳纹					7				7

续表

陶质 陶色 纹饰	泥质				夹砂				合计
	橙黄	灰	红	灰底黑彩	橙黄	灰	红	褐	
篮纹		2	2		13				17
麻点纹					21				21
附加堆纹＋篮纹					1		1		2

盆　1件。

标本F3①：4，夹砂红陶。敞口，方唇，斜直腹，底残。口沿外侧饰一周附加泥条，器表通体饰竖向绳纹。残高7.3、残宽10.7厘米（图4-6，1）。

石刀　1件。

标本F3①：1，石英岩。器表有打磨痕迹，器身有残缺痕迹。双面磨制刃，刃残长1.07厘米，刃角49.3°，残长4.5、宽1.9、厚0.2厘米，重3.36克（图4-6，2；彩版四八，1）。

石凿　1件。

标本F3①：2，石英岩。器身为长方形，基部有明显使用打制痕迹，双面磨制刃，器表通体磨光。刃长1.8厘米，刃角66°，长5、宽2.1、厚8.5厘米，重18克（图4-6，3；彩版四八，2）。

蚌饰　1件。

标本F3①：3，由蚌壳制成，为装饰所用，在贝壳中心有一圆形钻孔。长2.3、宽1.2、圆孔直径0.3厘米（图4-6，4；彩版四八，3）。

（2）F3②层

出土石器1件。

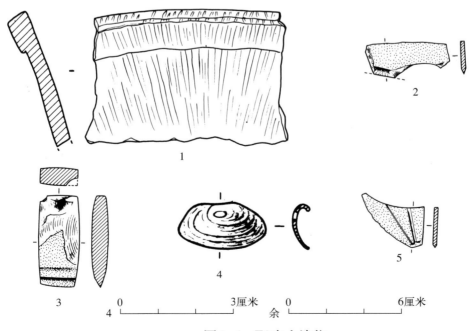

图4-6　F3出土遗物

1.盆F3①：4　2.石刀F3①：1　3.石凿F3①：2　4.蚌饰F3①：3　5.石器F3②：1

石器　1件。

标本F3②：1，页岩。器身有两道刮痕。残长3.19、宽2.15、厚0.2厘米，重2.2克（图4-6，5；彩版四八，4）。

4. F4

F4位于ⅢT0102内，部分压在探方西壁和北壁下未清理，开口于第④层下（图4-7；彩版四九，1、2）。保存较差，只残存底部。

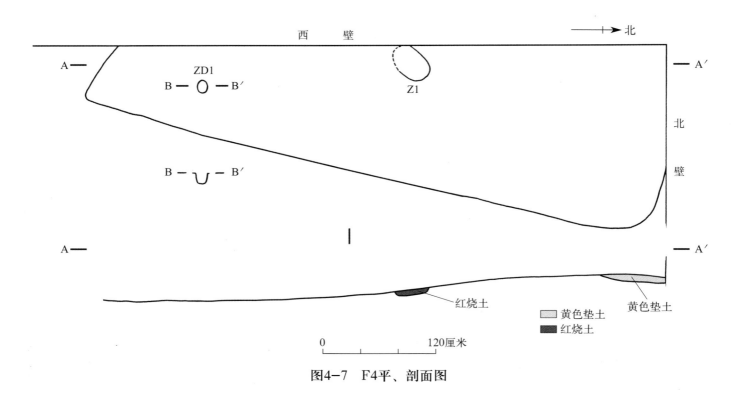

图4-7　F4平、剖面图

F4暴露部分南北长6.15、东西宽0.60～2.00米。近探方北壁处残留一块厚约0.2厘米的白灰皮，白灰皮下为一层厚0.08米的黄色垫土。底面中部有一椭圆形灶坑，破坏严重，仅存红烧土范围，残存直径0.31～0.45、厚约0.04米。因遭破坏较严重，F4门道不详。南侧分布有一小柱洞，直径0.12、深0.12米。

房内堆积未分层，土色浅黄，土质较疏松，包含少量炭粒、红烧土颗粒，出土少量的陶片。

F4出土少量陶片，以腹部残片为主，可辨器形有圆腹罐（表4-17、18）。

表4-17　F4器类数量统计表

器形 \ 陶质 \ 陶色	泥质				夹砂				合计
	红	橙黄	灰	黑	红	橙黄	灰	黑	
圆腹罐					1				1

表4-18 F4陶片统计表

纹饰	陶质 陶色	泥质				夹砂				合计
		橙黄	灰	红	灰底黑彩	橙黄	灰	红	褐	
素面							3			3
绳纹						1				1
篮纹						1				1
刻划纹						1				1
麻点纹						4	10			14
麻点纹＋篮纹						1				1

圆腹罐 1件。

标本F4：1，夹砂红陶。侈口，圆唇，高领，束颈，上腹斜弧，下腹残。颈部素面，上腹饰竖向绳纹，有烟炱。口径14、残高10.2厘米（图4-8）。

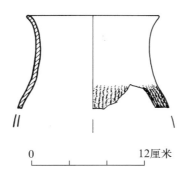

0　　　　　　　12厘米

图4-8 F4出土圆腹罐F4：1

5. F5

F5位于ⅢT0503西南部，部分跨入ⅢT0604、ⅢT0504及ⅢT0603内，开口于第③层下，西南角被H7打破，东南角被H17打破（图4-9；彩版五〇，1）。半地穴式，平面呈"凸"字形，门道位于居室南侧。F5有两次修整使用，F5①层为第二次使用，F5②层为第一次使用。

F5①层居室平面近圆角长方形，南北长3.70、东西宽3.04米，面积约11.2平方米（彩版五〇，2）。墙壁残高0.20米，向下外扩呈袋状，残存墙壁涂抹有白灰皮。居室底面涂抹一层0.3厘米厚的白灰皮，白灰皮下为2厘米厚的草拌泥。底面中部有一圆形灶坑，编号为Z1，直径0.86～0.90米。灶内第①层堆积为红烧土，厚0～0.042米。第②层堆积厚0.04米褐色垫土。灶壁为一层白灰皮，厚约0.2厘米。灶坑西侧有一柱洞，直径0.50～0.53、深0.24米。柱窝直径0.30～0.33、深0.24米，柱窝四周填有坚硬的黑垆土。门道位于居室南侧，南北长0.64、东西宽0.70米。F5①层居室内堆积未分层，土色褐色，土质较疏松，包含少量红烧土、炭粒，出土少量陶片。

F5②层居室南北长3.94、东西宽3.25米，面积约12.8平方米。壁面只存东侧少部分，残高0.22米，向下呈袋装。居住面未见白灰皮，仅存一层厚约0.2厘米的踩踏面，踩踏面下有三层垫

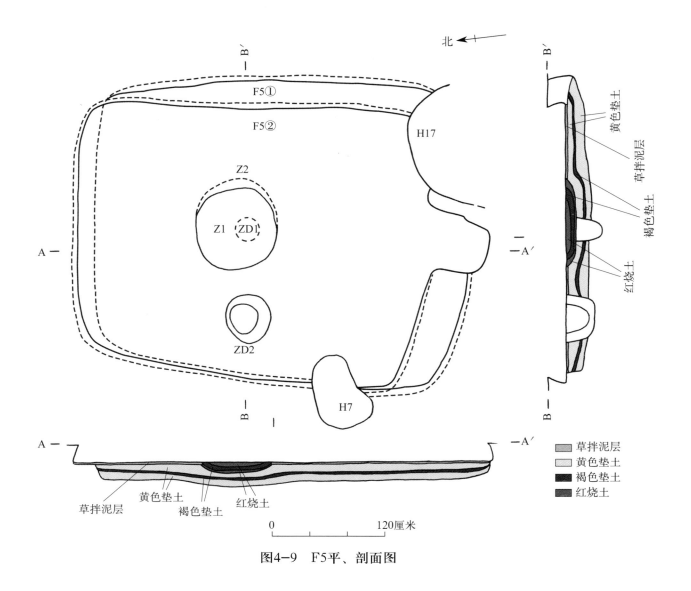

图4-9　F5平、剖面图

土。第①层为黄色垫土，厚 0.032～0.11 米。第②层为褐色垫土，厚约 0.015 米。第③层为黄色垫土，厚 0.04～0.08 米。房址中间有一圆形灶坑，编号为Z2，比Z1 略大，直径 0.86～1.00 米，红烧土厚 0.01～0.024 米。Z2 底部有一圆形柱洞，直径 0.26、深 0.28 米。F5②层门道被破坏，具体位置不详。F5②层居室内堆积未分层，土色褐色，土质较疏松，包含少量红烧土、炭粒。

　　F5 出土少量陶片，以腹部残片为主，可辨器形有圆腹罐。另出土石刀 1 件、骨器 1 件（表4-19～22）。

表4-19　F5器类数量统计表

器形＼陶质＼陶色	泥质				夹砂				合计
	红	橙黄	灰	黑	红	橙黄	灰	黑	
圆腹罐					1	1			2

表4-20 F5陶片统计表

纹饰 \ 陶色	泥质				夹砂				合计
	橙黄	灰	红	灰底黑彩	橙黄	灰	红	褐	
素面	19	2			6		2		29
篮纹	13	3					4		20
麻点纹					11				11

表4-21 F5②垫土层陶片统计表

纹饰 \ 陶色	泥质				夹砂				合计
	橙黄	灰	红	灰底黑彩	橙黄	灰	红	褐	
素面	2				1				3
绳纹		1							1
篮纹	2								2
麻点纹					2				2
席纹					1				1

表4-22 F5底部垫土层陶片统计表

纹饰 \ 陶色	泥质				夹砂				合计
	橙黄	灰	红	灰底黑彩	橙黄	灰	红	褐	
绳纹					7				7

圆腹罐 2件。

标本F5：3，夹砂橙黄陶。侈口，圆唇，高领，束颈，颈部以下残。颈部饰斜向篮纹。残高3.4、残宽6.2厘米（图4-10，1）。

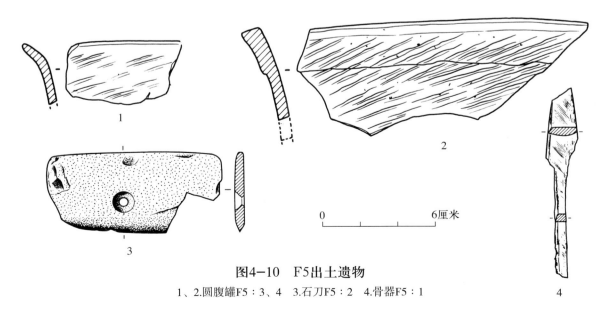

图4-10 F5出土遗物

1、2.圆腹罐F5：3、4　3.石刀F5：2　4.骨器F5：1

标本F5：4，夹砂红陶。侈口，方唇，矮领，束颈，上腹弧，下腹残。口沿外侧有一周折棱，器表通体饰斜向篮纹。残高6、残宽15.5厘米（图4-10，2）。

石刀　1件。

标本F5：2，页岩。呈长方形，器身通体磨光且有残缺痕迹，中间靠刀刃部有一对向钻孔，外孔1、内孔0.5厘米。双面刃石刀，刃部有使用过程中留下的缺口。刃残长5.8厘米，刃角46.4°，现残长9.2、宽4.5、厚0.5厘米，重39克（图4-10，3；彩版四八，5）。

骨器　1件。

标本F5：1，残损，动物骨骼制作而成，表面光滑，现残存形状近铲状，一端有磨痕。器身残长10.3、残宽1.6、厚0.63厘米，重5.79克（图4-10，4；彩版四八，6）。

6. F6

F6位于ⅢT0504北部，部分跨入ⅢT0604及ⅢT0605北隔梁内，开口于第③层下（图4-11；彩版五一，1），F3叠压于F6。半地穴式。

F6平面呈"凸"字形，凸出部分应为门道。居室南北长2.26、东西宽2.55米，面积5.8平方米。壁面较规整，向下垂直，壁面现存高0.52米。门道较短，南北长0.68、东西宽1.66米，呈斜坡状。居住面为一层厚0.4厘米灰色硬面，局部可见用火痕迹，未见灶坑、柱洞等设施。

F6内堆积未分层，土色褐色，土质较致密，包含少量草木灰和零星炭粒，堆积呈坡状，厚0～0.52米，出土少量陶片（表4-23）。

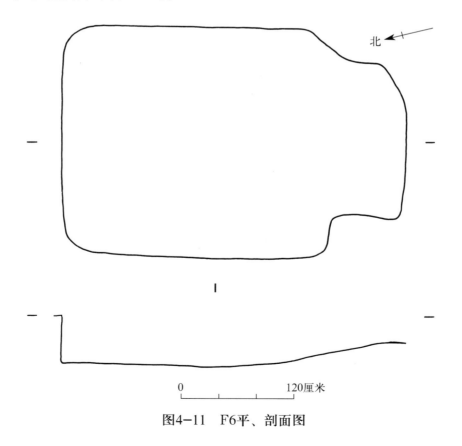

北

0　　　　　120厘米

图4-11　F6平、剖面图

表4-23 F6垫土层陶片统计表

纹饰 \ 陶色	泥质				夹砂				合计
	橙黄	灰	红	灰底黑彩	橙黄	灰	红	褐	
篮纹			4						4
麻点纹					2				2

7. F7

F7位于ⅢT0602和ⅢT0702内，开口于第③层下（图4-12）。窑洞式，由居室、门洞、门道及门前活动面构成。

F7居室顶部已坍塌，具体形制不详。居室底面近椭圆形，南北长4.40、东西宽4.00米，面积约17.6平方米。斜弧壁，残高2.10米，向下呈袋状。居住面较平整，局部残留有厚0.4~0.6厘米白灰皮。居室中部分布有一层厚约0.18米的黑垆土硬面，硬面下有一层厚0.16米的黄色垫土。

居室西侧墙壁设有一立式灶，平面呈不规则形，灶的内部呈"八"字形，中间有一生土梁，向两边外扩向上。灶宽1.04、高0.60米，烧结面厚1~3厘米，灶内有大量的燃烧灰烬。

居室内有7个柱洞，大小不一，平面均为圆形，直壁，圜底状。ZD1直径0.48、深0.76米，柱窝直径0.31、深0.25米，柱窝周围填有坚硬的黑垆土。ZD2直径0.32、深0.40米，内填浅褐色土。ZD3直径0.25、深0.50米。ZD4直径0.46、深0.46米，柱窝直径0.28、深0.20米，柱窝周围填有坚硬的黑垆土。ZD5直径0.50、深0.70米，内填浅灰色土。ZD6直径0.42、深0.36米，内填浅褐色土。ZD7口径0.20、深0.32米，内填浅灰色土。

居室内堆积分两层，第①层土色灰褐，土质疏松，包含少量炭粒，水平状堆积，厚0.65~1.26米，出土大量陶片、兽骨、小石块、残石器片。第②层土色褐色，土质疏松，包含少量炭粒和草木灰，水平状堆积，厚0.08~1.00米，出土大量陶片、兽骨、小石块、残石器。

门洞位于居室南侧，连接门道，拱形顶，南北厚0.31、东西宽0.86、高1.45米。门道位于门洞南侧，两侧为人工用夯筑的墙壁，北窄南宽，略呈喇叭状，墙壁整体较规整，壁面光滑。西墙南北长1.80、高2.00米，顶宽0.42、底宽0.53米。东墙南北长2.06、高1.10米，顶和底均宽0.48米。在门道南部有一道土棱，连接门道东西墙壁，该土棱应该为防止雨水进入窑室而设立的，高0.21米。门道内还有台阶，东西向，略靠东壁，第一台阶南北0.48、东西0.18~0.30、高0.10米。第二台阶南北0.66、东西0.24~0.32、高0.12米。

门道活动面有三层垫土层，第①层为厚0.10~0.44米的黄色垫土，第②层为厚0.10~0.16米的褐色垫土。第③层垫土与居室内黄色垫土相通，厚0.08~0.16米。

门前活动面堆积分九层，第①层土色浅灰，土质疏松，包含少量草木灰和炭粒，厚0~0.23米。第②层土色浅褐，土质疏松，包含少量草木灰和炭粒，厚0.16~0.32米。第③层土色浅灰，土质疏松，包含少量炭粒，厚0.16~0.27米。第④层土色深灰，土质疏松，包含少量炭粒，厚0.22~0.35米。第⑤层土色浅灰，土质致密，包含少量白灰皮和炭粒，厚0.25~0.40米，出土大量陶片和少许兽骨。第⑥层土色褐色，土质较致密，包含大量红烧土块和炭粒，厚0.15~0.32米，

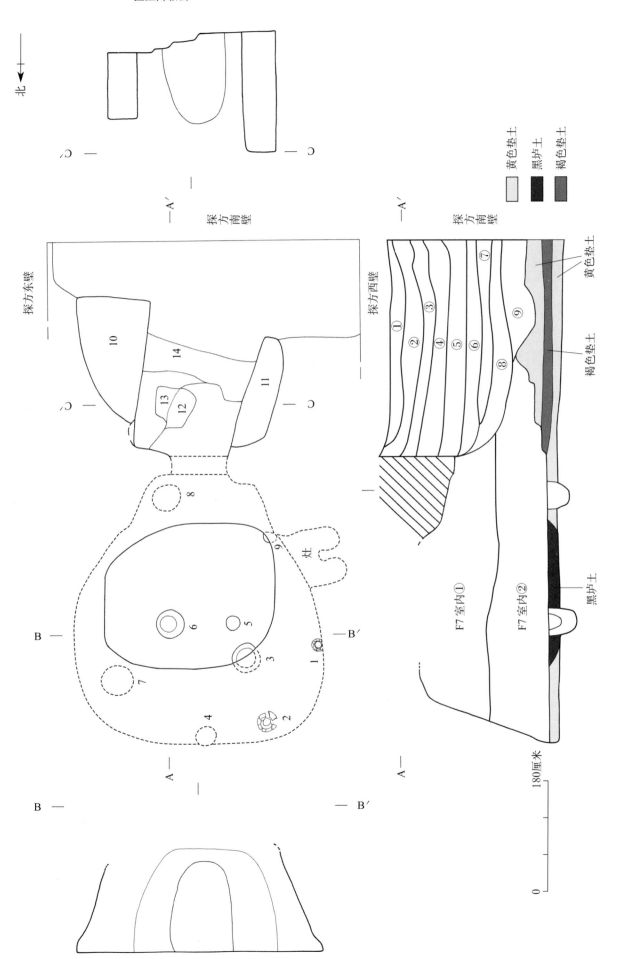

北↙

探方南壁
C' — C'

探方东壁

10

14

13

12

11

C' — C'

8

9
灶

B —

6

5

3

7

1

4

2

A' —

B —

A' —

黄色垫土
黑炉土
褐色垫土

探方南壁
A' — A'

①
②
③
④
⑤
⑥
⑦
⑧
⑨

黄色垫土

褐色垫土

探方西壁

F7室内①

F7室内②

黑炉土

A —

180厘米

0

图4-12　F7平、剖面图

1.罐F7：1　2.豆F7：2　3～9.柱洞　10～11.人工土台　12～13.台阶　14.土棱

出土大量陶片和兽骨及小石块。第⑦层土色深灰，土质疏松，包含少量草木灰和炭粒，厚0～0.25米，出土大量陶片、兽骨、小石块。第⑧层土色浅灰，土质致密，厚0.15～0.40米。第⑨层土色深灰，土质较致密，包含少量草木灰和炭粒，厚0.05～0.75米，出土大量陶片、兽骨、小石块。

（1）F7居室①层

出土少量陶片，以腹部残片为主，可辨器形有圆腹罐、花边罐、大口罐、高领罐、盆、陶盘（表4-24、25）。

表4-24 F7居室①器类数量统计表

陶质 器形 陶色	泥质				夹砂				合计
	红	橙黄	灰	黑	红	橙黄	灰	黑	
圆腹罐					1	4			5
花边罐					1				1
陶盘					1				1
高领罐	2								2
大口罐						1			1
盆		1							1

表4-25 F7居室①层陶片统计表

陶质 纹饰 陶色	泥质				夹砂				合计
	橙黄	灰	红	灰底黑彩	橙黄	灰	红	褐	
素面	61	7	15		16				99
绳纹		1			13				14
篮纹	71	2	9		27				109
麻点纹					76				76

圆腹罐 5件。

标本F7居室①：1，夹砂橙黄陶。侈口，方唇，矮领，束颈，颈部以下残。颈部饰横向篮纹。残高4.5、残宽5.8厘米（图4-13，1）。

标本F7居室①：2，夹砂橙黄陶。侈口，方唇，矮领，束颈，颈部以下残。素面且有刮抹痕迹。残高4.3、残宽5.4厘米（图4-13，2）。

标本F7居室①：4，夹砂橙黄陶。侈口，方唇，高领，束颈，上腹圆弧，下腹残。颈部饰斜向篮纹，上腹饰竖向绳纹，有烟炱。口径29.8、残高12.4厘米（图4-13，3）。

标本F7居室①：6，夹砂橙黄陶。侈口，圆唇，矮领，束颈，颈部以下残。颈部饰横向绳纹。残高4.2、残宽6厘米（图4-13，4）。

标本F7居室①：11，夹砂红陶。侈口，方唇，高领，束颈，颈部以下残。颈部饰斜向篮纹，有烟炱。残高3.6、残宽8.4厘米（图4-13，5）。

花边罐 1件。

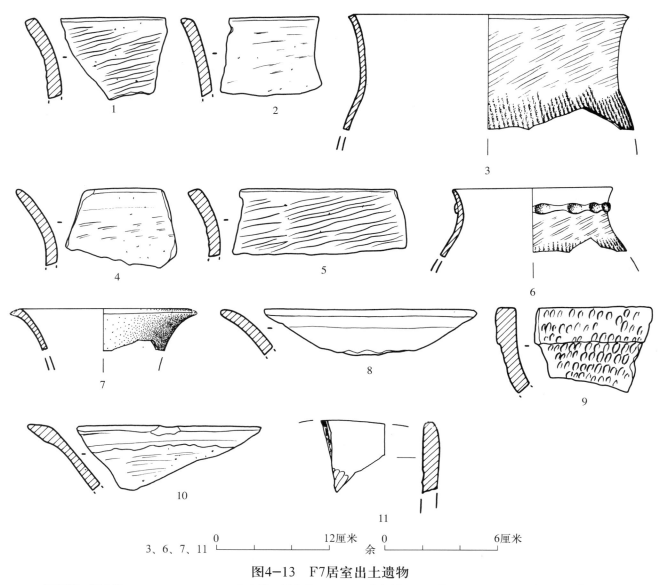

图4-13　F7居室出土遗物

1～5.圆腹罐F7居室①：1、2、4、6、11　6.花边罐F7居室①：3　7、8.高领罐F7居室①：7、10　9.大口罐F7居室①：8　10.盆F7居室①：9　11.盘F7居室①：5

标本F7居室①：3，夹砂红陶。侈口，尖唇，矮领，束颈，上腹斜，下腹残。口沿外侧饰有一周附加泥条，泥条经手指按压呈波状，颈部饰斜向篮纹，上腹饰竖向绳纹，有烟炱。口径17、残高7厘米（图4-13，6）。

高领罐　2件。

标本F7居室①：7，泥质红陶。喇叭口，窄平沿，尖唇，高领，束颈，颈部以下残。素面，内壁素面磨光。口径19.8、残高4.6厘米（图4-13，7）。

标本F7居室①：10，泥质红陶。喇叭口，圆唇，口沿以下残。口沿外侧饰有一周附加泥条，泥条经手指按压呈波状，素面，内壁素面磨光。残高2.4、残宽11.3厘米（图4-13，8）。

大口罐　1件。

标本F7居室①：8，夹砂橙黄陶。敛口，方唇，上腹弧，下腹残。口沿外侧有一周折棱，器表通体饰麻点纹。残高4.8、残宽6.3厘米（图4-13，9）。

盆　1件。

标本F7居室①：9，泥质橙黄陶。敞口，窄平沿，尖唇，斜直腹，底残。口沿外侧有一周折棱，腹部饰横向篮纹。残高3.6、残宽9.8厘米（图4-13，10）。

陶盘　1件。

标本F7居室①：5，残损，夹砂红陶。边缘圆弧，一面稍粗糙，一面饰篮纹。残长8、残宽6.8、厚1.8厘米（图4-13，11）。

（2）F7居室②层

出土少量陶片，以腹部残片为主，可辨器形有圆腹罐、花边罐、双耳罐、高领罐、大口罐、陶豆、盆、斝（表4-26、27）。

表4-26　F7居室②器类数量统计表

器形 ＼ 陶色	泥质				夹砂				合计
	红	橙黄	灰	黑	红	橙黄	灰	褐	
陶豆	1								1
大口罐					1				1
圆腹罐	1				5	7	1	1	15
盆		1			1				2
双耳罐	1								1
斝						1			1
高领罐	1								1
花边罐		1							1

表4-27　F7居室②层陶片统计表

纹饰 ＼ 陶色	泥质				夹砂				合计
	橙黄	灰	红	浅白	橙黄	灰	红	褐	
素面	4				3				7
篮纹				6					6
麻点纹					5				5

陶豆　1件。

标本F7居室②：1，泥质红陶。敞口，圆唇，斜直腹，平底。豆盘较浅，柄部内空呈喇叭状，柄部与豆盘连接处及底部边缘各饰有一周附加泥条，泥条经手指按压呈波状，器表素面。口径26.6、高18、底径19.6厘米（图4-14，1）。

圆腹罐　15件。

标本F7居室②：2，夹砂褐陶。侈口，方唇，高领，束颈，圆腹，底残。口沿外侧有一周折棱，折棱之上饰麻点纹，颈部饰斜向篮纹，腹部饰麻点纹，有烟炱。口径25、残高17.4厘米（图

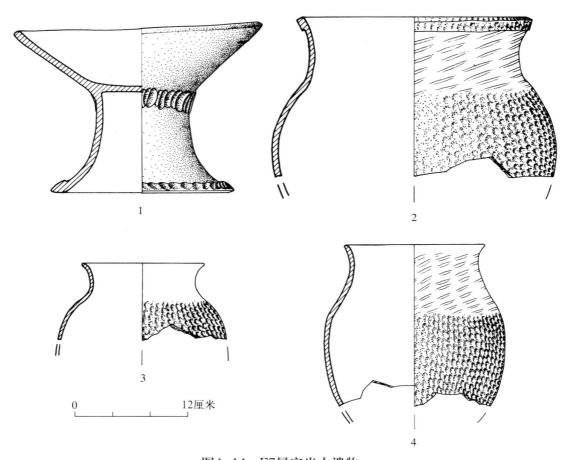

图4-14　F7居室出土遗物

1.陶豆F7居室②：1　2～4.圆腹罐F7居室②：2、4、21

4-14，2）。

　　标本F7居室②：4，夹砂橙黄陶。侈口，圆唇，矮领，束颈，圆腹，底残。颈部素面，腹部饰麻点纹，有烟炱。口径13、残高8.4厘米（图4-14，3）。

　　标本F7居室②：21，夹砂橙黄陶。侈口，圆唇，矮领，束颈，圆腹，底残。颈部饰斜向篮纹，腹部饰麻点纹，有烟炱。口径15、残高17.6厘米（图4-14，4）。

　　标本F7居室②：8，夹砂灰陶。侈口，方唇，矮领，束颈，圆腹，平底。口沿外侧有一周折棱，颈部饰斜向篮纹，腹部饰麻点纹，近底部饰斜向篮纹。口径21.8、高31、底径15厘米（图4-15，1）。

　　标本F7居室②：10，夹砂红陶。微侈口，方唇，高领，束颈，上腹弧，下腹残。颈部饰斜向篮纹，上腹饰麻点纹，有烟炱。口径10、残高6.6厘米（图4-15，2）。

　　标本F7居室②：11，夹砂橙黄陶。侈口，圆唇，高领，束颈，颈部以下残。颈部饰横向篮纹，有烟炱。口径14、残高3.6厘米（图4-15，3）。

　　标本F7居室②：12，夹砂红陶。侈口，圆唇，矮领，束颈，上腹斜，下腹残。颈部素面，上腹饰竖向绳纹，有烟炱。口径14.8、残高8.8厘米（图4-15，6）。

　　标本F7居室②：13，夹砂橙黄陶。侈口，方唇，高领，束颈，颈部以下残。唇面有一周凹槽，颈部饰横向篮纹，有烟炱。口径14、残高4厘米（图4-15，5）。

标本F7居室②：15，夹砂橙黄陶。侈口，圆唇，高领，束颈，颈部以下残。颈部素面，有烟炱。口径15、残高8.4厘米（图4-15，4）。

标本F7居室②：18，夹砂橙黄陶。侈口，圆唇，高领，束颈，颈部以下残。颈部饰竖向绳纹，有烟炱。口径17、残高5厘米（图4-15，7）。

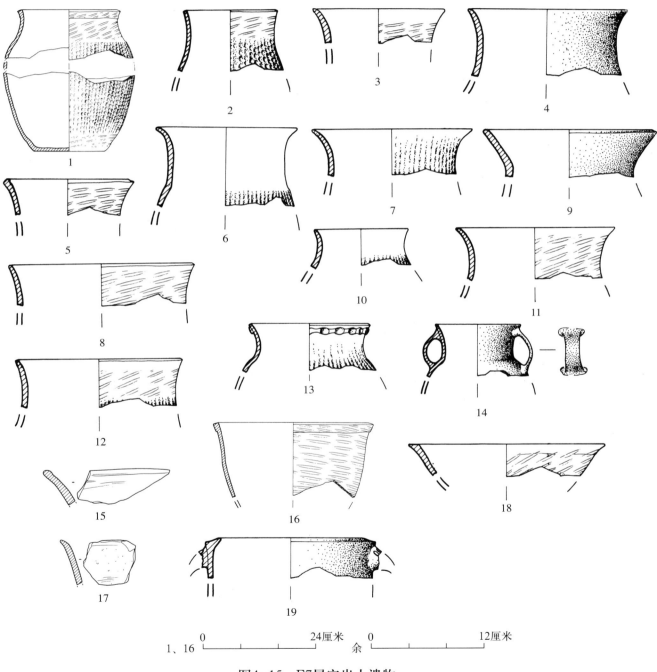

图4-15　F7居室出土遗物

1～12.圆腹罐F7居室②：8、10、11、15、13、12、18～20、5、22、23　13.花边罐F7居室②：16　14.双耳罐F7居室②：7
15.高领罐F7居室②：14　16.大口罐F7居室②：3　17、18.盆F7居室②：6、17　19.斝F7居室②：9

标本F7居室②：19，夹砂红陶。侈口，圆唇，高领，束颈，颈部以下残。颈部饰斜向篮纹。口径20、残高4.6厘米（图4-15，8）。

标本F7居室②：20，泥质红陶。侈口，圆唇，矮领，束颈，颈部以下残。器表素面磨光。口径18.4、残高5.2厘米（图4-15，9）。

标本F7居室②：5，夹砂橙黄陶。侈口，圆唇，高领，束颈，颈部以下残。颈部饰竖向绳纹，有烟炱。口径10、残高4.4厘米（图4-15，10）。

标本F7居室②：22，夹砂橙黄陶。侈口，圆唇，高领，束颈，颈部以下残。颈部饰斜向篮纹，有烟炱。口径17、残高5.8厘米（图4-15，11）。

标本F7居室②：23，夹砂红陶。侈口，方唇，高领，束颈，颈部以下残。上颈部饰斜向篮纹，肩部饰竖向绳纹。口径17.8、残高5.2厘米（图4-15，12）。

花边罐　1件。

标本F7居室②：16，夹砂橙黄陶。侈口，方唇，矮领，束颈，上腹圆弧，下腹残。口沿外侧饰一周附加泥条，泥条经手指按压呈波状，颈部素面，腹部饰竖向绳纹。口径12.8、残高5.2厘米（图4-15，13）。

双耳罐　1件。

标本F7居室②：7，泥质红陶。侈口，尖唇，高领，束颈，上腹圆，下腹残。拱形双耳，器表素面，有烟炱。口径9、残高5.8厘米（图4-15，14）。

高领罐　1件。

标本F7居室②：14，泥质红陶。喇叭口，圆唇，口沿以下残。器表素面磨光。残高3.9、残宽9.8厘米（图4-15，15）。

大口罐　1件。

标本F7居室②：3，夹砂红陶。侈口，圆唇，斜腹微弧，底残。口沿外侧有一周折棱，器表通体饰斜向篮纹。口径34、残高15.6厘米（图4-15，16）。

盆　2件。

标本F7居室②：6，夹砂红陶。敞口，圆唇，斜直腹，底残。素面，有烟炱。残高4.9、残宽5.5厘米（图4-15，17）。

标本F7居室②：17，泥质橙黄陶。敞口，窄平沿，圆唇，斜直腹，底残。器表饰斜向篮纹，其内壁素面磨光。口径20.8、残高3.6厘米（图4-15，18）。

斝　1件。

标本F7居室②：9，夹砂橙黄陶。敛口，斜沿，圆唇，上腹直，下腹残。残存耳根部，耳上端有戳印纹，器表素面。口径18、残高4.4厘米（图4-15，19）。

（3）F7门道活动面①层

出土少量陶片，以腹部残片为主，可辨器形有圆腹罐、鸮面罐、罐腹底、盆、钵，另出土骨针、骨锥（表4-28、29）。

圆腹罐　2件。

标本F7门道活动面①：6，夹砂灰陶。侈口，尖唇，高领，束颈，颈部以下残。颈部素面。

口径 10、残高 5 厘米（图 4-16，1）。

标本 F7 门道活动面①：8，夹砂橙黄陶。侈口，圆唇，高领，束颈，颈部以下残。颈部素面，有烟炱。口径 15、残高 6.2 厘米（图 4-16，2）。

表4-28　F7门道活动面①器类数量统计表

器形 \ 陶色 \ 陶质	泥质				夹砂				合计
	红	橙黄	灰	黑	红	橙黄	灰	黑	
钵			1						1
盆	1	2							3
圆腹罐						1	1		2
鸮面罐						1			1
罐腹底						1			1

表4-29　F7门道活动面①层陶片统计表

纹饰 \ 陶色 \ 陶质	泥质				夹砂				合计
	橙黄	灰	红	灰底黑彩	橙黄	灰	红	褐	
素面	18	7	8		4				37
绳纹					7				7
篮纹	15	3	20						38
麻点纹							40		40

鸮面罐　1 件。

标本 F7 门道活动面①：9，夹砂橙黄陶。敛口，方唇，腹部残。器表饰席纹。残长 13.6、残宽 8 厘米（图 4-16，3）。

罐腹底　1 件。

标本 F7 门道活动面①：10，夹砂橙黄陶。上腹残，下腹斜直，平底。器表饰斜向篮纹。底径 12、残高 5.4 厘米（图 4-16，4）。

盆　3 件。

标本 F7 门道活动面①：4，泥质红陶。敞口，平沿，尖唇，斜弧腹，底残。口沿外侧有一周折棱，器表饰横向篮纹，内壁为素面磨光。口径 25、残高 5.2 厘米（图 4-16，5）。

标本 F7 门道活动面①：5，泥质橙黄陶。敞口，方唇，弧腹，底残。口沿外侧一周有手指压印痕迹，腹部饰横向篮纹，内壁素面磨光。口径 32.8、残高 6.4 厘米（图 4-16，6）。

标本 F7 门道活动面①：7，泥质橙黄陶。敞口，方唇，斜弧腹，底残。口沿外侧有一周折棱，器表饰横向篮纹，内壁为素面磨光。口径 29.8、残高 3.6 厘米（图 4-16，7）。

钵　1 件。

标本 F7 门道活动面①：3，泥质灰陶。敛口，圆唇，弧腹，平底。器身通体素面磨光且有刮抹痕迹，近底部被烧变形。口径 20.8、高 4.6、底径 13.6 厘米（图 4-16，8）。

骨针　1 件。

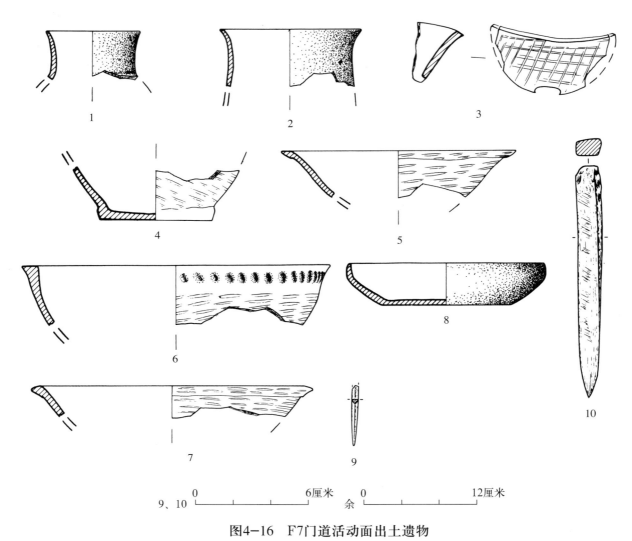

图4-16　F7门道活动面出土遗物

1、2.圆腹罐F7门道活动面①：6、8　3.鸮面罐F7门道活动面①：9　4.罐腹底F7门道活动面①：10　5~7.盆F7门道活动面①：4、5、7　8.钵F7门道活动面①：3　9.骨针F7门道活动面①：1　10.骨锥F7门道活动面①：2

标本F7门道活动面①：1，动物骨骼磨制而成，尾端残，针尖磨制尖锐，截面近三角形。残长3.3厘米（图4-16，9）。

骨锥　1件。

标本F7门道活动面①：2，动物骨骼磨制而成，器身扁平，截面近长方形，中腰至尖端逐渐收缩成尖，器身磨制精细，磨制痕迹明显。长12.5、宽1.3、厚0.9厘米（图4-16，10）。

（4）F7门道活动面②层

出土少量陶片，以腹部残片为主，可辨器形有圆腹罐、双耳罐、高领罐、盆（表4-30、31）。

圆腹罐　3件。

标本F7门道活动面②：2，夹砂红陶。侈口，尖唇，矮领，束颈，颈部以下残。器表素面，粗糙。口径13.8、残高4.4厘米（图4-17，1）。

标本F7门道活动面②：6，泥质红陶。侈口，圆唇，高领，束颈，上腹圆，下腹残。器表通体素面磨光且修整刮抹痕迹。口径9、残高7.2厘米（图4-17，2）。

标本F7门道活动面②：10，夹砂橙黄陶。微侈口，方唇，高领，束颈，上腹直，下腹残。口沿外侧有一周折棱，器表饰竖向绳纹，有烟炱。口径17、残高3厘米（图4-17，3）。

表4-30　F7门道活动面②器类数量统计表

陶质	泥质				夹砂				合计
陶色 器形	红	橙黄	灰	褐	红	橙黄	灰	黑	
双耳罐						2			2
圆腹罐	1				1	1			3
高领罐			1		1				2
盆	1	2							3

表4-31　F7门道活动面②层陶片统计表

陶质	泥质				夹砂				合计
陶色 纹饰	橙黄	灰	红	灰底 黑彩	橙黄	灰	红	褐	
素面	8	10	15		9				42
绳纹					11		21		32
篮纹	13	3	10			3			29
麻点纹					14				14
交错绳纹					2				2

双耳罐　2件。

标本F7门道活动面②：1，夹砂橙黄陶。侈口，圆唇，矮领，束颈，上腹圆，下腹残。拱形双耳，器身饰横向篮纹，有烟炱。口径10.8、残高6.6厘米（图4-17，4）。

标本F7门道活动面②：3，夹砂橙黄陶。侈口，圆唇，高领，束颈，上腹圆，下腹残。连口拱形双耳。耳面及上腹部饰麻点纹，颈部饰斜向篮纹，下颈部耳两侧各有一条斜向附加泥条，泥条经手指按压呈波状，有烟炱。口径21、残高10厘米（图4-17，5）。

高领罐　2件。

标本F7门道活动面②：4，泥质褐陶。喇叭口，尖唇，高领，束颈，颈部以下残。素面。口径23.8、残高5厘米（图4-17，6）。

标本F7门道活动面②：7，夹砂红陶。喇叭口，平沿，圆唇，高领，束颈，颈部以下残。沿上有两道凹槽，颈部饰斜向篮纹，纹饰有抹平痕迹。口径22.8、残高4.8厘米（图4-17，7）。

盆　3件。

标本F7门道活动面②：5，泥质橙黄陶。敞口，圆唇，斜弧腹，底残。口沿外侧有一周折棱，腹部饰横向篮纹，内壁素面磨光。口径37.6、残高4.6厘米（图4-17，8）。

标本F7门道活动面②：8，泥质橙黄陶。敞口，圆唇，斜弧腹，底残。腹部素面磨光且粗糙。口径21.8、残高3.2厘米（图4-17，9）。

标本F7门道活动面②：9，泥质红陶。敞口，圆唇，斜腹，底残。腹部饰斜向篮纹，内壁素

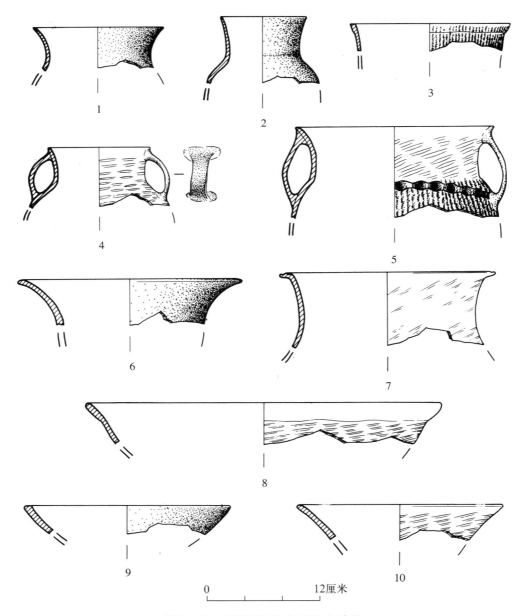

图4-17　F7门道活动面出土遗物

1～3.圆腹罐F7门道活动面②：2、6、10　4、5.双耳罐F7门道活动面②：1、3　6、7.高领罐F7门道活动面②：4、7　8～10.盆F7门道活动面②：5、8、9

面磨光。口径22、残高4厘米（图4-17，10）。

（5）F7门前堆积①层

出土少量陶片，以腹部残片为主，可辨器形有圆腹罐、高领罐、大口罐、双錾罐、盆、罕，另发现彩陶片1件，未辨明器物（表4-32、33）。

圆腹罐　1件。

标本F7门前堆积①：6，夹砂橙黄陶。微侈口，方唇，矮领，微束颈，颈部以下残。口沿外侧有一周折棱，颈部饰竖向绳纹，器表有烟炱痕迹。口径17、残高3厘米（图4-18，1）。

高领罐　1件。

标本F7门前堆积①：1，泥质红陶。喇叭口，圆唇，高领，束颈，颈部以下残。素面磨光。口径15.6、残高6.6厘米（图4-18，2）。

表4-32　F7门前堆积①器类数量统计表

器形 ＼ 陶质 陶色	泥质				夹砂				合计
	红	橙黄	灰	黑	红	橙黄	灰	黑	
高领罐	1								1
大口罐					1				1
鬲							1		1
双錾罐						1			1
圆腹罐						1			1
盆			1						1

表4-33　F7门前堆积①层陶片统计表

纹饰 ＼ 陶质 陶色	泥质				夹砂				合计
	橙黄	灰	红	灰底黑彩	橙黄	灰	红	褐	
素面	14	2	5		4				25
绳纹		2				1			3
篮纹	10		15		10		5		40
附加堆纹					2				2
麻点纹					26		2		28
篮纹＋麻点纹					7				7

大口罐　1件。

标本F7门前堆积①：2，夹砂红陶。直口，方唇，上腹直，下腹残。口沿外侧有一周折棱经手指按压呈波状，腹部饰竖向绳纹。口径38.6、残高5.4厘米（图4-18，3）。

双錾罐　1件。

标本F7门前堆积①：4，夹砂橙黄陶。口部与底部均残缺，仅残存一錾耳及部分腹部，耳錾上端饰戳印纹，腹部饰麻点纹，腹径33.7、残高4.4厘米（图4-18，4）。

盆　1件。

标本F7门前堆积①：7，泥质灰陶。敞口，圆唇，斜弧腹，底残。腹部饰斜向篮纹，其内壁有刮抹痕迹。口径25、残高5厘米（图4-18，5）。

鬲　1件。

标本F7门前堆积①：3，夹砂灰陶。仅残存下腹与裆部，弧腹，平裆。腹部饰竖向绳纹，裆部饰交错绳纹。残高4.4、宽15.6厘米（图4-18，6）。

彩陶片　1件。

标本F7门前堆积①：5，泥质橙黄陶。器表饰宽条形与水波纹状黑彩。残高13.2、残长14.4

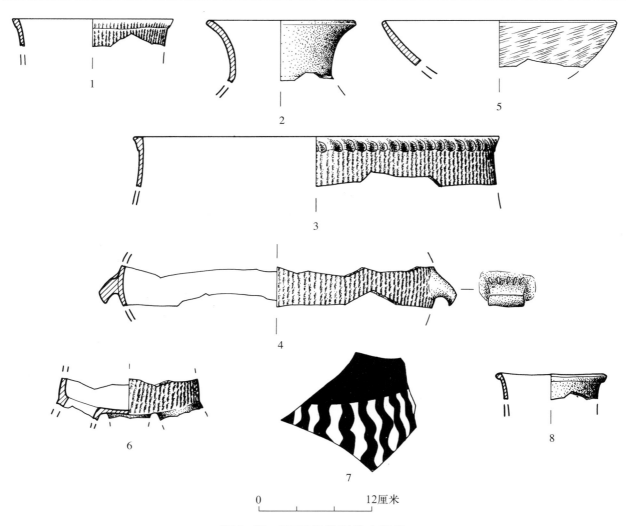

0 　　　　　　　12厘米

图4-18　F7门前堆积出土遗物

1.圆腹罐F7门前堆积①：6　2.高领罐F7门前堆积①：1　3.大口罐F7门前堆积①：2　4.双鋬罐F7门前堆积①：4　5.盆F7门前堆积①：7　6.斝F7门前堆积①：3　7.彩陶片F7门前堆积①：5　8.瓶F7门前堆积②：1

厘米（图4-18，7）。

（6）F7门前堆积②层

出土少量陶片，以腹部残片为主，可辨器形有瓶（表4-34、35）。

瓶　1件。

标本F7门前堆积②：1，泥质橙黄陶。侈口，微卷沿，圆唇，长束颈，颈部以下残。素面。口径11.9、残高2.8厘米（图4-18，8）。

表4-34　F7门前堆积②器类数量统计表

器形	陶质	泥质				夹砂				合计
	陶色	红	橙黄	灰	黑	红	橙黄	灰	黑	
瓶			1							1

表4-35　F7门前堆积②层陶片统计表

纹饰＼陶质＼陶色	泥质				夹砂				合计
	橙黄	灰	红	灰底黑彩	橙黄	灰	红	褐	
素面	8	4					10		22
绳纹					8				8
篮纹	9	3	19						31
麻点纹					14				14
交错绳纹		1							1
篮纹＋麻点纹							3		3

（7）F7门前堆积⑤层

出土少量陶片，以腹部残片为主，可辨器形有圆腹罐、花边罐、高领罐、盆、盘，另出土特殊器（表4-36、37）。

表4-36　F7门前堆积⑤器类数量统计表

器形＼陶质＼陶色	泥质				夹砂				合计
	红	橙黄	灰	黑	红	橙黄	灰	黑	
盘						1			1
高领罐		1							1
盆	5	1	1						7
圆腹罐					1				1
花边罐						1			1

表4-37　F7门前堆积⑤层陶片统计表

纹饰＼陶质＼陶色	泥质				夹砂				合计
	橙黄	灰	红	灰底黑彩	橙黄	灰	红	褐	
素面	67	4	7		6				84
绳纹	9	6			20				35
篮纹	44		5		7				56
附加堆纹					3				3
麻点纹					18				18
网格纹		1							1

圆腹罐　1件。

标本F7门前堆积⑤：7，夹砂红陶。侈口，尖唇，矮领，束颈，上腹圆，下腹残。颈部饰横向篮纹，腹部饰麻点纹，有烟炱。口径15、残高9.5厘米（图4-19，1）。

花边罐　1件。

标本F7门前堆积⑤：9，夹砂橙黄陶。侈口，尖唇，矮领，束颈，上腹圆，下腹残。颈部饰一周附加泥条，泥条经手指按压呈波状，上腹饰麻点纹。残高7.5、残宽10.2厘米（图4-19，2）。

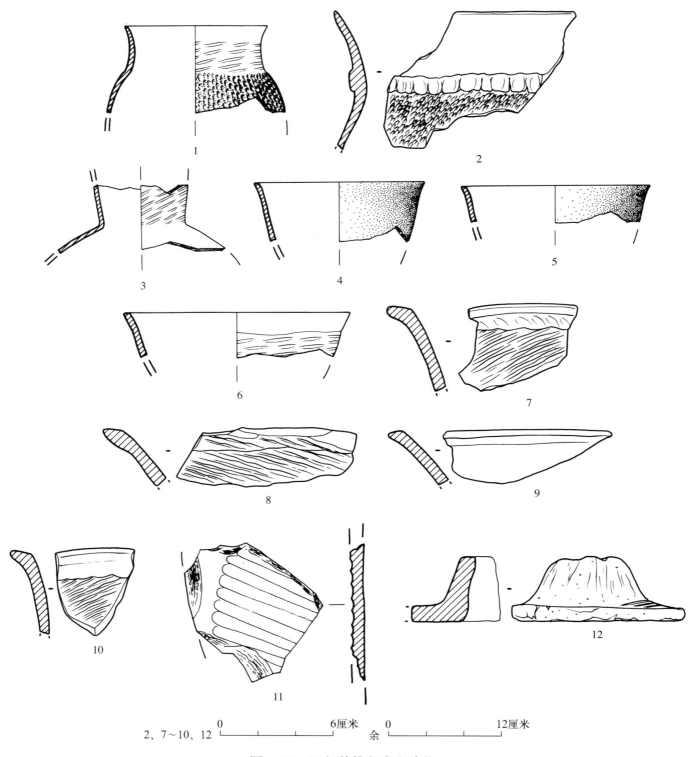

图4-19　F7门前堆积出土遗物

1.圆腹罐F7门前堆积⑤：7　2.花边罐F7门前堆积⑤：9　3.高领罐F7门前堆积⑤：2　4～10.盆F7门前堆积⑤：3、5、6、8、10～12　11.盘F7门前堆积⑤：1　12.特殊器F7门前堆积⑤：4

高领罐 1件。

标本F7门前堆积⑤：2，泥质橙黄陶。仅残存颈部与肩部，高领，束颈，溜肩，颈部饰斜向蓝纹，肩部素面。残高7厘米（图4-19，3）。

盆 7件。

标本F7门前堆积⑤：3，泥质红陶。敞口，圆唇，斜弧腹，底残。器表素面，有刮抹痕迹。口径18、残高6.4厘米（图4-19，4）。

标本F7门前堆积⑤：5，泥质橙黄陶。敞口，圆唇，斜弧腹，底残。素面。口径20、残高4厘米（图4-19，5）。

标本F7门前堆积⑤：6，泥质红陶。敞口，方唇，斜弧腹，底残。口沿外侧有一周折棱，腹部饰横向篮纹。口径24、残高5厘米（图4-19，6）。

标本F7门前堆积⑤：8，泥质红陶。敞口，窄平沿，圆唇，斜直腹，底残。口沿外侧有一周折棱，腹部饰斜向篮纹。残高4.7、残宽6.3厘米（图4-19，7）。

标本F7门前堆积⑤：10，泥质红陶。敞口，窄平沿，尖唇，斜直腹，底残。口沿外侧有一周折棱，器表通体饰斜向篮纹。残高3.3、残宽9.6厘米（图4-19，8）。

标本F7门前堆积⑤：11，泥质灰陶。敞口，圆唇，斜直腹，底残。素面磨光。残高2.9、残宽9厘米（图4-19，9）。

标本F7门前堆积⑤：12，泥质红陶。敞口，窄平沿，圆唇，斜直腹，底残。腹部饰斜向篮纹，内壁素面磨光。残高4.8、残宽4.2厘米（图4-19，10）。

盘 1件。

标本F7门前堆积⑤：1，夹砂橙黄陶。圆边，一面素面且较粗糙，一面饰宽篮纹。残长15、残宽14.6厘米（图4-19，11）。

特殊器 1件。

标本F7门前堆积⑤：4，夹砂橙黄陶。呈帽状，内空，平面。器表饰刻划纹。残高3.5、残宽9.2厘米（图4-19，12）。

（8）F7门前堆积⑥层

出土少量陶片，以腹部残片为主，可辨器形有花边罐、单耳罐、双耳罐、高领罐、罐腹底、盆。另出土石器1件、兽牙1件（表4-38、39）。

表4-38 F7门前堆积⑥器类数量统计表

器形 \ 陶色 \ 陶质	泥质				夹砂				合计
	红	橙黄	灰	黑	红	橙黄	灰	黑	
盆		1							1
单耳罐					1				1
罐腹底		1							1
花边罐					1	1			2
高领罐		1							1
双耳罐		1							1

表4-39　F7门前堆积⑥层陶片统计表

纹饰 ＼ 陶质 陶色	泥质				夹砂				合计
	橙黄	灰	红	灰底黑彩	橙黄	灰	红	褐	
素面	8	3	13			3			27
绳纹					1				1
篮纹	10	3	9		6		1		29
麻点纹	33								33
附加堆纹					5				5
附加堆纹＋篮纹							1		1
篮纹＋麻点纹					4				4

花边罐　2件。

标本F7门前堆积⑥：6，夹砂红陶。侈口，圆唇，矮领，束颈，上腹圆，下腹残。颈部饰一周附加泥条，泥条经手指按压呈波状，腹部饰麻点纹，有烟炱。口径13.8、残高8.2厘米（图4-20，1）。

标本F7门前堆积⑥：7，夹砂橙黄陶。侈口，尖唇，矮领，束颈，上腹斜弧，下腹残。口沿外侧饰一周附加泥条，泥条经手指按压呈波状，颈部素面，上腹饰麻点纹。口径9、残高5.2厘米（图4-20，2）。

双耳罐　1件。

标本F7门前堆积⑥：9，泥质橙黄陶。侈口，尖唇，高领，束颈，颈部以下残。颈部有耳部脱落痕迹，器表素面磨光。口径8、残高4.8厘米（图4-20，3）。

单耳罐　1件。

标本F7门前堆积⑥：2，夹砂红陶。侈口，圆唇，口沿以下残。拱形单耳，耳面饰数道刻划纹与麻点纹。残高7.8、残宽6.4厘米（图4-20，4）。

高领罐　1件。

标本F7门前堆积⑥：8，泥质橙黄陶。喇叭口，平沿，圆唇，高领，束颈，颈部以下残。通体素面磨光且有刮抹痕迹。口径25、残高6.4厘米（图4-20，5）。

罐腹底　1件。

标本F7门前堆积⑥：5，夹砂灰陶。上腹残，下腹斜直，假圈足。表面饰横向篮纹。底径11、残高5.2厘米（图4-20，6）。

盆　1件。

标本F7门前堆积⑥：1，泥质橙黄陶。敞口，圆唇，斜直腹，底残。口沿外侧有一周折棱，器表素面。口径25.8、残高4厘米（图4-20，7）。

陶纺轮　1件。

标本F7门前堆积⑥：4，夹砂橙黄陶。残存呈半圆形，素面，中间有一管钻圆孔，直径7.3、厚1.4厘米，重40.2克（图4-20，8）。

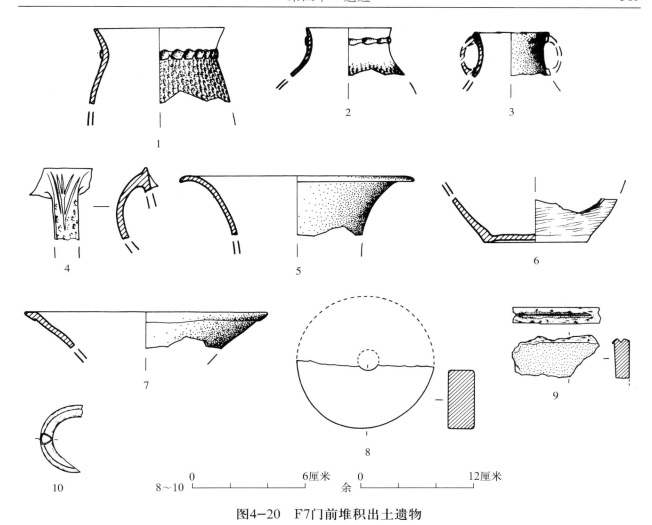

图4-20　F7门前堆积出土遗物

1、2.花边罐F7门前堆积⑥：6、7　3.双耳罐F7门前堆积⑥：9　4.单耳罐F7门前堆积⑥：2　5.高领罐F7门前堆积⑥：8　6.罐腹底F7门前堆积⑥：5　7.盆F7门前堆积⑥：1　8.陶纺轮F7门前堆积⑥：4　9.石器F7门前堆积⑥：3　10.兽牙F7门前堆积⑥：10

石器　1件。

标本F7门前堆积⑥：3，花岗岩。器表磨光，器身有残缺痕迹。残长4.6、宽2.4、厚0.9厘米，重14.86克（图4-20，9）。

兽牙　1件。

标本F7门前堆积⑥：10，呈半圆形，表面光滑，一端残，一端尖锐，截断面近三角形。残长3.7厘米（图4-20，10）。

（9）F7门前堆积⑦层

出土少量陶片，以腹部残片为主，可辨器形有圆腹罐、花边罐、单耳罐、高领罐、盆、壶、豆，另出土骨锥（表4-40、41）。

圆腹罐　13件。

标本F7门前堆积⑦：4，泥质红陶。侈口，圆唇，矮领，束颈，颈部以下残。素面磨光。残高2.9、残宽5.5厘米（图4-21，1）。

标本F7门前堆积⑦：5，夹砂红陶。侈口，方唇，高领，束颈，上腹圆，下腹残。唇面有道凹槽，口沿外侧有一周折棱，颈部饰斜向篮纹，上腹饰麻点纹。口径20.6、残高10.6厘米（图4-21，2）。

表4-40　F7门前堆积⑦器类数量统计表

器形	陶质 陶色	泥质				夹砂				合计
		红	橙黄	灰	黑	红	橙黄	灰	黑	
单耳罐		1								1
盆		1				1				2
圆腹罐		1	2			3	6	1		13
高领罐		1								1
花边罐								1		1
壶			1							1
豆			1							1

表4-41　F7门前堆积⑦层陶片统计表

纹饰	陶质 陶色	泥质				夹砂				合计
		橙黄	灰	红	灰底黑彩	橙黄	灰	红	褐	
素面		12	3			20		8		43
绳纹								5		5
篮纹		43	6	56		19				124
麻点纹						147				147
附加堆纹＋麻点纹						2				2
麻点纹＋篮纹						12				12
戳印纹								1		1

标本F7门前堆积⑦：6，夹砂橙黄陶。侈口，尖唇，高领，束颈，上腹圆，下腹残。颈部素面，上腹部饰麻点纹。口径11、残高9.4厘米（图4-21，3）。

标本F7门前堆积⑦：7，夹砂橙黄陶。侈口，方唇，高领，束颈，上腹圆，下腹残。颈部饰斜向篮纹，上腹饰麻点纹，有烟炱。口径30.6、残高12厘米（4-21，4）。

标本F7门前堆积⑦：11，泥质橙黄陶。侈口，圆唇，矮领，束颈，上腹斜，下腹残。器表饰横向篮纹。口径14、残高6.6厘米（图4-21，5）。

标本F7门前堆积⑦：12，泥质橙黄陶。侈口，方唇，高领，束颈，颈部以下残。颈部素面，有刮抹痕迹。口径26.8、残高4厘米（图4-21，6）。

标本F7门前堆积⑦：14，夹砂橙黄陶。侈口，方唇，矮领，束颈，颈部以下残。唇面有一道凹槽，颈部饰横向篮纹，有烟炱。残高4.4、残宽6.4厘米（图4-21，7）。

标本F7门前堆积⑦：15，夹砂橙黄陶。侈口，尖唇，高领，束颈，颈部以下残。颈部饰斜向篮纹，有烟炱。口径13、残高5.1厘米（图4-21，8）。

标本F7门前堆积⑦：17，夹砂灰陶。侈口，方唇，矮领，束颈，颈部以下残。唇面有一道凹

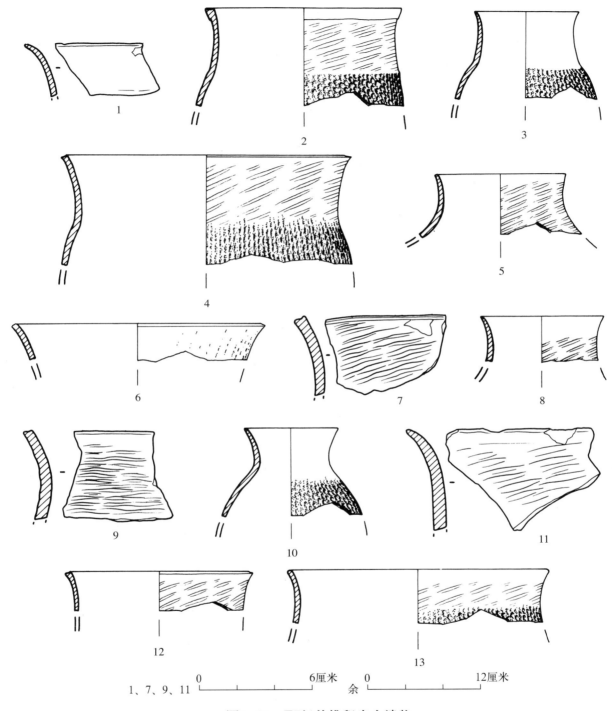

图4-21　F7门前堆积出土遗物

1～13.圆腹罐F7门前堆积⑦：4～7、11、12、14、15、17～21

槽，颈部饰横向篮纹，有烟炱。残高5、残宽5.9厘米（图4-21，9）。

标本F7门前堆积⑦：18，夹砂橙黄陶。侈口，圆唇，矮领，束颈，上腹圆，下腹部残，颈部素面，上腹饰麻点纹，有烟炱。口径10、残高9.6厘米（图4-21，10）。

标本F7门前堆积⑦：19，夹砂红陶。侈口，圆唇，矮领，束颈，上腹斜，下腹残。器表饰斜向篮纹且有烟炱。残高 5.6、残宽 8.3 厘米（图 4-21，11）。

标本 F7 门前堆积⑦：20，夹砂橙黄陶。侈口，方唇，高领，束颈，颈部以下残。唇面有道凹槽，颈部饰斜向篮纹，有烟炱。口径 20、残高 4.4 厘米（图 4-21，12）。

标本 F7 门前堆积⑦：21，夹砂红陶。侈口，圆唇，矮领，束颈，颈部以下残。颈部饰斜向篮纹，篮纹下饰麻点纹，有烟炱。口径 27.6、残高 5.8 厘米（图 4-21，13）。

花边罐 1 件。

标本 F7 门前堆积⑦：9，夹砂橙黄陶。侈口，尖唇，矮领，束颈，上腹圆弧，下腹部残。口沿外侧饰一周附加泥条，泥条经手指按压呈波状，颈部素面，上腹饰竖向绳纹，有烟炱。口径 14、残高 7.2 厘米（图 4-22，1）。

单耳罐 1 件。

标本 F7 门前堆积⑦：2，泥质红陶。侈口，圆唇，矮领，束颈，鼓腹，平底。拱形单耳，腹部饰竖向刻划纹。口径 14、高 16、底径 12 厘米（图 4-22，2）。

高领罐 1 件。

标本 F7 门前堆积⑦：8，泥质红陶。喇叭口，窄平沿，尖唇，高领，束颈，上腹斜，下腹残。口沿外侧有一周折棱，颈部素面，上腹饰斜向篮纹，其内壁素面磨光。口径 21、残高 8 厘米（图 4-22，3）。

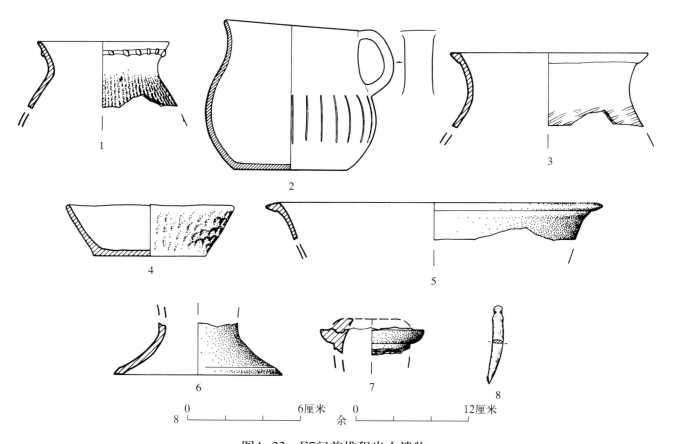

图 4-22 F7 门前堆积出土遗物

1.花边罐 F7 门前堆积⑦：9　2.单耳罐 F7 门前堆积⑦：2　3.高领罐 F7 门前堆积⑦：8　4、5.盆 F7 门前堆积⑦：3、13　6.豆座 F7 门前堆积⑦：16　7.壶 F7 门前堆积⑦：10　8.骨锥 F7 门前堆积⑦：1

盆 2件。

标本F7门前堆积⑦：3，夹砂红陶。敞口，圆唇，斜直腹，平底。腹部饰麻点纹。口径17.8、高5.8、底径12厘米（图4-22，4）。

标本F7门前堆积⑦：13，泥质红陶。敞口，平沿，尖唇，斜直腹，底残。器身通体素面磨光且有刮抹痕迹。口径35.6、残高4厘米（图4-22，5）。

豆 1件。

标本F7门前堆积⑦：16，泥质灰陶。空心喇叭状，器表素面。底径18、残高5.6厘米（图4-22，6）。

壶 1件。

标本F7门前堆积⑦：10，泥质灰陶。微敛口，平沿，圆唇，束颈，颈部以下残。素面。口径11、残高2.5厘米（图4-22，7）。

骨锥 1件。

标本F7门前堆积⑦：1，动物牙齿磨制而成，表面光滑，尖端磨制尖锐，尾端系牙齿根部。长4.2、宽0.6厘米（图4-22，8）。

（10）F7门前堆积⑨层

出土少量陶片，以腹部残片为主，可辨器形有圆腹罐、双耳罐、高领罐、盆。另出土石器（表4-42、43）。

表4-42 F7门前堆积⑨器类数量统计表

陶质 陶色 器形	泥质				夹砂				合计
	红	橙黄	灰	黑	红	橙黄	灰	黑	
盆	2					1			3
圆腹罐	1				2	1			4
高领罐	1								1
双耳罐	1								1

表4-43 F7门前堆积⑨层陶片统计表

陶质 陶色 纹饰	泥质				夹砂				合计
	橙黄	灰	红	灰底黑彩	橙黄	灰	红	褐	
素面	14	9	15		14		3		55
绳纹					7		3		10
篮纹		2	22				12		36
刻划纹					1				1
附加堆纹		1							1
麻点纹					38		18		56
麻点纹+篮纹							3		3
麻点纹+绳纹					1				1
附加堆纹+篮纹+麻点纹					1				1

圆腹罐　4 件。

标本 F7 门前堆积⑨：3，夹砂红陶。侈口，尖唇，高领，束颈，上腹斜，下腹残。颈部素面，上腹饰竖向绳纹，有烟炱。口径 13、残高 5.9 厘米（图 4-23，1）。

标本 F7 门前堆积⑨：5，夹砂红陶。侈口，方唇，高领，束颈，颈部以下残。唇面呈凹状，颈部饰斜向篮纹，有烟炱。口径 25.8、残高 9 厘米（图 4-23，2）。

标本 F7 门前堆积⑨：6，夹砂橙黄陶。侈口，圆唇，高领，束颈，颈部以下残。颈部饰斜向篮纹，有烟炱。口径 14、残高 4.5 厘米（图 4-23，3）。

标本 F7 门前堆积⑨：7，泥质红陶。侈口，圆唇，高领，束颈，颈部以下残。器表素面。口径 14、残高 4 厘米（图 4-23，4）。

双耳罐　1 件。

标本 F7 门前堆积⑨：10，泥质红陶。侈口，圆唇，束颈，颈部以下残。口沿外侧有耳部脱落痕迹，颈部素面。口径 8.8、残高 3.4 厘米（图 4-23，5）。

高领罐　1 件。

标本 F7 门前堆积⑨：8，泥质红陶。喇叭口，圆唇，高领，束颈，颈部以下残。口沿外侧有一周折棱，颈部饰斜向篮纹。口径 13、残高 6.4 厘米（图 4-23，6）。

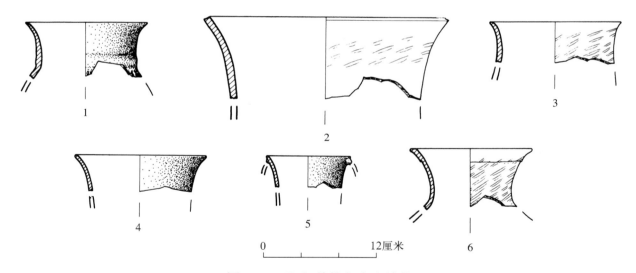

图4-23　F7门前堆积出土遗物

1～4.圆腹罐F7门前堆积⑨：3、5～7　5.双耳罐F7门前堆积⑨：10　6.高领罐F7门前堆积⑨：8

盆　3 件。

标本 F7 门前堆积⑨：2，泥质红陶。敞口，圆唇，斜弧腹，平底。腹部饰斜向篮纹。口径 28.8、高 10.6、底径 13.4 厘米（图 4-24，1）。

标本 F7 门前堆积⑨：4，泥质红陶。敞口，平沿，尖唇，腹部残。器身通体素面磨光。口径 38.6、残高 2.2 厘米（图 4-24，2）。

标本 F7 门前堆积⑨：9，泥质橙黄陶。敞口，平沿，圆唇，斜直腹，底残。素面磨光。口径 43.6、残高 3.6 厘米（图 4-24，3）。

石器　1件。

标本F7门前堆积⑨：1，半成品，页岩，器身有磨制痕迹，器身中间有一个未钻通的钻孔，外孔 0.5 厘米。现残长 8.6、宽 4.5、厚 0.9 厘米，重 47.2 克（图 4-24，4）。

其他地层出土陶片见下表（表 4-44）。

表4-44　F7D1陶片统计表

纹饰＼陶色／陶质	泥质				夹砂				合计
	橙黄	灰	红	灰底黑彩	橙黄	灰	红	褐	
素面	8								8
麻点纹					5				5

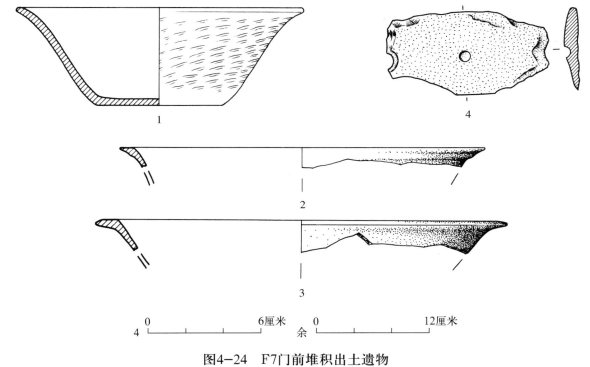

图4-24　F7门前堆积出土遗物

1～3.盆F7门前堆积⑨：2、4、9　4.石器F7门前堆积⑨：1

8. F8

F8 分布于 ⅡT0708、ⅡT0808、ⅡT0908、ⅡT0807、ⅡT0907 内，开口于第⑤层下，房前活动面被 H230、H233 打破（图 4-25）。半地穴式，平面呈"凸"字形，南北向，门道位于居室南侧。门前分布有一不规则形活动面。

居室平面为圆角长方形，南北长 3.16、东西宽 2.82 米，面积约 9 平方米。四壁向下外扩斜直呈袋状，壁面近底部存留高 30 厘米的白灰皮墙裙，白灰皮厚 0.2 厘米。西壁和北壁保存相对较好，残高 1.50、东壁残高 0.45～1.50、南壁残高 0.90～1.20 米。居室底面平整，铺设有 0.3 厘米厚白灰皮。白灰皮下有三层堆积：第①层为褐色垫土，厚 0.006～0.02 米。第②层为草拌泥，厚 0.02 米。第③层为红烧土，厚 0.05～0.07 米。

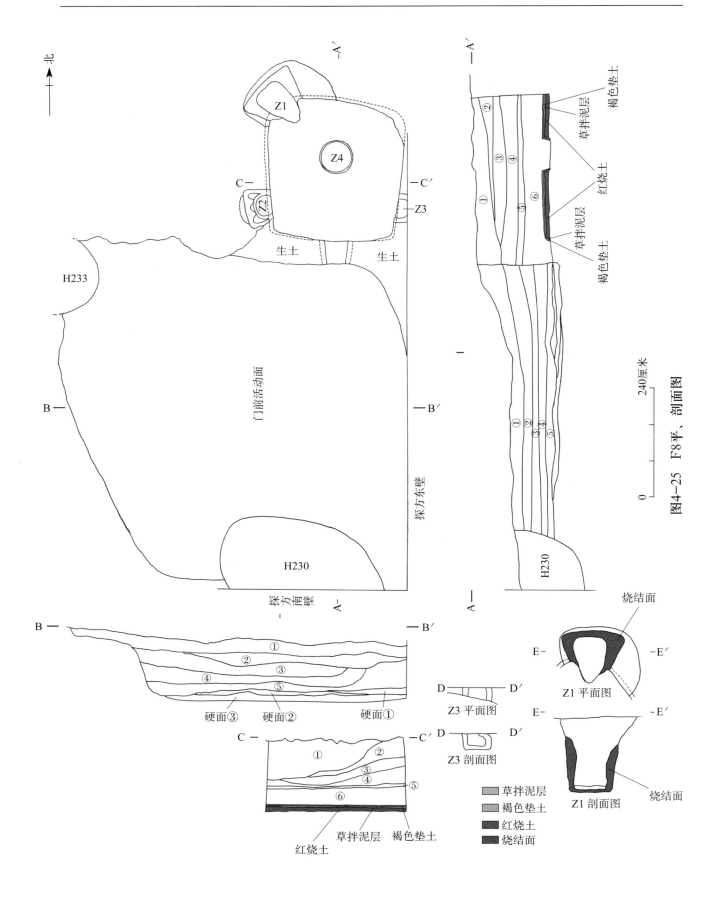

图4-25　F8平、剖面图

F8 内有 4 个灶，Z1、Z2、Z3 为立式灶，直接在墙壁上凿挖而成，Z4 为底面灶，位于居室底面中部。Z1 位于居室西北角，烟道、火膛口已经坍塌，灶底呈圆角三角形。灶底距居住面 0.30 米，口部宽 1.60、底部宽 0.68、深 1.52 米。壁面残留 8～20 厘米厚的烧结面，底面烧结面厚 4 厘米。Z1 填土土色浅灰，土质疏松，包含大量烧结块。Z2 位于居室西南角，口部宽 0.44、高 0.40 米。灶底距居住面 0.30 米，烟道为长方形，有 3 个出烟孔，大小相当，烟道与灶壁烧结面厚 0.10～0.22 米。Z3 位于居室东南角，宽 0.40、高 0.35 米。灶底距居住面 0.30 米，烟道及灶坑大部分压在探方东隔梁下，未完全暴露，顶部塌损，烧结面厚 0.06～0.10 米。Z4 位于居室底面中部，平面呈圆形，斜壁内收，壁面有厚 1 厘米的白灰皮，底面生土。口径 0.70、底径 0.58、深 0.18 米。

门道位于居室南侧，上窄下宽呈袋状，南北长 0.52、东西宽 0.40～0.52、残高 0.80 米，底部东西宽 0.58 米，底部低于居室面 0.10 米，呈台阶状。

门前活动面部分被压在东隔梁及南壁下未清理，暴露部分平面呈不规则形，南北长 7.50、东西宽 7.30、深 0.20～1.36 米。底部不甚平整，为三层踩踏硬面，第①层厚 0～14 厘米，第②层厚 0～7 厘米，第③层 0～18 厘米。

F8 居室内堆积分六层，第①层土色深褐，土质致密，包含大量炭粒、红烧土颗粒，坡状堆积，厚 0～0.84 米，出土少量陶片。第②层土色深灰，土质疏松，包含大量炭粒、红烧土颗粒，坡状堆积，厚 0～0.45 米，出土少量陶片和零散石头、兽骨。第③层土色深褐，土质疏松，包含大量炭粒、红烧土颗粒，坡状堆积，厚 0～0.25 米，出土少量陶片。第④层土色褐色，土质疏松，包含大量炭粒、红烧土颗粒，坡状堆积，厚 0.06～0.40 米，出土少量陶片和零散石头、兽骨。第⑤层土色深灰，土质较疏松，包含大量炭粒灰烬、红烧土颗粒，水平状堆积，厚 0.03～0.09 米，出土少量陶片。第⑥层深褐，土质致密，包含大量炭粒灰烬、红烧土颗粒，水平状堆积，厚 0.32～0.40 米，出土少量陶片和零散石块、兽骨。

F8 门前场所堆积分五层，第①层土色浅黄，土质疏松，包含少量炭粒灰烬、红烧土颗粒，基本水平状堆积，厚 0.15～0.31 米，出土少量的陶片、石头、兽骨。第②层土色浅褐，土质疏松，包含大量的炭粒灰烬、红烧土颗粒，波状堆积，厚 0～0.36 米，出土少量陶片和零散石块、兽骨。第③层土色深灰，土质疏松，包含大量炭粒灰烬、红烧土颗粒，坡状堆积，厚 0～0.36 米，出土少量陶片和零散石块、兽骨。第④层土色褐色，土质疏松，坡状堆积，厚 0～0.38 米，出土少量陶片。第⑤层土色深灰，土质疏松，包含大量炭粒灰烬、红烧土颗粒，坡状堆积，厚 0.08～0.60 米，出土少量陶片。

（1）F8①层

出土少量陶片，以腹部残片为主，可辨器形有圆腹罐、罐、盆、斝，另出土石器、骨匕（表 4-45～49）。

圆腹罐　1 件。

标本 F8①：5，夹砂橙黄陶。侈口，圆唇，高领，束颈，颈部以下残。颈部饰竖向篮纹。残宽 3.2、残高 2.5 厘米（图 4-26，1）。

罐腹底　1 件。

标本 F8①：2，夹砂橙黄陶。上腹残，下腹斜弧，平底微凹，下腹饰麻点纹，底面饰篮纹。残高 6、底径 7.8 厘米（图 4-26，2）。

表4-45　F8①器类数量统计表

器形 \ 陶质 陶色	泥质				夹砂				合计
	红	橙黄	灰	黑	红	橙黄	灰	黑	
罐腹底						1			1
盆	1	1							2
圆腹罐						1			1
斝					1				1

表4-46　F8①层陶片统计表

纹饰 \ 陶质 陶色	泥质				夹砂				合计
	橙黄	灰	红	灰底黑彩	橙黄	灰	红	褐	
素面	7				1				8
麻点纹	2				6				8
篮纹	1				1				2
绳纹					6				6
篮纹＋麻点纹					1				1

表4-47　F8②层陶片统计表

纹饰 \ 陶质 陶色	泥质				夹砂				合计
	橙黄	灰	红	灰底黑彩	橙黄	灰	红	褐	
素面	4				2				6
篮纹	3								3
麻点纹					4				4

表4-48　F8③层陶片统计表

纹饰 \ 陶质 陶色	泥质				夹砂				合计
	橙黄	灰	红	灰底黑彩	橙黄	灰	红	褐	
素面	9				5				14
篮纹	2				2				4
麻点纹					9				9

表4-49　F8④层陶片统计表

纹饰 \ 陶质 陶色	泥质				夹砂				合计
	橙黄	灰	红	灰底黑彩	橙黄	灰	红	褐	
素面	5								5
篮纹	3				4				7
麻点纹					7				7
绳纹	2				2				4

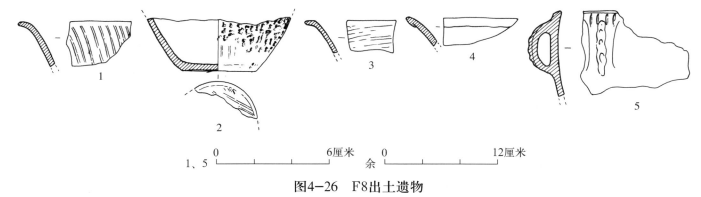

图4-26　F8出土遗物

1.圆腹罐F8①：5　2.罐腹底F8①：2　3、4.盆F8①：4、6　5.罕F8①：7

盆　2件。

标本F8①：4，泥质橙黄陶。敞口，平沿，圆唇，斜直腹，底残。腹部饰横向篮纹，其内壁素面磨光。残宽5.2、残高3.2厘米（图4-26，3）。

标本F8①：6，泥质红陶。敞口，平沿，尖唇，腹部残。口沿外侧有手压痕迹，其内壁素面磨光。残高3、残宽7.9厘米（图4-26，4）。

罕　1件。

标本F8①：7，夹砂红陶。敛口，方唇，腹部残。拱形双耳，耳上端饰戳印纹，耳面饰一条附加泥条，泥条经手指按压呈波状，素面且有烟炱痕迹。残宽5.8、残高4.5厘米（图4-26，5）。

器盖　1件。

标本F8①：8，泥质灰陶。高领，束颈，颈部有两个钻孔，器身通体素面磨光。残高8.8、宽12厘米（图4-27，1）。

陶拍　1件。

标本F8①：1，泥质红陶。器体呈圆柱状，顶小底大，现残存约二分之一，顶部已残缺具体形制不详，器表饰横向绳纹，底部拍面较粗糙。底径6.3、残高4.7厘米（图4-27，2；彩版五一，2）。

石器　1件。

标本F8①：3，石英岩。呈长方形条状，器表一面磨制光滑，一面残，两端残。残长3.8、宽1.7、厚0.3厘米（图4-27，3）。

骨匕　1件。

标本F8①：9，动物骨骼磨制而成，器表磨制光滑，柄部厚于刃部，柄尾斜平，双面磨刃。刃长1.9厘米，刃角52.1°，器身长12.3、宽3.6、厚2.3厘米（图4-27，4；彩版五一，3）。

（2）F8⑤层

出土少量陶片，以腹部残片为主，可辨器形有圆腹罐、盆（表4-50、51）。

圆腹罐　1件。

标本F8⑤：2，夹砂橙黄陶。侈口，圆唇，高领，束颈，颈部以下残。颈部素面，口沿处有烟炱痕迹。残宽3.5、残高2.7厘米（图4-27，5）。

表4-50　F8⑤器类数量统计表

器形 \ 陶质 陶色	泥质				夹砂				合计
	红	橙黄	灰	黑	红	橙黄	灰	黑	
盆		1							1
圆腹罐						1			1

表4-51　F8⑤层陶片统计表

纹饰 \ 陶质 陶色	泥质				夹砂				合计
	橙黄	灰	红	灰底黑彩	橙黄	灰	红	褐	
素面	7	2							9
绳纹					3				3
篮纹	4								4
麻点纹					10				10

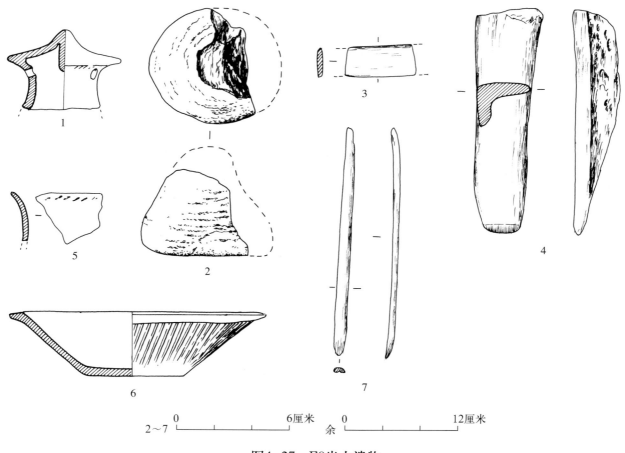

图4-27　F8出土遗物

1.器盖F8①：8　2.陶拍F8①：1　3.石器F8①：3　4.骨匕F8①：9　5.圆腹罐F8⑤：2　6.盆F8⑤：1　7.骨锥F8⑥：1

盆　1件。

标本F8⑤：1，泥质橙黄陶。敞口，窄平沿，斜腹微弧，平底。腹部饰斜向篮纹。口径13.5、高3.5、底径5.4厘米（图4-27，6；彩版五一，4）。

（3）F8⑥层

出土骨锥1件（表4-52）。

表4-52　F8⑥层陶片统计表

纹饰＼陶色（陶质）	泥质				夹砂				合计
	橙黄	灰	红	灰底黑彩	橙黄	灰	红	褐	
素面	8		3		3				14
绳纹					6				6
篮纹	4		1						5
麻点纹					16				16
篮纹＋麻点纹					1				1

骨锥　1件。

标本F8⑥：1，动物骨骼磨制而成，器体呈扁平状，尾端略残，锥尖磨制圆钝。长12.4、宽0.6、厚0.3厘米（图4-27，7；彩版五一，5）。

（4）F8门前堆积①层

出土少量陶片，以腹部残片为主，可辨器形有圆腹罐、高领罐、大口罐、陶罐、盆（表4-53、54）。

表4-53　F8门前堆积①器类数量统计表

器形＼陶色（陶质）	泥质				夹砂				合计
	红	橙黄	灰	黑	红	橙黄	灰	黑	
罐						1			1
大口罐						1			1
圆腹罐						8			8
高领罐		1							1
盆						1			1

表4-54　F8门前堆积①层陶片统计表

纹饰＼陶色（陶质）	泥质				夹砂				合计
	橙黄	灰	红	灰底黑彩	橙黄	灰	红	褐	
素面	6	1	2		3				12
绳纹					7				7
篮纹	7		3		3				13
麻点纹			1		13				14
刻划纹		1							1
附加堆纹＋绳纹					1				1

　　圆腹罐　10件。

　　标本F8门前堆积①：3，夹砂橙黄陶。侈口，圆唇，高领，束颈，颈部以下残。颈部饰横向篮纹，器表有烟炱痕迹。口径6.5、残高4.4厘米（图4-28，1）。

　　标本F8门前堆积①：4，夹砂橙黄陶。侈口，圆唇，高领，束颈，上腹斜弧，下腹残。颈部饰斜向篮纹，上腹饰麻点纹，有烟炱。残高5.3、残宽6.4厘米（图4-28，2）。

　　标本F8门前堆积①：5，夹砂橙黄陶。侈口，圆唇，高领，束颈，上腹斜，下腹残。颈部饰横向篮纹，上腹饰竖向绳纹。残高7、残宽6.6厘米（图4-28，3）。

　　标本F8门前堆积①：6，夹砂橙黄陶。侈口，圆唇，高领，束颈，上腹斜弧，下腹残。颈部饰横向篮纹，上腹饰麻点纹。残高7.8、残宽7.7厘米（图4-28，4）。

　　标本F8门前堆积①：9，夹砂橙黄陶。口沿残，束颈，上腹弧，下腹残。颈部饰横向绳纹，上腹饰麻点纹，有烟炱。残高4、残宽6.8厘米（图4-28，5）。

　　标本F8门前堆积①：10，夹砂橙黄陶。侈口，圆唇，高领，束颈，颈部以下残。颈部素面。残高6、残宽11.6厘米（图4-28，6）。

　　标本F8门前堆积①：11，夹砂橙黄陶。侈口，圆唇，高领，束颈，颈部以下残。颈部饰麻点纹。残高4.7、残宽6.2厘米（图4-28，7）。

　　标本F8门前堆积①：12，夹砂橙黄陶。侈口，圆唇，矮领，束颈，颈部以下残。口沿外侧饰一周附加泥条，颈部饰麻点纹。口径14、残高4.8厘米（图4-28，8）。

　　标本F8门前堆积①：13，夹砂橙黄陶。侈口，圆唇，矮领，微束颈，颈部以下残。口沿外侧饰一周附加泥条，器表素面。残高4.2、残宽5.6厘米（图4-28，9）。

　　标本F8门前堆积①：1，夹砂橙黄陶。侈口，方唇，上腹圆，下腹残。唇面呈凹槽状，腹部素面。残高6、残宽9厘米（图4-28，12）。

　　高领罐　1件。

　　标本F8门前堆积①：7，泥质橙黄陶。喇叭口，圆唇，矮领，束颈，颈部以下残。素面。残高3.5、残宽8.7厘米（图4-28，10）。

　　大口罐　1件。

　　标本F8门前堆积①：2，夹砂橙黄陶。敛口，方唇，口沿以下残。口沿外侧饰一周附加泥条，器身通体饰竖向绳纹。口径18、残高4厘米（图4-28，11）。

　　盆　1件。

　　标本F8门前堆积①：8，夹砂橙黄陶。敞口，圆唇，斜腹微弧，底残。腹部饰横向篮纹。残高3.3、残宽8.2厘米（图4-28，13）。

　　（5）F8门前堆积②层

　　出土少量陶片，以腹部残片为主，可辨器形有圆腹罐（表4-55、56）。

　　圆腹罐　1件。

　　标本F8门前堆积②：1，夹砂橙黄陶。侈口，圆唇，矮领，束颈，颈部以下残。颈部素面且粗糙。残宽3.8、残高2.4厘米（图4-28，14）。

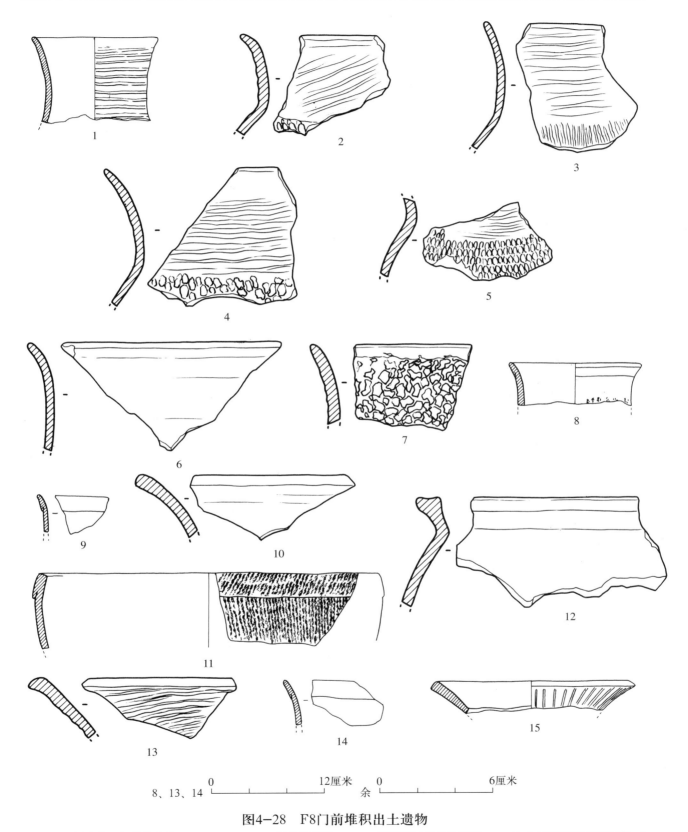

图4-28 F8门前堆积出土遗物

1~9、14.圆腹罐F8门前堆积①：3~6、9~13、F8门前堆积②：1　10.高领罐F8门前堆积①：7　11.大口罐F8门前堆积①：2
12.圆腹罐F8门前堆积①：1　13、15.盆F8门前堆积①：8、盆F8门前堆积③：1

表4-55　F8门前堆积②器类数量统计表

器形 \ 陶质 \ 陶色	泥质				夹砂				合计
	红	橙黄	灰	黑	红	橙黄	灰	黑	
圆腹罐						1			1

表4-56　F8门前堆积②层陶片统计表

纹饰 \ 陶质 \ 陶色	泥质				夹砂				合计
	橙黄	灰	红	灰底黑彩	橙黄	灰	红	褐	
素面	8				3				11
绳纹					2				2
篮纹	2								2
麻点纹					3				3

（6）F8门前堆积③层

出土少量陶片，以腹部残片为主，可辨器形有盆（表4-57、58）。

表4-57　F8门前堆积③器类数量统计表

器形 \ 陶质 \ 陶色	泥质				夹砂				合计
	红	橙黄	灰	黑	红	橙黄	灰	黑	
盆		1							1

表4-58　F8门前堆积③层陶片统计表

纹饰 \ 陶质 \ 陶色	泥质				夹砂				合计
	橙黄	灰	红	灰底黑彩	橙黄	灰	红	褐	
素面	3	2	1						6
绳纹					6				6
麻点纹					18				18

盆　1件。

标本F8门前堆积③：1，泥质橙黄陶。敞口，方唇，上腹斜直，下腹残。上腹饰竖向篮纹。口径21.8、残高3.2厘米（图4-28，15）。

（7）F8门前堆积④层

F8门前堆积④层（表4-59）。

（8）F8门前堆积⑤层

出土少量陶片，以腹部残片为主，可辨器形有圆腹罐、大口罐（表4-60、61）。

圆腹罐　1件。

标本F8门前堆积⑤：2，夹砂橙黄陶。直口，尖唇，高领，束颈，上腹圆，下腹残。颈部素面，上腹部饰麻点纹，颈部与腹部拼接痕迹清晰可见，其内壁有泥条盘筑痕迹。口径11.6、残高

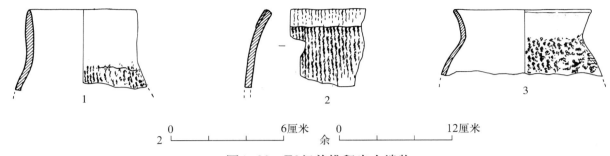

图4-29 F8门前堆积出土遗物

1、3.圆腹罐F8门前堆积⑤：2、F8门前堆积⑥：1 2.大口罐F8门前堆积⑤：1

8.8厘米（图4-29，1）。

大口罐 1件。

标本F8门前堆积⑤：1，夹砂橙黄陶。敛口，方唇，腹部残，口沿外侧饰一周附加泥条，器身通体饰竖向绳纹，有烟炱痕迹。残宽4、残高4.3厘米（图4-29，2）。

表4-59 F8门前④层陶片统计表

纹饰 \ 陶质/陶色	泥质				夹砂				合计
	橙黄	灰	红	灰底黑彩	橙黄	灰	红	褐	
素面	15	2	5		8				30
绳纹					2				2
篮纹	16				3				19
麻点纹					15				15
篮纹 + 麻点纹					1				1

表4-60 F8门前⑤层器类数量统计表

器形 \ 陶质/陶色	泥质				夹砂				合计
	红	橙黄	灰	黑	红	橙黄	灰	黑	
大口罐						1			1
圆腹罐						1			1

表4-61 F8门前堆积⑤层陶片统计表

纹饰 \ 陶质/陶色	泥质				夹砂				合计
	橙黄	灰	红	灰底黑彩	橙黄	灰	红	褐	
素面	11	1							12
绳纹					10				10
篮纹	9				1				10
麻点纹					11				11
交错绳纹	1								1

（9）F8门前堆积⑥层

出土少量陶片，以腹部残片为主，可辨器形有圆腹罐（表4-62、63）。

表4-62　F8门前堆积⑥层器类数量统计表

器形 陶质 陶色	泥质				夹砂				合计
	红	橙黄	灰	黑	红	橙黄	灰	黑	
圆腹罐						1			1

表4-63　F8门前堆积⑥层陶片统计表

纹饰 陶质 陶色	泥质				夹砂				合计
	橙黄	灰	红	灰底黑彩	橙黄	灰	红	褐	
素面	1		3						4
绳纹					2				2
篮纹					2				2
麻点纹					5				5

圆腹罐　1件。

标本F8门前堆积⑥：1，夹砂橙黄陶。侈口，圆唇，矮领，束颈，上腹圆，下腹残。颈部素面，上腹饰麻点纹。口径14.6、残高7.4厘米（图4-29，3）。

其他地层出土陶片见下表（表4-64～67）。

表4-64　F8门前堆积⑦层陶片统计表

纹饰 陶质 陶色	泥质				夹砂				合计
	橙黄	灰	红	灰底黑彩	橙黄	灰	红	褐	
素面	1				1				2
绳纹					1				1
交错篮纹					1				1

表4-65　F8陶片统计表

7毫米	泥质				夹砂				合计
	橙黄	灰	红	白	橙黄	灰	红	褐	
素面	63	12	35	1	50				161
绳纹	9	7			28		1		45
篮纹	65		16			3			84
麻点纹					158	8			166
刻划纹					1				1
篮纹＋麻点纹					17				17
附加堆纹		1			6				7

表4-66　F8门道内填土层陶片统计表

纹饰 ＼ 陶质・陶色	泥质				夹砂				合计
	橙黄	灰	红	灰底黑彩	橙黄	灰	红	褐	
素面	2	1	1		2				6
绳纹					1				1
篮纹	3								3
麻点纹					2				2

表4-67　F8门前堆积层陶片统计表

纹饰 ＼ 陶质・陶色	泥质				夹砂				合计
	橙黄	灰	红	灰底黑彩	橙黄	灰	红	褐	
素面	43	4			18				65
绳纹	1	1			26	1			29
篮纹	21	2			1				24
麻点纹					30				30
篮纹＋戳印纹	1								1
附加堆纹					3				3
席纹					1				1
篮纹＋绳纹					1				1

9. F9

F9分布于ⅡT1102、ⅡT1202、ⅡT1103、ⅡT1203内，开口于第②层下（图4-30）。半地穴式，东西向，门道位置不详。

居室平面呈圆角长方形，东西长4.35、南北宽2.80～3.20米，面积约13.7平方米。墙壁面残高0.28～0.32米，西侧壁面向下较直，东侧壁面向下外扩呈袋装，墙壁残留有白灰面墙裙。底面不甚平整，中部微下凹，涂抹有一层厚约0.3厘米的白灰皮，白灰皮下有一层厚1～2厘米的草拌泥。草拌泥下有三层垫土，第①层黄色，厚0.016～0.05米。第②层浅褐色，包含大量红烧土、燃烧灰烬，厚0.13～0.32米。第③层深褐色，厚0.035～0.15米。居室中部偏北有一圆形灶坑，直径约1.06、深0.08米，灶内壁有一层厚0.2厘米白灰皮。灶内堆积分三层：第①层为红烧土，厚0.13米。第②层为黄色垫土，厚0.05～0.18米。第③层红烧土，厚0～0.034米。灶坑表面有一层厚1～4厘米燃烧灰烬，较疏松。灶坑东北侧有一柱洞，开口于第居室底面黄色垫土下，平面呈圆形，剖面呈锥形，直径约0.35、深0.65米。柱窝直径0.16、深0.18米，剖面呈锥形。柱窝周围填有坚硬的黑垆土。F9灶坑底部发现红烧土，居住面垫土下发现柱洞，现怀疑F9可能被修整过。

房内堆积未分层，土色浅灰，土质较疏松，包含少量炭粒、红烧土块，堆积厚0.28～0.31米，出土较多陶片。

F9①层

出土少量陶片，以腹部残片为主，可辨器形有圆腹罐、花边罐（表4-68、69）。

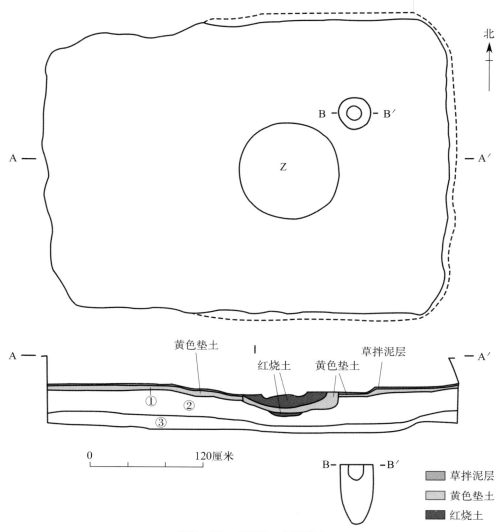

图4-30　F9平、剖面图

表4-68　F9①器类数量统计表

器形 ＼ 陶质＼陶色	泥质				夹砂				合计
	红	橙黄	灰	黑	红	橙黄	灰	黑	
花边罐						1			1
圆腹罐	1								1

表4-69　F9①层陶片统计表

纹饰 ＼ 陶质＼陶色	泥质				夹砂				合计
	橙黄	灰	红	灰底黑彩	橙黄	灰	红	褐	
素面	5				3				8
绳纹					3				3
交错篮纹					1				1

圆腹罐　1件。

标本F9①：2，泥质红陶。侈口，圆唇，高领，微束颈，颈部以下残。器身通体素面磨光。口径11.5、残高6厘米（图4-31，1）。

花边罐　1件。

标本F9①：1，夹砂橙黄陶。侈口，圆唇，矮领，束颈，颈部以下残。口沿外侧与下颈部各饰一周附加堆泥条，泥条经手指按压呈波状，颈部素面，下颈部饰麻点纹。残高5.6、残宽4.4厘米（图4-31，2）。

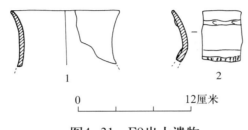

图4-31　F9出土遗物
1.圆腹罐F9①：2　2.花边罐F9①：1

10. F10

F10分布于ⅢT0905、ⅢT1004、ⅢT1005、ⅢT1004、ⅢT1005五个探方内，开口于第③层下（图4-32）。半地穴式，东北—西南向。

F10居室平面呈圆角长方形。长3.40～3.60、宽2.80米，面积约9.5平方米。墙壁向下较直，残高0.45～0.52米，局部壁面上残存厚0.2厘米白灰皮墙裙。居室西南角凸出，摆放一石块，怀疑为门道位置。居住面为厚0.4厘米白灰皮，白灰皮下有一层厚1～2厘米草拌泥。草拌泥下有四层垫土：第①层为黄色垫土，厚0.04～0.08米。第②层褐色垫土，厚0.16～0.20米。第③层褐色土，包含少量斑块，厚0.13～0.24米。第④层为黄色垫土，厚0.035～0.055米。在居室中部偏北设有一圆形灶坑，直径0.95～1.00、深0.52米，灶壁有一周厚0.3厘米白灰皮。灶内堆积分五层：第①层为红烧土层，厚0.034～0.076米。第②层为浅灰色土，厚0.07～0.09米。第③层为深灰色土，厚0～0.07米。第④层为浅褐色土，厚0.16～0.28米。第⑤层为浅灰色土，厚0.04～0.10米。

房内堆积分两层，①层为深黄色土，土质致密，水平状堆积，厚0.15～0.23米。②层为褐色土，包含少量炭粒、硬土块，水平状堆积，厚0.19～0.27米，堆积内出土较多陶片及少量石块、兽骨等。

（1）F10①层

出土少量陶片，以腹部残片为主，可辨器形有高领罐（表4-70、71）。

表4-70　F10①器类数量统计表

器形 ＼ 陶色 ＼ 陶质	泥质				夹砂				合计
	红	橙黄	灰	黑	红	橙黄	灰	黑	
高领罐		1							1

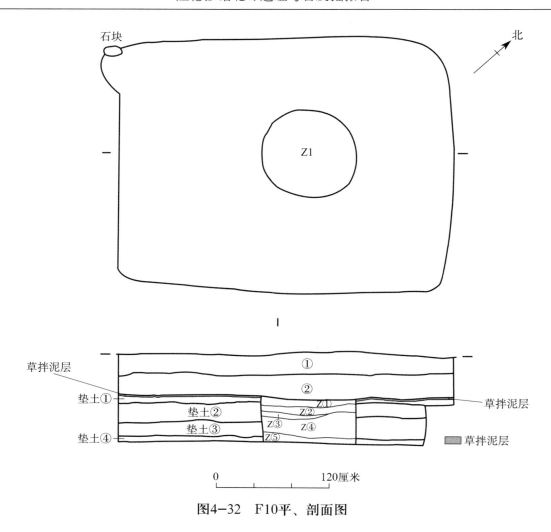

图4-32　F10平、剖面图

表4-71　F10①层陶片统计表

纹饰＼陶色	泥质				夹砂				合计
	橙黄	灰	红	灰底黑彩	橙黄	灰	红	褐	
素面	4	2			3				9
绳纹							1		1
篮纹	7				2				9
麻点纹					7				7

高领罐　1件。

标本F10①：1，泥质橙黄陶。喇叭口，圆唇，高领，束颈，颈部以下残。口沿处有修整刮抹痕迹，颈部饰斜向篮纹。口径21.8、残高6厘米（图4-33，1）。

（2）F10②层

出土少量陶片，以腹部残片为主，可辨器形有圆腹罐、花边罐、罐腹底（表4-72、73）。

圆腹罐　2件。

表4-72　F10②器类数量统计表

器形 \ 陶质 陶色	泥质				夹砂				合计
	红	橙黄	灰	黑	红	橙黄	灰	黑	
圆腹罐		1				1			2
花边罐					1				1
罐腹底					1				1

表4-73　F10②层陶片统计表

纹饰 \ 陶质 陶色	泥质				夹砂				合计
	橙黄	灰	红	灰底黑彩	橙黄	灰	红	褐	
素面	11	13			10	2			36
绳纹	1				2				3
篮纹	10				2				12
麻点纹					24				24
网格纹					2				2
附加堆纹＋绳纹					2				2
弦纹							1		1

标本F10②：1，夹砂橙黄陶。侈口，圆唇，高领，束颈，颈部以下残。上颈部素面，肩部饰麻点纹，器表有烟炱痕迹。口径12.6、残高7厘米（图4-33，2）。

标本F10②：2，泥质橙黄陶。侈口，圆唇，高领，束颈，颈部以下残。素面磨光。残高4、残宽5.2厘米（图4-33，3）。

花边罐　1件。

标本F10②：3，夹砂红陶。侈口，锯齿唇，微束颈，颈部以下残。颈部饰竖向绳纹。残高3.8、残宽5.2厘米（图4-33，4）。

罐腹底　1件。

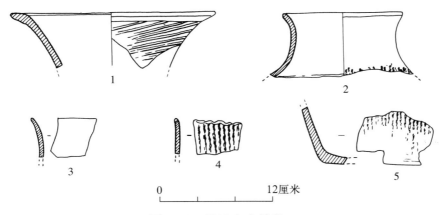

图4-33　F10出土遗物

1.高领罐F10①：1　2、3.圆腹罐F10②：1、2　4.花边罐F10②：3　5.罐腹底F10②：4

标本F10②：4，夹砂橙黄陶。上腹残，下腹斜直，平底。腹部饰竖向绳纹。残高6、残宽8厘米（图4-33，5）。

（3）其他地层

其他地层出土陶片见下表（表4-74～77）。

表4-74　F10④层陶片统计表

纹饰 / 陶色	泥质				夹砂				合计
	橙黄	灰	红	白	橙黄	灰	红	褐	
素面			1	1	3				5
绳纹					1				1
篮纹	3								3
麻点纹					8				8
刻划纹					1				1

表4-75　F10⑥层陶片统计表

纹饰 / 陶色	泥质				夹砂				合计
	橙黄	灰	红	灰底黑彩	橙黄	灰	红	褐	
素面	5		3		4				12
绳纹	2	1			5				8
篮纹	10	1	1						12
麻点纹					12				12
刻槽纹			1						1

表4-76　F10灶②层陶片统计表

纹饰 / 陶色	泥质				夹砂				合计
	橙黄	灰	红	灰底黑彩	橙黄	灰	红	褐	
素面	1								1
篮纹		2							2

表4-77　F10灶④层陶片统计表

纹饰 / 陶色	泥质				夹砂				合计
	橙黄	灰	红	灰底黑彩	橙黄	灰	红	褐	
素面	1		1						2
篮纹		1							1
麻点纹					1				1

11. F11

F11分布于ⅢT1004、ⅢT1005探方内，开口于第③层下（图4-34）。半地穴式，平面呈"凸"字形，门道位于居室西南侧，东北—西南走向。

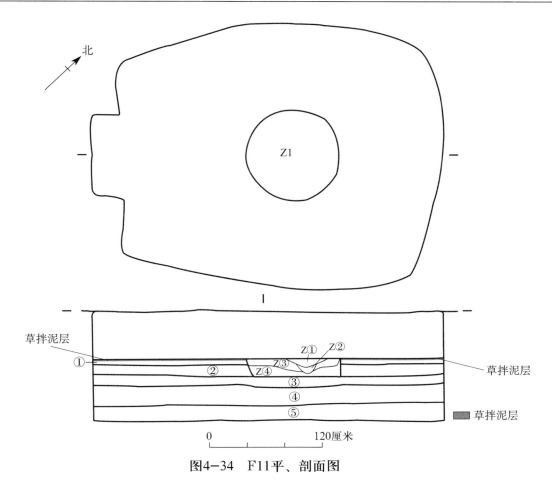

图4-34 F11平、剖面图

居室平面呈圆角长方字形，剖面呈筒状，直壁，平底。长 3.50、宽 2.90 米，残高约 0.52 米，面积约 10.1 平方米。居住面涂抹一层白灰皮，厚 0.5~2 厘米，白灰皮之下涂抹一层草拌泥，厚 1~1.5 厘米，草拌泥之下有五层垫土，第①层黄色垫土，厚 0.045~0.09 米。第②层黄色垫土，包含褐色土块，厚 0.09~0.13 米。第③层深灰色垫土，厚 0.08~0.11 米。第④层黄色垫土，厚 0.19~0.23 米。第⑤层深灰色垫土，包含褐色斑块，厚 0.15~0.20 米。灶位于居室中部，编号Z1。Z1平面呈近圆形，斜壁，平底，口部直径约 1.00、底部直径约 0.92、深约 0.20 米。壁面涂抹一层白灰皮，厚约 0.2 厘米，灶内堆积分四层：第①层为红烧土硬块，厚 0~0.09 米。第②层为草木灰，厚 0~0.06 米。第③层为红烧土，厚 0.07~0.10 米。第④层为黄土，厚 0.03~0.10 米。门道向西南突出，长约 0.36、宽约 0.92 米。

因F11叠压在F10之下，F11房内堆积即为F10居住面下垫土，还有另外一种可能：F10与F11为同一房址，经过二次使用修整（表 4-78）。

表4-78 F11灶层陶片统计表

纹饰 \ 陶质 \ 陶色	泥质				夹砂				合计
	橙黄	灰	红	灰底黑彩	橙黄	灰	红	褐	
绳纹					1				1
麻点纹					1				1

12. F12

F12 位于ⅢT1204、ⅢT1304 探方内，开口于第⑦层下，被H217 打破（图 4-35）。半地穴式，平面形呈圆角"凸"字形，门道位于居室南侧，东北—西南走向。

居室平面形呈圆角长方形，剖面呈筒状，直壁，底不平。长 3.24、宽 2.46、残高 0.05~0.07 米，面积约 7.9 平方米。壁面有一层白灰皮墙裙，厚约 0.2 厘米。居住面为白灰皮，厚约 0.3 厘米。白灰皮之下有一层草拌泥，厚约 0.5 厘米，草拌泥之下为褐色垫土，厚 0.04~0.18 米。灶位于居室中部，编号Z1。Z1 被H217 打破，残存一小部分，残长 0.63、残宽 0.21 米，红烧土厚 0~0.05 米。柱洞集中分布在居室东北部，编号ZD1、ZD2、ZD3。ZD1~ZD3 形制相同，平面呈圆形，剖面呈锥状，ZD1 直径 0.31~0.33、深约 0.26 米。ZD2 直径约 0.24、深约 0.24 米。ZD3 被H217 和 D2 打破，残留部分较小。门道长 1.17、宽 0.78~1.00 米。

房内堆积未分层，土色浅褐色，土质较疏松，包含少量炭粒、红烧土块、白灰皮碎块，厚约 0.06 米，出土少许陶片、石块、兽骨。

F12 出土少量陶片，以腹部残片为主，可辨器形有花边罐、单耳罐，另出土石斧、刮削器、骨针、骨镞（表 4-79、80）。

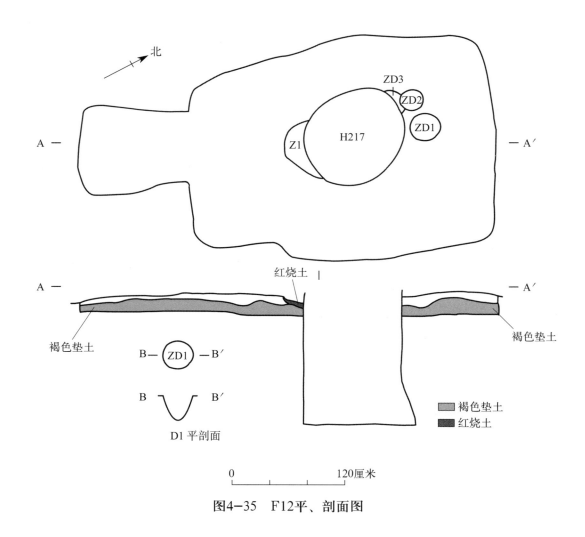

图 4-35　F12 平、剖面图

表4-79　F12器类数量统计表

器形＼陶质陶色	泥质				夹砂				合计
	红	橙黄	灰	黑	红	橙黄	灰	黑	
花边罐						3			3
单耳罐						1			1

表4-80　F12陶片统计表

纹饰＼陶质陶色	泥质				夹砂				合计
	橙黄	灰	红	灰底黑彩	橙黄	灰	红	褐	
素面	11	3	2		9				25
绳纹			3		2				5
篮纹	14				3				17
麻点纹					20				20
刻槽纹					3				3

花边罐　3件。

标本F12：5，夹砂橙黄陶。侈口，圆唇，矮领，束颈，上腹圆，下腹残。口沿外侧饰一周附加泥条，泥条经手指按压呈波状，颈部饰斜向绳纹，上腹部饰麻点纹，器表有烟炱痕迹。口径5.9、残高3.5厘米（图4-36，1）。

标本F12：6，夹砂橙黄陶。侈口，尖唇，矮领，束颈，颈部以下残。口沿外侧饰一周附加泥条，泥条经手指按压呈波状，颈部素面，有烟炱。残高5、残宽7.6厘米（图4-36，2）。

标本F12：8，夹砂橙黄陶。侈口，尖唇，矮领，束颈，上腹斜，下腹残。口沿外侧饰一周附加泥条，泥条经手指按压呈波状，颈部饰斜向篮纹。残高4.8、残宽5.6厘米（图4-36，3）。

单耳罐　1件。

标本F12：7，夹砂橙黄陶。侈口，方唇，高领，束颈，颈部以下残。连口残耳，颈部饰横向篮纹。残高5.8、残宽6.8厘米（图4-36，4）。

石斧　1件。

标本F12：1，玄武岩。器身为长方形，上窄下宽，器表粗磨，弧形背部，器身背部至腰部一半残，偏背部有一钻孔，双面刃。刃长3.6厘米，刃角78.2°，器身长13.6、宽4.5、厚2.67厘米（图4-36，5；彩版五二，1）。

刮削器　1件。

标本F12：2，燧石。白色泛青，为剥落的石片加工而成，边缘均为刃部，双面刃且锋利，刃部薄厚不一。长2.1、厚0.2厘米（图4-36，6；彩版五二，2）。

骨针　1件。

标本F12：3，残损，动物骨骼磨制而成，器身磨制精细且光滑，尖端磨制较尖锐，尾端残损，截断面呈圆形。残长3.9、直径0.2厘米（图4-36，7；彩版五二，3）。

骨镞　1件。

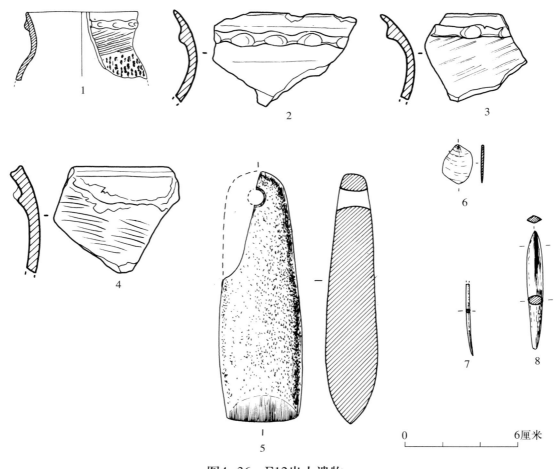

图4-36　F12出土遗物

1～3.花边罐F12：5、6、8　4.单耳罐F12：7　5.石斧F12：1　6.刮削器F12：2　7.骨针F12：3　8.骨镞F12：4

　　标本F12：4，动物骨骼磨制而成，平面略呈菱形，最大径位于中腰部，除锋部细磨外，其余粗磨，锋部扁平且尖锐，铤部呈圆柱状。长6.4、宽0.8厘米（图4-36，8；彩版五二，4）。

13. F13

　　F13位于ⅢT1102、ⅢT1101探方内，开口于第位于④层下，被H107、H128、H134、H151、H153、H177、H186、H197打破（图4-37）。半地穴式，门道位于居室南侧。

　　F13破坏较为严重，平面残存呈不规则形。南北残长约3.28、东西残宽约2.10米，残存面积约6.9平方米，残高约0.88米。居住面为踩踏硬面，厚约0.2厘米。灶位于居室中部，编号Z1，平面呈圆形，剖面呈筒状，斜直壁，平底。灶坑壁面及底面未见烧结面或红烧土，直径约0.59、深0.60米。居室内有三个柱洞，编号ZD1、ZD2、ZD3。形制相同，平面呈圆形，直壁，圜底，ZD1直径约0.52、深0.53米。ZD2直径0.39、深0.40米。ZD3直径0.37、深0.30米。

　　房内堆积分三层，第①层土色深灰色，土质疏松，包含大量炭粒、红烧土，波状堆积，厚0.06～0.33米，出土较多陶片、石块、兽骨。第②层土色深褐色，土质疏松，包含有大量炭粒、红烧土颗粒，波状堆积，厚0.10～0.35米，出土较多陶片、兽骨、石块。第③层土色浅褐色，土

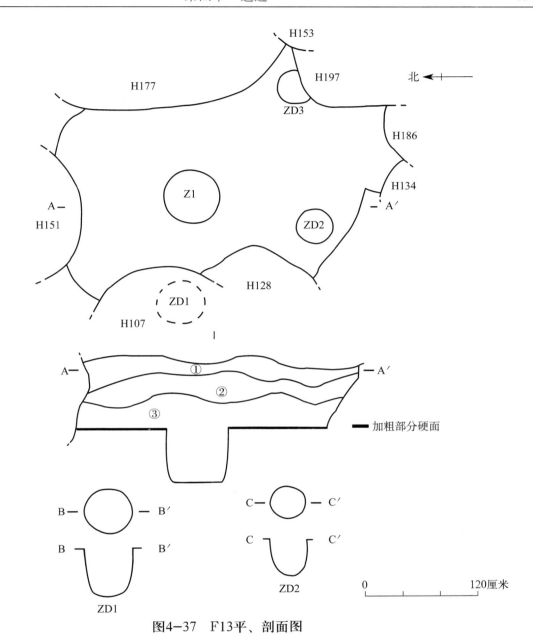

图4-37 F13平、剖面图

质疏松，包含大量炭粒、红烧土颗粒，水平状堆积，厚0.21～0.38米，出土较多陶片。

（1）F13①层

出土少量陶片，以腹部残片为主，可辨器形有圆腹罐、花边罐、高领罐（表4-81、82）。

圆腹罐 5件。

标本F13①：3，夹砂红陶。侈口，圆唇，高领，微束颈，上腹圆，下腹残。颈部饰斜向篮纹，上腹部饰麻点纹。口径15、残高9.2厘米（图4-38，1）。

标本F13①：5，夹砂橙黄陶。侈口，圆唇，高领，束颈，上腹圆，下腹残。颈部素面，上腹部饰麻点纹。残高11.6、残宽7.6厘米（图4-38，2）。

标本F13①：7，夹砂红陶。侈口，圆唇，高领，束颈，颈部以下残。颈部素面，有烟炱。残高 4、残宽 6.4 厘米（图 4-38，3）。

标本 F13①：8，夹砂橙黄陶。侈口，圆唇，高领，束颈，颈部以下残。颈部饰斜向篮纹，有烟炱。残高 8.3、残宽 7.1 厘米（图 4-38，4）。

表4-81　F13①器类数量统计表

器形　　　陶色	泥质				夹砂				合计
陶质	红	橙黄	灰	黑	红	橙黄	灰	黑	
高领罐		2							2
罐腹底						1			1
圆腹罐					2	3			5
花边罐					1	1			2
盆		1	1						2

表4-82　F13①层陶片统计表

纹饰　　　陶色	泥质				夹砂				合计
陶质	橙黄	灰	红	灰底黑彩	橙黄	灰	红	褐	
素面	21	2	3		7				33
绳纹	1				4				5
篮纹	17	1	4		7				29
麻点纹					24	1			25
刻划纹					1				1

标本 F13①：9，夹砂橙黄陶。侈口，圆唇，矮领，束颈，上腹斜，下腹残。器表饰横向篮纹，上腹饰麻点纹，有烟炱。残高 7.2、残宽 6.4 厘米（图 4-38，5）。

花边罐　2 件。

标本 F13①：4，夹砂红陶。侈口，圆唇，矮领，束颈，颈部以下残。口沿外饰一周附加泥条，泥条经手指按压呈波状，颈部饰斜向篮纹。口径 18、残高 7.6 厘米（图 4-38，6）。

标本 F13①：12，夹砂橙黄陶。侈口，圆唇，矮领，束颈，颈部以下残。口沿外侧饰一周附加泥条，泥条经手指按压呈波状，颈部饰斜向篮纹。残高 4.3、残宽 4.3 厘米（图 4-38，7）。

高领罐　2 件。

标本 F13①：1，泥质橙黄陶。喇叭口，圆唇，高领，束颈，颈部以下残。口沿外侧有一周折棱，颈部饰斜向篮纹。口径 12、残高 9.6 厘米（图 4-38，8）。

标本 F13①：6，泥质橙黄陶。侈口，圆唇，高领，束颈，溜肩，腹部残。沿下饰斜向篮纹，颈部素面且有刮抹痕迹，肩部素面。口径 13.4、残高 9.4 厘米（图 4-38，9）。

罐腹底　1 件。

标本 F13①：2，夹砂橙黄陶。上腹残，下腹斜弧，平底。腹部饰横向绳纹。残高 17.4、底径 14 厘米（图 4-38，10）。

盆　2 件。

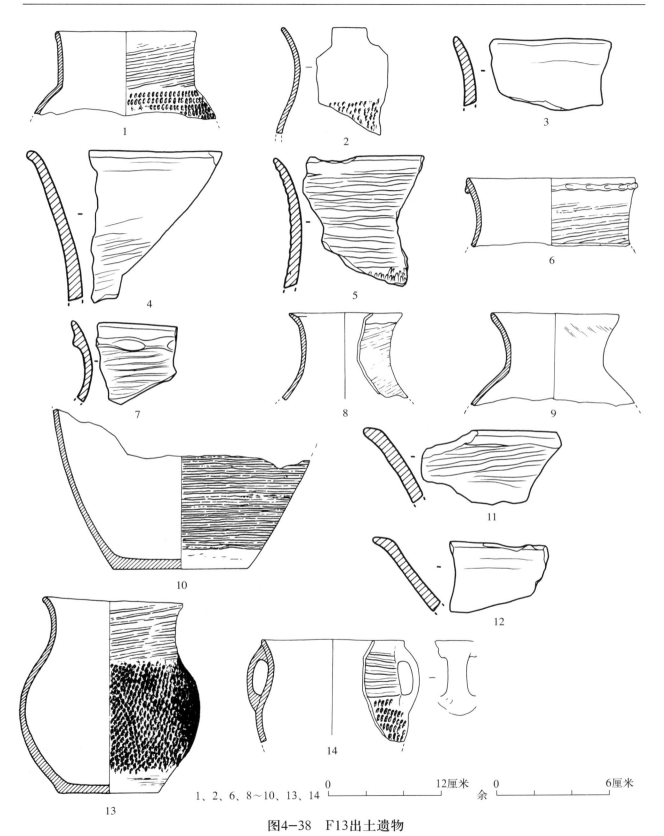

图4-38 F13出土遗物

1～5、13.圆腹罐F13①：3、5、7～9、F13②：1 6、7.花边罐F13①：4、12 8、9.高领罐F13①：1、6 10.罐腹底F13①：2
11、12.盆F13①：10、11 14.双耳罐F13③：1

标本F13①：10，泥质橙黄陶。敞口，窄平沿，圆唇，斜腹微弧，底残。口沿外侧有一周折棱，腹部饰横向篮纹，内壁素面磨光。残高4、残宽7.3厘米（图4-38，11）。

标本F13①：11，泥质灰陶。敞口，平沿，圆唇，斜弧腹，底残。器表素面，内壁素面磨光。残高3.8、残宽5.3厘米（图4-38，12）。

（2）F13②层

出土少量陶片，以腹部残片为主，可辨器形有圆腹罐（表4-83、84）。

表4-83　F13②器类数量统计表

器形 \ 陶质陶色	泥质				夹砂				合计
	红	橙黄	灰	黑	红	橙黄	灰	黑	
圆腹罐					1				1

表4-84　F13②层陶片统计表

纹饰 \ 陶质陶色	泥质				夹砂				合计
	橙黄	灰	红	灰底黑彩	橙黄	灰	红	褐	
素面	3								3
篮纹	3								3

圆腹罐　1件。

标本F13②：1，夹砂红陶。侈口，圆唇，高领，束颈，圆腹，平底。颈部饰斜向篮纹，腹部饰麻点纹，近底部饰横向篮纹。口径14.8、高21、底径10.4厘米（图4-38，13；彩版五二，5）。

（3）F13③层

出土少量陶片，以腹部残片为主，可辨器形有双耳罐（表4-85、86）。

表4-85　F13③器类数量统计表

器形 \ 陶质陶色	泥质				夹砂				合计
	红	橙黄	灰	黑	红	橙黄	灰	黑	
双耳罐							1		1

表4-86　F13③陶片统计表

纹饰 \ 陶质陶色	泥质				夹砂				合计
	橙黄	灰	红	灰底黑彩	橙黄	灰	红	褐	
素面	73	15			10				98
绳纹	2				8				10
篮纹	62				10				72
麻点纹					71				71

双耳罐　1件。

标本F13③：1，夹砂灰陶。侈口，圆唇，矮领，微束颈，上腹圆，下腹残。拱形双耳，颈部饰横向篮纹，腹部饰麻点纹。口径 15.2、残高 10.8 厘米（图 4-38，14）。

14. F14

F14 分布于 II T1101、III T1101、II T1201 探方内，开口于第④层下（图 4-39）。平面呈"凸"字形，门道位于居室东南侧。

居室平面呈椭圆形，剖面呈袋状，斜弧壁，平底。口部东西长 2.70、南北宽 2.65、底部东西长约 3.44、南北宽约 3.14、残高约 1.98 米，面积约 10.5 平方米。居室内未见灶坑、柱洞等设施。窖穴位于居室东南部，部分向东壁掏挖而成，底径 1.50～1.80、高 1.25 米。窖穴内出土少量陶片。

门道平面呈长方形，斜坡状，门道底面为踩踏硬面，厚约 1 厘米。门道高于居住面约 0.56 米形成台阶，门道长 1.08、宽 0.96 米。

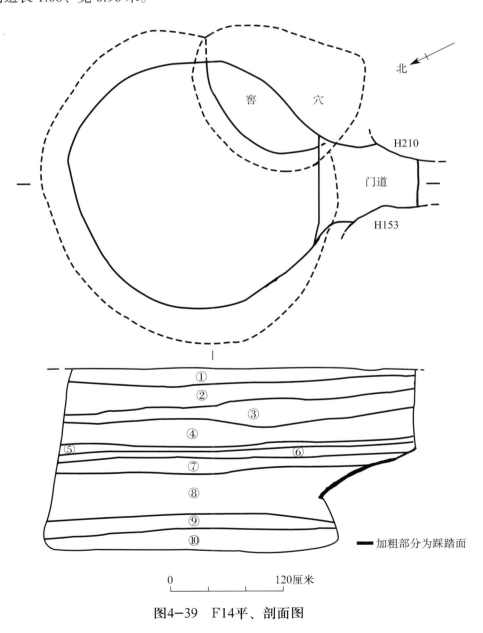

图4-39　F14平、剖面图

房内堆积分十层，第①层土色浅黄，土质较疏松，水平堆积，厚0.05～0.10米，出土少量陶片。第②层土色深褐，土质较疏松，基本水平堆积，厚0.16～0.35米，出土少量陶片、石块、兽骨等。第③层土色浅黄，土质较疏松，包含零星炭粒，水平堆积，厚0.08～0.28米，出土少量陶片、兽骨。第④层土色浅灰，土质较疏松，基本水平堆积，厚0.16～0.28米，出土少量陶片、石块、兽骨。第⑤层土色浅灰，土质较疏松，包含零散红烧土和炭粒，基本水平堆积，厚0.03～0.10米，出土少量陶片、兽骨。第⑥层土色褐色，土质较疏松，水平堆积，厚0.06～0.10米，出土零散陶片、石块、兽骨。第⑦层土色浅灰，土质较疏松，水平堆积，厚0.08～0.18米，出土零散陶片、石块、兽骨。第⑧层土色深灰，土质较疏松，包含零星炭粒，基本水平堆积，厚0.42～0.60米，出土较多陶片、兽骨和石块。第⑨层土色浅灰，土质较疏松，基本水平堆积，厚0.06～0.18米，出土零散陶片。第⑩层土色深灰，土质较致密，基本水平堆积，厚0.12～0.24米，出土少量陶片、石块、兽骨。

（1）F14①层

出土少量陶片，以腹部残片为主，可辨器形有盆（表4-87、88）。

表4-87　F14①器类数量统计表

器形 ＼ 陶色	陶质 泥质				夹砂				合计
	红	橙黄	灰	褐	红	橙黄	灰	黑	
盆			1						1

表4-88　F14①层陶片统计表

纹饰 ＼ 陶色	陶质 泥质				夹砂				合计
	橙黄	灰	红	灰底黑彩	橙黄	灰	红	褐	
素面	3	1							4
绳纹	1								1
篮纹＋麻点纹							1		1

盆　1件。

标本F14①：1，泥质褐陶。敞口，方唇，斜直腹，底残。口沿外侧饰一周附加泥条，器身通体饰斜向篮纹，其内壁素面磨光。口径11.9、残高2.2厘米（图4-40，1）。

（2）F14②层

出土陶片见下表（表4-89）。

表4-89　F14②层陶片统计表

纹饰 ＼ 陶色	陶质 泥质				夹砂				合计
	橙黄	灰	红	灰底黑彩	橙黄	灰	红	褐	
素面	9					6			15
绳纹		1	2		2				5
篮纹		1	6		3				10
麻点纹					11				11

（3）F14③层

出土陶片见下表（表4-90）。

表4-90 F14③层陶片统计表

纹饰 \ 陶质 陶色	泥质				夹砂				合计
	橙黄	灰	红	灰底黑彩	橙黄	灰	红	褐	
素面		1							1
篮纹	1								1
麻点纹					2				2

（4）F14④层

出土石刀1件（表4-91）。

表4-91 F14④层陶片统计表

纹饰 \ 陶质 陶色	泥质				夹砂				合计
	橙黄	灰	红	灰底黑彩	橙黄	灰	红	褐	
素面	3	4							7
绳纹					5				5
篮纹		1							1
麻点纹					5				5
戳印纹		1							1
刻划纹		1							1

石刀 1件。

标本F14④：1，石英砂岩。器身呈三角形，器表粗磨，双面细磨成刃部，刃部有使用过程中留下的疤痕。刃残长3.3厘米，刃角26.6°，器身残长3.3、残宽3.3、厚0.26厘米（图4-40，2；彩版五三，1）。

（5）F14⑥层

出土少量陶片，以腹部残片为主，可辨器形有圆腹罐、高领罐、盆（表4-92、93）。

表4-92 F14⑥器类数量统计表

器形 \ 陶质 陶色	泥质				夹砂				合计
	红	橙黄	灰	黑	红	橙黄	灰	黑	
盆	1		1						2
圆腹罐						1			1
高领罐		1							1

圆腹罐 1件。

标本F14⑥：2，夹砂橙黄陶。侈口，圆唇，高领，束颈，颈部以下残。颈部饰横向篮纹，有烟炱。残高4.6、残宽3.5厘米（图4-40，3）。

表4-93　F14⑥层陶片统计表

纹饰 \ 陶色	泥质				夹砂				合计
	橙黄	灰	红	灰底黑彩	橙黄	灰	红	褐	
素面	8	4	7		4				23
绳纹	1				9				10
篮纹	9	2	2		10				23
麻点纹					43				43
刻划纹	1		1						2
篮纹＋麻点纹					3				3

高领罐　1件。

标本F14⑥：3，泥质橙黄陶。喇叭口，窄平沿，尖唇，高领，束颈，颈部以下残。口沿外侧有一周折棱，颈部饰斜向篮纹。残高4.7、残宽9.6厘米（图4-40，4）。

盆　2件。

标本F14⑥：1，泥质红陶。敞口，圆唇，斜直腹，底残。口沿外侧素面磨光，腹部饰斜向篮纹，其内壁素面磨光。残宽8、残高2.8厘米（图4-40，5）。

标本F14⑥：4，泥质灰陶。敞口，窄平沿，尖唇，斜弧腹，底残。口沿外侧有一周折棱，腹部饰横向篮纹。残高4.2、残宽5.7厘米（图4-40，6）。

（6）F14⑦层

出土陶片见下表（表4-94）。

表4-94　F14⑦层陶片统计表

纹饰 \ 陶色	泥质				夹砂				合计
	橙黄	灰	红	灰底黑彩	橙黄	灰	红	褐	
素面	15				7				22
绳纹			2				4		6
篮纹	6	2			2				10
麻点纹					38				38
篮纹＋麻点纹					2				2

（7）F14⑧层

出土少量陶片，以腹部残片为主，可辨器形有圆腹罐、大口罐、盆、器盖，另出土骨锥（表4-95、96）。

圆腹罐　1件。

标本F14⑧：2，夹砂橙黄陶。侈口，圆唇，高领，束颈，颈部以下残。颈部饰竖向绳纹，器表通体有烟炱痕迹。口径7、残高2.8厘米（图4-40，7）。

大口罐　1件。

标本F14⑧：3，夹砂红陶。微侈口，方唇，上腹直，下腹残。口沿外侧饰一周附加泥条，腹

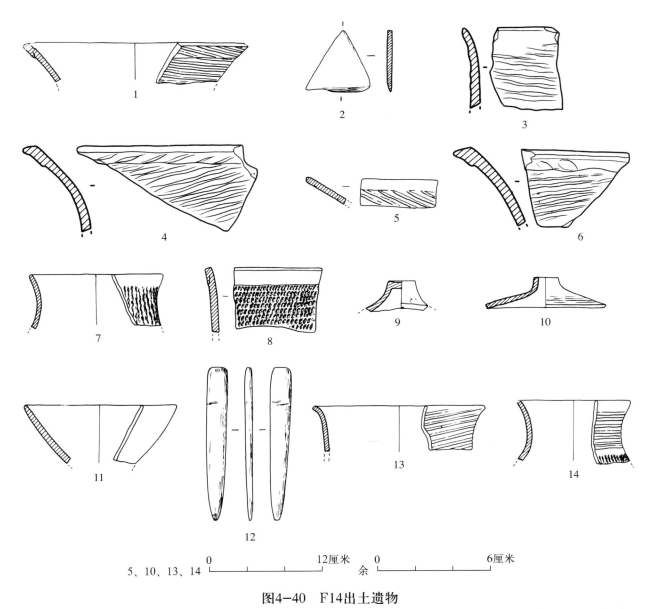

图4-40　F14出土遗物

1、5、6、11.盆F14①：1、F14⑥：1、4、F14⑧：4　2.石刀F14④：1　3、7、13、14.圆腹罐F14⑥：2、F14⑧：2、
F14⑩：1、2　4.高领罐F14⑥：3　8.大口罐F14⑧：3　9、10.器盖F14⑧：5、6　12.骨锥F14⑧：1

部饰麻点纹。残宽4.6、残高3厘米（图4-40，8）。

器盖　2件。

标本F14⑧：5，夹砂灰陶。圆形平顶纽，面部残，素面且粗糙。残宽3.2、残高1.5厘米（图4-40，9）。

标本F14⑧：6，泥质红陶。近伞状，圆形平顶柄，斜弧盖面，敞口，斜方唇，器表饰横向篮纹。直径12.8、高3.2厘米（图4-40，10；彩版五三，2）。

盆　1件。

标本F14⑧：4，泥质橙黄陶。敞口，圆唇，斜弧腹，底残。素面。口径8、残高3.2厘米（图4-40，11）。

骨锥　1件。

标本F14⑧：1，动物骨骼磨制而成，扁夹体平顶，通体细磨，柄顶扁平，柄部以下渐收至尖部，尖部锐利。长8.5、厚1厘米（图4-40，12；彩版五三，3）。

表4-95　F14⑧器类数量统计表

器形 \ 陶质 \ 陶色	泥质				夹砂				合计
	红	橙黄	灰	黑	红	橙黄	灰	黑	
圆腹罐						1			1
大口罐					1				1
盆		1							1

表4-96　F14⑧层陶片统计表

纹饰 \ 陶质 \ 陶色	泥质				夹砂				合计
	橙黄	灰	红	灰底黑彩	橙黄	灰	红	褐	
素面	22	8	7		8				45
绳纹		1					4		5
篮纹	12	1			10				23
麻点纹					55		10		65
刻划纹					1				1

（8）F14⑨层

出土陶片见下表（表4-97）。

表4-97　F14⑨层陶片统计表

纹饰 \ 陶质 \ 陶色	泥质				夹砂				合计
	橙黄	灰	红	灰底黑彩	橙黄	灰	红	褐	
素面			1		2				3
篮纹	1				2				3

（9）F14⑩层

出土少量陶片，以腹部残片为主，可辨器形有圆腹罐（表4-98）。

表4-98　F14⑩器类数量统计表

器形 \ 陶质 \ 陶色	泥质				夹砂				合计
	红	橙黄	灰	黑	红	橙黄	灰	黑	
圆腹罐						2			2

圆腹罐　2件。

标本F14⑩：1，夹砂橙黄陶。侈口，圆唇，高领，束颈，颈部以下残。颈部饰斜向篮纹，口沿处有烟炱痕迹。口径18、残高5厘米（图4-40，13）。

标本F14⑩：2，夹砂橙黄陶。侈口，圆唇，高领，束颈，上腹圆，下腹残。颈部饰横向篮纹，上腹部饰竖向绳纹，器表通体有烟炱痕迹。口径12、残高9厘米（图4-40，14）。

（10）F14窖穴

出土少量陶片，以腹部残片为主，可辨器形有圆腹罐、高领罐、钵、斝（表4-99、100）。另出土石斧。

表4-99　F14窖穴器类数量统计表

器形　　　　陶质／陶色	泥质				夹砂				合计
	红	橙黄	灰	黑	红	橙黄	灰	黑	
斝						1			1
高领罐	1								1
钵	1								1
圆腹罐					1				1

表4-100　F14窖穴陶片统计表

纹饰　　　　陶质／陶色	泥质				夹砂				合计
	橙黄	灰	红	灰底黑彩	橙黄	灰	红	褐	
素面	8	3			7				18
绳纹					7				7
篮纹	7		2		2				11
麻点纹					22				22

圆腹罐　1件。

标本F14窖穴：5，夹砂红陶。侈口，圆唇，矮领，束颈，上腹斜弧，下腹残。颈部是斜向篮纹，上腹饰竖向绳纹，有烟炱。口径9.3、残高5.4厘米（图4-41，1）。

高领罐　1件。

标本F14窖穴：3，泥质红陶。侈口，平沿，圆唇，高领，束颈，颈部以下残。沿下有一周折棱，颈部素面，其内壁修整刮抹痕迹明显。口径10.3、残高2.6厘米（图4-41，2）。

钵　1件。

标本F14窖穴：4，泥质红陶。敛口，圆唇，弧腹，底残。器表通体素面磨光，腹部有一对向钻孔。口径23.6、残高5.6厘米（图4-41，3）。

斝　1件。

标本F14窖穴：2，夹砂橙黄陶。侈口，方重唇，深直腹，下腹残。连口拱形残耳，唇面有两道凹槽，沿下饰一周按压花边呈波状，颈部饰横向篮纹。口径11.9、残高3.3厘米（图4-41，4）。

石斧　1件。

标本F14窖穴：1，石英岩。器身长方形，上窄下宽，一面平整且光滑，另一面略粗且残损，平基部，基长3.2、宽5.2、厚3.1厘米，刃部残，器身残长13、宽7.1、厚4.7厘米（图4-41，5；彩版五三，4）。

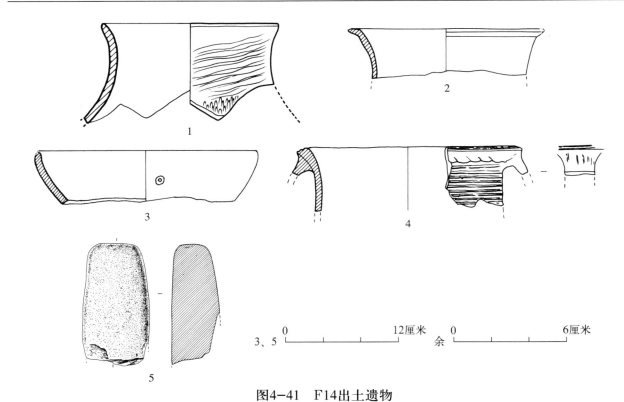

图4-41　F14出土遗物

1.圆腹罐F14窖穴：5　2.高领罐F14窖穴：3　3.钵F14窖穴：4　4.斝F14窖穴：2　5.石斧F14窖穴：1

15. F15

F15分布于ⅢT1205、ⅢT1206、ⅢT1305、ⅢT1306内，开口于第⑤层下（图4-42）。半地穴式，平面呈"凸"字形，门道位于居室南侧。

居室平面呈圆角长方形，剖面呈筒状，直壁，平底。南北长3.60、东西宽2.40、残高0.27~0.50米，面积约8.6平方米。居室壁面残留白灰皮墙裙，高约0.30米，厚约0.3厘米。居住面为白灰皮，保存较好，厚约0.5厘米，白灰皮之下抹有草拌泥，厚约4厘米，草拌泥之下有五层垫土：第①层土色深灰，土质疏松，厚0~0.12米，出土零散陶片。第②层土色浅黄，土质疏松，包含零星炭粒、烧土颗粒，厚0~0.16米。第③层土色浅褐，土质疏松，包含零散炭粒、烧土颗粒，厚0.08~0.18米。第④层土色浅黄，土质疏松，包含少量炭粒、烧土颗粒，厚0~0.20米。第⑤层土色浅褐，土质疏松，包含零星炭粒、烧土颗粒，厚0~0.15米。灶位于居室西北角，编号Z1，平面呈倒三角形，斜壁，圜底，进深约0.46、宽约0.72、残高约0.50米，壁面有青灰色烧结面，厚约5厘米。窖穴位于居室中部偏北，平面呈椭圆形，剖面呈袋状，斜直壁，平底，坑口南北长约1.00、东西长约1.15、底部南北长约0.23、东西长约1.40米，坑深约1.60米，壁面有明显工具加工痕迹，加工痕迹呈竖向垂直并列，分布密集，垂直长0.60~1.00、宽约0.04米，痕深约0.02米。柱洞共14个，编号ZD1~ZD14，东、西墙壁外侧各5个，居室内4个，D1~D10形制相同，平面呈半圆形，剖面呈筒状，平底。D11~14形制相同，平面呈圆形，剖面呈锥状，圜底。D1填土浅灰，土质致密，包含烧土颗粒、炭粒，南北径约0.26、底径约0.12、深约0.70米。D2填土浅灰，土质致密，包含烧土颗粒，南北径约0.2、底径约0.10、深约0.70米。D3填

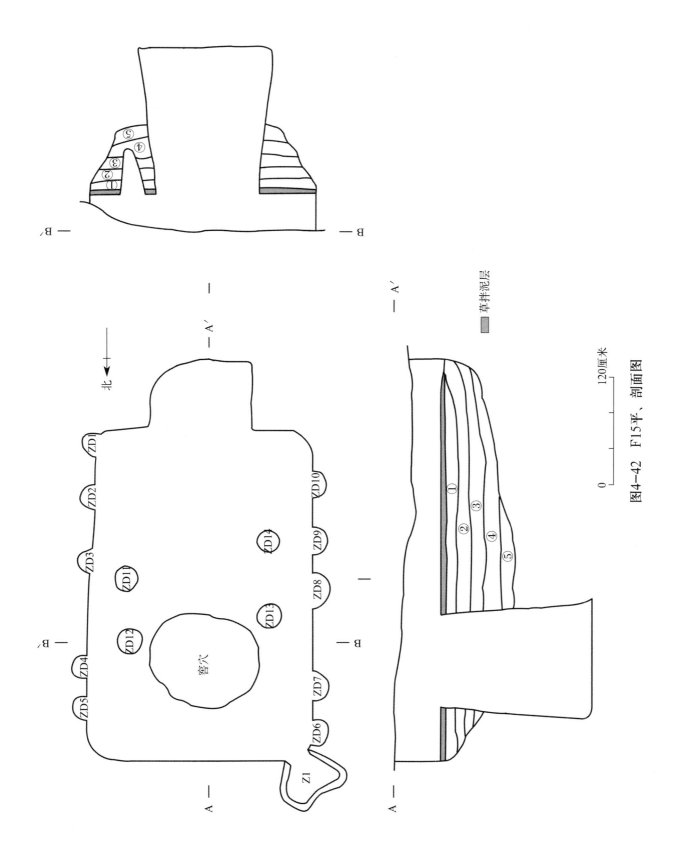

图4-42 F15平、剖面图

土浅灰，土质致密，包含烧土颗粒，南北径约0.27、底径约0.10、深约0.70米。D4填土浅灰，土质致密，包含烧土颗粒，南北径约0.25、底径约0.10、深约0.35米。D5填土浅灰，土质致密，包含烧土颗粒，南北径约0.26、底径约0.10、深约0.40米。D6填土浅灰，土质致密，包含烧土颗粒，南北径约0.27、底径约0.10、深约0.35米。D7填土黄灰，土质致密，包含烧土颗粒，南北径约0.32、底径约0.10、深约0.45米。D8填土浅灰，土质致密，包含烧土颗粒，南北径0.40、底径0.15、深0.80米。D9填土浅灰，土质致密，包含烧土颗粒，南北径0.30、、底径0.15、深0.75米。D10填土浅灰，土质致密，包含烧土颗粒，南北径0.31、底径0.25、深0.60米。D11填土浅灰，土质致密，包含烧土颗粒，口径0.28、底径0.12、深0.50米。D12填土浅灰，土质致密，夹杂烧土颗粒，口径0.26、底径0.12、深0.50米。D13填土浅灰，土质致密，夹包含土颗粒，口径0.26、底径0.12、深0.50米。D14填土浅灰，土质致密，包含烧土颗粒，口径0.24、底径0.15、深0.75米。门道南北长0.70、东西宽约1.10、残高0.36米。

房内堆积和窖穴内堆积土色为浅黄色，土质较为疏松，包含零散红烧土颗粒和炭粒，水平状堆积，厚约0.26～0.49米，出土少量陶片。

F15出土少量陶片，以腹部残片为主，可辨器形有圆腹罐、单耳罐、盆、豆、盘（表4-101、102）。

表4-101　F15器类数量统计表

器形	泥质				夹砂				合计
	红	橙黄	灰	黑	红	橙黄	灰	黑	
豆盘		1							1
圆腹罐					4	2			6
单耳罐					1				1
盆		1							1

表4-102　F15陶片统计表

纹饰	泥质				夹砂				合计
	橙黄	灰	红	灰底黑彩	橙黄	灰	红	褐	
素面	41	2	3		30				76
绳纹	17				15				32
篮纹	18	1	3		6				28
麻点纹					76				76
刻划纹					1				1
篮纹＋麻点纹					4				4
附加堆纹					2				2
附加堆纹＋麻点纹							5		5
交错篮纹		1							1

圆腹罐　6件。

标本F15：2，夹砂红陶。侈口，方唇，高领，束颈，上腹斜弧，下腹残。唇面有道凹槽，颈部素面，上腹部饰麻点纹，其内壁泥条盘筑痕迹明显。口径16.4、残高9.8厘米（图4-43，1）。

标本F15：3，夹砂红陶。侈口，圆唇，高领，束颈，圆腹，底残。颈部素面且有刮抹痕迹，腹部饰麻点纹。口径13.6、残高13厘米（图4-43，2）。

标本F15：4，夹砂橙黄陶。侈口，尖唇，束颈，上腹斜弧，下腹残。口沿外侧有一周折棱，颈部素面且粗糙，上腹部饰麻点纹，口部有烟炱痕迹。口径11.2、残高6.4厘米（图4-43，3）。

标本F15：5，夹砂橙黄陶。侈口，圆唇，高领，微束颈，颈部以下残。颈部素面且有刮抹痕迹，肩部饰一周刻划纹及附加泥饼。口径10.6、残高6.2厘米（图4-43，4）。

标本F15：6，夹砂红陶。侈口，圆唇，高领，束颈，上腹斜弧，下腹残。颈部素面且有刮抹痕迹，上腹饰麻点纹。口径15、残高11厘米（图4-43，5）。

标本F15：7，夹砂红陶。侈口，圆唇，高领，束颈，上腹斜弧，下腹残。口沿外侧饰斜向篮纹，颈部素面，上腹饰竖向绳纹。口径10.8、残高6.8厘米（图4-43，6）。

单耳罐　1件。

标本F15：8，夹砂红陶。侈口，圆唇，矮领，束颈，圆腹，底残。拱形单耳，上腹饰竖向绳纹，下腹饰横向刻划纹，耳面有一道凹槽。残高11、残宽6.8厘米（图4-43，7）。

盆　1件。

标本F15：9，泥质橙黄陶。敞口，尖唇，斜直腹，底残。口沿外侧饰一周附加泥条，泥条经

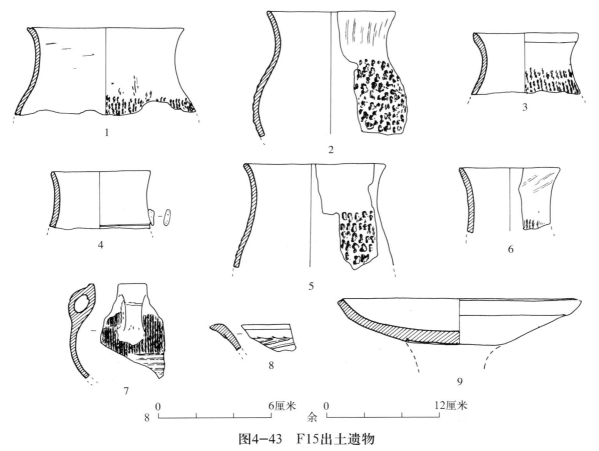

图4-43　F15出土遗物

1～6.圆腹罐F15：2～7　7.单耳罐F15：8　8.盆F15：9　9.豆盘F15：1

手指按压按压呈波状，腹部饰斜向篮纹，其内壁素面磨光。残高1.5、残宽2.8厘米（图4-43，8）。

豆　1件。

标本F15：1，泥质橙黄陶。敞口，方唇，弧腹，圜底，豆座残。口沿外侧有一周折棱，素面。口径25.4、残高4.8厘米（图4-43，9；彩版五三，5）。

16. F16

F16位于ⅡT0908、ⅡT0907、ⅡT0808内，开口于⑤层下（图4-44）。半地穴式，平面呈圆角长方形。

居室平面呈圆角长方形，剖面呈袋状，斜直壁，平底。口部南北长5.10、东西宽4.15、底部南北长约5.50、东西宽4.45、残高1.70米，面积约24.2平方米。居住面为白灰面，厚约0.5厘米。白灰之下为致密的深灰色垫土，厚约0.06米。居室内没有发现灶坑和柱洞等附属设施。房内堆积分五层：第①层土色浅黄，土质致密，包含零散红烧土块和较多的燃烧灰烬颗粒，坡状堆积，厚0～0.64米。第②层土色浅褐，土质致密，包含较多灰烬颗粒，坡状堆积，厚0～0.38米，出土少

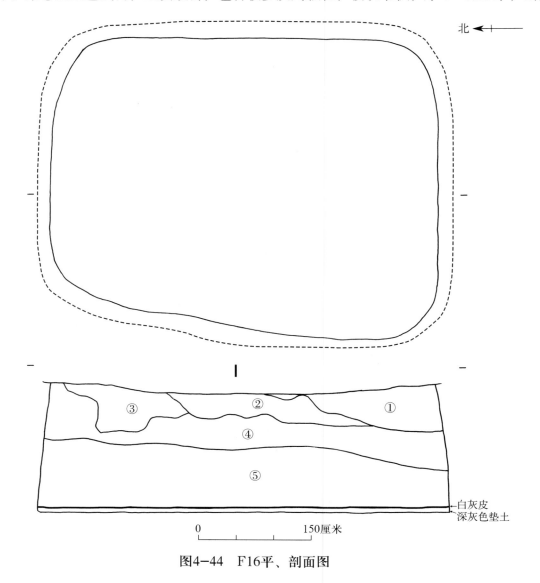

图4-44　F16平、剖面图

量陶片。第③层土色深灰，土质疏松，坡状堆积，厚0～0.63米，出土少量陶片。第④层土色浅褐，土质疏松，坡状堆积，厚0.13～0.76米，出土少量陶片。第⑤层土色深褐，土质疏松，坡状堆积，厚0.47～0.94米。

（1）F16⑤层

出土少量陶片，以腹部残片为主，可辨器形有圆腹罐、花边罐、单耳罐、双耳罐、高领罐、敛口罐、陶罐、盆、豆、斝、尊、陶杯、罐腹底、双錾罐。另出土石斧、石凿、石刀、刮削器、骨钏、骨饰、陶刀（表4-103、104）。

表4-103　F16⑤器类数量统计表

器形＼陶质陶色	泥质				夹砂				合计
	红	橙黄	灰	黑	红	橙黄	灰	褐	
陶杯	2					1			3
圆腹罐	1				3	9			13
花边罐					1	3		1	5
单耳罐	1					1			2
双耳罐		2							2
敛口罐			1						1
罐腹底						1			1
尊	1								1
高领罐	2	1							3
盆	2	3							5
陶罐			1						1
豆		1							1
斝							1		1
双錾罐					1				1

表4-104　F16⑤陶片统计表

纹饰＼陶质陶色	泥质				夹砂				合计
	橙黄	灰	红	白	橙黄	灰	红	褐	
素面	75	23	22	3	60		1		184
绳纹	4		2		42	3	1		52
篮纹	68	7	7		13				95
麻点纹					220		32		252
篮纹＋麻点纹					1	2			3
附加堆纹					16				16
附加堆纹＋麻点纹					3				3
交错篮纹	4		3		2				9
席纹					5				5
压印纹					1				1

圆腹罐　13件。

标本F16∶18，夹砂橙黄陶。侈口，圆唇，高领，微束颈，上腹圆弧，下腹残。颈部素面，上腹饰麻点纹。口径12、残高8.2厘米（图4-45，1）。

标本F16∶19，夹砂红陶。侈口，方唇，高领，束颈，上腹斜弧，下腹残。唇面有一周凹槽，颈部饰斜向篮纹，上腹部饰麻点纹。口径16.4、残高9.2厘米（图4-45，2）。

标本F16∶20，夹砂橙黄陶。侈口，圆唇，高领，束颈，颈部以下残。上颈部素面，肩部饰竖向绳纹。口径14.6、残高3.6厘米（图4-45，3）。

标本F16∶22，夹砂橙黄陶。侈口，尖唇，高领，束颈，颈部以下残。上颈部素面，肩部饰麻点纹。口径10.2、残高7.8厘米（图4-45，4）。

标本F16∶23，夹砂橙黄陶。微侈口，尖唇，高领，腹部残。颈部饰横向篮纹，肩部饰竖向绳纹。口径10.8、残高8.2厘米（图4-45，5）。

标本F16∶24，泥质红陶。侈口，方唇，高领，束颈，圆腹，底残。颈部素面，腹部饰竖向刻划纹。残高7、残宽6厘米（图4-45，6）。

标本F16∶44，夹砂红陶。侈口，圆唇，矮领，束颈，上腹斜，下腹残。素面。残高6.2、残宽8厘米（图4-45，7）。

标本F16∶49，夹砂橙黄陶。侈口，圆唇，高领，束颈，上腹圆，下腹残。颈部素面，上腹饰麻点纹，有烟炱。残高7.5、残宽9.6厘米（图4-46，1）。

标本F16∶50，夹砂红陶。侈口，圆唇，高领，束颈，上腹弧，下腹残。颈部饰横向篮纹，

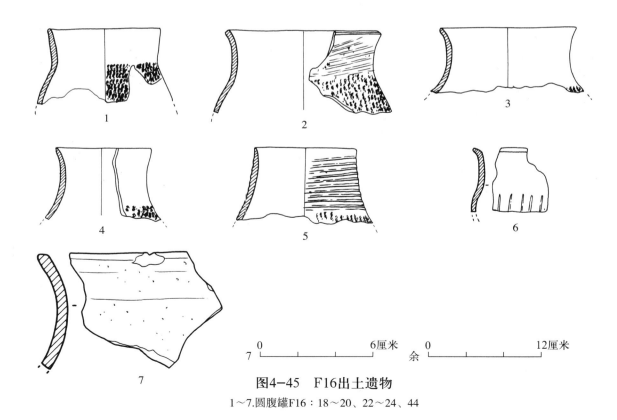

图4-45　F16出土遗物

1～7.圆腹罐F16∶18～20、22～24、44

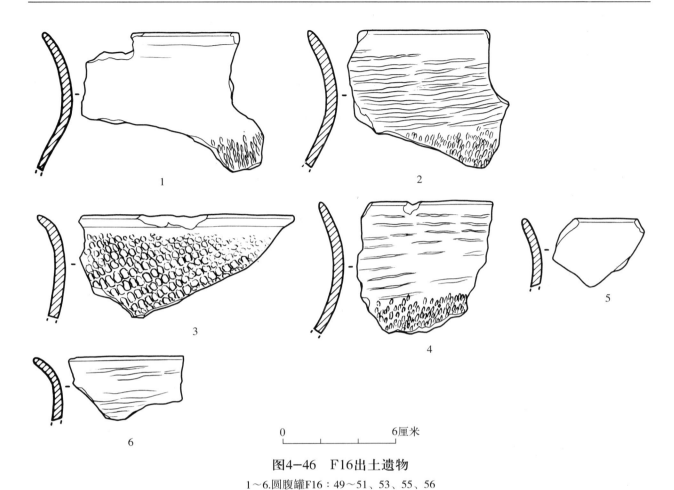

图4-46　F16出土遗物

1~6.圆腹罐F16：49~51、53、55、56

上腹饰麻点纹。残高7.6、残宽8.6厘米（图4-46，2）。

标本F16：51，夹砂橙黄陶。侈口，圆唇，高领，束颈，颈部以下残。颈部饰麻点纹。残高5.6、残宽11.4厘米（图4-46，3）。

标本F16：53，夹砂橙黄陶。侈口，圆唇，高领，束颈，上腹斜，下腹残。颈部饰横向篮纹，上腹饰麻点纹，有烟炱。残高7.2、残宽7.2厘米（图4-46，4）。

标本F16：55，夹砂橙黄陶。侈口，圆唇，矮领，束颈，颈部以下残。素面。残高3.8、残宽4.8厘米（图4-46，5）。

标本F16：56，夹砂橙黄陶。侈口，圆唇，矮领，束颈，颈部以下残。颈部饰横向篮纹。残高3.6、残宽6.1厘米（图4-46，6）。

花边罐　5件。

标本F16：21，夹砂红陶。侈口，尖唇，高领，束颈，上腹圆弧，下腹残。口沿外侧饰一周附加泥条，泥条经手指按压呈波状，颈部饰斜向绳纹，上腹部饰竖向绳纹。口径13.2、残高8.6厘米（图4-47，1）。

标本F16：42，夹砂褐陶。口部残，高领，束颈，颈部以下残。颈部饰一周附加泥条，泥条之上饰斜向戳印纹。残高4.4、残宽8.8厘米（图4-47，2）。

标本F16：43，夹砂橙黄陶。侈口，圆唇，高领，束颈，上腹斜，下腹残。口沿外侧饰一周附加泥条，泥条经手指按压呈波状，颈部饰斜向篮纹，上腹饰麻点纹。口径16、残高7.5厘米（图4-47，3）。

标本F16：52，夹砂橙黄陶。侈口，圆唇，高领，束颈，颈部以下残。口沿外侧饰一周附加泥条，泥条经手指按压呈波状，颈部素面。残高5、残宽7.5厘米（图4-47，5）。

标本F16：54，夹砂橙黄陶。侈口，圆唇，高领，束颈，上腹圆，下腹残。口沿外侧饰一周附加泥条，泥条经手指按压呈波状，颈部素面，上腹饰麻点纹，有烟炱。残高7.3、残宽9.7厘米（图4-47，4）。

单耳罐　2件。

标本F16：25，夹砂橙黄陶。侈口，圆唇，矮领，束颈，颈部以下残。上颈部有耳部脱落痕迹，颈部素面。口径10、残高6厘米（图4-47，6）。

标本F16：28，泥质红陶。侈口，高领，束颈，鼓腹，底残。口沿外侧有耳部脱落痕迹，颈部素面，腹部饰竖向刻划纹。残高8、残宽6厘米（图4-47，7）。

双耳罐　2件。

标本F16：26，泥质红陶。侈口，尖唇，高领，束颈，圆腹，底残。拱形双耳。素面。口径

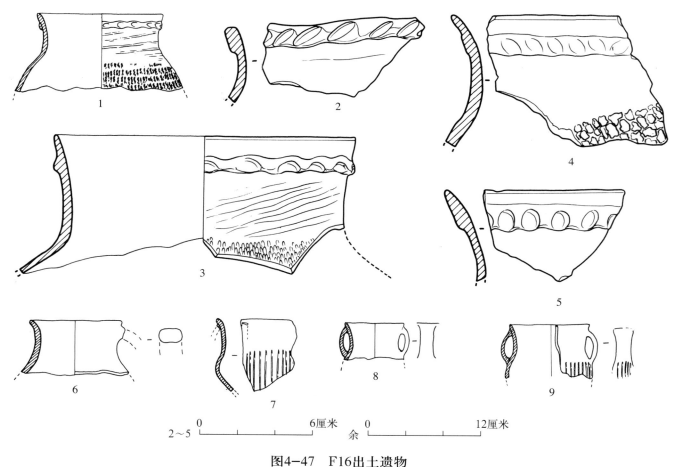

图4-47　F16出土遗物

1～5.花边罐F16：21、42、43、54、52　6、7.单耳罐F16：25、28　8、9.双耳罐F16：26、27

6.2、残高 4 厘米（图 4-47，8）。

标本 F16：27，泥质红陶。侈口，圆唇，高领，束颈，圆腹，底残。拱形双耳。颈部素面，腹部饰竖向刻划纹。口径 8.4、残高 6 厘米（图 4-47，9）。

高领罐　3 件。

标本 F16：33，泥质红陶。喇叭口，窄平沿，圆唇，高领，束颈，颈部以下残。素面。口径 19.4、残高 6 厘米（图 4-48，1）。

标本 F16：46，泥质红陶。喇叭口，圆唇，高领，束颈，颈部以下残。口沿外侧饰一周附加泥条，泥条经手指按压呈波状，素面磨光。残高 4.9、残宽 10 厘米（图 4-48，2）。

标本 F16：47，泥质橙黄陶。喇叭口，圆唇，高领，束颈。口沿外侧有一周折棱，颈部素面且有刮抹痕迹。残高 8、残宽 6.8 厘米（图 4-48，3）。

敛口罐　2 件。

标本 F16：29，泥质灰陶。敛口，圆唇，上腹圆，下腹残。素面。口径 26、残高 6.4 厘米（图 4-48，4）。

标本 F16：40，夹砂红陶。敛口，方唇，上腹圆，下腹残。连口乳状錾，器身通体饰麻点纹。口径 17.2、残高 6 厘米（图 4-48，5）。

陶罐　2 件。

标本 F16：30，夹砂橙黄陶。上腹残，下腹斜弧，假圈足。腹部饰麻点纹。底径 10.8、残高 6.6 厘米（图 4-48，6）。

标本 F16：37，泥质灰陶。侈口，卷沿，圆唇，口沿以下残，素面。残高 2.6、残宽 5.8 厘米（图 4-48，7）。

盆　5 件。

标本 F16：34，泥质红陶。敞口，折沿，圆唇，斜腹，底残。腹部饰横向篮纹。残高 5.6、残宽 8.4 厘米（图 4-48，8）。

标本 F16：35，泥质橙黄陶。敞口，折沿，圆唇，斜直腹，底残。口沿外侧饰一周附加泥条，泥条经手指按压呈波状，腹部素面。残高 3.2、残宽 7.4 厘米（图 4-48，9）。

标本 F16：36，泥质橙黄陶。敞口，折沿，圆唇，斜直腹，底残。素面。残高 2.8、残宽 7.4 厘米（图 4-48，10）。

标本 F16：45，泥质橙黄陶。敞口，方唇，上腹弧，下腹残。口沿外侧有一周折棱呈棱台状，素面磨光。残高 3.4、残宽 5.4 厘米（图 4-48，11）。

标本 F16：48，泥质红陶。敞口，圆唇，斜直腹，底残。口沿外侧有一周折棱，内壁素面磨光。残高 3.3、残宽 10.4 厘米（图 4-48，12）。

豆　1 件。

标本 F16：38，泥质橙黄陶。上下均残，仅存部分豆座。素面。残高 4.8、残宽 11.6 厘米（图 4-48，13）。

斝　1 件。

标本 F16：39，夹砂灰陶。牛角状空心足。素面。残高 3.2、残宽 3 厘米（图 4-48，14）。

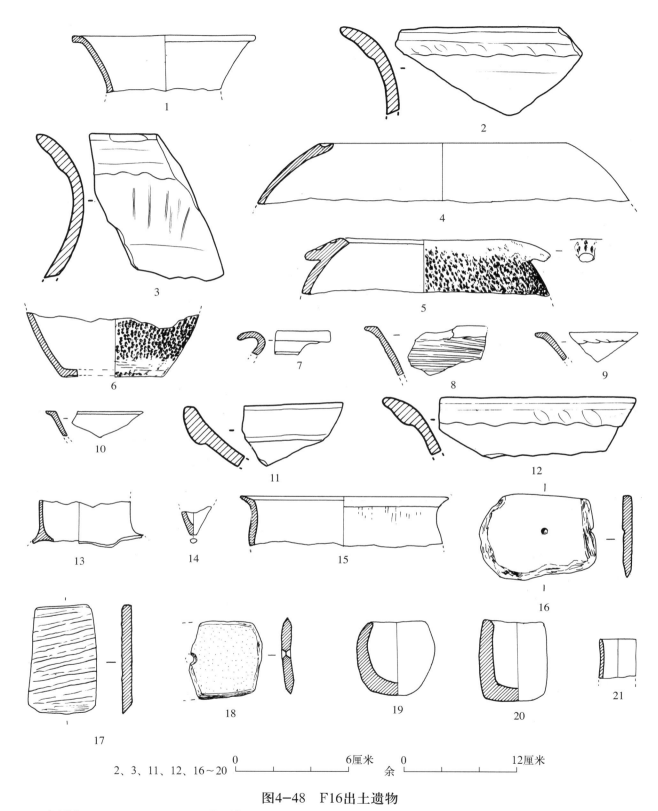

图4-48　F16出土遗物

1～3.高领罐F16：33、46、47　4、5.敛口罐F16：29、40　6、7.陶罐F16：30、37　8～12.盆F16：34～36、45、48　13.豆
F16：38　14.斝足F16：39　15.尊F16：32　16～18.陶刀F16：14～16　19～21.陶杯F16：12、13、31

尊 1件。

标本F16：32，泥质红陶。敞口，折沿，圆唇，上腹斜弧，下腹残。素面，口沿内、外均有一周折棱。口径22、残高5.6厘米（图4-48，15）。

陶刀 3件。

标本F16：14，半成品，泥质红陶。由陶器残片打制而成。素面。边缘打制痕迹明显。残长6.1、残宽4.6、厚0.7厘米（图4-48，16；彩版五四，1、2）。

标本F16：15，泥质橙黄陶。由陶器残片磨制而成。器表饰篮纹，单面刃。刃残长3.4厘米，刃角39.7°，器身残长3、宽5.8、厚0.6厘米（图4-48，17；彩版五四，3）。

标本F16：16，泥质灰陶。由陶器残片磨制而成，器表素面磨光，在器身残断处有残孔，双面磨刃。刃残长2.5厘米，刃角55.2°，器身残长3.7、残宽4.2、厚0.5厘米（图4-48，18）。

陶杯 3件。

标本F16：12，泥质红陶。敛口，圆唇，圆腹，近平底。素面且凹凸不平。口径2.8、高4厘米（图4-48，19；彩版五四，4）。

标本F16：13，泥质红陶。直口，圆唇，直腹，平底。素面且有水锈。口径2.8、高4.5、陶壁厚0.6厘米（图4-48，20；彩版五四，5）。

标本F16：31，夹砂橙黄陶。直口，尖唇，直腹，底残。素面。口径3.8、残高4.2厘米（图4-48，21）。

石斧 1件。

标本F16：6，石英岩。近长方形，器身细磨，圆弧基部，基部有击打所致的疤痕，两侧边磨制圆弧，双面磨刃，刃部一半残。刃残长1.7厘米，刃角52.3°，基宽3.6、厚0.7、器身长9.3、宽4、厚1.4厘米（图4-49，1；彩版五五，1）。

石凿 2件。

标本F16：3，石英岩。器体呈长方形，器身磨制光滑，基部残损，单面磨刃，一面平整，一面圆弧。残长4.7、宽2.2、厚1.3厘米（图4-49，2；彩版五五，2）。

标本F16：11，石英岩。器表为长方形，通体磨光。背部有敲打所致疤痕。刃长2.8厘米，刃角36.6°，器表长10.1、宽3.7、厚3厘米（图4-49，3；彩版五五，3）。

石刀 4件。

标本F16：4，石英岩。近长方形，器身细磨，一侧残损，平基部，双面磨刃，刃部磨损呈凹状，近刃部有一钻孔。外孔0.9、内孔0.5、器身残长9.6、宽4.4、厚0.6厘米（图4-49，4；彩版五五，4）。

标本F16：5，石英砂岩。器体呈长方形，器表粗磨，两侧均有残钻孔，器身中间有钻孔痕迹，未钻通，双面磨刃。刃长9厘米，刃角64.3°，器身长9.9、宽4.8、厚0.6厘米（图4-49，5；彩版五五，5）。

标本F16：10，石英岩。器表磨制精细，较规整，平基部，刃部残，近侧边有两个对向钻孔，外孔1.1、内孔0.6、器身残长11、宽4.9、厚1厘米（图4-49，6；彩版五六，1）。

标本F16：17，页岩。近长方形，平基部，刃部残损，器身有一对向钻孔。外孔0.6、内孔

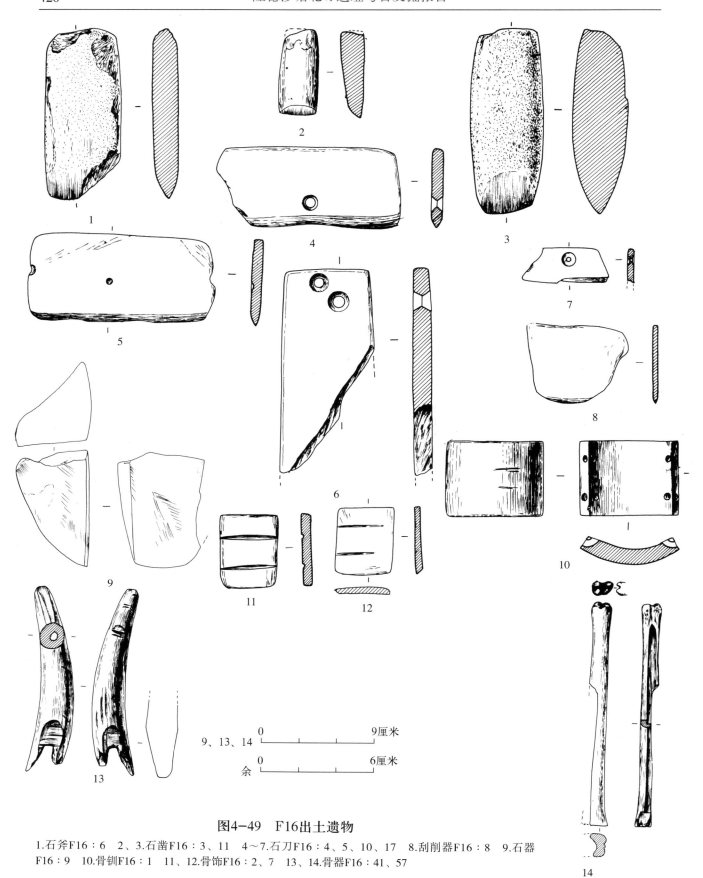

图4-49　F16出土遗物

1.石斧F16：6　2、3.石凿F16：3、11　4～7.石刀F16：4、5、10、17　8.刮削器F16：8　9.石器
F16：9　10.骨钏F16：1　11、12.骨饰F16：2、7　13、14.骨器F16：41、57

0.2、器身残长 4.5、宽 1.9、厚 0.3 厘米（图 4-49，7；彩版五六，2）。

刮削器　1 件。

标本F16：8，页岩。为剥落的石片加工而成，弧形双面刃。刃长 4 厘米，刃角 55.8°，器身残长 5.4、残宽 4.4、厚 0.29 厘米（图 4-49，8；彩版五六，3）。

石器　1 件。

标本F16：9，石英岩。残存形状不规整，两面均平整，表面磨痕明显。残长 9.6、残宽 6.8 厘米（图 4-49，9；彩版五六，4）。

骨钏　1 件。

标本F16：1，乳白色，为骨钏的一部分，长方形，横截面呈桥拱状，两边有四个对钻穿孔用于连接固定。长 5.2、宽 4.1、厚 0.9 厘米（图 4-49，10）。

骨饰　2 件。

标本F16：2，长方形且平直，两侧边有磨痕，一面有两道凹槽。长 4、宽 3、厚 0.5 厘米（图 4-49，11；彩版五六，5）。

标本F16：7，长方形且平直，两侧边有磨痕，一面有两道凹槽。长 3.8、宽 3、厚 0.4 厘米（图 4-49，12；彩版五六，6）。

骨器　2 件。

标本F16：41，器身弧形，截断面呈圆形，尖端打磨成刃部，尾端残。残长 15、残宽 2.9 厘米。（图 4-49，13；彩版五七，1～5）

标本F16：57，动物肢骨，一端系原关节，一端残损，器表有轻微磨痕。长 18.2、宽 1.5 厘米（图 4-49，14）。

17. F18

F18 位于ⅢT1305、ⅢT1306 内，开口于第⑤层下，被F15、H187 打破并叠压（图 4-50）。半地穴式，平面呈"凸"字形。

居室平面呈圆角方形，剖面呈袋状，斜直壁，底平。口部南北长 2.05、东西宽 2.10、底部南北长 2.28、东西宽 2.80、残高 0.80～1.60 米，面积约 6.4 平方米。居室东壁抹草拌泥做为墙裙，高 0.50～0.85、厚 0～0.05 米。灶位于居室北壁，编号Z1。平面呈圆角长方形，剖面呈筒状，直壁，平底，东西长约 0.56、进深约 0.45、残高约 0.30 米，平底中心为圆形火膛，直径约 0.40～0.44、深约 0.07 米，火膛壁面和底面有红烧土烧结面，壁面红烧土烧结面厚约 1.5 厘米，底面红烧土烧结面厚约 3 厘米。柱洞共 4 个，编号ZD1～ZD4。ZD1 平面呈圆形，剖面呈筒状，直壁，平底，直径约 0.25、深约 0.30 米，其内堆积疏松浅灰色黏土，包含烧土颗粒、炭粒。ZD2～ZD4 形制相同，平面呈圆形，剖面呈筒状，斜直壁，平底，柱洞内垫黑垆土夯实并留柱窝，柱窝位于柱洞中心。ZD2 直径约 0.27、深约 0.40 米，柱窝直径约 0.20、深约 0.32 米，其内堆积疏松浅灰色黏土，包含烧土颗粒、炭粒。ZD3 直径 0.51～0.56、深约 0.74 米，柱窝直径约 0.28、深约 0.58 米，其内堆积疏松浅灰色黏土，包含烧土颗粒、炭粒。ZD4 直径约 0.28、深约 0.40 米，柱窝直径约 0.20、深约 0.30 米，其内堆积疏松浅灰色黏土，包含烧土颗粒、炭粒。

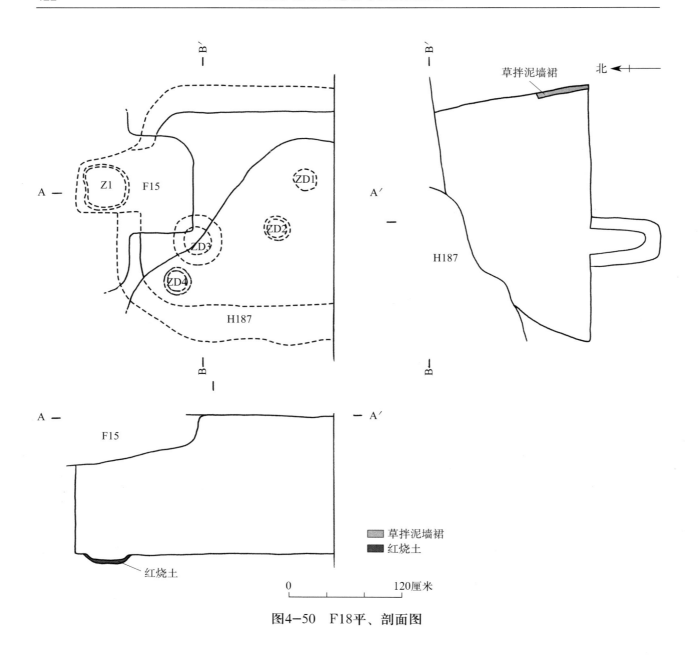

图4-50　F18平、剖面图

　　房内堆积未分层，土色浅灰色，土质较疏松，包含少量烧土颗粒和炭粒，堆积厚0.80~1.63米，出土少量陶片。

　　F18出土石凿和石刀。

　　石凿　1件。

　　标本F18：2，石英岩。器体呈长方形，器表磨制光滑，背部略弧。双面磨刃。刃长2.8厘米，刃角51.1°，器身长9.3、宽3.6、厚2.7厘米（图4-51，2；彩版五八，2）。

　　石刀　1件。

　　标本F18：1，石英岩。器体呈不规则四边形，平背部，两侧残断，单面磨刃。现残长6.1、宽3.8、厚0.3厘米。刃残长2.8厘米，刃角40.2°厘米（图4-51，1；彩版五八，1）。

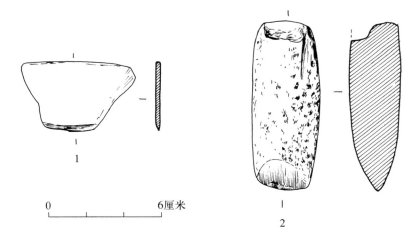

图4-51　F18出土遗物

1.石刀F18：1　2.石凿F18：2

18. F19

F19 位于Ⅲ T1304 内，东北角被压于东隔梁下，开口于第⑦层下，被H235、H239、H217 打破（图 4-52）。半地穴式，平面呈圆角长方形，打破关系较多，门道位置不详。

居室平面呈圆角长方形，剖面呈袋状，斜壁，平底。长 3.20、宽 2.88、残高 0.09～1.90 米，面积约 9.3 平方米。壁面有白灰皮墙裙，高 0.30 米，厚 0.3 厘米。居住面为一层白灰皮，厚 0.5 厘米，白灰皮之下为草拌泥，厚 5 厘米。居室内有两处灶，编号Z1、Z2。Z1 位于居室中部偏北，平面呈圆形，剖面呈筒状，直壁，平底，灶坑内壁抹一层白灰皮，厚 0.5 厘米，Z1 直径 1.00、深 0.20 米，灶内堆积分 2 层：第①层为红烧土硬块，厚 0～0.13 米。第②层黄色垫土，土质疏松，厚 0.05～0.16 米。Z2 位于居室东北角，壁式灶，平面呈椭圆形，直壁，平底，长 0.47、宽 0.40、深 0.50 米。底部与房内居住面相连，壁面为红烧土烧结面，厚 2～3 厘米。

房内堆积未分层，土色浅黄，土质疏松，包含零散烧土颗粒和炭粒，堆积厚 0.09～1.90 米，出土少量陶片。

出土少量陶片，以腹部残片为主，可辨器形有圆腹罐、双耳罐、高领罐和罐腹底（表 4-105～107）。

表4-105　F19器类数量统计表

器形＼陶质 陶色	泥质				夹砂				合计
	红	橙黄	灰	黑	红	橙黄	灰	黑	
高领罐	1								1
双耳罐	1								1
罐腹底						1			1
圆腹罐	1								1

高领罐　1 件。

标本F19：1，泥质红陶。喇叭口，平沿，圆唇，高领，束颈，颈部以下残。口沿外侧有一周

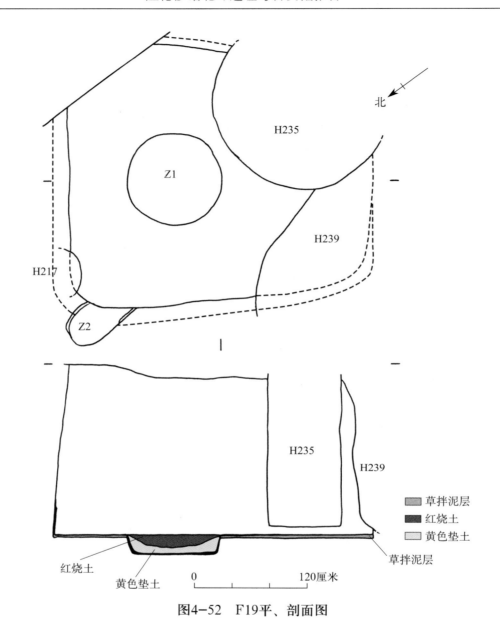

图4-52　F19平、剖面图

折棱，颈部素面磨光。口径17、残高9厘米（图4-53，1）。

圆腹罐　1件。

标本F19：4，泥质红陶。上腹与底部残，鼓腹。腹部饰竖向刻划纹，刻划纹上有一附加泥饼。残高4.4、残宽4.8厘米（图4-53，2）。

双耳罐　1件。

标本F19：2，泥质红陶。侈口，圆唇，高领，束颈，上腹鼓，下腹残。连口拱形双耳。素面磨光，耳面上端饰戳印纹。残高7.2、残宽6.2厘米（图4-53，3）。

陶罐　1件。

标本F19：3，夹砂橙黄陶。上腹残，下腹斜弧，假圈足。腹部饰横向篮纹，底面饰交错篮纹。残高3.6、底径11.6厘米（图4-53，4）。

表4-106 F19陶片统计表

纹饰 \ 陶质 陶色	泥质				夹砂				合计
	橙黄	灰	红	灰底黑彩	橙黄	灰	红	褐	
素面	5		1		2				8
绳纹					2				2
篮纹	7	1	1		3				12
麻点纹					26				26
篮纹＋麻点纹					3		1		4
交错篮纹					2				2

表4-107 F19陶片统计表

纹饰 \ 陶质 陶色	泥质				夹砂				合计
	橙黄	灰	红	灰底黑彩	橙黄	灰	红	褐	
素面	28	2	3		13				46
绳纹		1			19				20
篮纹	16	1			9				26
麻点纹					43				43
篮纹＋麻点纹					2				2
交错篮纹					1				1
刻划纹					1				1
刻划纹＋绳纹					1				1
篮纹＋绳纹					1				1

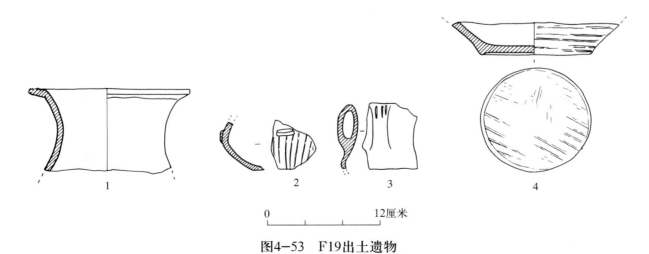

0   12厘米

图4-53 F19出土遗物

1.高领罐F19：1　2.圆腹罐F19：4　3.双耳罐F19：2　4.罐腹底F19：3

19. F21

F21位于ⅡT0904和ⅡT0905内，开口于第⑤层下（图4-54；彩版五九，1）。半地穴式，平面呈"凸"字形，门道位于居室东侧。

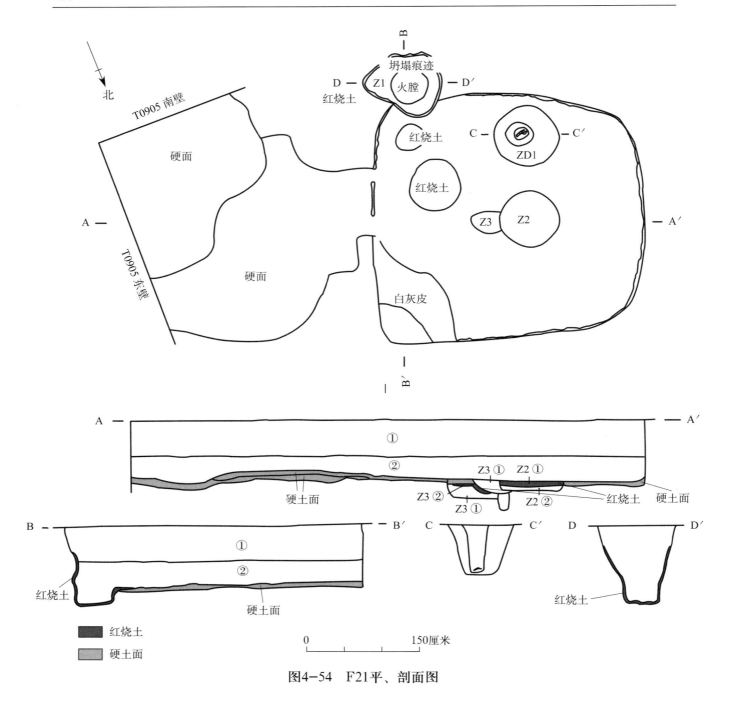

图4-54　F21平、剖面图

居室平面为圆角方形，剖面呈筒状，直壁，平底。东西长3.65、南北宽3.40、残高0.82～0.86米，面积约12.2平方米。壁面残存白灰皮墙裙，残高0.01～0.07米，厚0.3厘米。居住面为白灰皮，居室底部边缘和东北角残存白灰皮，厚0.5厘米。居住面之下为踩踏硬面，厚4～8厘米。壁式灶位于居室内东南角，编号Z1。平面呈不规则形，斜壁，平底，壁面为红烧土烧结面，火膛为圆形小坑，灶壁呈坡状通向房址地表。圆形灶位于居住面中心，编号Z2。其内堆积分两层：第①层为红烧土烧结面，第②层为垫土。Z2东侧有一处椭圆形用火痕迹，编号Z3，被Z2打破，应为F21的废弃灶坑，其内堆积分三层：第①层为灰土，第②层为红烧土，第③层为垫土。根据房址内现存灶的打破关系，推测F21经过两次整修，使用时间较长。居住面东南角发现两处红烧土，应为用火痕迹。柱洞位于居室南部，编号ZD1，平面呈近圆形，剖面为梯形，斜壁，平底，直径约0.84、深0.68米。柱洞内垫黑垆土夯实并留柱窝，柱窝位于柱洞中心偏西侧，底部发现多块陶片，直径约0.35、深0.64米。门道位于居室西侧，长0.60、宽0.92米。门道与房内连接处有一个小凹槽，应为门道与居室的分界线。门道为不规则形踩踏硬面分两层：第①层厚4～8厘米，第②层厚2～10厘米。

房内堆积分两层：第①层为深灰色细砂土，土质疏松，包含少量草木灰，厚0.48米，出土少量陶片。第②层为浅灰色细砂土，土质疏松，包含较多草木灰，厚0.22～0.40米，出土少量陶片。

（1）F21①层

出土少量陶片，以腹部残片为主，可辨器形有圆腹罐、花边罐、双耳罐、高领罐、大口罐、盆、钵，另出土石刀（表4-108、109）。

表4-108 F21①器类数量统计表

器形＼陶质陶色	泥质				夹砂				合计
	红	橙黄	灰	黑	红	橙黄	灰	黑	
双耳罐						1			1
花边罐						1			1
高领罐	2					1			3
圆腹罐	1				2	2			5
盆	1	3	1						5
大口罐						1			1
钵	1								1

表4-109 F21①陶片统计表

纹饰＼陶质陶色	泥质				夹砂				合计
	橙黄	灰	红	灰底黑彩	橙黄	灰	红	褐	
素面	4		2						6
绳纹	1				3				4
篮纹	5		2		1				8
麻点纹					14				14

圆腹罐 5件。

标本F21①：4，夹砂红陶。侈口，尖唇，矮领，微束颈，颈部以下残。颈部素面，有烟炱。口径13.2、残高4厘米（图4-55，1）。

标本F21①：9，泥质红陶。侈口，圆唇，高领，束颈，颈部以下残。颈部素面磨光。口径10.4、残高4.8厘米（图4-55，2）。

标本F21①：11，夹砂橙黄陶。侈口，方唇，高领，束颈，颈部以下残。唇面有一道凹槽，颈部饰横向篮纹，有烟炱。口径16、残高5厘米（图4-55，3）。

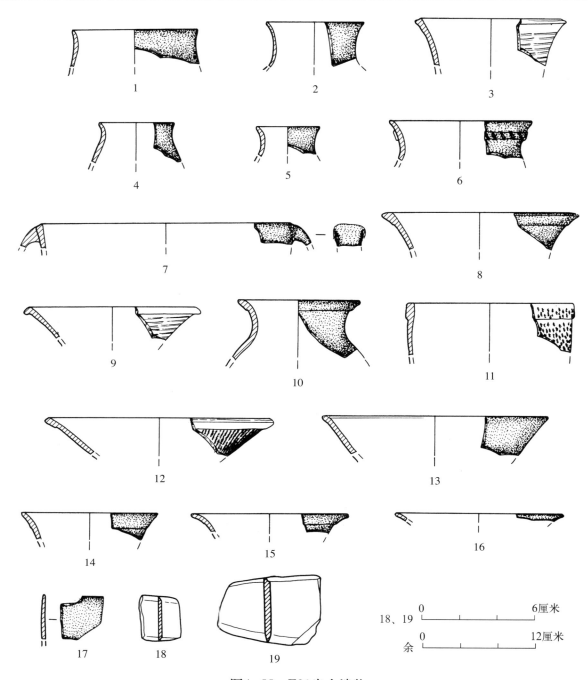

图4-55　F21出土遗物

1~5.圆腹罐F21①：4、9、11、12、14　6.花边罐F21①：2　7.双耳罐F21①：1　8~10.高领罐F21①：3、6、7　11.大口罐
F21①：10　12~16.盆F21①：5、8、15~17　17.钵F21①：13　18、19.石刀F21①：18、F21活动面①：1

　　标本F21①：12，夹砂红陶。侈口，圆唇，矮领，束颈，上腹斜，下腹残。器表素面。口径8、残高4.4厘米（图4-55，4）。

　　标本F21①：14，夹砂橙黄陶。侈口，圆唇，矮领，束颈，颈部以下残。颈部素面。口径6.8、残宽3厘米（图4-55，5）。

　　花边罐　1件。

标本F21①：2，夹砂橙黄陶。侈口，圆唇，矮领，束颈，颈部以下残。颈部饰一周附加泥条，泥条之上饰戳印纹。口径15.2、残高4厘米（图4-55，6）。

双耳罐　1件。

标本F21①：1，夹砂橙黄陶。微侈口，方唇，口沿以下残。连口拱形双耳。唇面有刮抹痕迹，素面。口径26.4、残高2.6厘米（图4-55，7）。

高领罐　3件。

标本F21①：3，泥质红陶。侈口，方唇，高领，束颈，颈部以下残。口沿外侧有一周折棱，器表与内壁素面磨光。口径21.2、残高4厘米（图4-55，8）。

标本F21①：6，夹砂橙黄陶。喇叭口，卷沿，圆唇，高领，束颈，颈部以下残。颈部饰横向篮纹，内壁素面磨光。口径18.8、残高3.6厘米（图4-55，9）。

标本F21①：7，泥质红陶。喇叭口，尖唇，高领，束颈，溜肩，腹部残。口沿外侧有一周折棱，器表通体素面磨光。口径13.2、残高6.4厘米（图4-55，10）。

大口罐　1件。

标本F21①：10，夹砂橙黄陶。直口，方唇，上腹微弧，下腹残。口沿外侧饰一周附加泥条，器身通体饰麻点纹。口径17.6、残高5.6厘米（图4-55，11）。

盆　5件。

标本F21①：5，泥质橙黄陶。敞口，方唇，斜腹微弧，底残。口沿外侧有一周凸棱，腹部饰斜向绳纹，内壁素面磨光。口径24.4、残高4厘米（图4-55，12）。

标本F21①：8，泥质橙黄陶。敞口，圆唇，斜腹微弧，底残。器表与内壁素面磨光，内壁有修整刮抹痕迹。口径24、残宽4.2厘米（图4-55，13）。

标本F21①：15，泥质红陶。敞口，圆唇，上腹斜直，下腹残。口沿外侧有一周折棱，腹部素面。口径14.4、残高3厘米（图4-55，14）。

标本F21①：16，泥质橙黄陶。敞口，圆唇，上腹斜弧，下腹残。口沿外侧有一周折棱，腹部素面。口径16.8、残高2厘米（图4-55，15）。

标本F21①：17，泥质灰陶。敞口，圆唇，口沿以下残。素面。口径18、残高0.8厘米（图4-55，16）。

钵　1件。

标本F21①：13，泥质红陶。直口，圆唇，腹部微弧，底残。腹部素面。残高4.8、残宽4.5厘米（图4-55，17）。

石刀　1件。

标本F21①：18，石英岩。青灰色，仅存部分刃部，器表磨平，单面磨刃。刃残长1.8厘米，刃角37.4°，器身残长2.3、残宽2.5厘米（图4-55，18；彩版五八，3）。

（2）F21活动面①层

出土石刀1件（表4-110）。

石刀　1件。

标本F21活动面①：1，石英岩。灰色，基部残，侧边有切割凹槽，双面磨刃。刃残长4.5厘米，刃角37.1°，器身残长5.4、残宽3.7厘米（图4-55，19；彩版五八，4）。

F21底层陶片（表4-111）。

表4-110　F21活动面①层陶片统计表

纹饰 \ 陶色	泥质				夹砂				合计
陶质	橙黄	灰	红	灰底黑彩	橙黄	灰	红	褐	
素面	10				9				19
绳纹					5				5
篮纹	7								7
麻点纹					29				29
篮纹+麻点纹					3				3
附加堆纹+绳纹					1				1

表4-111　F21底层陶片统计表

纹饰 \ 陶色	泥质				夹砂				合计
陶质	橙黄	灰	红	灰底黑彩	橙黄	灰	红	褐	
素面	12				2				14
绳纹					1				1

20. F23

F23位于ⅡT0903、ⅡT0904内，开口于第④层下，被H255打破（图4-56；彩版五九，2）。半地穴式，平面呈不规则形，门道位于居室西南角。

居室平面呈圆角长方形，剖面呈筒状，直壁，平底。东西长4.93、南北宽3.40、残高0.50～0.72米，面积约16.6平方米。居住面为踩踏硬面，厚约2厘米。壁式灶位于居室南壁，编号Z1。平面呈倒梯形，斜壁，平底，口部宽约0.30、进深约0.80、残高约0.20米，灶壁为红烧土，厚0.04～0.06米，其内堆积大量草木灰。柱洞位于居室中部，编号ZD1～ZD4，ZD1平面呈圆形，剖面筒状，直径约0.88、深0.58米，柱洞内垫黑垆土夯实并留柱窝，柱窝位于柱洞中心，直径0.26、深约0.44米，堆积较疏松浅灰色黏土。ZD2平面呈椭圆形，剖面呈锅状，直径0.58～0.63、深约0.31米，柱洞内垫黑垆土夯实并留柱窝，柱窝位于柱洞中心，直径约0.26、深约0.24米，堆积较疏松灰色黏土。ZD3平面呈椭圆形，剖面呈筒状，直壁，平底，直径约0.30、深0.26米。ZD4平面呈椭圆形，剖面呈筒状，直壁，平底，直径约0.28、深0.30米。门道高于居住面，南北长0.60、东西宽0.76米。

房址内堆积未分层，土色浅褐，土质疏松，堆积厚0.52～0.74米，出土大量陶片和零散兽骨、石块。出土少量陶片，以腹部残片为主，可辨器形有圆腹罐、盆、陶刀，另出土石刀4件（表4-112、113）。

圆腹罐　3件。

标本F23：1，泥质橙黄陶。侈口，方唇，高领，束颈，颈部以下残。唇面有一道凹槽，颈部

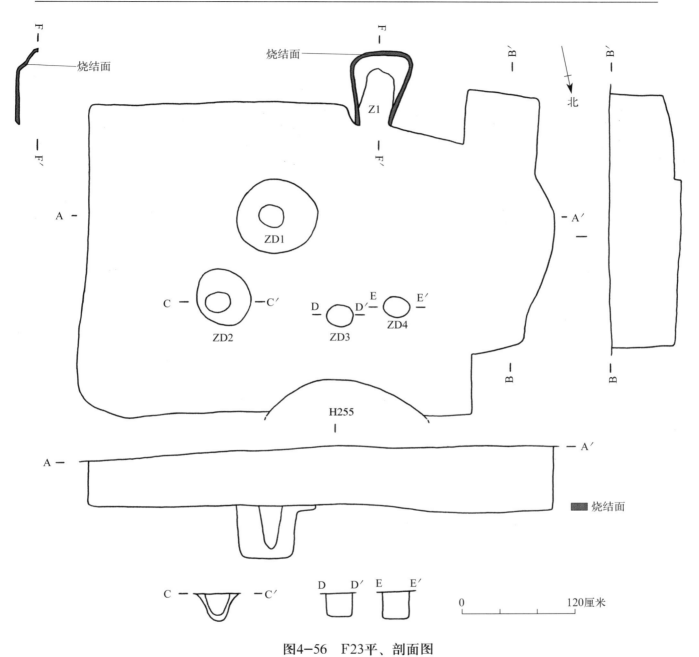

图4-56　F23平、剖面图

素面。口径 20、残高 4 厘米（图 4-57，1）。

标本 F23∶3，夹砂橙黄陶。侈口，圆唇，高领，束颈，颈部以下残。颈部饰横向篮纹。口径 19.6、残高 6 厘米（图 4-57，2）。

标本 F23∶4，夹砂红陶。口沿及颈部残，圆腹，平底。腹部饰麻点纹。残高 22、底径 13.6 厘米（图 4-57，3；彩版五八，5）。

盆　1 件。

标本 F23∶2，泥质红陶。敞口，方唇，斜腹微弧，底残。口沿外侧有一周折棱，腹部饰斜向篮纹。口径 21.6、残高 5 厘米（图 4-57，4）。

表4-112　F23器类数量统计表

器形 \ 陶质 \ 陶色	泥质				夹砂				合计
	红	橙黄	灰	黑	红	橙黄	灰	黑	
圆腹罐		1			1	1			3
盆	1								1

表4-113　F23陶片统计表

纹饰 \ 陶质 \ 陶色	泥质				夹砂				合计
	橙黄	灰	红	灰底黑彩	橙黄	灰	红	褐	
素面	27	5	3		32				67
绳纹	6				14				20
篮纹	22		7		7				36
麻点纹					109				109
刻划纹	1								1
附加堆纹					1				1

陶刀　1件。

标本F23：5，泥质橙黄陶。陶片打磨而成，近长方形，素面，边缘打制痕迹明显，中间有一圆孔，单面磨刃。孔径0.5厘米，刃长4.6、器身长6.4、宽3.8厘米（图4-57，5）。

石刀　4件。

标本F23：6，石英岩。黑灰色，一半残，平基部，侧边平直，双面磨刃，残断处有一残孔。刃残长3.3厘米，刃角52.8°，器身残长6.1、宽5.5厘米（图4-57，6；彩版六〇，1）。

标本F23：7，石英岩。灰色，基部残，一侧边平直且有切割痕迹，单面磨刃，残断处有一残孔。刃残长2.2厘米，刃角38.2°，器身残长4.4、残宽4.5厘米（图4-57，7；彩版六〇，2）。

标本F23：8，石英岩。青灰色，基部及侧边残，双面磨刃。刃残长4厘米，刃角32.8°，器身残长5.1、残宽3.7厘米（图4-57，8；彩版六〇，3）。

标本F23：10，石英岩。青灰色，长方形，基部及侧边均有打制疤痕，器身中间有一钻孔，双面磨刃。孔径0.6～1厘米，刃长8厘米，刃角58.7°，器身长8.9、宽4.5厘米（图4-57，9；彩版六〇，4）。

石器　1件。

标本F23：9，石英岩。青灰色，残存呈扁锥状，器表粗磨，锥尖圆钝略残，截断面半圆形。残长4.7、残宽3、厚1.3厘米（图4-57，10；彩版六〇，5）。

21. F24

F24位于ⅡT1007、ⅡT1006、ⅡT1107内，开口于第⑤层下（图4-58；彩版六一，1）。半地穴式，平面呈"凸"字形，门道位于居室西侧。

居室平面呈圆角长方形，剖面呈筒状，直壁，平底。长3.20～3.90、宽2.68～3.10、残高

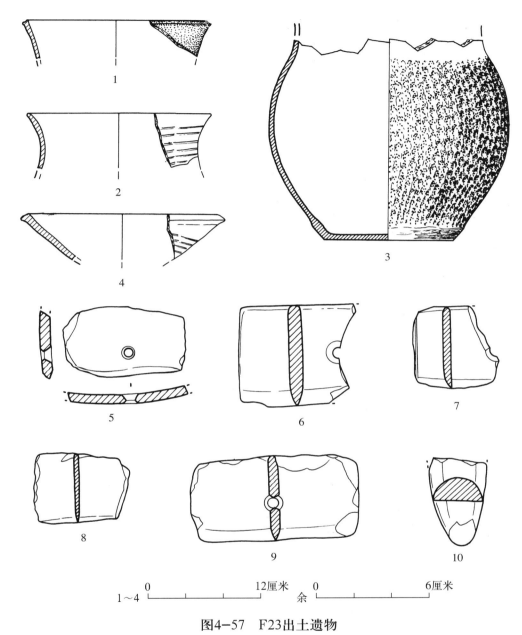

图4-57 F23出土遗物

1~3.圆腹罐F23：1、3、4 4.盆F23：2 5.陶刀F23：5 6~9.石刀F23：6、7、8、10 10.石器F23：9

0.87~1.00米，面积约10平方米。居住面为白灰皮，其南侧局部残存，厚0.3~0.5厘米，白灰皮之下为草拌泥，厚1.5~2厘米，草拌泥之下为黄色垫土，厚0.034~0.09米。壁式灶位于居室东壁，编号为Z1。平面呈圆形，斜壁，直径0.78~1.06、深约1.10米。灶壁为青灰色烧结面，厚0.018~0.054米，青灰色烧结面外侧为红烧土，厚约0.12米。Z1底部为火膛，平面呈圆形，剖面呈锅底状，直径约0.50、深约0.14米。火膛堆积分两层：第①层为疏松的红烧土，厚0.01~0.04米，第②层为草木灰，厚0~0.09米。柱洞位于居室中部偏北，编号ZD1，平面呈圆形，斜壁，圜底，直径0.49~0.56、深约0.62米，柱洞内垫黑垆土夯实并留柱窝，柱窝位于柱洞中心，直径约0.27、深约0.40米，堆积较疏松浅灰色黏土。窖穴位于居室西南侧，平面呈椭圆形，剖面呈袋

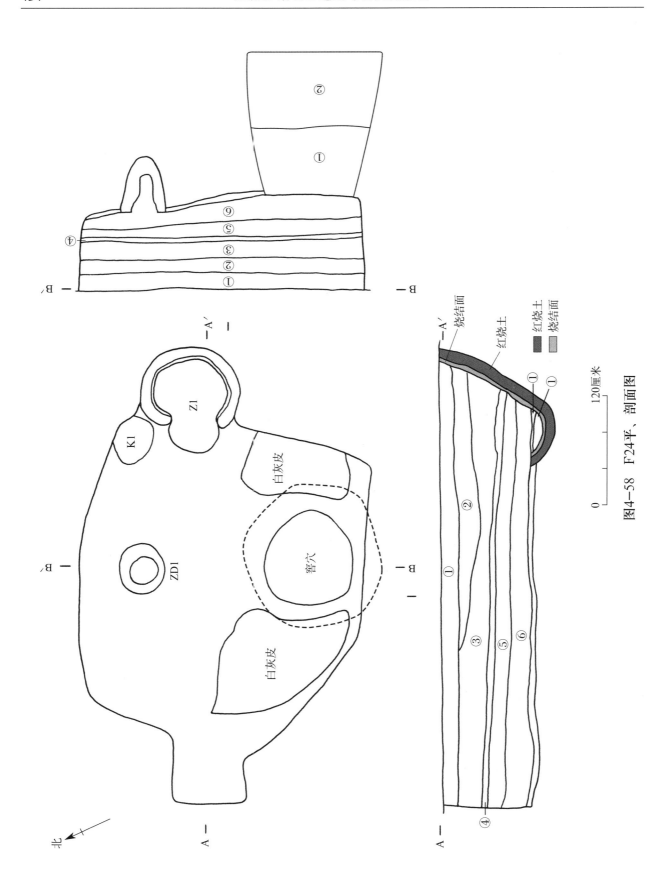

图4-58　F24平、剖面图

状，斜直壁，平底。口径 0.92～1.04、底径 1.44～1.57、深约 1.57 米。窖穴堆积分两层：第①层土色浅灰，土质较疏松，厚约 0.75 米，水平状堆积，出土少量陶片。第②层土色深褐，土质较疏松，厚约 0.84 米，水平状堆积，出土少量陶片和零散石块、动物骨角。小坑位于居室东北侧，编号 K1。平面呈椭圆形，直径 0.43～0.53、深约 0.10 米。门道位于居室西侧，东西长约 0.68、南北宽约 0.80 米。

房内堆积分六层：第①层土色黄褐，土质较疏松，水平状堆积，厚 0.16～0.18 米，出土少量陶片零散石块、兽骨。第②层土色浅灰，土质较致密，包含大量红烧土、烧结块和炭粒，坡状堆积，厚 0～0.24 米，出土少量陶片、石块、兽骨。第③层土色深灰，土质较疏松，水平状堆积，厚 0.10～0.36 米，出土少量陶片，零散石块、兽骨。第④层土色深褐，土质较致密，水平状堆积，厚 0.034～0.072 米，出土少量陶片、石块、兽骨。第⑤层土色深黄色，土质较疏松，水平状堆积，厚 0.094～0.20 米，出土少量陶片、石块、兽骨。第⑥层土色褐色，土质较疏松，水平状堆积，厚 0.15～0.30 米，出土少量陶片、石块、兽骨。

（1）F24①层

出土少量陶片，以腹部残片为主，可辨器形有圆腹罐、花边罐、单耳罐、双耳罐、高领罐、盆（表 4-114、115）。

表4-114　F24①器类数量统计表

器形 ＼ 陶质 陶色	泥质				夹砂				合计
	红	橙黄	灰	黑	红	橙黄	灰	黑	
花边罐					1	5			6
高领罐		1				1			2
单耳罐	1								1
双耳罐						1			1
圆腹罐						2			2
盆		1							1

表4-115　F24①层陶片统计表

纹饰 ＼ 陶质 陶色	泥质				夹砂				合计
	橙黄	灰	红	灰底黑彩	橙黄	灰	红	褐	
素面	28	2			29				59
绳纹					9				9
篮纹	13	2	3						18
麻点纹					73				73
网格纹					1				1

圆腹罐　2 件。

标本 F24①：11，夹砂橙黄陶。侈口，方唇，矮领，束颈，颈部以下残。口沿外侧饰一周附加泥条，颈部饰竖向绳纹，绳纹有刮抹痕迹。口径 12.4、残高 4.2 厘米（图 4-59，1）。

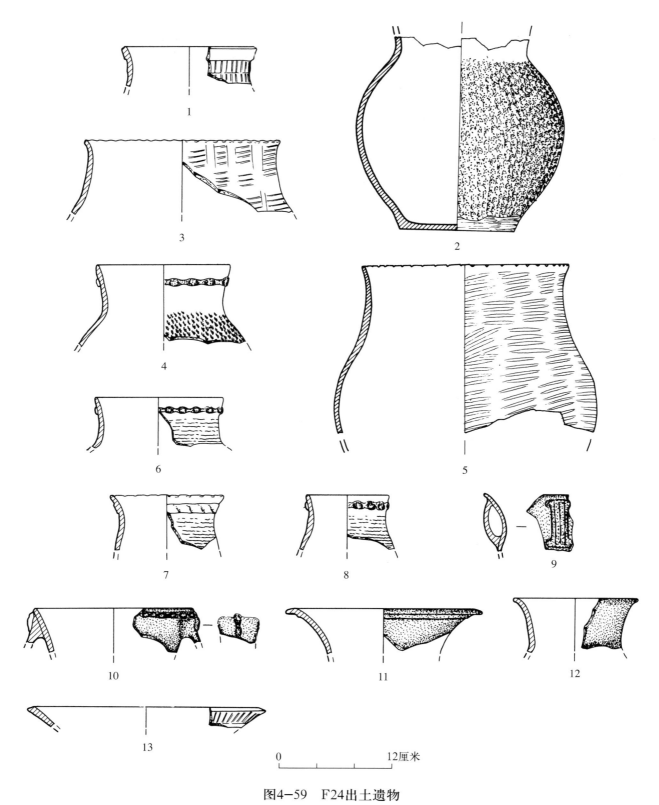

图4-59　F24出土遗物

1、2.圆腹罐F24①：11、13　3～8.花边罐F24①：1～3、5、9、10　9.单耳罐F24①：6　10.双耳罐F24①：8　11、12.高领罐F24①：4、7　13.盆F24①：12

标本F24①：13，夹砂橙黄陶。口沿及颈部残，圆腹，平底。腹部饰麻点纹，有烟炱。残高21、底径 12 厘米（图 4-59，2）。

花边罐　6 件。

标本F24①：1，夹砂橙黄陶。侈口，锯齿唇，高领，微束颈，上腹斜，下腹残。器表横向篮纹，篮纹之上有竖向刮抹痕迹。口径 20.8、残高 8 厘米（图 4-59，3）。

标本F24①：2，夹砂红陶。侈口，尖唇，矮领，束颈，上腹圆弧，下腹残。口沿外侧饰一周附加泥条，泥条经手指按压呈波状，颈部素面，上腹饰麻点纹，有烟炱。口径 14.2、残高 8.4 厘米（图 4-59，4；彩版六一，2）。

标本F24①：3，夹砂橙黄陶。侈口，锯齿唇，高领，微束颈，圆腹，底残。器表通体饰横向篮纹。口径 22、残高 18.4 厘米（图 4-59，5）。

标本F24①：5，夹砂橙黄陶。侈口，尖唇，矮领，束颈，颈部以下残。口沿外侧饰一周附加泥条，泥条经手指按压呈波状，颈部饰横向绳纹。口径 13.6、残高 5.4 厘米（图 4-59，6）。

标本F24①：9，夹砂橙黄陶。侈口，锯齿唇，矮领，束颈，上腹斜弧，下腹残。口沿外侧饰一周附加泥条，泥条经手指按压呈波状，颈部饰横向绳纹，绳纹之上有刮抹痕迹。口径 12、残高 6 厘米（4-59，7）。

标本F24①：10，夹砂橙黄陶。侈口，圆唇，矮领，束颈，上腹斜弧，下腹残。口沿外侧饰一周附加泥条，泥条经手指按压呈波状，器表饰横向绳纹，绳纹有刮抹痕迹。口径 8.8、残高 6 厘米（图 4-59，8）。

单耳罐　1 件。

标本F24①：6，泥质红陶。侈口，尖唇，高领，束颈，圆腹，底残。拱形单耳。耳上饰竖向篮纹，颈部素面。残高 6.2、残宽 5 厘米（图 4-59，9）。

双耳罐　1 件。

标本F24①：8，夹砂橙黄陶。侈口，圆唇，高领，微束颈，颈部以下残。连口残耳。口沿外侧饰一周附加泥条，颈部素面。口径 16.4、残高 4.8 厘米（图 4-59，10）。

高领罐　2 件。

标本F24①：4，泥质橙黄陶。喇叭口，微卷沿，圆唇，高领，束颈，颈部以下残。口沿外侧有一周折棱，颈部素面。口径 19.2、残高 4.8 厘米（图 4-59，11）。

标本F24①：7，夹砂橙黄陶。喇叭口，圆唇，高领，束颈，颈部以下残。素面。口径 13.2、残高 5.8 厘米（图 4-59，12）。

盆　1 件。

标本F24①：12，泥质橙黄陶。敞口，方唇，斜直腹，底残。腹部饰竖向篮纹，内壁素面磨光。口径 23.6、残高 2.2 厘米（图 4-59，13）。

（2）F24②层

出土少量陶片，以腹部残片为主，可辨器形有圆腹罐、花边罐、单耳罐、双耳罐、大口罐、盆、高领罐、鬶足、器纽，另出土石锛、石刀、石镞、石料（表 4-116、117）。

圆腹罐　3 件。

表4-116 F24②器类数量统计表

器形	陶质	泥质				夹砂				合计
	陶色	红	橙黄	灰	黑	红	橙黄	灰	黑	
盆			2	1			3			6
圆腹罐							3			3
花边罐							3			3
单耳罐							1			1
斝							1			1
大口罐							1			1
双耳罐						1				1

表4-117 F24②层陶片统计表

纹饰	陶质	泥质				夹砂				合计
	陶色	橙黄	灰	红	灰底黑彩	橙黄	灰	红	褐	
素面		42	4	4		70				120
绳纹		1	1			2				4
篮纹		15		1		9				25
麻点纹						76				76
附加堆纹						2				2
篮纹＋麻点纹						3				3

标本F24②：2，夹砂橙黄陶。侈口，圆唇，高领，束颈，上腹圆，下腹残。颈部饰横向篮纹，上腹饰竖向绳纹，有烟炱。口径21.2、残高10厘米（图4-60，1）。

标本F24②：7，夹砂橙黄陶。侈口，圆唇，高领，束颈，颈部以下残。颈部素面。口径14、残高3.6厘米（图4-60，2）。

标本F24②：12，夹砂橙黄陶。侈口，方唇，高领，束颈，颈部以下残。颈部素面，有烟炱。口径14.8、残高2.8厘米（图4-60，3）。

花边罐 3件。

标本F24②：3，夹砂橙黄陶。侈口，尖唇，矮领，束颈，上腹圆，下腹残。口沿外侧有一周折棱，折棱之上饰戳印纹，颈部素面，上腹饰麻点纹，有烟炱。口径17.2、残高8.8厘米（图4-60，4）。

标本F24②：4，夹砂橙黄陶。侈口，尖唇，高领，束颈，颈部以下残。口沿外侧饰一周附加泥条，泥条经手指按压呈波状，颈部素面。口径13.2、残高4.6厘米（图4-60，5）。

标本F24②：11，夹砂橙黄陶。侈口，圆唇，矮领，束颈，颈部以下残。口沿外侧饰一周附加泥条，颈部饰竖向绳纹，有烟炱。口径16.4、残高4.6厘米（图4-60，6）。

单耳罐 1件。

标本F24②：5，夹砂橙黄陶。侈口，方唇，高领，束颈，上腹圆，下腹残。连口拱形单耳。

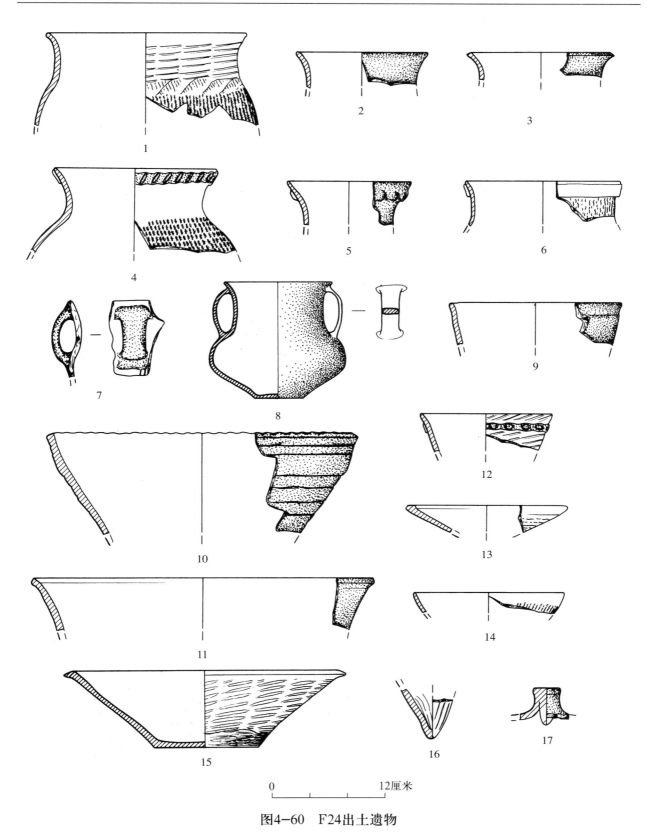

图4-60 F24出土遗物

1～3.圆腹罐F24②：2、7、12 4～6.花边罐F24②：3、4、11 7.单耳罐F24②：5 8.双耳罐F24②：17 9.大口罐F24②：14 10.盆F24②：1 11～15.高领罐F24②：6、8、10、13、16 16.鬶足F24②：9 17.器纽F24②：15

素面。残高 8.2、残宽 6 厘米（图 4-60，7）。

双耳罐　1 件。

标本 F24②：17，泥质红陶。侈口，圆唇，高领，束颈，鼓腹，平底，拱形双耳。器表素面磨光。口径 11.5、高 12.8、底径 5.2 厘米（图 4-60，8）。

大口罐　1 件。

标本 F24②：14，夹砂橙黄陶。侈口，圆唇，上腹斜，下腹残。口沿外侧有一周折棱，上腹素面。口径 18、残高 4.6 厘米（图 4-60，9）。

盆　5 件。

标本 F24②：1，夹砂橙黄陶。敞口，方唇，斜弧腹，底残。素面，腹部泥条盘筑痕迹明显。口径 31.6、残高 10.8 厘米（图 4-60，10）。

标本 F24②：8，夹砂橙黄陶。敞口，圆唇，斜弧腹，底残。器表饰斜向篮纹，口沿外侧饰一周附加泥条，泥条经手指按压呈波状。口径 14、残高 4 厘米（图 4-60，12）。

标本 F24②：10，泥质灰陶。敞口，圆唇，斜直腹，底残。腹部饰横向绳纹。口径 17.6、残高 2.8 厘米（图 4-60，13）。

标本 F24②：13，夹砂橙黄陶。敞口，圆唇，斜弧腹，底残。腹部饰斜向绳纹。口径 16、残高 2.2 厘米（图 4-60，14）。

标本 F24②：16，泥质橙黄陶。敞口，平沿，尖唇，斜腹微弧，平底。腹部饰横向篮纹。口径 28、高 8.4、底径 11 厘米（图 4-60，15；彩版六一，2）。

高领罐　1 件。

标本 F24②：6，泥质橙黄陶。喇叭口，方唇，高领，束颈，颈部以下残。素面。口径 36、残高 5.6 厘米（图 4-60，11）。

鬲足　1 件。

标本 F24②：9，夹砂橙黄陶。牛角状空心足。饰竖向绳纹，有烟炱。残高 5.4、残宽 5.4 厘米（图 4-60，16）。

器纽　1 件。

标本 F24②：15，夹砂橙黄陶。圆形平顶柄。素面。残高 4 厘米（图 4-60，17）。

石锛　1 件。

标本 F24②：21，石英岩。青灰色，长条状，上窄下宽，器表一面磨制光滑，一面残，基部磨斜，侧边圆弧，刃部残。残长 12.2、宽 4.4、厚 0.8 厘米（图 4-61，1）。

石刀　1 件。

标本 F24②：19，石英岩。青灰色，一半残，基部平，侧边平直，双面磨刃，残断处有一残孔。刃残长 4 厘米，刃角 48°，器身残长 4.4、宽 4.9 厘米（图 4-61，2）。

石镞　1 件。

标本 F24②：18，石英岩。器体呈扁三角形，两侧边缘均为双面磨制的刃部，较为锋利，尾部及尖部略残。残长 3.3、宽 3.3、厚 0.2 厘米（图 4-61，3）。

石料　1 件。

标本F24②：20，页岩。长方形，整体较平整，制作小石器材料。残长3.2、残宽1.9厘米（图4-61，4）。

（3）F24③层

出土少量陶片，以腹部残片为主，可辨器形有花边罐，另出土磨石（表4-118）。

表4-118　F24③器类数量统计表

器形	陶质 陶色	泥质				夹砂				合计
		红	橙黄	灰	黑	红	橙黄	灰	黑	
花边罐							2			2

花边罐　2件。

标本F24③：1，夹砂橙黄陶。侈口，尖唇，高领，微束颈，颈部以下残。颈部饰斜向篮纹，篮纹之上饰一周附加泥条。口径12、残高5.8厘米（图4-61，5）。

标本F24③：2，夹砂橙黄陶。侈口，尖唇，矮领，束颈，上腹斜，下腹残。颈部饰斜向篮纹，上腹饰竖向绳纹，口沿外侧饰两周附加泥条，泥条经手指按压呈波状，泥条下有一段波状泥

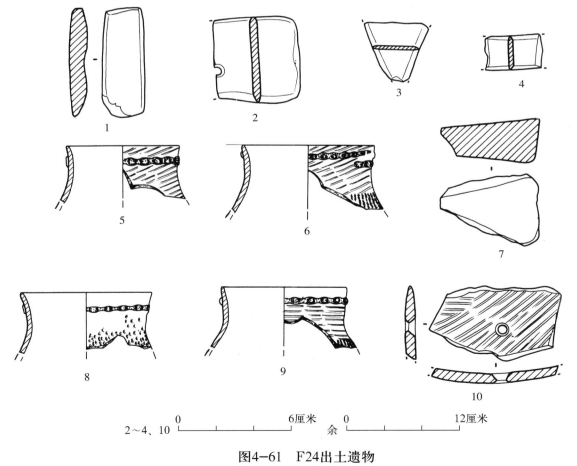

图4-61　F24出土遗物

1.石锛F24②：21　2.石刀F24②：19　3.石镞F24②：18　4.石料F24②：20　5、6.花边罐F24③：1、2　7.磨石F24③：3　8、9.花边罐F24⑥：1、2　10.陶刀F24⑥：3

条。口径14、残高7厘米（图4-61，6）。

磨石　1件。

标本F24③：3，砂岩石，三角形，两个面均有磨痕，一面微凹，一面不平。长10.8、宽7.8、厚4.8厘米（图4-61，7；彩版六一，3）。

（4）F24⑥层

出土少量陶片，以腹部残片为主，可辨器形有花边罐、陶刀（表4-119、120）。

表4-119　F24⑥器类数量统计表

器形 \ 陶色 陶质	泥质				夹砂				合计
	红	橙黄	灰	黑	红	橙黄	灰	黑	
花边罐						2			2

表4-120　F24⑥层陶片统计表

纹饰 \ 陶色 陶质	泥质				夹砂				合计
	橙黄	灰	红	灰底黑彩	橙黄	灰	红	褐	
篮纹	4								4
麻点纹					42				42

花边罐　2件。

标本F24⑥：1，夹砂橙黄陶。侈口，尖唇，矮领，束颈，上腹斜，下腹残。口沿外侧饰一周附加泥条，泥条经手指按压呈波状，颈、腹饰麻点纹，有烟炱。口径14、残高6.4厘米（图4-61，8）。

标本F24⑥：2，夹砂橙黄陶。侈口，尖唇，矮领，束颈，上腹斜弧，下腹残。口沿外侧饰一周附加泥条，泥条经手指按压呈波状，颈部饰横向篮纹，上腹饰竖向绳纹。口径13.2、残高6.6厘米（图4-61，9）。

陶刀　1件。

标本F24⑥：3，泥质橙黄陶。陶片打磨而成，近长方形，器表饰交错篮纹，单面打制刃，器身有一钻孔。孔径0.5厘米，刃残长5厘米，器身残长7、残宽4厘米（图4-61，10）。

（5）其他地层

其他地层出土陶片见下表（表4-121、122）。

表4-121　F24④层陶片统计表

纹饰 \ 陶色 陶质	泥质				夹砂				合计
	橙黄	灰	红	灰底黑彩	橙黄	灰	红	褐	
素面	4				6				10
绳纹	1								1
篮纹					1				1
麻点纹					12				12

表4-122 F24⑤层陶片统计表

纹饰 \ 陶质 \ 陶色	泥质				夹砂				合计
	橙黄	灰	红	灰底黑彩	橙黄	灰	红	褐	
素面	11		4		75				90
绳纹					12				12
篮纹	5								5
麻点纹					31				31

22. F25

F25 位于ⅡT1106、ⅡT1206内，开口于第④层下，东北部被H321打破（图4-62；彩版六二，1）。半地穴式，平面呈"凸"字形，门道位于居室南侧。

居室平面呈圆角长方形，剖面呈筒状，斜直壁，平底。南北长3.80、东西宽2.10～2.80、残高0.70～0.82米，面积约10平方米。居住面为白灰皮面，厚约0.5厘米，白灰皮之下铺草拌泥，厚约2厘米，草拌泥之下铺黄色垫土，厚0.02～0.14米。灶位于居室中部，编号Z1。东侧被H321打破，平面呈圆形，直壁，平底，灶坑直径约1.04、深约0.16米。Z1中间有一圆形小坑，直径约0.32、深约0.06米，其内堆积草木灰烬。Z1南侧有一条与灶相连接的用火痕迹，南北长约1.38、东西宽0.53～0.64米。柱洞位于居室中部偏东，编号为ZD1，北部被H321打破，平面呈圆形，剖面呈筒状，直径约0.50、深约0.74米，柱洞内垫黑垆土夯实并留柱窝，柱窝位于柱洞中心，直径约0.20、深约0.22米，堆积浅灰色黏土。门道位于居室南侧，高于居住面约0.12米，南北长0.56、东西宽0.82～0.94米。

房内堆积分两层：第①层土色浅灰，土质疏松，包含零散红烧土颗粒，水平状堆积，厚0.28～0.31米，出土少量陶片、石块、兽骨。第②层土色浅褐，土质较疏松，包含零星炭粒，坡状堆积，厚0.30～0.52米，出土少量陶片、石块，兽骨。

（1）F25①层

出土少量陶片，以腹部残片为主，可辨器形有圆腹罐、花边罐、高领罐、大口罐、盆、尊（表4-123、124）。

表4-123 F25①器类数量统计表

器形 \ 陶质 \ 陶色	泥质				夹砂				合计
	红	橙黄	灰	黑	红	橙黄	灰	黑	
花边罐					1				1
盆	1								1
圆腹罐						1			1
高领罐	1								1
尊	1								1
大口罐						1			1

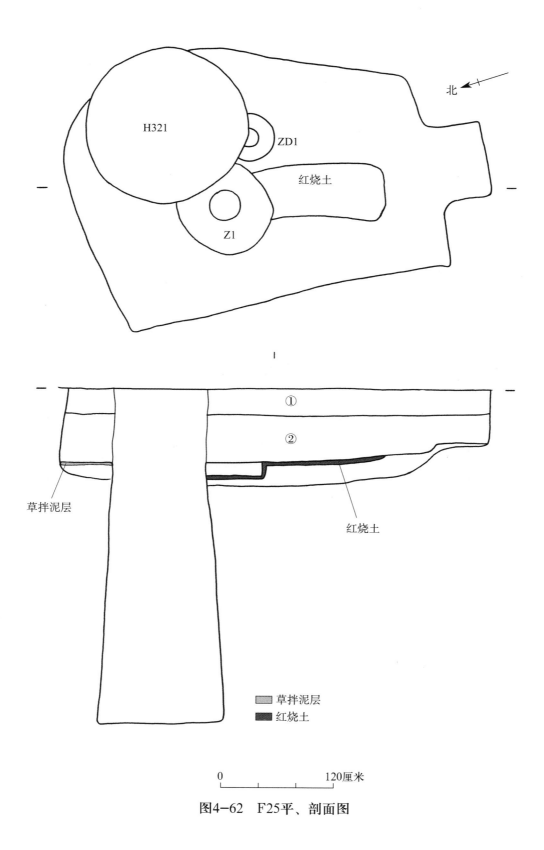

图4-62 F25平、剖面图

表4-124　F25①层陶片统计表

纹饰＼陶质／陶色	泥质				夹砂				合计
	橙黄	灰	红	灰底黑彩	橙黄	灰	红	褐	
素面	10		2		18				30
绳纹	3								3
篮纹	10	2			6				18
麻点纹					31				31
附加堆纹					1				1
绳纹＋附加堆纹					4				4

圆腹罐　1件。

标本F25①：3，夹砂橙黄陶。侈口，圆唇，矮领，束颈，颈部以下残。口沿外侧有一周折棱，折棱经手指按压呈波状，颈部饰横向篮纹。口径13.2、残高4.2厘米（图4-63，1）。

花边罐　1件。

标本F25①：1，夹砂红陶。侈口，尖唇，矮领，束颈，颈部以下残。口沿外侧饰一周附加泥条，泥条经手指按压呈波状，颈部素面。口径11.6、残高4.6厘米（图4-63，2）。

高领罐　1件。

标本F25①：4，泥质红陶。喇叭口，圆唇，高领，束颈，颈部以下残。口沿外侧有一周折棱，颈部素面。口径19.6、残高2.2厘米（图4-63，3）。

大口罐　1件。

标本F25①：6，夹砂橙黄陶。直口，方唇，上腹直，下腹残。口沿外侧有一周折棱，器表通体饰斜向篮纹。口径20、残高5厘米（图4-63，4）。

盆　1件。

标本F25①：2，泥质红陶。敞口，圆唇，斜直腹，底残。口沿外侧有一周折棱，腹部饰斜向篮纹，内壁素面磨光。口径14.8、残高2.4厘米（图4-63，5）。

尊　1件。

标本F25①：5，泥质红陶。敞口，方唇，高领，束颈，圆腹，底残。腹部饰交错刻划纹。口径12.4、残高7厘米（图4-63，6）。

（2）F25②层

出土少量陶片，以腹部残片为主，可辨器形有圆腹罐、高领罐、大口罐、盆、罤，另出土石料、石杵、蚌器（表4-125、126）。

圆腹罐　1件。

标本F25②：4，夹砂褐陶。侈口，圆唇，矮领，束颈，上腹圆弧，下腹残。颈部饰横向篮纹，上腹饰麻点纹。口径16.4、残高5厘米（图4-63，7）。

高领罐　1件。

标本F25②：2，泥质红陶。喇叭口，斜沿，圆唇，高领，束颈，颈部以下残。颈部素面，内

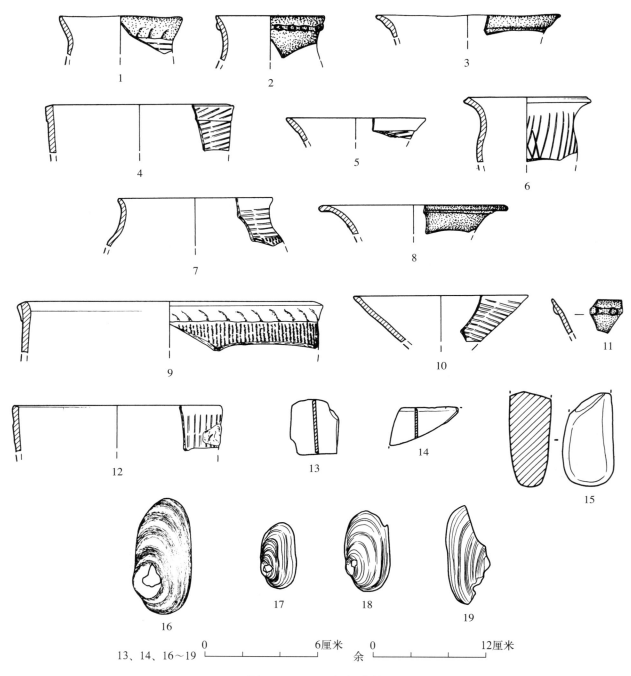

图4-63　F25出土遗物

1、7.圆腹罐F25①：3、F25②：4　2.花边罐F25①：1　3、8.高领罐F25①：4、F25②：2　4、9.大口罐F25①：6、F25②：1
5、10、11.盆25①：2、F25②：5、6　6.尊F25①：5　12.斝F25②：3　13、14.石料F25②：12、13　15.石杵F25②：9
16~19.蚌器F25②：7、8、10、11

壁素面磨光且有刮抹痕迹。口径18.8、残高3厘米（图4-63，8）。

大口罐　1件。

标本F25②：1，夹砂橙黄陶。微侈口，方唇，上腹直，下腹残。口沿外侧有一周凸棱经手指
按压呈波状，上腹饰竖向绳纹。口径30.4、残高5.6厘米（图4-63，9）。

表4-125　F25②器类数量统计表

器形 ＼ 陶质 陶色	泥质				夹砂				合计
	红	橙黄	灰	黑	红	橙黄	灰	褐	
大口罐						1			1
高领罐	1								1
斝						1			1
圆腹罐								1	1
盆						2			2

表4-126　F25②层陶片统计表

纹饰 ＼ 陶质 陶色	泥质				夹砂				合计
	橙黄	灰	红	灰底黑彩	橙黄	灰	红	褐	
素面	30	3	3		27				63
绳纹	1				6		2		9
篮纹	21	1	2		12				36
麻点纹					80		2		82
麻点纹＋戳印纹					1				1
篮纹＋麻点纹					5				5
附加堆纹					2				2
麻点纹＋附加堆纹					2				2

盆　2件。

标本F25②：5，夹砂橙黄陶。敞口，圆唇，斜直腹，底残。腹部饰斜向篮纹。口径18.4、残高5厘米（图4-63，10）。

标本F25②：6，夹砂橙黄陶。敞口，圆唇，斜直腹，底残。口沿外侧饰一周附加泥条，泥条经手指按压呈波状，腹部素面。残高3.8、残宽3.6厘米（图4-63，11）。

斝　1件。

标本F25②：3，夹砂橙黄陶。直口，方唇，上腹直，下腹残。唇面有一周凹槽，上腹有耳脱落痕迹，腹部饰竖向篮纹。口径21.6、残高5厘米（图4-63，12）。

石杵　1件。

标本F25②：9，石英岩。器表粗磨，基部及两侧边圆弧，中腰至杵面残。残长10.6、宽5.4、厚4.4厘米（图4-63，15；彩版六三，2）。

石料　2件。

标本F25②：12，页岩。整体较平整，制作小石器材料。残长3.1、残宽2.5、厚0.2厘米（图4-63，13）。

标本F25②：13，页岩。整体较平整，制作小石器材料，一边缘有磨痕。残长3.6、残宽2.4、厚0.2厘米（图4-63，14；彩版六三，1）。

蚌器　4件。

标本F25②：7，由蚌壳制成，为装饰所用，在贝壳顶端边缘有一圆形钻孔。孔径1.3、长6.4、宽3.1厘米（图4-63，16；彩版六三，3）。

标本F25②：8，由蚌壳制成，为装饰所用，在贝壳顶端边缘有一圆形钻孔。孔径0.4、长3.6、宽1.9厘米（图4-63，17）。

标本F25②：10，由蚌壳制成，为装饰所用，在贝壳顶端边缘有一圆形钻孔。孔径0.4、长4.4、宽2.4厘米（图4-63，18；彩版六三，5）。

标本F25②：11，残，由蚌壳制戉，为装饰所用，在贝壳顶端边缘有一残孔。长5.5、残宽2.3厘米（图4-63，19）。

23. F26

F26位于ⅡT0703、ⅡT0704内，开口于第⑤层下，南侧被H339、H344打破（图4-64）。半地穴式，平面呈"凸"字形，门道位于居室西侧。

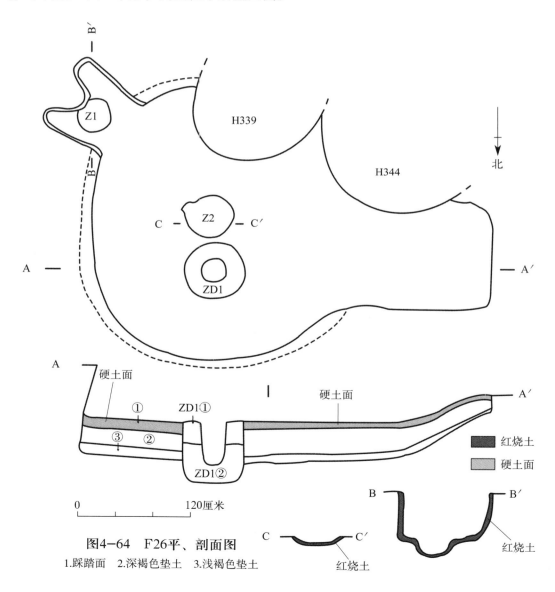

图4-64　F26平、剖面图

1.踩踏面　2.深褐色垫土　3.浅褐色垫土

居室平面呈近圆形，斜壁，平底。东西长 4.20、南北宽 2.90、残高 0.54 米，面积约 12.1 平方米。居住面为踩踏硬面，厚 3～12 厘米，踩踏硬面之下铺两层垫土，第①层为深褐色垫土，厚 0.01～0.28 米。第②层为浅褐色垫土，厚 0.04～0.12 米。居室有两处灶坑，编号 Z1、Z2。Z1 位于居室内东南壁，壁式灶，平面呈"M"形，宽 0.72～0.82、进深 0.74～0.80、残高 0.68 米，底部为圆形火膛，直径 0.38、深 0.18 米，火膛内堆积大量草木灰，两条平行竖向烟道位于火膛上方，烟道宽 0.16～0.22 米，灶壁有青灰色烧结面，厚 3～4 厘米。Z2 位于居室中部，平面呈圆形，剖面呈锅底状，直径 0.45、深 0.06 米，灶坑表面有明显用烧痕迹，其内堆积草木灰。柱洞位于居室中部偏北，平面呈圆形，剖面呈筒状，直径约 0.62、深约 0.66 米，柱洞内垫土夯实并留柱窝，柱洞内垫土分两层，第①层为黑褐色黏土，厚 0.24 米，第②层为灰褐色黏土，厚 0.42 米。柱窝位于柱洞中心，平面呈圆形，剖面呈筒状，直径约 0.26、深约 0.46 米，柱窝堆积较疏松灰色黏土。门道高于居住面，剖面呈斜坡状，长 1.20、宽 1.14 米。

房内堆积未分层，土色浅褐色，土质疏松，包含红烧土、炭粒，堆积厚 0.54 米，出土较多陶片和零散兽骨（表4-127、128）。

表4-127　F26器类数量统计表

器形＼陶质／陶色	泥质				夹砂				合计
	红	橙黄	灰	黑	红	橙黄	灰	黑	
圆腹罐						1			1

表4-128　F26陶片统计表

纹饰＼陶质／陶色	泥质				夹砂				合计
	橙黄	灰	红	灰底黑彩	橙黄	灰	红	褐	
素面	6				4				10
绳纹	2				2				4
篮纹	8								8
麻点纹					20				20
交错篮纹	1								1
篮纹＋麻点纹					2				2

F26 出土少量陶片，以腹部残片为主，可辨器形有圆腹罐，另出土玉料。

圆腹罐　1件。

标本 F26∶1，夹砂橙黄陶。侈口，圆唇，高领，束颈，上腹斜，下腹残。颈部饰斜向篮纹，上腹饰麻点纹。口径 13.2、残高 6.4 厘米（图 4-65，1）。

陶拍　1件。

标本 F26∶2，泥质红陶。拍面近椭圆形，拍面弧形且光滑，背部为桥形空心銎。素面。中间圆形孔直径为 2.1～3.6、器身长 7.3、宽 5.7、高 4 厘米（图 4-65，2；彩版六四，1、2）。

玉料　1件。

标本 F26∶3，绿色泛黑，半透明状，不规则状，表面磨制光滑，边缘有一单向钻孔，孔径

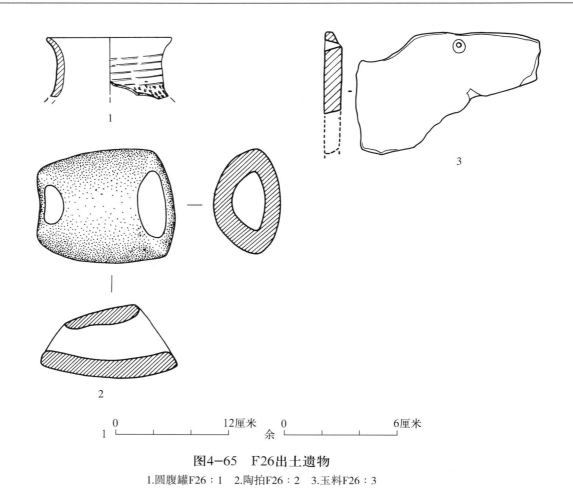

图4-65　F26出土遗物

1.圆腹罐F26：1　2.陶拍F26：2　3.玉料F26：3

0.3～0.8、器身残长9.6、残宽6.6、厚0.9厘米（图4-65，3）。

24. F27

F27分布于ⅢT2715、ⅢTT2716、ⅢTT2815、ⅢTT2816内，开口于第②层下（图4-66；彩版六四，3）。半地穴式，平面呈"凸"字形，门道位于居室南侧。

居室平面呈圆角长方形，剖面呈筒状，直壁，平底。南北长3.92、东西宽2.80米，面积约10.9平方米。居住面为白灰皮，厚0.5厘米，白灰皮之下涂抹一层草拌泥，厚2厘米。居室有两处灶坑，编号Z1、Z2。Z1位于居室中部偏北，地面灶，平面呈圆形，直径约0.98米，灶中部有用火痕迹，留有青色烧结面。Z2位于居室北部，灶二分之一嵌于北墙墙体，二分之一位于居室内，直径0.60～0.74、深0.30米，其内堆积有草木灰、烧土块、草拌泥块。门道位于居室南侧，略高于居住面，南北长0.68、东西宽0.84、残高0.10～0.14米。F27的北、东、西三面均有墙体，墙体依原生黄土而建，北墙长约4.00、宽0.90～1.06、残高0.18米，东墙长4.56、宽0.88～1.02、残高0.16米，西墙长5.00、宽0.76～1.00、残高0.05～0.12米。

房内堆积未分层，土色深褐，土质较疏松，水平状堆积，厚0.16～0.18米，出土少量陶片（表4-129）。

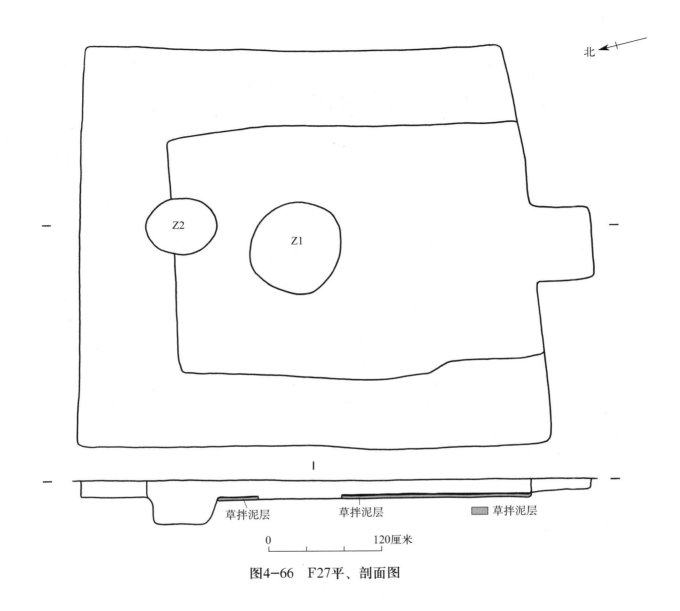

图4-66 F27平、剖面图

表4-129 F27陶片统计表

纹饰	陶质 泥质				夹砂				合计
陶色	橙黄	灰	红	白	橙黄	灰	红	褐	
素面	20	6	4	2	17				49
绳纹					14				14
篮纹	15				12		1		28
麻点纹					29		4		33
刻划纹					1				1
篮纹＋麻点纹					2				2
篮纹＋绳纹					1				1
附加堆纹＋麻点纹					1				1

F27 出土石刀 1 件、石器 1 件。

石刀   1 件。

标本F27：1，石英岩。青灰色，长方形，基部及侧边平整，双面磨刃，刃部呈波状，器身近刃部有一对向钻孔，孔径0.5～0.7厘米。刃残长6厘米，刃角59.5°，器身长9.7、宽4.3厘米（图4-67，1；彩版六四，4）。

石器   1 件。

标本F27：2，石英岩。三角棱状，器表未见明显打磨痕迹。长9.8、宽4.2、厚3厘米（图4-67，2；彩版六四，5）。

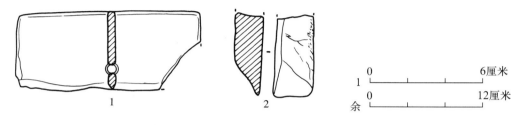

图4-67   F27出土遗物

1.石刀F27：1   2.石器F27：2

25. F28

F28 位于ⅢT2817西侧扩方内，开口于第④层下（图4-68）。半地穴式，因西部、北部为发掘区外的农田区域，仅清理局部。

居室清理部分平面呈不规则形，剖面呈筒状，直壁，平底，底西高东低略倾斜。南北长3.16、东西宽2.76、残高0.40～0.44米，面积约8.7平方米。居住面为白灰皮，残存局部，分布于居室东部，厚0.5厘米。白灰皮之下涂抹一层草拌泥，厚1厘米，草拌泥之下铺一层浅黄色垫土，厚0.04米。居室内未发现灶坑、柱洞等附属设施。

房内堆积未分层，土色深褐，土质较疏松，坡状堆积，出土少量陶片（表4-130、131）。

表4-130   F28器类数量统计表

器形 \ 陶色 陶质	泥质				夹砂				合计
	红	橙黄	灰	黑	红	橙黄	灰	褐	
盆						1			1
圆腹罐						1		1	2

表4-131   F28陶片统计表

纹饰 \ 陶色 陶质	泥质				夹砂				合计
	橙黄	灰	红	灰底黑彩	橙黄	灰	红	褐	
素面	12	4			4				20
绳纹			1		4				5
篮纹	10	2							12
麻点纹	11								11

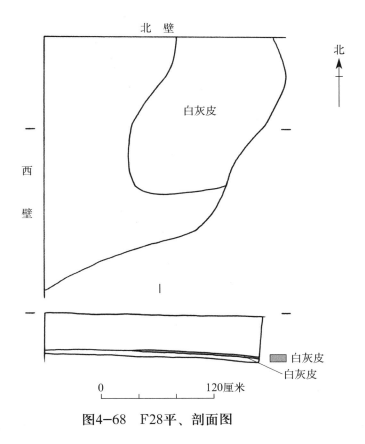

图4-68　F28平、剖面图

F28出土少量陶片，以腹部残片为主，可辨器形有圆腹罐、盆。

圆腹罐　2件。

标本F28：2，夹砂褐陶。侈口，方唇，高领，微束颈，颈部以下残。口沿外侧有一周折棱，颈部饰斜向篮纹。口径22、残高5.2厘米（图4-69，1）。

标本F28：3，夹砂橙黄陶。微侈口，圆唇，矮领，微束颈，颈部以下残。颈部素面，有烟炱。口径15.2、残高3.6厘米（图4-69，2）。

盆　1件。

标本F28：1，夹砂橙黄陶。敞口，方唇，斜腹，底残。口沿外侧有一周折棱，腹部饰斜向篮纹，内壁有刮抹痕迹。口径16、残高6.6厘米（图4-69，3）。

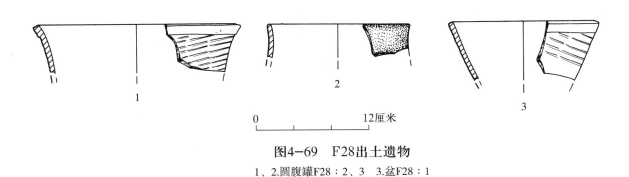

图4-69　F28出土遗物

1、2.圆腹罐F28：2、3　3.盆F28：1

26. F29

F29 位于ⅢT2815 东北部，开口于第②层下（图 4-70；彩版六五，1）。半地穴式，平面呈
"凸"字形。因东部为发掘区外的农田区域，仅清理四分之三。

居室平面呈圆角方形，剖面呈筒状，直壁，平底。南北 1.72、东西 2.60、残高 0.40 米，面积
约 4.4 平方米。居住面为踩踏硬面，较平整。居室内有两处灶，编号Z1、Z2。Z1 位于居室西壁，
壁式灶，平面呈"M"形，两侧凸出部分为烟道，火膛内堆积大量草木灰，灶底部有红烧土烧结
面，宽 1.16、进深 0.60、残高 0.56 米。Z2 位于居室中部，剖面呈锅底状，直径 0.20、高 0.04 米，
灶坑有红烧土烧结面，厚 1.5 厘米，其内堆积大量草木灰。柱洞位于居室中部偏北，编号ZD1。
平面呈圆形，剖面筒状，直径约 0.36、深约 0.30 米，柱洞内垫黑垆土夯实并留柱窝，柱窝位于柱
洞中心，平面呈圆形，斜壁，圆底，直径约 0.12、深约 0.28 米，其内堆积较疏的灰褐色黏土。

房内堆积未分层，土色浅褐，土质较疏松，水平状堆积，厚 0.40 米。内出土少量陶片（表
4-132）。

表4-132　F29陶片统计表

纹饰 \ 陶色	泥质				夹砂				合计
	橙黄	灰	红	灰底黑彩	橙黄	灰	红	褐	
素面	3				1				4
绳纹					3				3
麻点纹					5				5

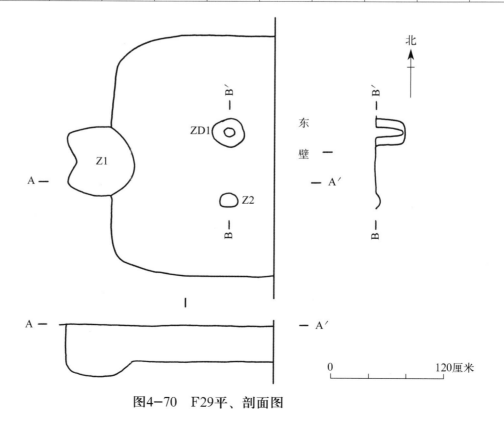

图4-70　F29平、剖面图

27. F30

F30位于ⅡT1105、ⅡT1106、ⅡT1205内，开口于第④层下，被H327打破（图4-71；彩版六五，2）。半地穴式，平面呈"凸"字形，门道位于居室西侧。

居室平面呈圆角长方形，剖面呈筒状，直壁，平底。南北长3.10、东西宽2.60、残高0.60米，面积约8平方米。居住面为踩踏硬面，残存局部，平面呈长条状，分布于居室中部延伸至门道，长2.20、宽0.66~0.94、厚0.022~0.04米。门道位于居室西北部，被H327打破，残长约0.54、宽约0.98、残高约0.60米。半椭圆形壁龛位于居室东壁，宽约0.44、高约0.42、进深约0.10米。壁龛外侧放置一块有用火痕迹的石块。

房内堆积未分层，土色深褐，土质较疏松，水平状堆积，厚约0.60米，堆积内出土少量陶片、石块（表4-133、134）。

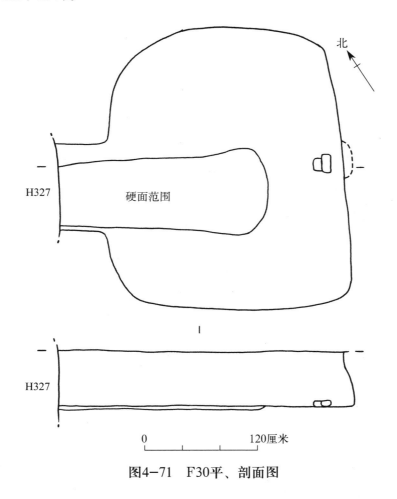

图4-71　F30平、剖面图

表4-133　F30器类数量统计表

器形	陶质 陶色	泥质				夹砂				合计
		红	橙黄	灰	黑	红	橙黄	灰	黑	
高领罐		1								1
圆腹罐							2			2

表4-134　F30陶片统计表

纹饰 ＼ 陶质 陶色	泥质				夹砂				合计
	橙黄	灰	红	灰底黑彩	橙黄	灰	红	褐	
素面	6		4		3				13
篮纹	6	2	1						9
麻点纹					2				2

F30出土少量陶片，以腹部残片为主，可辨器形有圆腹罐、高领罐。

圆腹罐　2件。

标本F30：2，夹砂橙黄陶。侈口，圆唇，高领，束颈，上腹微弧，下腹残。器表饰麻点纹。口径18.8、残高6.4厘米（图4-72，1）。

标本F30：3，夹砂橙黄陶。侈口，圆唇，高领，束颈，颈部以下残。颈部饰麻点纹。口径18、残高5.4厘米（图4-72，2）。

高领罐　1件。

标本F30：1，泥质红陶。喇叭口，平沿，圆唇，高领，束颈，颈部以下残。颈部及内壁素面磨光。口径22、残高4厘米（图4-72，3）。

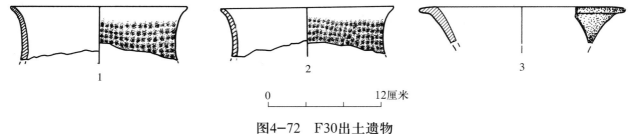

图4-72　F30出土遗物
1、2.圆腹罐F30：2、3　3.高领罐F30：1

28. F31

F31位于ⅡT1004、T1005内，开口于第④层下（图4-73）。半地穴式，平面呈不规则形，门道位于居室东侧。

居室平面呈椭圆形，斜壁，平底。口部直径3.30、底部直径3.40、残高2.04米，面积约8.5平方米。居住面为踩踏硬面，局部残存，平面呈不规则形，分布于居室中南部，厚约2厘米。居室有三处灶坑，编号为Z1、Z2、Z3。Z1位于居室西北壁，壁式灶，平面呈不规则形，剖面呈筒状，最大径约1.04、进深约0.74、残高约0.75米，灶壁与底均有厚约4厘米红烧土烧结面，灶内堆积少量草木灰。Z2位于居室中部，平面灶，平面呈椭圆形，剖面呈锅底状，直径0.60～0.80、深0.10米，灶底有厚12厘米红烧土烧结面，灶内堆积大量草木灰。Z3位于居室西壁，壁式灶，由火门、火膛和烟道组成，火门为拱形顶，宽0.33、高0.25米，火膛底部呈椭圆形，堆积大量草木灰，直径0.65米，两条平行烟道位于火膛上方，长0.72～0.74、宽0.11～0.48米。Z3壁面有厚3～4厘米红烧土烧结面。柱洞位于居室南侧，编号ZD1。平面呈椭圆形，剖面呈筒状，直径

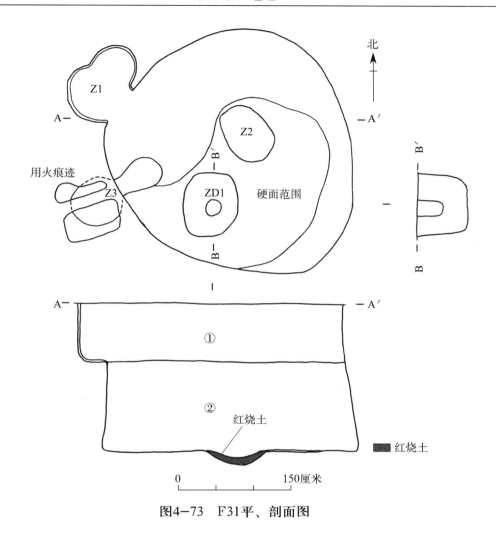

图4-73 F31平、剖面图

0.72～0.86、深0.66米。柱洞内垫黑垆土夯实并留柱窝，柱窝位于柱洞中心，平面呈椭圆形，剖面呈筒状，直径0.20～0.22、深0.34米，柱窝内堆积较疏松深褐黏土。

房内堆积分两层：第①层土色黄褐，土质疏松，包含红烧土、炭粒，水平堆积，厚约0.80米，出土少量陶片、兽骨。第②层土色深褐，土质疏松，包含零散炭粒，水平堆积，厚约1.25米，出土少量陶片、兽骨。

出土少量陶片，以腹部残片为主，可辨器形有圆腹罐、花边罐、单耳罐、双耳罐、高领罐、大口罐、刻槽盆、盆（表4-135、136），另出土石刀。

圆腹罐 11件。

标本F31①：2，夹砂橙黄陶。侈口，圆唇，矮领，束颈，圆腹，假圈足。颈部素面，腹部饰麻点纹，近底部有横向刮抹痕迹。口径12.2、高20、底径10.6厘米（图4-74，1；彩版六五，3）。

标本F31①：7，夹砂橙黄陶。微侈口，尖唇，矮领，微束颈，上腹斜弧，下腹残。颈部素面，上腹饰竖向绳纹，有烟炱。口径9.6、残高4.2厘米（图4-74，2）。

标本F31①：9，夹砂橙黄陶。侈口，圆唇，高领，束颈，颈部以下残。颈部素面。残高6.6、残宽8厘米（图4-74，3）。

表4-135　　F31①器类数量统计表

器形 \ 陶质 陶色	泥质				夹砂				合计
	红	橙黄	灰	黑	红	橙黄	灰	褐	
高领罐		2							2
圆腹罐	1	4			2	4			11
双耳罐	2					2			4
大口罐						1			1
花边罐					1	3		2	6
盆		2				1			3
刻槽盆						1			1
单耳罐					1				1

表4-136　　F31①层陶片统计表

纹饰 \ 陶质 陶色	泥质				夹砂				合计
	橙黄	灰	红	灰底黑彩	橙黄	灰	红	褐	
素面	76	13	7		57				153
绳纹	1				3				4
篮纹	42	6	8		37				93
麻点纹		1			142				143
刻划纹					1				1
附加堆纹					3				3
麻点纹＋附加堆纹	1								1

标本F31①：12，泥质橙黄陶。侈口，方唇，高领，束颈，颈部以下残。唇面有一道凹槽，口沿外侧有一周凸棱，颈部饰横向篮纹。口径18.8、残高7.2厘米（图4-74，4）。

标本F31①：13，夹砂红陶。侈口，圆唇，矮领，束颈，颈部以下残。颈部素面。口径13.6、残高4.8厘米（图4-74，5）。

标本F31①：17，泥质红陶。侈口，尖唇，矮领，束颈，颈部以下残。口沿外侧有一周折棱，颈部素面。残高5.6、残宽5.6厘米（图4-74，6）。

标本F31①：18，夹砂红陶。侈口，尖唇，矮领，束颈，上腹弧，下腹残。颈部素面。口径8.8、残高4.6厘米（图4-74，7）。

标本F31①：21，夹砂橙黄陶。侈口，方唇，高领，微束颈，颈部以下残。颈部饰横向绳纹。口径19.2、残高4.8厘米（图4-74，8）。

标本F31①：23，泥质橙黄陶。侈口，圆唇，矮领，束颈，颈部以下残。颈部素面，有烟炱。口径14.4、残高5.2厘米（图4-74，9）。

标本F31①：28，夹砂橙黄陶。侈口，方唇，高领，束颈，颈部以下残。口沿外侧有一周凸棱，器表饰麻点纹，颈部纹饰稀疏。口径34.4、残高8.4厘米（图4-74，10）。

标本F31①：30，夹砂橙黄陶。侈口，圆唇，矮领，束颈，上腹直，下腹残。器表素面。口

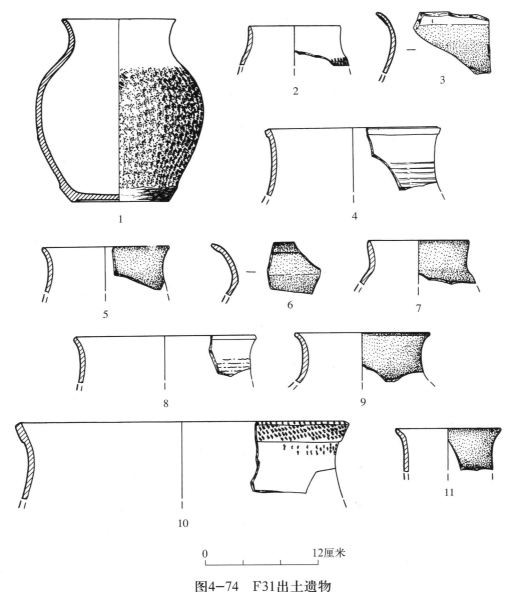

图4-74　F31出土遗物

1～11.圆腹罐F31①：2、7、9、12、13、17、18、21、23、28、30

径 11.2、残高 4.8 厘米（图 4-74，11）。

花边罐　6件。

标本F31①：10，夹砂褐陶。侈口，尖唇，矮领，束颈，上腹圆，下腹残。口沿外侧饰一周附加泥条，泥条经手指按压呈波状，部分泥条脱落，器表素面。口径 6、残高 4.8 厘米（图4-75，1）。

标本F31①：14，夹砂橙黄陶。侈口，尖唇，矮领，束颈，颈部以下残。口沿外侧饰一周附加泥条，泥条经手指按压呈波状，颈部素面。口径 19.6、残高 4.2 厘米（图 4-75，2）。

标本F31①：15，夹砂褐陶。侈口，尖唇，矮领，微束颈，上腹微弧，下腹残。沿下饰一周附加泥条，泥条经手指按压呈波状，腹部饰斜向篮纹。口径 12、残高 4.6 厘米（图 4-75，3）。

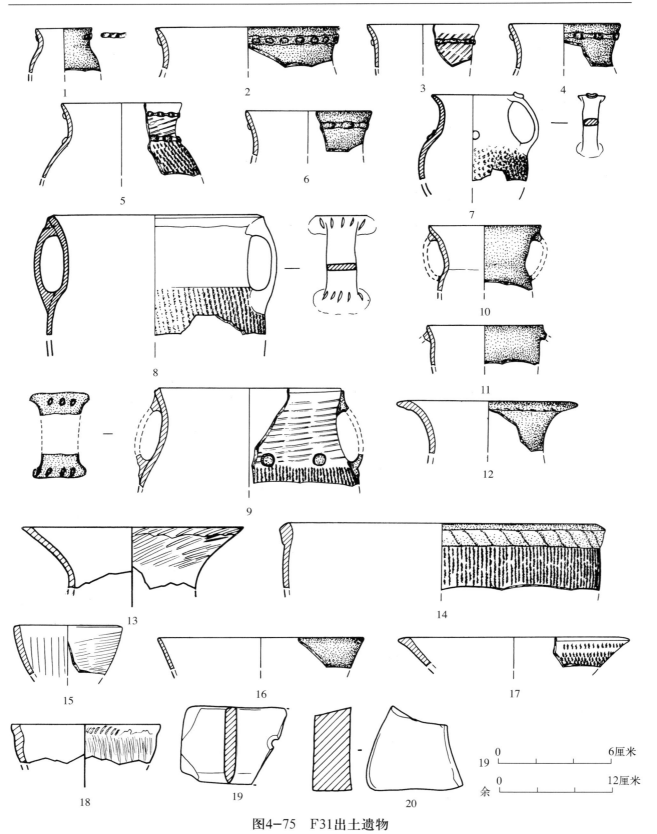

图4-75　F31出土遗物

1~6.花边罐F31①：10、14~16、20、27　7.单耳罐F31①：29　8~11.双耳罐F31①：3、4、6、8　12、13.高领罐F31①：1、26　14.大口罐F31①：5　15.刻槽盆F31①：19　16~18.盆F31①：11、22、25　19.石刀F31①：24　20.磨石F31Z1：1

标本F31①：16，夹砂橙黄陶。侈口，圆唇，矮领，束颈，颈部以下残。口沿外侧饰一周附加泥条，泥条经手指按压呈波状，颈部素面。口径12、残高4.8厘米（图4-75，4）。

标本F31①：20，夹砂橙黄陶。侈口，圆唇，矮领，束颈，上腹圆，下腹残。颈部饰两周附加泥条，泥条经手指按压呈波状，泥条间饰斜向篮纹，上腹饰麻点纹，有烟炱。口径12.8、残高8厘米（图4-75，5）。

标本F31①：27，夹砂红陶。侈口，尖唇，矮领，束颈，颈部以下残。颈部饰一周附加泥条，泥条经手指按压呈波状。口径13.6、残高4.6厘米（图4-75，6）。

单耳罐 1件。

标本F31①：29，夹砂红陶。侈口，尖唇，矮领，束颈，圆腹，底残。连口拱形单耳。耳上端有一泥饼，颈部素面，腹部饰麻点纹，颈腹间有泥饼。口径8.8、残高9.4厘米（图4-75，7）。

双耳罐 4件。

标本F31①：3，夹砂橙黄陶。侈口，方唇，高领，束颈，上腹圆，下腹残。连口拱形双耳。口沿外侧有一周折棱，耳上下两端饰戳印纹，颈部素面，颈腹间有一周折线，腹部饰竖向绳纹。口径21.6、残高13.2厘米（图4-75，8）。

标本F31①：4，夹砂橙黄陶。侈口，方唇，高领，束颈，上腹圆，下腹残。连口拱形双耳。唇面有一道凹槽，耳上下两端饰戳印纹，颈部饰横向篮纹，颈腹间有两个圆形泥饼，上腹饰竖向绳纹，有烟炱。口径19.2、残高10.8厘米（图4-75，9）。

标本F31①：6，泥质红陶。侈口，尖唇，高领，束颈，上腹圆，下腹残，耳残。素面磨光。口径12、残高7.2厘米（图4-75，10）。

标本F31①：8，泥质红陶。侈口，尖唇，矮领，束颈，上腹圆，下腹残，耳残。素面。口径12.4、残高4.2厘米（图4-75，11）。

高领罐 2件。

标本F31①：1，泥质橙黄陶。喇叭口，微卷沿，圆唇，高领，束颈，颈部以下残。口沿外侧有一周折棱，颈部素面且有刮抹痕迹。口径19.2、残高5.6厘米（图4-75，12）。

标本F31①：26，泥质橙黄陶。喇叭口，平沿，尖唇，高领，束颈，颈部以下残。口沿外侧有一周折棱，沿下饰斜向篮纹，颈部素面。口径23.6、残高6.6厘米（图4-75，13）。

大口罐 1件。

标本F31①：5，夹砂橙黄陶。微侈口，方唇，上腹弧，下腹残。口沿外侧饰一周附加泥条，泥条经手指按压呈波状，上腹饰竖向绳纹，内壁泥条盘筑痕迹明显。口径32.8、残高7厘米（图4-75，14）。

刻槽盆 1件。

标本F31①：19，夹砂橙黄陶。敞口，方唇，弧腹，底残。腹部饰斜向篮纹，内壁饰竖向刻槽。口径11.6、残高5.4厘米（图4-75，15）。

盆 3件。

标本F31①：11，泥质橙黄陶。侈口，圆唇，斜腹，底残。腹部素面。口径22、残高3.4厘米（图4-75，16）。

标本F31①：22，泥质橙黄陶。敞口，平沿，尖唇，斜弧腹，底残。腹部饰麻点纹，内壁有刮抹痕迹。口径22.4、残高3.4厘米（图4-75，17）。

标本F31①：25，夹砂橙黄陶。微侈口，方唇，上腹微弧，下腹残。口沿外侧饰戳印纹，腹部饰竖向篮纹，有烟炱。口径15.6、残高4.2厘米（图4-75，18）。

石刀　1件。

标本F31①：24，砂岩石，一半残，基部及侧边平直，双面磨刃，残断处有一残孔。刃残长2.8厘米，刃角55.8°，器身残长5.4、宽4.1厘米（图4-75，19；彩版六五，4）。

Z1出土磨石1件。

磨石　1件。

标本F31Z1：1，砂岩石，表面磨制痕迹明显微凹，两个侧边平直，一个侧边有一道磨制凹槽。残长10.2、残宽9、厚4.2厘米（图4-75，20）。

其他地层出土陶片见下表（表4-137）。

表4-137　F31②层陶片统计表

纹饰 \ 陶色	泥质				夹砂				合计
	橙黄	灰	红	灰底黑彩	橙黄	灰	红	褐	
素面	1				1				2
麻点纹					4				4

29. F32

F32位于ⅡT1105、ⅡT1205、ⅡT1206内，开口于第⑤层下（图4-76）。半地穴式，平面呈不规则形。门道位于居室东侧。

居室平面呈近扇形，剖面呈筒状，直壁，平底。东西长2.46、南北宽3.66、残高0.34米，面积9平方米。居住面有人为加工痕迹，未发现白灰皮、草拌泥。居室未发现灶坑。门道位于居室东部，门道高于居住面0.03米，南北长0.96、东西宽0.34、残高0.30米。柱洞位于门道内外两侧，编号ZD1、ZD2。ZD1平面呈圆形，剖面呈筒状，平底，直径0.44、深0.36米，内填较疏松的深褐色黏土，出土少量陶片。ZD2平面呈圆形，剖面呈筒状，平底，直径0.32、深0.20米，内填较疏松的浅褐色黏土，包含少量炭粒。

房内堆积未分层，土色浅褐，土质疏松，包含零散炭粒、红烧土，厚0.32～0.34米，堆积内出土少量陶片。

F32出土少量陶片，以腹部残片为主，可辨器形有圆腹罐（表4-138、139）。

圆腹罐　2件。

标本F32：1，夹砂红陶。侈口，圆唇，高领，束颈，圆腹，底残。颈部饰竖向篮纹，篮纹有磨平痕迹，腹部饰麻点纹，有烟炱。口径17.2、残高16厘米（图4-77，1）。

标本F32：2，夹砂橙黄陶。侈口，尖唇，高领，束颈，圆腹，底残。颈部素面，颈、腹间有一周凹槽，腹部饰麻点纹，有烟炱。口径14、残高18厘米（图4-77，2）。

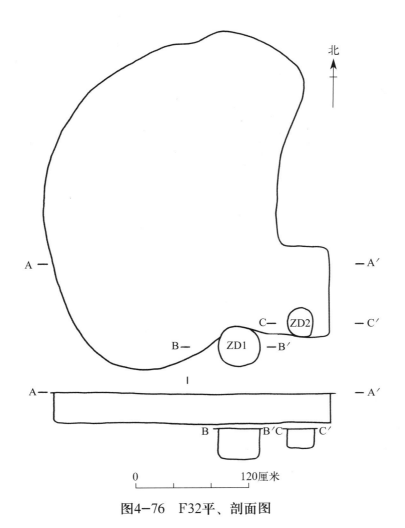

图4-76 F32平、剖面图

表4-138 F32器类数量统计表

器形 \ 陶质 \ 陶色	泥质				夹砂				合计
	红	橙黄	灰	黑	红	橙黄	灰	黑	
圆腹罐					1	1			2

表4-139 F32陶片统计表

纹饰 \ 陶质 \ 陶色	泥质				夹砂				合计
	橙黄	灰	红	灰底黑彩	橙黄	灰	红	褐	
素面	15	4	5		14				38
绳纹			1		10				11
篮纹	19	1			1				21
麻点纹					61				61
篮纹＋麻点纹					1		1		2

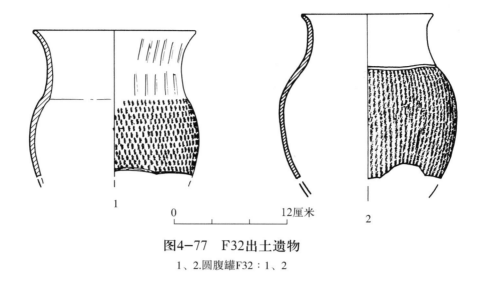

图4-77　F32出土遗物

1、2.圆腹罐F32：1、2

第二节　灰坑

1. H1

H1位于ⅢT0101东部，部分压于东隔梁下，开口于第④层下（图4-78；彩版六六，1）。根据遗迹暴露部分推测H1平面近椭圆形，口部边缘形态明显，底部边缘形态较明显，剖面呈筒状，直壁，未见工具痕迹，坑底平整。坑口南北0.95、坑底南北0.84、东西0.68、坑深0.44～0.48米。坑内堆积未分层，土色浅褐色，土质疏松，包含炭粒、红烧土块、白灰皮块、草木根系，水平状堆积。

坑内出土零星陶片和石块，陶片以陶器腹部残片为主，无可辨器形标本，所以不具体介绍，只进行陶系统计（表4-140）。

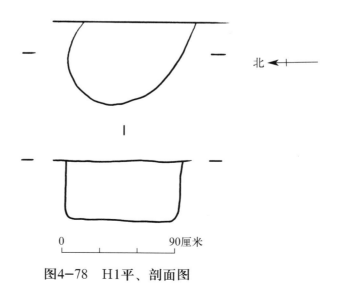

图4-78　H1平、剖面图

表4-140　H1陶片统计表

纹饰 ＼ 陶质 陶色	泥质				夹砂				合计
	橙黄	灰	红	灰底黑彩	橙黄	灰	红	褐	
附加堆纹					1				1
麻点纹					1				1

2. H2

H2位于ⅢT0101的东北角，部分压于东隔梁下，开口于第④层下（图4-79；彩版六六，2）。根据遗迹暴露部分推测H2平面近长方形，口部边缘形态明显，底部边缘形态较明显，剖面呈筒状，直壁，未见工具痕迹，坑底平整。坑口东西长1.70、南北宽0.94～1.20、深0.26米。坑内堆积未分层，土色浅黄色，土质疏松，水平状堆积。

坑内出土少量陶片，以陶器腹部残片为主，无可辨器形标本，所以不具体介绍，只进行陶系统计（表4-141）。

表4-141　H2陶片统计表

纹饰 ＼ 陶质 陶色	泥质				夹砂				合计
	橙黄	灰	红	灰底黑彩	橙黄	灰	红	褐	
素面	1	1	1						3
绳纹					1				1
篮纹	4				2				6
麻点纹					6				6

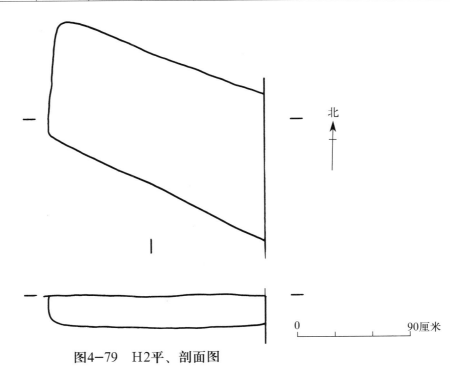

图4-79　H2平、剖面图

3. H3

H3 位于ⅢT0101 东南角，大部分压于东隔梁和南壁下，开口于第④层下（图 4-80；彩版六七，1）。根据遗迹暴露部分推测 H3 平面近椭圆形，口部边缘形态明显，底部边缘形态较明显，剖面呈筒状，直壁，未见工具痕迹，坑底平整。坑口南北长 0.96、东西宽 0.48、深 0.50 米。坑内堆积未分层，土色浅褐色，土质疏松，包含物有炭粒、红烧土块、白灰皮块、料姜石及兽骨，水平状堆积。

坑内出土少量陶片，以陶器腹部残片为主，无可辨器形标本，所以不具体介绍，只进行陶系统计（表 4-142）。

表4-142　H3陶片统计表

纹饰 ＼ 陶质·陶色	泥质				夹砂				合计
	橙黄	灰	红	灰底黑彩	橙黄	灰	红	褐	
素面						1			1
篮纹	3						3		6
刻划纹					1				1
麻点纹						2			2

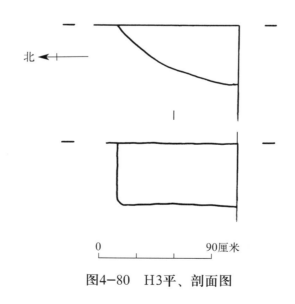

0 ————————— 90厘米

图4-80　H3平、剖面图

4. H4

H4 位于ⅢT0101 东北角，部分压于东隔梁下，开口于第④层下，被 H2 打破（图 4-81；彩版六七，2）。根据遗迹暴露部分推测 H4 平面呈不规则形，口部、边缘形态明显，底部边缘形态不明显，剖面呈筒状，斜弧壁，未见工具痕迹，坑底平整。坑口南北长 1.24、坑底南北长 1.12、深 0.27 米。坑内堆积未分层，土色浅褐色，土质疏松，水平状堆积。

坑内出土少量陶片，以陶器腹部残片为主，无可辨器形标本，所以不具体介绍，只进行陶系统计（表 4-143）。

表4-143　H4陶片统计表

纹饰	陶质	泥质				夹砂				合计
	陶色	橙黄	灰	红	灰底黑彩	橙黄	灰	红	褐	
篮纹						1				1
麻点纹						1				1
附加堆纹		1								1

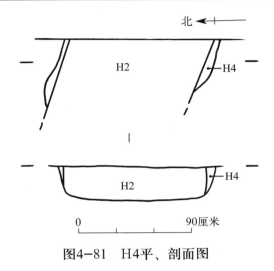

图4-81　H4平、剖面图

5. H5

H5 位于ⅢT0201 东侧偏北，开口于第④层下（图4-82；彩版六八，1、2）。平面近圆形，口部边缘形态明显，底部边缘形态不明显，剖面呈筒状，斜弧壁，未见工具痕迹，底部较平。坑口

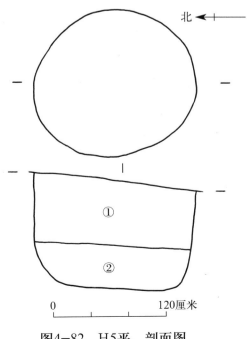

图4-82　H5平、剖面图

南北 1.70、坑底南北长 1.30、坑深 1.20 米。坑内堆积可分两层，第①层厚 0.64～0.74 米，土色灰色，土质较致密，水平状堆积，包含物有动物骨骼、石块、炭粒（彩版六八，3）。第②层厚 0.40～0.48 米，土色褐色，土质较疏松，包含物有动物骨骼、石块、炭粒，水平状堆积。

出土少量陶片。

（1）H5①层

出土少量陶片，以腹部残片为主，可辨器形有圆腹罐（表4-144、145）。

表4-144　H5①层器形数量统计表

器形 \ 陶质 \ 陶色	泥质				夹砂				合计
	红	橙黄	灰	黑	红	橙黄	灰	黑	
圆腹罐						1			1

表4-145　H5①层陶片统计表

纹饰 \ 陶质 \ 陶色	泥质				夹砂				合计
	橙黄	灰	红	灰底黑彩	橙黄	灰	红	褐	
素面	12		5		10				27
绳纹	1						11		12
篮纹	12	4	1		2				19
附加堆纹					2				2
麻点纹					31		5		36

圆腹罐　1件。

标本H5①：1，夹砂橙黄陶。侈口，高领，微束颈，颈部以下残。素面。残高 4、残宽 8.7 厘米（图 4-83，1）。

（2）H5②层

出土少量陶片，以腹部残片为主，可辨器形有圆腹罐、花边罐（表 4-146、147）。

表4-146　H5②层器形数量统计表

器形 \ 陶质 \ 陶色	泥质				夹砂				合计
	红	橙黄	灰	黑	红	橙黄	灰	黑	
圆腹罐					3	1			4
花边罐						3			3

表4-147　H5②层陶片统计表

纹饰 \ 陶质 \ 陶色	泥质				夹砂				合计
	橙黄	灰	红	灰底黑彩	橙黄	灰	红	褐	
素面	12	2	5		5				24
绳纹	3				8				11
篮纹	5	3	2		6		1		17

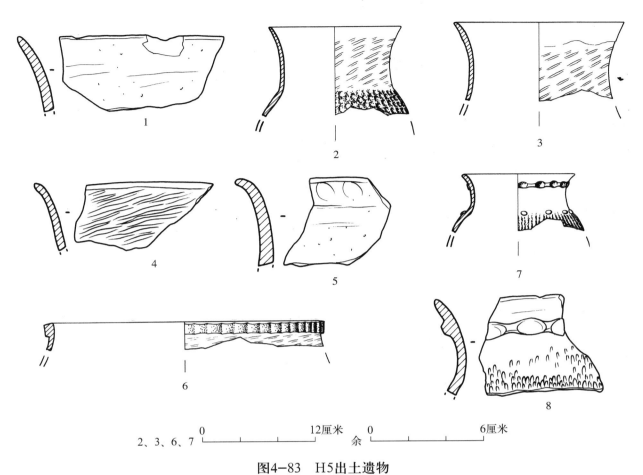

图4-83 H5出土遗物

1.圆腹罐H5①：1 2~5.圆腹罐H5②：2、4~6 6~8.花边罐H5②：1、3、7

续表

纹饰 \ 陶色	泥质				夹砂				合计
	橙黄	灰	红	灰底黑彩	橙黄	灰	红	褐	
刻划纹	1								1
附加堆纹＋绳纹	1								1
麻点纹					20		2		22
绳纹＋篮纹					3		2		5

圆腹罐 4件。

标本H5②：2，夹砂红陶。侈口，尖唇，高领，束颈，上腹圆，下腹残。颈部饰斜向篮纹，上腹饰麻点纹，有烟炱。口径14.4、残高9.6厘米（图4-83，2）。

标本H5②：4，夹砂红陶。侈口，尖唇，高领，束颈，颈部以下残。口沿外侧有一周折棱，颈部饰斜向篮纹。口径18、残高8.6厘米（图4-83，3）。

标本H5②：5，夹砂橙黄陶。侈口，圆唇，高领，微束颈，颈部以下残。颈部饰横向篮纹。残高3.7、残宽7.3厘米（图4-83，4）。

标本H5②：6，夹砂红陶。侈口，圆唇，高领，束颈，颈部以下残。素面。残高4.8、残宽5.7厘米（图4-83，5）。

花边罐　3件。

标本H5②：1，夹砂橙黄陶。微侈口，方唇，口沿以下残。口沿外侧饰一周附加泥条呈齿轮状，附加泥条下饰横向篮纹。口径29、残高3.6厘米（图4-83，6）。

标本H5②：3，夹砂橙黄陶。侈口，圆唇，矮领，束颈，上腹圆，下腹残。口沿外侧饰一周附加泥条，泥条经手指按压呈波状，肩部饰一周附加泥饼，上腹饰竖向绳纹，有烟炱。口径12.2、残高6厘米（图4-83，7）。

标本H5②：7，夹砂橙黄陶。侈口，圆唇，矮领，束颈，上腹斜，下腹残。颈部饰一周附加泥条，泥条经手指按压呈波状，上腹饰麻点纹。残高5.5、残宽6.6厘米（图4-83，8）。

6. H6

H6位于ⅢT0504东南角，开口于第②层下（图4-84；彩版六九，1）。平面近椭圆形，口部、底部边缘形态较明显，剖面呈筒状，直壁，未见工具痕迹，坑底平整。坑口南北0.80、东西0.62~0.68、坑底南北0.70、坑深0.24~0.28米。坑内堆积未分层，土色浅灰色，土质疏松，包含零散白灰皮，水平状堆积。

坑内出土零星陶片，以腹部残片为主，可辨器形有圆腹罐（表4-148、149）。

表4-148　H6器形数量统计表

器形	陶质 陶色	泥质				夹砂				合计
		红	橙黄	灰	黑	红	橙黄	灰	黑	
圆腹罐							1			1

表4-149　H6陶片统计表

纹饰	陶质 陶色	泥质				夹砂				合计
		橙黄	灰	红	灰底黑彩	橙黄	灰	红	褐	
篮纹		2	1							3
麻点纹						1				1

圆腹罐　1件。

标本H6：1，夹砂橙黄陶。侈口，圆唇，高领，束颈，颈部以下残。颈部饰横向篮纹。残高4.8、残宽8.7厘米（图4-85）。

7. H7

H7位于ⅢT0604北隔梁下，开口于第②层下（图4-86；彩版六九，2）。平面呈不规则状，口部、底部边缘形态明显，剖面呈筒状，直壁，未见工具痕迹，凹底。坑口东西0.96、南北0.60~0.66、深0.42米。底部凹坑直径0.46、深0.10米。坑内堆积未分层，土色深灰色，土质疏

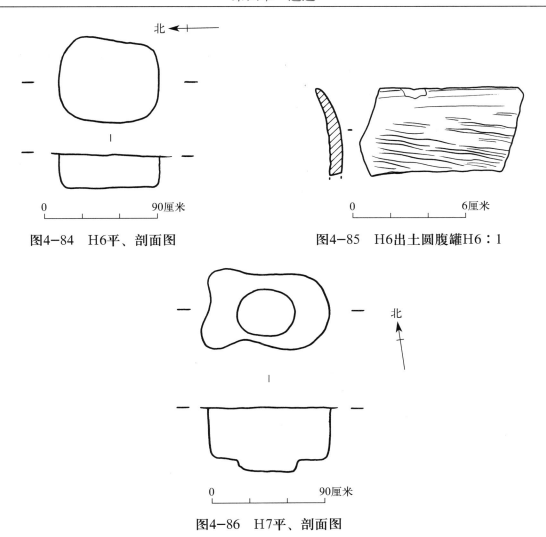

图4-84　H6平、剖面图　　　　　　　　图4-85　H6出土圆腹罐H6∶1

图4-86　H7平、剖面图

松，包含物有兽骨、炭粒、红烧土颗粒，水平堆积。

　　坑内出土零星陶片，以腹部残片为主，可辨器形有双耳罐，另出土石凿1件（表4-150、151）。

表4-150　H7器形数量统计表

器形 \ 陶质 陶色	泥质				夹砂				合计
	红	橙黄	灰	黑	红	橙黄	灰	黑	
双耳罐	1								1

表4-151　H7陶片统计表

纹饰 \ 陶质 陶色	泥质				夹砂				合计
	橙黄	灰	红	灰底黑彩	橙黄	灰	红	褐	
素面	2								2
绳纹					2				2

双耳罐　1件。

标本H7：2，泥质红陶。侈口，尖唇，高领，束颈，腹部残，拱形双耳，耳面饰竖向篮纹，器表素面。口径12、残高6.4厘米（图4-87，1）。

石凿　1件。

标本H7：1，石英岩。基本完整，器身呈长方形，基部圆弧且有明显使用击打痕迹，磨制程度较高且有轻微刮痕，两侧边磨制程度低，双面磨刃。刃长3.6厘米，刃角56.6°，基部宽2.9、厚1.3厘米，器身长10.8、宽4、厚2.7厘米，重214.8克（图4-87，2；彩版六九，3）。

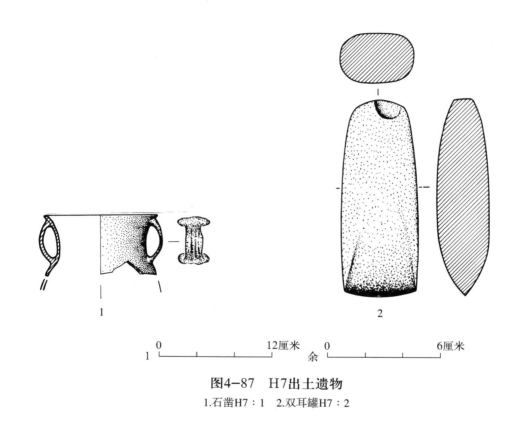

图4-87　H7出土遗物

1.石凿H7：1　2.双耳罐H7：2

8. H8

H8位于ⅢT0505中部偏南，开口于第②层下（图4-88；彩版七〇，1）。平面近椭圆形，口部边缘形态明显，底部边缘形态较明显，剖面呈筒状，斜壁微弧，未见工具痕迹，坑底较平。坑口东西2.38、南北1.84、坑底东西2.20、南北1.22、深0.66～0.75米。坑内堆积未分层，土色深灰色，土质疏松，包含物有草木灰，呈水平状堆积。

坑内出土少量陶片，以腹部残片为主，可辨器形有花边罐、单耳罐、高领罐（表4-152、153）。

花边罐　1件。

标本H8：2，夹砂橙黄陶。侈口，圆唇，高领，束颈，上腹斜，下腹残。口沿外侧饰一周附加泥条，泥条之上饰戳印纹，颈部素面，上腹饰麻点纹。残高6.4、残宽10厘米（图4-89，1）。

单耳罐　1件。

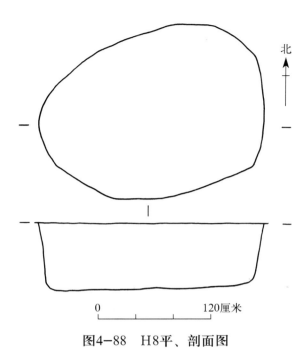

图4-88　H8平、剖面图

表4-152　H8器形数量统计表

器形 \ 陶色 陶质	泥质				夹砂				合计
	红	橙黄	灰	黑	红	橙黄	灰	黑	
单耳罐						1			1
花边罐						1			1
高领罐	1								1

表4-153　H8陶片统计表

纹饰 \ 陶色 陶质	泥质				夹砂				合计
	橙黄	灰	红	灰底黑彩	橙黄	灰	红	褐	
素面	13	4	2		3	10			32
绳纹					2				2
篮纹	15	4	9		7		2		37
刻划纹	1								1
麻点纹					32				32
附加堆纹＋麻点纹					1				1

标本H8：1，夹砂橙黄陶。侈口，尖唇，高领，束颈，上腹斜，下腹残。拱形单耳，颈部饰横向篮纹，上腹饰麻点纹，有烟炱痕迹。残高7.9、残宽8.2厘米（图4-89，2）。

高领罐　1件。

标本H8：3，泥质红陶。喇叭口，圆唇，高领，束颈，颈部以下残。器表素面磨光。残高5.8、残宽5.2厘米（图4-89，3）。

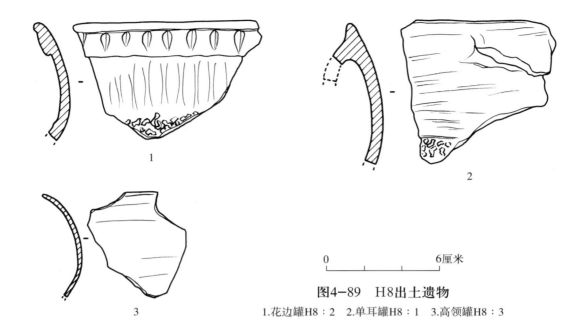

图4-89　H8出土遗物
1.花边罐H8：2　2.单耳罐H8：1　3.高领罐H8：3

9. H9

H9位于ⅢT0201东南角，开口于第④层下，被H5打破（图4-90）。根据残存部分推测H9平面近椭圆形，口部边缘形态明显，底部边缘形态明显，剖面呈筒状，直壁，未见工具痕迹，坑底平整。坑口南北0.66、东西0.70、坑深0.42米。坑内堆积未分层，土色浅灰色，土质疏松，包含物有炭粒、红烧土颗粒、草木灰，水平堆积。

坑内出土少量陶片，以陶器腹部残片为主，无可辨器形标本，所以不具体介绍，只进行陶系统计（表4-154）。

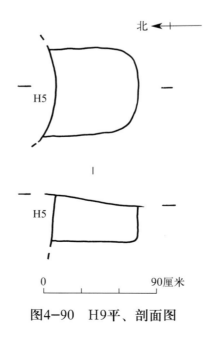

图4-90　H9平、剖面图

表4-154 H9陶片统计表

纹饰	陶质	泥质				夹砂				合计
	陶色	橙黄	灰	红	灰底黑彩	橙黄	灰	红	褐	
素面		4				3				7
绳纹		1								1
篮纹			1			1				2

10. H10

H10位于ⅢT0605中部偏西，开口于第②层下（图4-91；彩版七〇，2）。平面近椭圆形，口部边缘形态明显，底部边缘形态明显，剖面呈袋状，斜弧壁，未见工具痕迹，坑底平整。坑口东西1.36、南北1.64、坑底东西1.98、南北1.84、坑深1.4米。坑内堆积未分层，土色深灰色，土质疏松，包含物有草木灰，水平堆积。

坑内出土大量陶片，以腹部残片为主，可辨器形有圆腹罐、花边罐、双耳罐、高领罐、鬶足，另出土石刀1件。（表4-155、156）

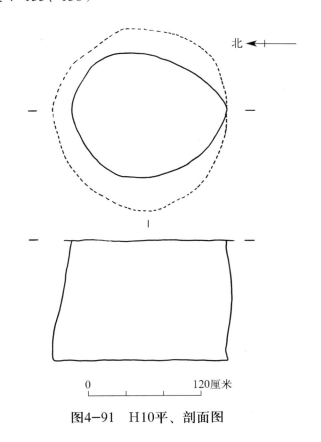

图4-91 H10平、剖面图

圆腹罐 6件。

标本H10：4，夹砂橙黄陶。侈口，尖唇，矮领，束颈，颈部以下残。颈部有刮抹痕迹，素面。残高4.3、残宽4.8厘米（图4-92，1）。

标本H10：6，夹砂橙黄陶。侈口，圆唇，高领，微束颈，上腹斜弧，下腹残。颈部素面且有刮抹痕迹，上腹饰麻点纹，有烟炱。残高 6.2、残宽 6.8 厘米（图 4-92，2）。

标本H10：7，夹砂橙黄陶。侈口，圆唇，矮领，束颈，颈部以下残。口沿外侧有一周折棱，素面。残高 5.2、残宽 9.4 厘米（图 4-92，3）。

表4-155　　H10器形数量统计表

器形＼陶质／陶色	泥质				夹砂				合计
	红	橙黄	灰	褐	红	橙黄	灰	黑	
双耳罐	1								1
高领罐	1			1					2
圆腹罐						6			6
花边罐						1			1
斝足			1						1

表4-156　　H10陶片统计表

纹饰＼陶质／陶色	泥质				夹砂				合计
	橙黄	灰	红	灰底黑彩	橙黄	灰	红	褐	
素面	60	5	10		24				99
绳纹					22				22
篮纹	9	8	14		9				40
附加堆纹					1		1		2
附加堆纹＋篮纹＋麻点纹					1				1
麻点纹					46				46
刻划纹＋绳纹							2		2

标本H10：8，夹砂橙黄陶。侈口，圆唇，束颈，颈部以下残。素面。残高 3.8、残宽 7 厘米（图 4-92，4）。

标本H10：10，夹砂橙黄陶。侈口，圆唇，矮领，束颈，颈部以下残。素面，有烟炱。残高 5、残宽 7.5 厘米（图 4-92，5）。

标本H10：12，夹砂橙黄陶。侈口，方唇，高领，束颈，颈部以下残。唇面有一道凹槽，颈部素面且有刮抹痕迹。残高 7、残宽 5.6 厘米（图 4-92，6）。

花边罐　1件。

标本H10：9，夹砂橙黄陶。侈口，尖唇，高领，束颈，颈部以下残。口沿外侧饰一周附加泥条，泥条之上饰斜向戳印纹，颈部素面。残高 6、残宽 4.8 厘米（图 4-92，7）。

双耳罐　1件。

标本H10：2，泥质红陶。口沿及底部残，折腹，上腹有残耳，腹部饰竖向刻划纹。残高 4.8、残宽 5 厘米（图 4-92，8）。

高领罐　2件。

标本H10：3，泥质红陶。侈口，窄平沿，尖唇，高领，束颈，颈部以下残。口沿外侧有一周折棱按压呈波状，颈部素面。口径 21、残高 6 厘米（图 4-92，9）。

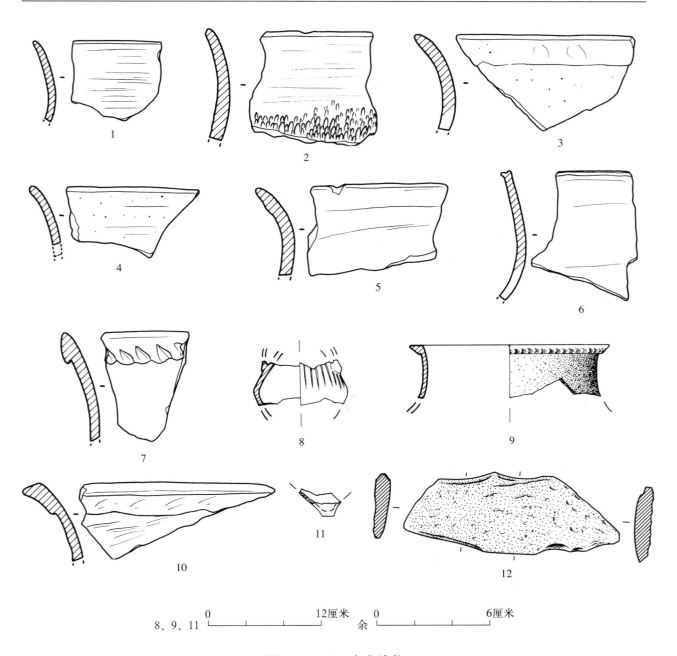

图4-92 H10出土遗物

1~6.圆腹罐H10:4、6~8、10、12 7.花边罐H10:9 8.双耳罐H10:2 9、10.高领罐H10:3、11 11.鬶足H10:5 12.石刀
H10:1

标本H10:11，泥质褐陶。喇叭口，窄平沿，尖唇，高领，束颈，颈部以下残。口沿外侧有一周折棱，颈部素面，内壁刮抹痕迹明显。残高4.2、残宽10.3厘米（图4-92，10）。

鬶足 1件。

标本H10:5，泥质灰陶。牛角状空心足。素面。残高3.2、残宽4.5厘米（图4-92，11）。

石刀 1件。

标本H10:1，石英岩。器表较粗糙，背部呈波状，刃部有使用过程中留下的豁口。刃残长7.3厘米，刃角 57°，器身残长 11.4、残宽 4.4、厚 0.9 厘米，重 56.8 克（图 4-92，12；彩版七〇，3）。

11. H11

H11 位于Ⅲ T0604 东部，开口于第②层下（图 4-93；彩版七一，1）。平面近梯形，口部边缘形态明显，底部边缘形态明显，剖面呈筒状，直壁，未见工具痕迹，坑底东高西低略呈坡状。坑口东西 1.20、南北 0.68～0.98、坑底东西 1.16、深 0.35 米。坑内堆积未分层，土色深灰色，土质疏松，包含物有草木灰，水平状堆积。

坑内出土少量陶片，以腹部残片为主，可辨器形有敛口罐（表 4-157、158）。

敛口罐　1 件。

标本 H11：1，泥质灰陶。敛口，圆唇，上腹鼓，下腹残。唇部有一道凹槽，腹部素面。口径 20.2、残高 5.2 厘米（图 4-94）。

表4-157　H11器形数量统计表

器形 \ 陶色	泥质				夹砂				合计
陶质	红	橙黄	灰	黑	红	橙黄	灰	黑	
敛口罐			1						1

表4-158　H11陶片统计表

纹饰 \ 陶色	泥质				夹砂				合计
陶质	橙黄	灰	红	灰底黑彩	橙黄	灰	红	褐	
素面	2				4				6
绳纹						1			1
篮纹						1			1
麻点纹						3			3
麻点纹＋篮纹						1			1

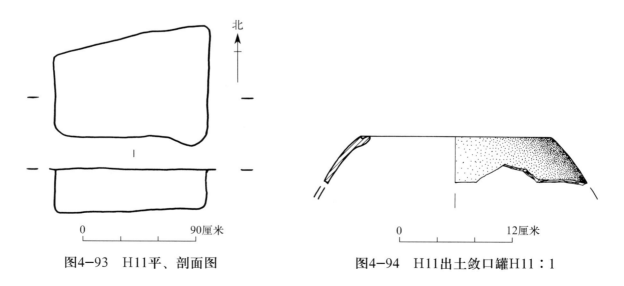

图4-93　H11平、剖面图　　　　图4-94　H11出土敛口罐H11：1

12. H12

H12 位于Ⅲ T0605 西部，开口于第③层下（图 4-95；彩版七一，2）。平面呈椭圆形，口部边缘形态明显，底部边缘形态不明显，剖面呈锅状，斜弧壁，未见工具痕迹，圜底。坑口东西 0.90、南北 1.68、深 0.46 米。坑内堆积未分层，土色浅灰色，土质疏松，包含兽骨、草木灰、炭粒等，水平状堆积。

坑内出土少量陶片，以腹部残片为主，可辨器形有花边罐（表 4-159、160）。

花边罐　1 件。

标本 H12：1，夹砂橙黄陶。侈口，尖唇，高领，束颈，上腹斜，下腹残。口沿外侧饰一周附加泥条，泥条经手指按压呈波状，颈部素面且有刮抹痕迹，上腹饰麻点纹。残高 5.7、残宽 7.1 厘米（图 4-96）。

表4-159　H12器形数量统计表

器形 ＼ 陶质 陶色	泥质				夹砂				合计
	红	橙黄	灰	黑	红	橙黄	灰	黑	
花边罐						1			1

表4-160　H12陶片统计表

纹饰 ＼ 陶质 陶色	泥质				夹砂				合计
	橙黄	灰	红	灰底黑彩	橙黄	灰	红	褐	
素面	2		2		3				7
篮纹	9				2				11
麻点纹					8				8

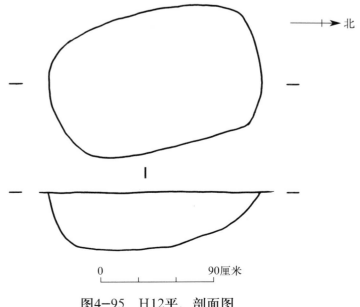

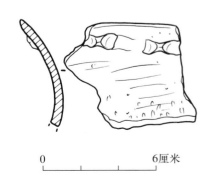

图4-95　H12平、剖面图　　　　　　　　图4-96　H12出土花边罐H12：1

13. H13

H13位于ⅢT0605北部，部分压在北隔梁下，开口于第③层下（图4-97；彩版七二，1）。根据遗迹暴露部分推测H13平面近椭圆形，口部边缘形态明显，底部边缘形态较明显，剖面呈筒状，壁微弧，未见工具痕迹，坑底平整。坑口东西1.14、南北0.38、坑底东西1.08、南北0.38、深0.54～0.58米。坑内堆积未分层，土色深灰色，土质疏松，包含物有兽骨、草木灰、炭粒，水平状堆积。

坑内出土少量陶片，出土磨石1件。陶片以陶器腹部残片为主，无可辨器形标本，所以不具体介绍，只进行陶系统计（表4-161）。

表4-161　H13陶片统计表

纹饰 \ 陶质 陶色	泥质				夹砂				合计
	橙黄	灰	红	灰底黑彩	橙黄	灰	红	褐	
素面	11		4						15
绳纹	3								3
篮纹	4								4
附加堆纹＋绳纹					1				1
麻点纹					10				10
网格纹					1				1
麻点纹＋篮纹					1				1

磨石　1件。

标本H13：1，页岩。器身有磨制痕迹，表面光滑，背部有疑似捆绑痕迹。现存残长10.7、宽5.3、厚5.6厘米，重248.75克（图4-98）。

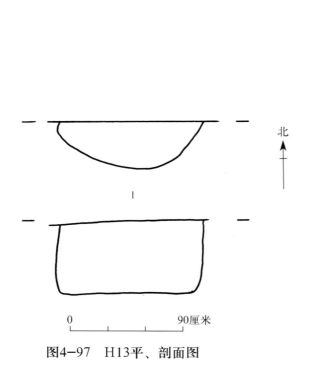

北

0　　　　　　90厘米

0　　　　　　6厘米

图4-97　H13平、剖面图　　　　　　图4-98　H13出土磨石H13：1

14. H14

H14 位于ⅢT0102 中部，开口于第③层下（图 4-99；彩版七二，2）。平面呈不规则椭圆形，口部边缘形态明显，底部边缘形态明显，剖面呈筒状，直壁，未见工具痕迹，底部略凹。坑口东西 0.84、南北 0.54、坑底南北 0.52、深 0.50 米。坑内堆积可分两层，第①层厚 0.14 米，土色浅灰色，土质疏松，水平状堆积。第②层厚 0.36 米，土色黄色，土质疏松，包含兽骨、草木灰，水平状堆积。

H14②层出土少量陶片，以陶器腹部残片为主，无可辨器形标本，所以不具体介绍，只进行陶系统计（表 4-162）。

表4-162　H14②层陶片统计表

纹饰 \ 陶质 陶色	泥质				夹砂				合计
	橙黄	灰	红	灰底黑彩	橙黄	灰	红	褐	
素面			1						1
篮纹	1		1						2
麻点纹					2				2

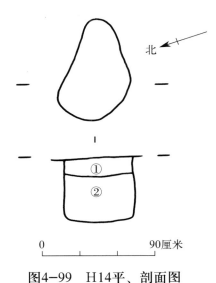

图4-99　H14平、剖面图

15. H15

H15 位于ⅢT0605 西南角，开口于第③层下（图 4-100；彩版七三，1）。平面呈椭圆形，口部边缘形态明显，底部边缘形态不明显，剖面呈不规则状，南壁略直，北壁斜直，坑底凹凸不平。坑口南北 1.50、东西 1.32、坑底南北 1.10、东西 0.92、深 0.38～0.68 米。坑内堆积未分层，土色深灰色，土质疏松，包含物有草木灰，不规则状堆积。

坑内出土少量陶片，以腹部残片为主，可辨器形有圆腹罐（表 4-163、164）。

圆腹罐　1 件。

标本 H15∶1，夹砂橙黄陶。侈口，圆唇，矮领，束颈，颈部以下残。素面。残高 3.4、残宽 5.1 厘米（图 4-101）。

表4-163　H15器形数量统计表

器形 \ 陶质 陶色	泥质				夹砂				合计
	红	橙黄	灰	黑	红	橙黄	灰	黑	
圆腹罐						1			1

表4-164　H15陶片统计表

纹饰 \ 陶质 陶色	泥质				夹砂				合计
	橙黄	灰	红	灰底黑彩	橙黄	灰	红	褐	
素面	1		1		2				4
绳纹					2				2
篮纹	3								3
附加堆纹＋绳纹					1				1
麻点纹					1				1

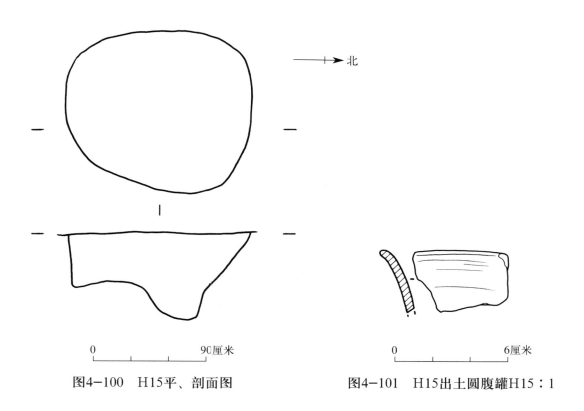

图4-100　H15平、剖面图　　　　图4-101　H15出土圆腹罐H15∶1

16. H16

H16位于ⅢT0605西南角，开口于第③层下，被H15打破（图4-102；彩版七三，2）。根据遗迹暴露部分推测H16平面近椭圆形，口部边缘形态明显，底部边缘形态不明显，剖面呈筒状，斜壁，未见工具痕迹，坑底略呈坡状。坑口东西1.70、坑底东西1.40、南北0.90、深0.52米。坑内堆积未分层，土色浅灰色，土质疏松，包含物有少量草木灰，坡状堆积。

坑内出土少量陶片，以陶器腹片为主，无可辨器形标本，所以不具体介绍，只进行陶系统计（表4-165）。

表4-165　H16陶片统计表

纹饰＼陶质＼陶色	泥质				夹砂				合计
	橙黄	灰	红	灰底黑彩	橙黄	灰	红	褐	
素面		1	4		1				6
绳纹	1				2				3

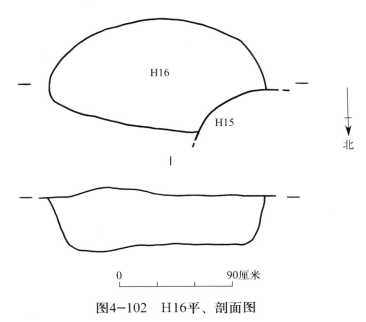

图4-102　H16平、剖面图

17. H17

H17位于ⅢT0603西部，开口于第②层下（图4-103；彩版七四，1）。平面呈椭圆形，口部边缘形态明显，底部边缘形态不明显，剖面呈筒状，斜壁，未见工具痕迹，坑底北高南低呈坡状。坑口南北2.32、东西2.18、坑底南北1.34、东西1.66、深0.92米。坑内堆积可分五层，第①层厚0～0.20米，土色浅灰色，土质致密，包含物有少量炭粒、兽骨，凹镜状堆积。第②层厚0～0.40米，土色黄色，土质较疏松，包含物有少量炭粒、兽骨、石块，坡状堆积。第③层厚0.20～0.60米，土色浅灰色，土质疏松，包含物有少许炭粒、兽骨，坡状堆积。第④层厚0.20～0.30米，土色深灰色，土质疏松，坡状堆积。第⑤层厚0.06～0.12米，土色浅黄色，土质致密，坡状堆积。

坑内出土少量陶片。

（1）H17①层

出土少量陶片，以腹部残片为主，可辨器形有圆腹罐、盆（表4-166、167）。

圆腹罐　1件。

标本H17①：2，夹砂红陶。侈口，圆唇，高领，束颈，上腹斜弧，下腹残。颈部素面，上腹饰麻点纹。残高8.1、残宽6.8厘米（图4-104，1）。

盆　1件。

标本H17①：1，泥质红陶。敞口，窄平沿，圆唇，斜直腹，底残。口沿外侧有一周折棱，器身素面磨光。残高2.8、残宽7.2厘米（图4-104，2）。

表4-166　H17①层器形数量统计表

器形＼陶质＼陶色	泥质				夹砂				合计
	红	橙黄	灰	黑	红	橙黄	灰	黑	
圆腹罐					1				1
盆	1								1

表4-167　H17①层陶片统计表

纹饰＼陶质＼陶色	泥质				夹砂				合计
	橙黄	灰	红	灰底黑彩	橙黄	灰	红	褐	
素面	7	2			10				19
绳纹	1	1			5				7
篮纹	6	1							7
麻点纹					12				12

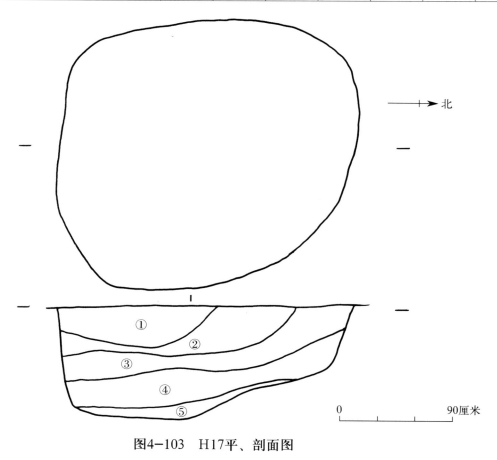

图4-103　H17平、剖面图

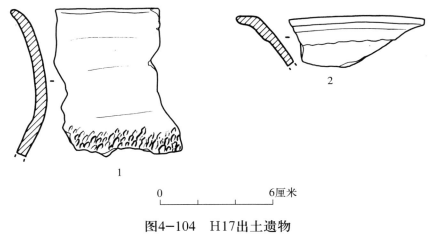

图4-104 H17出土遗物
1.圆腹罐H17①：2 2.盆H17①：1

（2）H17③层

出土少量陶片，以陶器腹部残片为主，无可辨器形标本，所以不具体介绍，只进行陶系统计（表4-168）。

表4-168 H17③层陶片统计表

纹饰 \ 陶色	泥质				夹砂				合计
	橙黄	灰	红	灰底黑彩	橙黄	灰	红	褐	
素面			2		5				7
绳纹			1						1
篮纹					2		1		3

（3）H17④层

出土少量陶片，以陶器腹部残片为主，无可辨器形标本，所以不具体介绍，只进行陶系统计（表4-169）。

表4-169 H17④层陶片统计表

纹饰 \ 陶色	泥质				夹砂				合计
	橙黄	灰	红	灰底黑彩	橙黄	灰	红	褐	
素面			4		2				6
篮纹			2						2
麻点纹	1					1			2

（4）H17⑤层

出土少量陶片，以陶器腹部残片为主，无可辨器形标本，所以不具体介绍，只进行陶系统计（表4-170）。

表4-170　H17⑤层陶片统计表

纹饰＼陶质・陶色	泥质				夹砂				合计
	橙黄	灰	红	灰底黑彩	橙黄	灰	红	褐	
素面	3	1			6				10
篮纹					1				1
附加堆纹					1				1
麻点纹	1								1

18. H18

H18位于ⅢT0605西南部，开口于第③层下，被H15、H16打破（图4-105；彩版七四，2）。根据遗迹暴露部分推测H18平面近圆角方形，口部边缘形态明显，底部边缘形态较明显，剖面呈筒状，直壁，未见工具痕迹，坑底平整。坑口南北0.84～0.94、东西0.82～0.96、坑底南北0.94、东西0.87、深0.42米。坑内堆积未分层，土色浅褐色，土质疏松，包含物有少量草木灰、炭粒、兽骨等，水平状堆积（表4-171、172）。

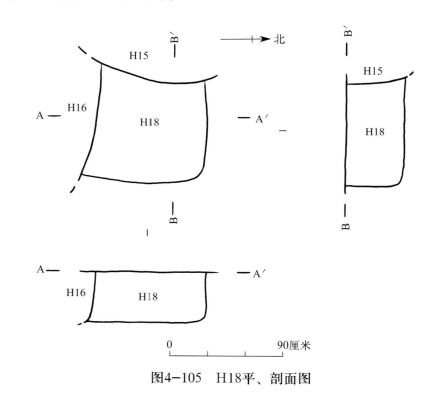

图4-105　H18平、剖面图

表4-171　H18器形数量统计表

器形＼陶质・陶色	泥质				夹砂				合计
	红	橙黄	灰	黑	红	橙黄	灰	黑	
圆腹罐						1	1		2
器耳						1			1

表4-172　H18陶片统计表

纹饰 ＼ 陶质 陶色	泥质				夹砂				合计
	橙黄	灰	红	灰底黑彩	橙黄	灰	红	褐	
素面	4		3		5				12
绳纹					2				2
篮纹	2								2
麻点纹					18				18

坑内出土少量陶片，以腹部残片为主，可辨器形有圆腹罐、器耳。

圆腹罐　2件。

标本H18：2，夹砂灰陶。侈口，圆唇，高领，束颈，颈部以下残。素面。残高6.6、残宽7.8厘米（图4-106，1）。

标本H18：3，夹砂橙黄陶。侈口，方唇，高领，束颈，颈部以下残。素面。残高4.8、残宽7.7厘米（图4-106，2）。

器耳　1件。

标本H18：1，残，夹砂橙黄陶。拱形耳，两端均残，耳面有两道凹槽。残长3.1、残宽2.74、厚0.4厘米（图4-106，3；彩版七四，3）。

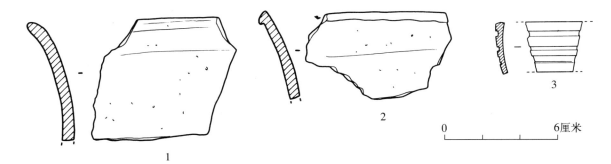

图4-106　H18出土遗物
1、2.圆腹罐H18：2、3　3.器耳H18：1

19. H19

H19位于ⅢT0603南部，开口于第②层下（图4-107；彩版七五，1）。平面呈圆形，口部边缘形态较明显，底部边缘形态不明显，剖面呈筒状，斜直壁，未见工具痕迹，坑底平整。坑口南北1.08、东西1.03、坑底南北0.76、深0.32米。坑内堆积未分层，土色浅灰色，土质疏松，包含物有少量炭粒，水平状堆积（表4-173、174）。

表4-173　H19器形数量统计表

器形 ＼ 陶质 陶色	泥质				夹砂				合计
	红	橙黄	灰	黑	红	橙黄	灰	黑	
鬶足					1				1

表4-174　H19陶片统计表

纹饰＼陶质＼陶色	泥质				夹砂				合计
	橙黄	灰	红	灰底黑彩	橙黄	灰	红	褐	
素面	5		2						7
篮纹	2								2
附加堆纹	1								1
麻点纹					2				2

坑内出土少量陶片，以腹部残片为主，可辨器形有斝。

斝　1件。

标本H19：1，夹砂红陶。牛角状空心足，器表素面，有竖向修整刮抹痕迹。残高15.4、残宽16.2厘米（图4-108；彩版七五，2）。

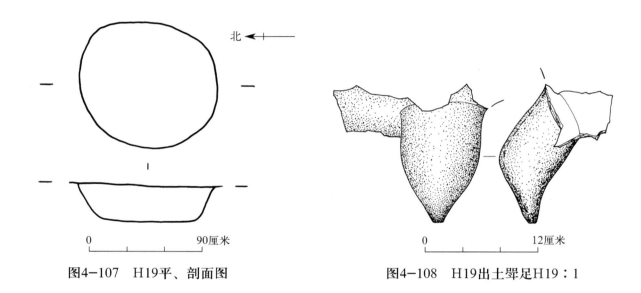

图4-107　H19平、剖面图　　　　图4-108　H19出土斝足H19：1

20. H20

H20位于ⅢT0605东南角，开口于第④层下，被H55、H68打破（图4-109；彩版七六，1）。根据残存部分推测H20平面近圆形，口部边缘形态较明显，底部边缘形态明显，剖面呈筒状，直壁，未见工具痕迹，平底。坑口东西1.84、南北1.91，坑底南北1.95、深2.60米。坑内堆积可分六层，第①层厚0～0.64米，土色浅黄色，土质致密，坡状堆积。第②层厚0～0.39米，土色浅灰色，土质疏松，坡状堆积。第③层厚0.44～0.50米，土色浅褐色，土质疏松，坡状堆积。第④层厚0～0.22米，土色浅灰色，土质疏松，坡状堆积。第⑤层厚1.38～1.76米，土色浅灰色，土质疏松，坡状堆积。第⑥层厚0～0.28米，土色浅黄色，土质疏松，坡状堆积（表4-175、176）。

坑内出土少量陶片，以腹部残片为主，可辨器形有圆腹罐，另出土石刀1件。

圆腹罐　1件。

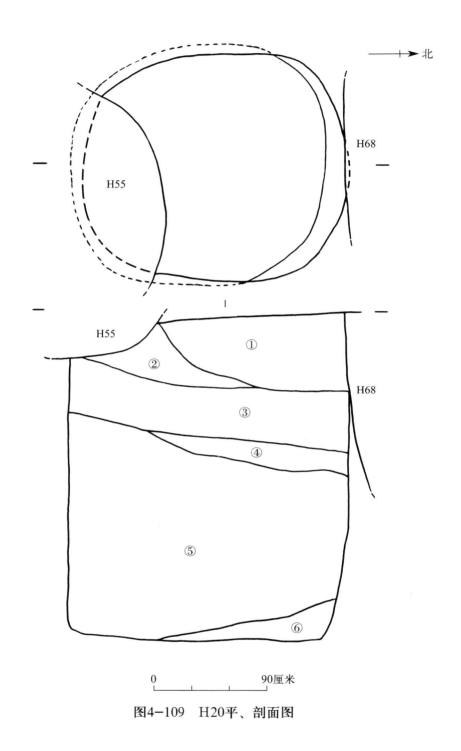

图4-109　H20平、剖面图

表4-175　H20器形数量统计表

器形＼陶质陶色	泥质				夹砂				合计
	红	橙黄	灰	黑	红	橙黄	灰	黑	
圆腹罐						1			1

表4-176　H20陶片统计表

纹饰＼陶色＼纹饰＼陶色	泥质				夹砂				合计
	橙黄	灰	红	灰底黑彩	橙黄	灰	红	褐	
素面	35	3			9				47
绳纹	2		5						7
篮纹	10								10
刻划纹			3						3
麻点纹					28				28

标本H20：2，夹砂橙黄陶。侈口，圆唇，矮领，束颈，上腹斜弧，下腹残。素面。残高6.7、残宽11.3厘米（图4-110，1）。

石刀　1件。

标本H20：1，片麻岩。石刀为长方形，器身中间有一对向钻孔，刃部有使用过程中留下的缺口，外孔0.7、内孔0.45厘米，双面刃石刀，刃长7.9厘米，刃角50.5°，器身残长8.6、宽4.4、厚0.5厘米，重32.8克（图4-110，2）。

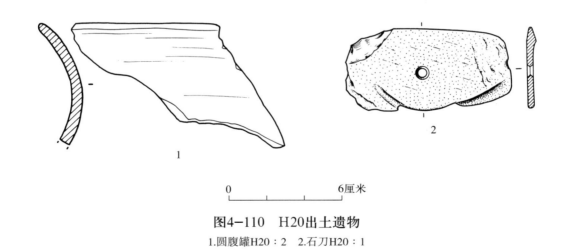

0　　　　　　　6厘米

图4-110　H20出土遗物
1.圆腹罐H20：2　2.石刀H20：1

21. H21

H21位于ⅢT0605东部，开口于第③层下（图4-111；彩版七六，2）。平面呈椭圆形，口部边缘形态明显，底部边缘形态明显，剖面呈筒状，壁面微弧，未见工具痕迹，坑底北高南低呈坡状。坑口东西1.26、南北1.10、坑底南北1.08、深0.78～1.00米。坑内堆积未分层，土色浅灰色，土质疏松，包含物有少量草木灰及零星炭粒，坡状堆积（表4-177、178）。

坑内出土少量陶片，以腹部残片为主，可辨器形有圆腹罐。

圆腹罐　1件。

标本H21：1，夹砂灰陶。侈口，圆唇，高领，束颈，上腹斜弧，下腹残。颈部饰横向篮纹，上腹饰麻点纹，有烟炱。残高7.2、残宽8.9厘米（图4-111，1）。

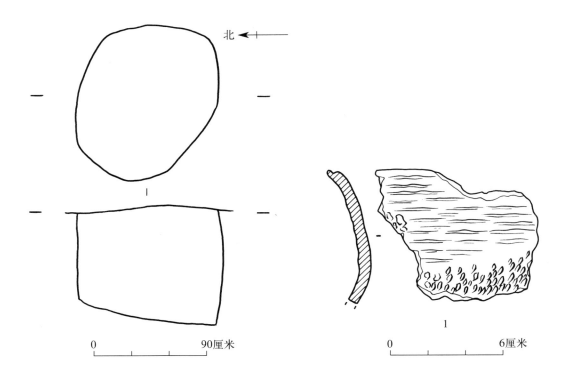

图4-111　H21及出土圆腹罐H21：1

表4-177　H21器形数量统计表

器形 \ 陶质 \ 陶色	泥质				夹砂				合计
	红	橙黄	灰	黑	红	橙黄	灰	黑	
圆腹罐							1		1

表4-178　H21陶片统计表

纹饰 \ 陶质 \ 陶色	泥质				夹砂				合计
	橙黄	灰	红	灰底黑彩	橙黄	灰	红	褐	
素面	2		2		1				5
绳纹	2				2				4
篮纹	4		3		6	2			15
麻点纹					23				23
麻点纹 + 篮纹					1	1			2

22. H22

H22 位于ⅢT0605 北部，开口于第③层下，北部被H13 打破（图4-112；彩版七七，1）。根据残存部分推测H22 平面近椭圆形，口部边缘形态明显，底部边缘形态较明显，剖面呈筒状，斜壁，未见工具痕迹，坑底平整。坑口东西1.26、南北0.76、坑底东西1.15、深0.20 米。坑内堆积未分层，土色浅灰色，土质疏松，包含物有少量草木灰及零星炭粒，水平状堆积（表4-179、180）。

表4-179　H22器形数量统计表

器形 陶质\陶色	泥质				夹砂				合计
	红	橙黄	灰	黑	红	橙黄	灰	黑	
花边罐							1		1

表4-180　H22陶片统计表

纹饰 陶质\陶色	泥质				夹砂				合计
	橙黄	灰	红	灰底黑彩	橙黄	灰	红	褐	
素面	7	2	4						13
绳纹	1				1				2
附加堆纹					1				1
麻点纹					4				4

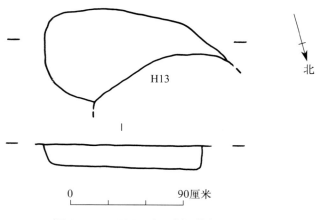

图4-112　H22平、剖面图

　　坑内出土少量陶片，以腹部残片为主，可辨器形有花边罐、陶纺轮。

　　花边罐　1件。

　　标本H22：2，夹砂灰陶。侈口，圆唇，矮领，束颈，颈部以下残。颈部饰两周附加泥条，泥条经手指按压呈波状，有烟炱。残高4.2、残宽5.7厘米（图4-113，1）。

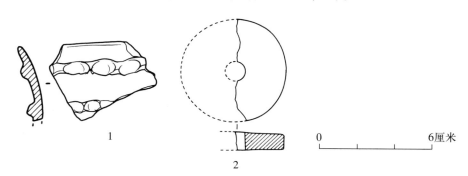

图4-113　H22出土遗物

1.花边罐H22：2　2.陶纺轮H22：1

陶纺轮 1件。

标本H22：1，残损，夹砂橙黄陶。圆饼状，中部有一管钻圆孔，孔径1、器身直径5.6、厚1厘米（图4-113，2；彩版七七，2）。

23. H23

H23位于ⅢT0602西部，开口于第③层下（图4-114；彩版七七，3）。平面近椭圆形，口部边缘形态较明显，底部边缘形态明显，剖面呈筒状，斜直壁，未见工具痕迹，坑底平整。坑口东西1.00、南北1.12、坑底东西0.89、深0.20米。坑内堆积未分层，土色浅灰色，土质疏松，包含有少量炭粒，水平状堆积。

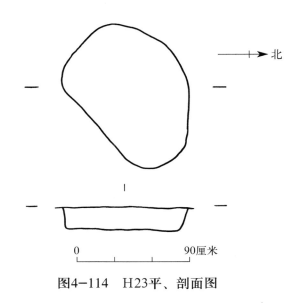

图4-114 H23平、剖面图

坑内出土少量陶片，以陶器腹部残片为主，无可辨器形标本，所以不具体介绍，只进行陶系统计（表4-181）。

表4-181 H23陶片统计表

纹饰	泥质				夹砂				合计
	橙黄	灰	红	灰底黑彩	橙黄	灰	红	褐	
素面	1		1						2
篮纹							1		1
麻点纹					10				10

24. H25

H25位于ⅢT0605南部，开口于第④层下，南部被H31、H40打破（图4-115；彩版七八，1～3）。根据遗迹残存部分推测H25平面近圆形，口部边缘形态明显，底部边缘形态明显，剖面呈袋状，斜直壁，未见工具痕迹，坑底平整。坑口东西2.50、南北2.1、坑底东西3.12、深

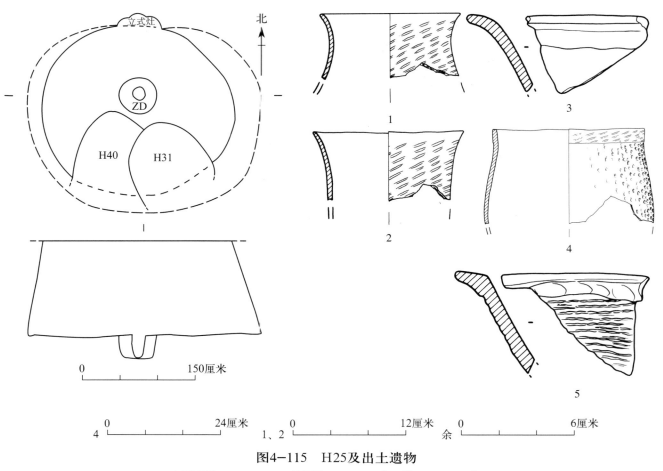

图4-115 H25及出土遗物

1、2.圆腹罐H25∶1、2 3.高领罐H25∶5 4.大口罐H25∶3 5.盆H25∶4

1.30 米。H25 底部有一层黑色活动硬面，硬面上有一柱洞，直径 0.50、深 0.30 米，用黑色硬土夯实，柱窝居中，直径 0.18、深 0.32 米，填土浅黄色，土质疏松。北部坑壁上有一挂壁灶，平面不规则形，底部为圆形火塘，低于坑底，两侧烟道呈"八"字形向上，基本已被破坏，火塘直径 0.42 米，高度不详。该灰坑可能为房址，坑内堆积未分层，土色浅褐色，土质疏松，水平状堆积。

坑内出土大量陶片，以腹部残片为主，可辨器形有圆腹罐、高领罐、大口罐、盆（表 4-182、183）。

表4-182 H25器形数量统计表

陶质 器形　　　陶色	泥质				夹砂				合计
	红	橙黄	灰	黑	红	橙黄	灰	黑	
圆腹罐					2				2
大口罐	1								1
盆		1							1
高领罐		1							1

表4-183　H25陶片统计表

纹饰	泥质				夹砂				合计
	橙黄	灰	红	灰底黑彩	橙黄	灰	红	褐	
素面	19	3	1		7				30
绳纹	1				6				7
篮纹	5	3	9		5				22
刻划纹					1				1
麻点纹					26				26
麻点纹＋绳纹	1				1				2

圆腹罐　2件。

标本H25：1，夹砂红陶。侈口，圆唇，高领，束颈，颈部以下残。颈部饰斜向篮纹，有烟炱。口径15、残高7.2厘米（图4-115，1）。

标本H25：2，夹砂红陶。侈口，圆唇，高领，微束颈，颈部以下残。颈部饰斜向篮纹，有烟炱。口径16、残高7.6厘米（图4-115，2）。

高领罐　1件。

标本H25：5，泥质橙黄陶。喇叭口，圆唇，高领，束颈，颈部以下残。素面磨光。残高4.3、残宽6.5厘米（图4-115，3）。

大口罐　1件。

标本H25：3，泥质红陶。微侈口，方唇，深弧腹，底残。口沿外侧贴有一周薄泥条，饰斜向篮纹，腹部饰麻点纹。口径32、残高20.6厘米（图4-115，4）。

盆　1件。

标本H25：4，泥质橙黄陶。敞口，平沿，圆唇，斜直腹，底残。口沿外侧饰一周附加泥条，泥条经手指按压呈波状，腹部饰横向篮纹。残高5.5、残宽7.8厘米（图4-115，5）。

25. H26

H26位于ⅢT0102南部，开口于第③层下（图4-116；彩版七九，1）。平面近椭圆形，口部边缘形态明显，底部边缘形态明显，剖面呈袋状，斜弧壁，未见工具痕迹，坑底有一凹坑。坑口东西1.70、南北1.36、坑底东西1.98、坑深1.76米。坑底有一小坑，东西长约0.40、南北0.06、深约0.10米。H26坑内堆积可分五层，第①层厚0.44米，土色浅黄色，土质致密，包含物有石块、兽骨、炭粒、红烧土颗粒、白灰皮等，水平堆积。第②层厚0.10～0.22米，土色浅灰色，土质致密，包含物有石块、兽骨、炭粒、红烧土颗粒，坡状堆积。第③层厚0.08～0.20米，土色灰黄色，土质疏松，包含物有石块、兽骨、炭粒、红烧土颗粒等，坡状堆积。第④层厚0.54～0.74米，土色浅灰色，土质疏松，包含物有石块、炭粒、红烧土颗粒，坡状堆积。第⑤层厚0.16～0.50米，土色浅黄色，土质疏松，包含物有红烧土颗粒、炭粒，水平堆积。

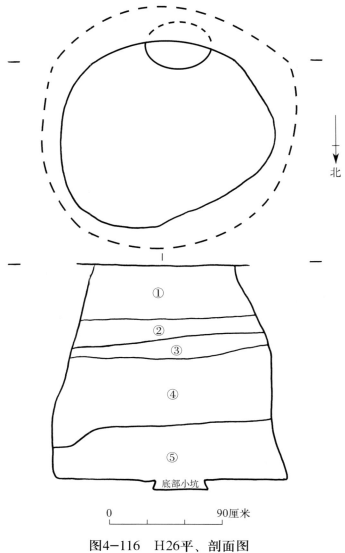

图4-116　H26平、剖面图

坑内出土大量陶片。

（1）H26①层

出土少量陶片，以腹部残片为主，可辨器形有花边罐、高领罐，另出土骨锥1件（表4-184、185）。

表4-184　H26①层器形数量统计表

器形 \ 陶色 \ 陶质	泥质				夹砂				合计
	红	橙黄	灰	黑	红	橙黄	灰	黑	
高领罐		1							1
花边罐		1							1

花边罐　1件。

标本H26①：3，夹砂橙黄陶。侈口，尖唇，高领，束颈，上腹斜，下腹残。口沿外侧饰一周附加泥条，泥条经手指按压呈波状，颈部素面，上腹饰麻点纹。残高5.9、残宽5.3厘米（图4-117，1）。

表4-185　H26①层陶片统计表

纹饰	陶质 陶色	泥质				夹砂				合计
		橙黄	灰	红	灰底黑彩	橙黄	灰	红	褐	
素面		21	1	3		11		2		38
绳纹						10	1			11
篮纹		38		3						41
麻点纹						16				16

高领罐　1件。

标本H26①：2，泥质橙黄陶。喇叭口，圆唇，口沿以下残。沿外侧贴有一周薄泥条，素面。残高2.8、残宽6.4厘米（图4-117，2）。

骨锥　1件。

标本H26①：1，动物骨骼磨制而成，平面近三角形锥状，尖端双面磨制成刃部，略残损，尾

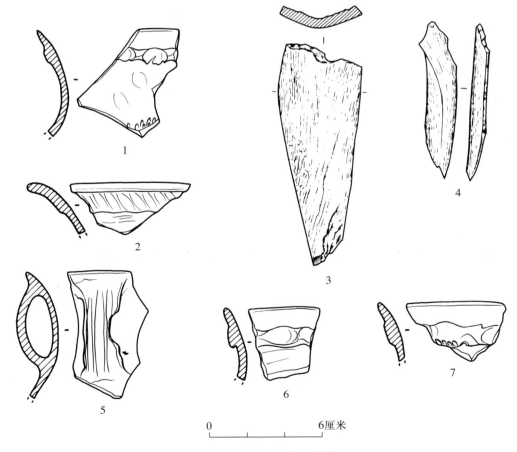

图4-117　H26出土遗物

1、6、7.花边罐H26①：3、H26⑤：1、2　2.高领罐H26①：2　3、4.骨锥H26①：1、H26②：1　5.单耳罐H26④：1

端残缺，两侧边均有磨制痕迹。残长12.1、宽4.4、厚0.6厘米（图4-117，3；彩版七九，2）。

（2）H26②层

出土骨器1件。出土少量陶片，以陶器腹部残片为主，无可辨器形标本，所以不具体介绍，只进行陶系统计（表4-186）。

表4-186　H26②层陶片统计表

纹饰 陶色 陶质	泥质				夹砂				合计
	橙黄	灰	红	灰底黑彩	橙黄	灰	红	褐	
素面	4								4
篮纹	4						2		6
麻点纹					6	1			7

骨锥　1件。

标本H26②：1，动物肢骨磨制而成，尖端残损严重，有磨制痕迹，表面光滑。残长8.6、宽2.2、厚0.51厘米（图4-117，4；彩版七九，3）。

（3）H26③层

出土少量陶片，以陶器腹部残片为主，无可辨器形标本，所以不具体介绍，只进行陶系统计（表4-187）。

表4-187　H26③层陶片统计表

纹饰 陶色 陶质	泥质				夹砂				合计
	橙黄	灰	红	灰底黑彩	橙黄	灰	红	褐	
素面	10								10
绳纹					6				6
篮纹	2		1						3
麻点纹					3	1			4

（4）H26④层

出土少量陶片，以腹部残片为主，可辨器形有单耳罐（表4-188、189）。

表4-188　H26④层器形数量统计表

器形 陶色 陶质	泥质				夹砂				合计
	红	橙黄	灰	黑	红	橙黄	灰	黑	
单耳罐	1								1

表4-189　H26④层陶片统计表

纹饰 陶色 陶质	泥质				夹砂				合计
	橙黄	灰	红	灰底黑彩	橙黄	灰	红	褐	
素面	22	5		2					29

续表

纹饰 陶质 陶色	泥质				夹砂				合计
	橙黄	灰	红	灰底黑彩	橙黄	灰	红	褐	
绳纹					4				4
篮纹	2		1				1		4
麻点纹					22				22

单耳罐　1件。

标本H26④：1，泥质红陶。侈口，尖唇，高领，束颈，上腹斜弧，下腹残。拱形单耳，耳面饰竖向篮纹，颈部素面。残高6.9、残宽4.1厘米（图4-117，5）。

（5）H26⑤层

出土少量陶片，以腹部残片为主，可辨器形有花边罐（表4-190、191）。

表4-190　H26⑤层器形数量统计表

器形 陶质 陶色	泥质				夹砂				合计
	红	橙黄	灰	黑	红	橙黄	灰	黑	
花边罐						2			2

表4-191　H26⑤层陶片统计表

纹饰 陶质 陶色	泥质				夹砂				合计
	橙黄	灰	红	灰底黑彩	橙黄	灰	红	褐	
素面	4		4		3				11
绳纹					2				2
篮纹	3		2						5
附加堆纹	2								2
麻点纹					4				4

花边罐　2件。

标本H26⑤：1，夹砂橙黄陶。侈口，圆唇，矮领，束颈，颈部以下残。颈部饰一周附加泥条，泥条经手指按压呈波状，有烟炱。残高4.1、残宽3.8厘米（图4-117，6）。

标本H26⑤：2，夹砂橙黄陶。侈口，圆唇，口沿以下残。口沿外侧饰一周附加泥条，泥条经手指按压呈波状，有烟炱。残高3.2、残宽5.3厘米（图4-117，7）。

26. H27

H27位于ⅢT0605中部偏南，开口于第④层下，被H10打破（图4-118；彩版八〇，1）。根据残存部分推测H27平面近椭圆形，口部边缘形态明显，底部边缘形态不明显，剖面呈袋状，弧壁，未见工具痕迹，坑底呈坡状。坑口东西1.6、南北1.35、坑底长1.34、深1.14～1.30米。坑内堆积未分层，土色浅褐色，土质疏松，包含物有少量草木灰及零星炭粒，袋状堆积。

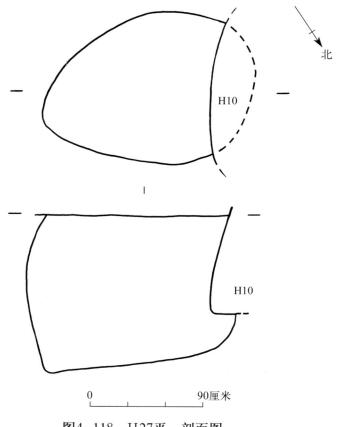

图4-118　H27平、剖面图

　　坑内出土大量陶片，以腹部残片为主，可辨器形有圆腹罐、高领罐、盆，另出土磨石1件、骨镞1件（表4-192、193）。

表4-192　H27器形数量统计表

器形 ＼ 陶质/陶色	泥质				夹砂				合计
	红	橙黄	灰	褐	红	橙黄	灰	黑	
圆腹罐						2			2
高领罐		1							1
盆							1		1

表4-193　H27陶片统计表

纹饰 ＼ 陶质/陶色	泥质				夹砂				合计
	橙黄	灰	红	灰底黑彩	橙黄	灰	红	褐	
素面	15	3			18				36
绳纹		2			4				6
麻点纹					28				28
绳纹＋篮纹							5		5

圆腹罐　2件。

标本H27：3，夹砂橙黄陶。侈口，圆唇，高领，束颈，上腹斜，下腹残。颈部素面，上腹饰麻点纹，有烟炱。口径15、残高6.8厘米（图4-119，1）。

标本H27：4，夹砂橙黄陶。侈口，方唇，高领，束颈，颈部以下残。口沿外侧饰斜向绳纹，颈部素面且有刮抹痕迹。残高5.4、残宽7.8厘米（图4-119，2）。

高领罐　1件。

标本H27：6，泥质橙黄陶。喇叭口，窄平沿，圆唇，高领，束颈，颈部以下残。颈部饰斜向篮纹。残高3.1、残宽10.4厘米（图4-119，3）。

盆　1件。

标本H27：5，泥质褐陶。敞口，方唇，上腹斜直，下腹残。口沿外侧饰一周折棱，器身通体素面磨光。残高3、残宽8.2厘米（图4-119，4）。

磨石　1件。

标本H27：2，砂岩。器体呈方柱状。器身有六个面，其中两个面（对向）有明显使用痕迹，呈凹槽状，另外有一个面整体呈凹状，其他面使用痕迹不明显。长4.6、宽4.4、厚4厘米（图4-119，6；彩版八〇，3）。

骨镞　1件。

标本H27：1，平面略呈菱形，最大径为中腰部，锋部细长，铤部呈圆弧状，残缺，器身长4、宽1.1、厚0.6厘米（图4-119，5；彩版八〇，2）。

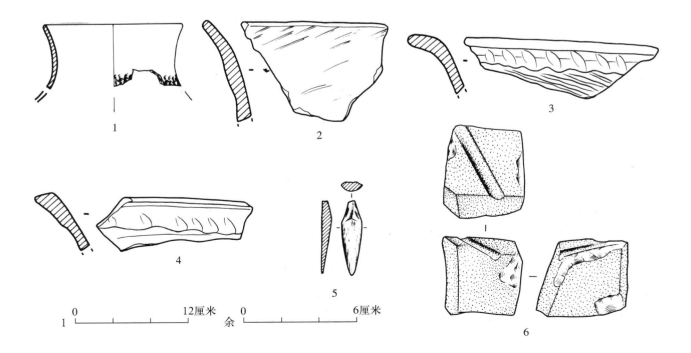

图4-119　H27出土遗物

1、2.圆腹罐H27：3、4　3.高领罐H27：6　4.盆H27：5　5.骨镞H27：1　6.磨石H27：2

27. H28

H28 位于Ⅲ T0602 东南部，部分压于东隔梁下，开口于第②层下（图 4-120；彩版八〇，4）。根据遗迹暴露部分推测H28平面近圆形，口部边缘形态明显，底部边缘形态较明显，剖面呈筒状，斜壁，未见工具痕迹，坑底平整。坑口南北 1.08、东西 0.70、坑底南北 0.82、东西 0.70、深 0.30 米。坑内堆积未分层，土色浅褐色，土质疏松，水平状堆积。

坑内出土大量陶片，以陶器腹部残片为主，无可辨器形标本，所以不具体介绍，只进行陶系统计（表 4-194）。

表4-194　H28陶片统计表

纹饰＼陶质＼陶色	泥质				夹砂				合计
	橙黄	灰	红	灰底黑彩	橙黄	灰	红	褐	
素面	87	6	13		75				181
绳纹					61		2		63
篮纹	63	3	10						76
麻点纹					114		2		116
刻划纹		1			2				3
篮纹＋绳纹			1				1		2
刻槽纹					1				1
交错篮纹	3								3

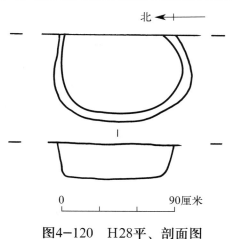

北 ←

0 ⊢⊢⊢⊢⊢ 90厘米

图4-120　H28平、剖面图

28. H29

H29 位于Ⅲ T0602 西南部，部分压于西壁下，开口于第②层下（图 4-121；彩版八一，1）。平面呈椭圆形，口部边缘形态明显，底部边缘形态明显，剖面呈筒状，斜直壁，未见工具痕迹，坑底基本平整。坑口东西 1.90、南北 1.40、深 1.00 米。坑内堆积未分层，土色深灰色，土质疏松，水平状堆积。

坑内出土大量陶片，以腹部残片为主，可辨器形有圆腹罐，另出土石刀1件（表 4-195、196）。

表4-195　H29器形数量统计表

器形＼陶质陶色	泥质				夹砂				合计
	红	橙黄	灰	黑	红	橙黄	灰	黑	
圆腹罐					1				1

表4-196　H29陶片统计表

纹饰＼陶质陶色	泥质				夹砂				合计
	橙黄	灰	红	灰底黑彩	橙黄	灰	红	褐	
素面	23	5			32				60
绳纹							1		1
篮纹	25		6		35				66
麻点纹					96		3		99
篮纹＋麻点纹					2				2
附加堆纹＋麻点纹					1				1
抹断绳纹					1				1

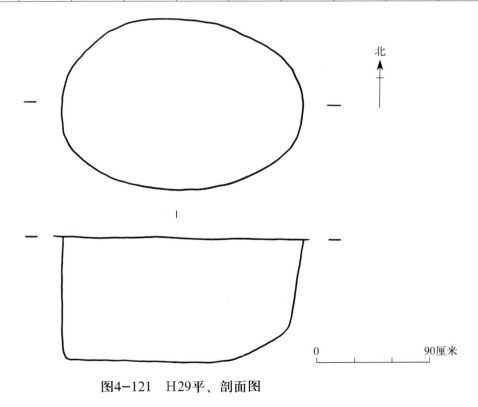

北

0　　　　　　　90厘米

图4-121　H29平、剖面图

圆腹罐　1件。

标本H29：2，夹砂红陶。侈口，方唇，高领，束颈，颈部以下残。颈部饰横向篮纹。残高3.5、残宽8厘米（图4-122，1）。

石刀　1件。

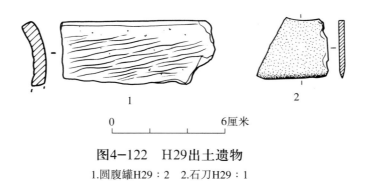

0　　　　　　　　　6厘米

图4-122　H29出土遗物
1.圆腹罐H29：2　2.石刀H29：1

标本H29：1，石英岩。器表有打磨痕迹，器身有残缺痕迹，双面刃石刀。刃残长3.1厘米，刃角40.2°，残长3.7、宽3.7厘米，重6.18克（图4-122，2；彩版八一，2）。

29. H30

H30位于ⅢT0505南部，开口于第④层下（图4-123；彩版八一，3）。平面近圆形，口部边缘形态明显，底部边缘形态不明显，剖面呈锅状，斜弧壁，未见工具痕迹，圜底。坑口南北2.44、东西2.51、坑底南北0.80、深0.84米。坑内堆积未分层，土色浅灰色，土质疏松，包含物有少量草木灰及炭粒，锅状堆积。

坑内出土少量陶片，以腹部残片为主，可辨器形有盆（表4-197、198）。

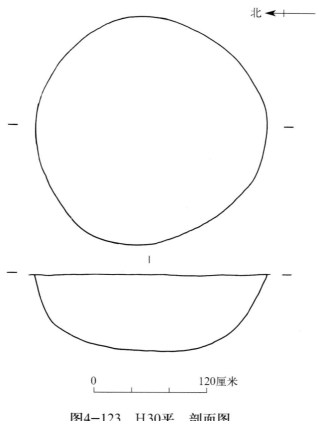

北 ←

0　　　　　　　120厘米

图4-123　H30平、剖面图

表4-197 H30器形数量统计表

器形 \ 陶质 \ 陶色	泥质				夹砂				合计
	红	橙黄	灰	黑	红	橙黄	灰	黑	
盆	1								1

表4-198 H30陶片统计表

纹饰 \ 陶质 \ 陶色	泥质				夹砂				合计
	橙黄	灰	红	灰底黑彩	橙黄	灰	红	褐	
素面	11	4	4		1				20
绳纹					2				2
篮纹	13	3	5		6				27
附加堆纹					2				2
麻点纹					20				20

盆 1件。

标本H30：1，泥质红陶。敞口，窄平沿，圆唇，斜弧腹，底残。口沿外侧有一周折棱，腹部素面，内壁素面磨光。残高4.9、残宽6.2厘米（图4-124）

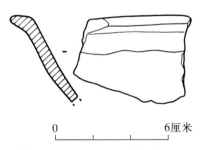

0 6厘米

图4-124 H30出土陶盆H30：1

30. H31

H31位于ⅢT0705西北部，开口于第③层下（图4-125；彩版八二，1）。平面呈椭圆形，口部边缘形态明显，底部边缘形态明显，剖面呈筒状，弧壁，未见工具痕迹，坑底平整。坑口东西1.24、南北1.40、坑底南北1.38、深1.38～1.46米。坑内堆积未分层，土色浅灰色，土质疏松，包含物有少量草木灰，水平状堆积。

坑内出土少量陶片，以腹部残片为主，可辨器形有圆腹罐、花边罐、双耳罐、高领罐、器盖、錾耳（表4-199、200）。

表4-199 H31器形数量统计表

器形 \ 陶质 \ 陶色	泥质				夹砂				合计
	红	橙黄	灰	黑	红	橙黄	灰	黑	
双耳罐					1				1

续表

器形＼陶色	泥质				夹砂				合计
陶质＼陶色	红	橙黄	灰	黑	红	橙黄	灰	黑	
高领罐		1							1
圆腹罐					1				1
花边罐						1			1
器盖	1					1			2

表4-200　H31陶片统计表

纹饰＼陶色	泥质				夹砂				合计
陶质＼陶色	橙黄	灰	红	灰底黑彩	橙黄	灰	红	褐	
素面	39	7			13				59
绳纹	1				13				14
篮纹	19				8				27
麻点纹					37				37
附加堆纹＋麻点纹					1				1
戳印纹					1				1

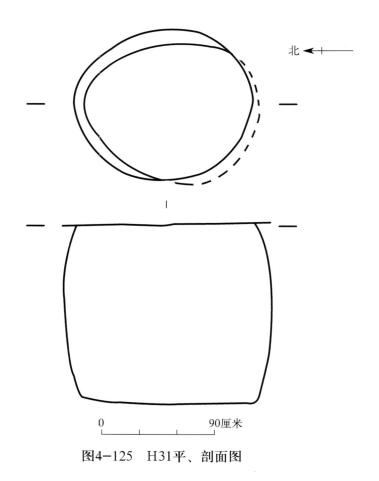

图4-125　H31平、剖面图

圆腹罐　1件。

标本H31：4，夹砂红陶。侈口，圆唇，矮领，束颈，颈部以下残。素面，有烟炱。口径12、残高4厘米（图4-126，1）。

花边罐　1件。

标本H31：5，夹砂橙黄陶。侈口，尖唇，高领，束颈，颈部以下残。口沿下饰一周附加泥条，泥条经手指按压呈波状，颈部素面且有刮抹痕迹。口径16、残高5厘米（图4-126，2）。

双耳罐　1件。

标本H31：2，夹砂红陶。侈口，尖唇，矮领，束颈，颈部以下残。拱形双耳。素面。口径15、残高5.2厘米（图4-126，3）。

高领罐　1件。

标本H31：3，泥质灰陶。喇叭口，平沿，尖唇，高领，束颈，颈部以下残。素面且有刮抹痕，内壁素面磨光。口径14、残高3.4厘米（图4-126，4）。

器盖　2件。

标本H31：1，泥质红陶。器身呈圆形，盖面上有拱形耳，边缘饰一周附加泥条。器表通体饰斜向绳纹。直径10、厚1.2、拱耳高4.4厘米（图4-126，5）。

标本H31：7，夹砂橙黄陶。盖面残，残存一器纽，圆形平顶，素面。残高4.2、残宽6.1厘米（图4-126，6）。

鋬耳　1件。

标本H31：6，夹砂灰陶。乳状鋬耳，耳部根端饰有绳纹。残高3.6、残宽4.6厘米（图4-126，7）。

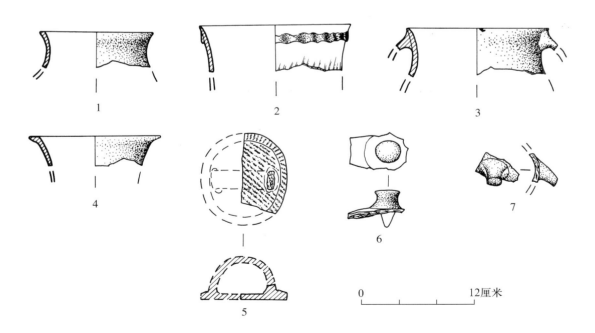

图4-126　H31出土遗物

1.圆腹罐H31：4　2.花边罐H31：5　3.双耳罐H31：2　4.高领罐H31：3　5、6.器盖H31：1、7　7.鋬耳H31：6

31. H32

H32 位于 Ⅲ T0505 南部偏西，部分压在南壁下，开口于第④层下（图 4-127；彩版八二，2）。根据遗迹暴露部分推测 H32 平面近椭圆形，口部边缘形态明显，底部边缘形态较明显，剖面呈不规则状，斜弧壁，未见工具痕迹，坑底东高西低呈坡状。坑口东西 1.84、南北 0.60、坑底东西 1.25、深 0.60~0.76 米。坑内堆积未分层，土色浅灰色，土质疏松，包含物有少量草木灰、炭粒、兽骨，坡状堆积。

坑内出土少量陶片，以腹部残片为主，可辨器形有高领罐、花边罐（表 4-201、202）。

表4-201　H32器形数量统计表

器形 \ 陶色	泥质				夹砂				合计
	红	橙黄	灰	黑	红	橙黄	灰	黑	
高领罐	1								1
花边罐						1			1

表4-202　H32陶片统计表

纹饰 \ 陶色	泥质				夹砂				合计
	橙黄	灰	红	灰底黑彩	橙黄	灰	红	褐	
素面	4		1						5
篮纹		1	2		2				5
麻点纹			1		4				5
绳纹＋压印纹					1				1

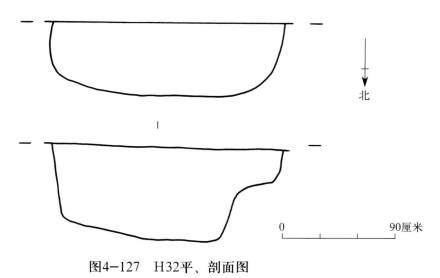

图4-127　H32平、剖面图

高领罐　1件。

标本H32：1，泥质红陶。喇叭口，圆唇，高领，束颈，颈部以下残。颈部饰斜向篮纹，纹饰有抹平痕迹，内壁素面磨光。口径 13、残高 5 厘米（图 4-128，1）。

花边罐　1件。

标本H32：2，夹砂橙黄陶。侈口，锯齿唇，高领，微束颈，颈部以下残。颈部饰竖向粗绳纹，有烟炱。残高4.7、残宽6.5厘米（图4-128，2）。

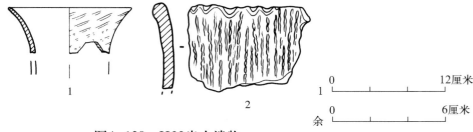

图4-128　H32出土遗物
1.高领罐H32：1　2.花边罐H32：2

32. H33

H33 位于ⅢT0605西北部，部分压在北隔梁下，开口于第④层下，东部被H10打破（图4-129；彩版八三，1）。根据残存部分推测H33平面近椭圆形，口部边缘形态明显，底部边缘形态明显，剖面呈袋状，斜壁，未见工具痕迹，坑底平整。坑口东西2.36、南北2.42、坑底东西2.40、深0.66米。坑内堆积未分层，土色浅灰色，土质疏松，包含物有少量草木灰、炭粒，水平状堆积。

坑内出土少量陶片，以腹部残片为主，可辨器形有圆腹罐、双耳罐、高领罐、大口罐（表4-203、204）。

表4-203　H33器形数量统计表

器形 陶色 陶质	泥质				夹砂				合计
	红	橙黄	灰	黑	红	橙黄	灰	黑	
圆腹罐			1			2	1		4
大口罐					1				1
双耳罐	1				1				2
高领罐		2							2

表4-204　H33陶片统计表

纹饰 陶色 陶质	泥质				夹砂				合计
	橙黄	灰	红	灰底黑彩	橙黄	灰	红	褐	
素面	30		3		8				41
绳纹							2		2
篮纹	11		6		3				20
麻点纹					10				10
麻点纹＋篮纹							3		3
麻点纹＋绳纹					1				1
麻点纹＋附加堆纹					1				1
篮纹＋绳纹					1				1

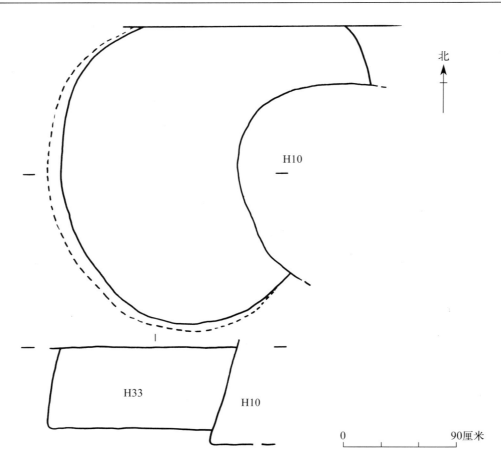

图4-129　H33平、剖面图

圆腹罐　4件。

标本H33：1，泥质灰陶。侈口，尖唇，矮领，束颈，颈部以下残。素面磨光。口径15、残高3.6厘米（图4-130，1）。

标本H33：2，夹砂灰陶。侈口，方唇，矮领，束颈，上腹圆，下腹残。唇面呈凹状，颈部素面，上腹饰麻点纹，有烟炱。口径24.6、残高10.8厘米（图4-130，2）。

标本H33：7，夹砂橙黄陶。侈口，方唇，高领，束颈，颈部以下残。素面。残高5.8、残宽5.1厘米（图4-130，3）。

标本H33：9，夹砂橙黄陶。侈口，方唇，高领，束颈，颈部以下残。素面。残高5、残宽5.8厘米（图4-130，4）。

双耳罐　2件。

标本H33：4，夹砂红陶。侈口，圆唇，高领，束颈，颈部以下残。拱形双耳，颈部饰竖向刻划纹。口径13、残高7厘米（图4-130，5）。

标本H33：5，泥质红陶。侈口，尖唇，高领，束颈，上腹圆，下腹残。拱形双耳，素面磨光。口径9、残高6厘米（图4-130，6）。

高领罐　2件。

标本H33：6，泥质橙黄陶。喇叭口，平沿，圆唇，高领，束颈，颈部以下残。口沿外侧有一周折棱，颈部饰横向篮纹。残高7.8、残宽8.5厘米（图4-130，7）。

标本H33：8，泥质橙黄陶。喇叭口，尖唇，高领，束颈，颈部以下残。口沿外侧有一周折棱，颈部素面。残高5.5、残宽5厘米（图4-130，8）。

大口罐 1件。

标本H33：3，夹砂红陶。侈口，方唇，上腹直，下腹残。口沿外侧饰一周折棱，腹部饰斜向篮纹。口径30、残高5厘米（图4-130，9）。

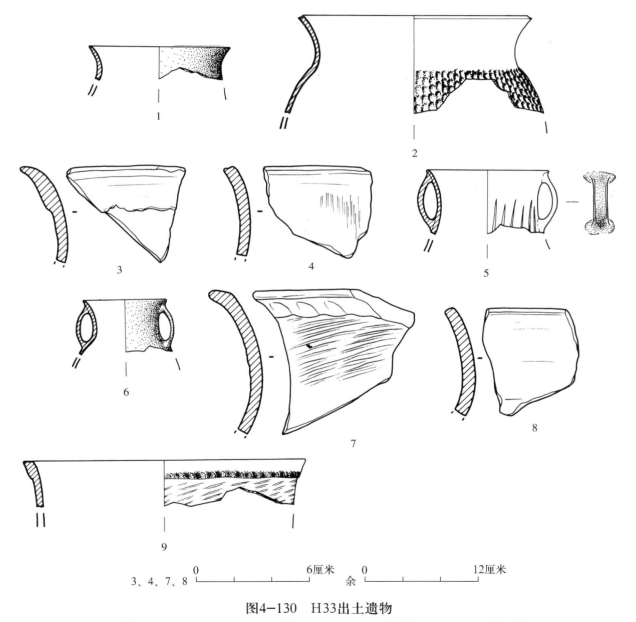

图4-130 H33出土遗物

1～4.圆腹罐H33：1、2、7、9 5、6.双耳罐H33：4、5 7、8.高领罐H33：6、8 9.大口罐H33：3

33. H34

H34 位于Ⅲ T0704 中部偏东，部分压于探方南壁下，开口于第⑤层下（图 4-131；彩版八三，2）。根据遗迹暴露部分推测 H34 平面近椭圆形，口部边缘形态明显，底部边缘形态不明显，剖面呈不规则状，东壁直，西壁斜弧，未见工具痕迹，坑底西高东低呈坡状。坑口南北 1.20、东西 2.16、深 0.06～0.70 米。坑内堆积未分层，土色浅黄色，土质疏松，包含物有炭粒、石块、白灰皮，坡状堆积。

坑内出土少量陶片，出土石刀 1 件。陶片以陶器腹部残片为主，无可辨器形标本，所以不具体介绍，只进行陶系统计（表 4-205）。

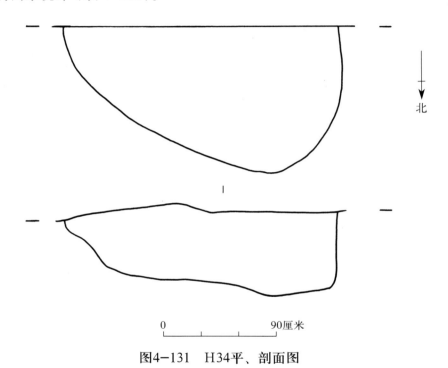

北

0　　　　　　　　　90厘米

图4-131　H34平、剖面图

表4-205　H34陶片统计表

纹饰＼陶色	泥质				夹砂				合计
	橙黄	灰	红	灰底黑彩	橙黄	灰	红	褐	
素面	19	7			7				33
篮纹	7	3							10
麻点纹					31				31
附加堆纹					1				1
附加堆纹＋麻点纹					1				1
绳纹			1		7	1			9
绳纹＋席纹					1				1
刻划纹					1				1
篮纹＋麻点纹					1				1

石刀　1件。

标本H34：1，页岩。器表磨光，器身有残缺痕迹，双面磨刃。刃残长1.76厘米，刃角54.7°，残长2.4、残宽2厘米，重3.36克（图4-132；彩版八三，3）。

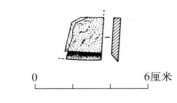

图4-132　H34出土石刀H34：1

34. H35

H35位于Ⅲ T0605西北角，开口于第④层下被H35叠压（图4-133；彩版八四，1）。平面呈椭圆形，口部边缘形态明显，底部边缘形态明显，剖面呈袋状，斜直壁，未见工具痕迹，坑底平整。坑口南北1.76、东西1.60、坑底东西2.14、深0.90米。坑内堆积可分三层，第①层厚

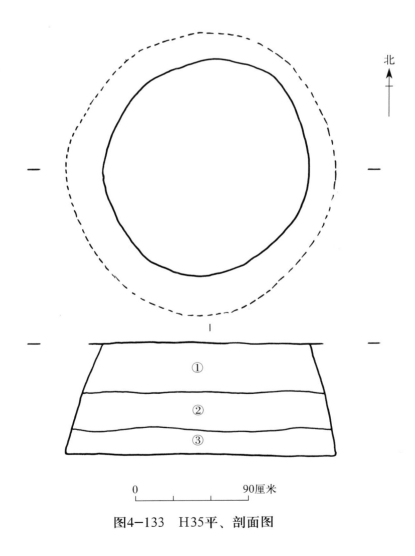

图4-133　H35平、剖面图

0.40～0.41米，土色浅灰色，土质疏松，包含物有少量草木灰、炭粒，水平状堆积。第②层厚0.28～0.32米，土色深灰色，土质疏松，包含物有较多草木灰、红烧土颗粒，水平状堆积。第③层厚0.18～0.22米，土色浅褐色，土质疏松，包含物有少量草木灰，水平状堆积。

坑内出土大量陶片。

（1）H35①层

出土大量陶片，以腹部残片为主，可辨器形有圆腹罐、花边罐、斝（表4-206、207）。

表4-206　H35①层器形数量统计表

器形 ＼ 陶质／陶色	泥质				夹砂				合计
	红	橙黄	灰	黑	红	橙黄	灰	黑	
圆腹罐					2	4			6
花边罐	1				1	2	1		5
斝					1				1

表4-207　H35①层陶片统计表

纹饰 ＼ 陶质／陶色	泥质				夹砂				合计
	橙黄	灰	红	灰底黑彩	橙黄	灰	红	褐	
素面	28		16		5		7		56
绳纹		2							2
篮纹		5	30		30		6		71
刻划纹					2				2
附加堆纹					1				1
麻点纹					65		10		75
麻点纹＋篮纹							3		3

圆腹罐　6件。

标本H35①：1，夹砂红陶。侈口，尖唇，高领，微束颈，圆腹，平底微凹。颈部素面，腹部饰绳纹。口径15.2、高22.4、底径10厘米（图4-134，1；彩版八四，2）。

标本H35①：2，夹砂橙黄陶。侈口，圆唇，高领，束颈，颈部以下残。颈部饰斜向篮纹，有烟炱。口径13.2、残高6.4厘米（图4-134，2）。

标本H35①：6，夹砂橙黄陶。侈口，尖唇，高领，束颈，颈部以下残。颈部饰横向篮纹。口径13.4、残高5.8厘米（图4-134，3）。

标本H35①：8，夹砂橙黄陶。侈口，圆唇，高领，微束颈，颈部以下残。颈部饰斜向篮纹，有烟炱。口径12.8、残高5.2厘米（图4-134，4）。

标本H35①：10，夹砂红陶。侈口，尖唇，高领，束颈，上腹圆，下腹残。颈部素面，上腹饰麻点纹。口径13、残高10.6厘米（图4-134，5）。

标本H35①：11，夹砂橙黄陶。侈口，圆唇，高领，束颈，颈部以下残。颈部有一周折棱，饰麻点纹。残高5.1、残宽6厘米（图4-134，6）。

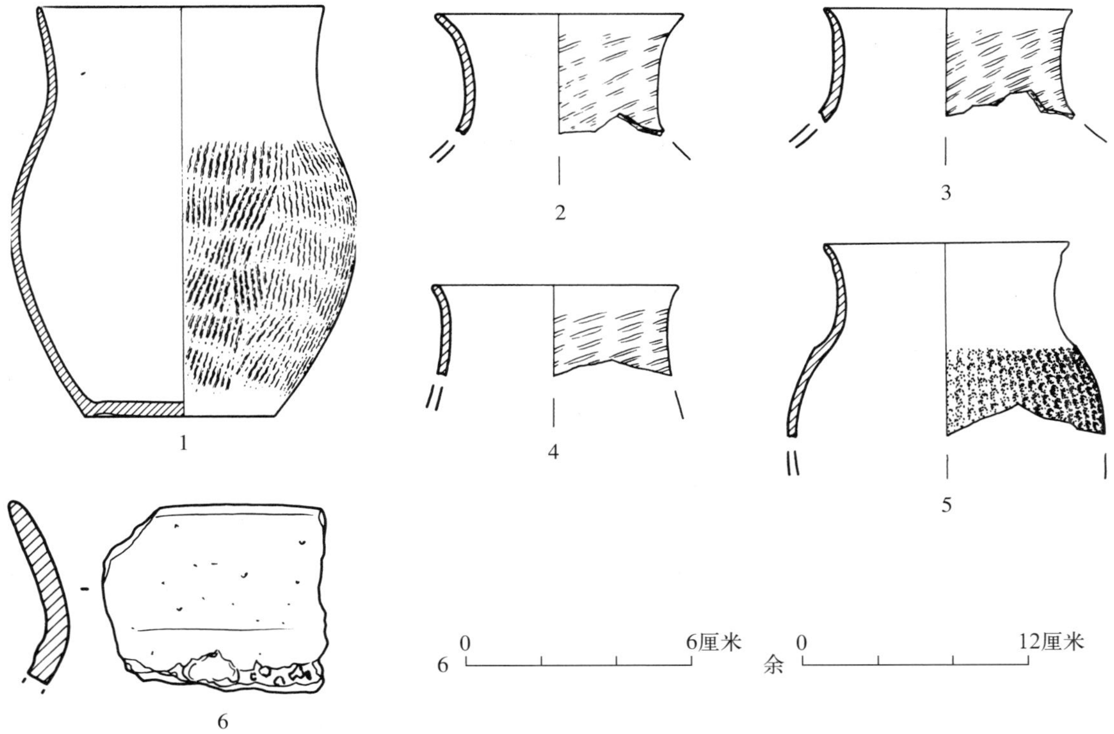

图4－134　H35出土遗物

1～6.圆腹罐H35①：1、2、6、8、10、11

花边罐　5件。

标本H35①：3，夹砂红陶。侈口，方唇，高领，微束颈，颈部以下残。口沿外侧饰一周附加泥条，泥条经手指按压呈波状，颈部素面。口径28、残高6厘米（图4－135，1）。

标本H35①：4，夹砂橙黄陶。侈口，圆唇，矮领，束颈，上腹圆，下腹残。口沿外侧饰一周附加泥条，泥条之上饰斜向戳印纹，颈部素面，上腹饰麻点纹，有烟炱。口径12、残高7.6厘米（图4－135，2）。

标本H35①：7，夹砂橙黄陶。侈口，尖唇，矮领，束颈，上腹斜，下腹残。口沿外侧饰一周附加泥条，泥条之上饰斜向戳印纹，肩部饰一周附加泥饼，上腹饰竖向绳纹，有烟炱。口径13、残高5.6厘米（图4－135，3）。

标本H35①：9，泥质红陶。侈口，圆唇，高领，束颈，颈部以下残。口沿下饰一周附加泥条，泥条之上饰斜向戳印纹，肩部饰一周附加泥条，泥条经手指按压呈波状。口径12、残高6.8厘米（图4－135，4）。

标本H35①：12，夹砂灰陶。侈口，圆唇，口沿以下残。口沿外侧饰一周附加泥条，泥条之上饰斜向戳印纹。残高2.8、残宽5.9厘米（图4－135，5）。

斝　1件。

标本H35①：5，夹砂红陶。敛口，尖唇，腹部残，素面，口沿外侧有烟炱。口径22、残高4.8厘米（图4－135，6）。

（2）H35②层

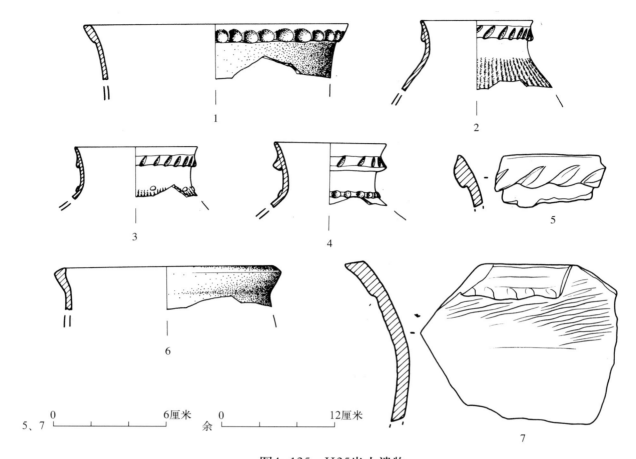

图4-135　H35出土遗物

1～5.花边罐H35①：3、4、7、9、12　6.罕H35①：5　7.高领罐H35②：1

出土少量陶片，以腹部残片为主，可辨器形有高领罐（表4-208、209）。

高领罐　1件。

标本H35②：1，泥质红陶。喇叭口，窄平沿，尖唇，高领，束颈，颈部以下残。口沿外侧饰一周附加泥条，泥条经手指按压呈波状，沿下饰斜向篮纹，颈部素面磨光。残高8.7、残宽10.4厘米（图4-135，7）。

表4-208　H35②层器形数量统计表

器形 \ 陶质·陶色	泥质				夹砂				合计
	红	橙黄	灰	黑	红	橙黄	灰	黑	
高领罐	1								1

表4-209　H35②层陶片统计表

纹饰 \ 陶质·陶色	泥质				夹砂				合计
	橙黄	灰	红	灰底黑彩	橙黄	灰	红	褐	
素面	22	5	4				8		39

续表

纹饰＼陶色＼陶质	泥质				夹砂				合计
	橙黄	灰	红	灰底黑彩	橙黄	灰	红	褐	
绳纹					5				5
篮纹	10	1	7						18
附加堆纹＋篮纹			1						1
麻点纹					15		3		18

35. H36

H36 位于ⅢT0505 西北部，部分压在北隔梁下，开口于第④层下（图 4-136；彩版八四，3）。根据遗迹暴露部分推测H36 平面近椭圆形，口部边缘形态明显，底部边缘形态明显，剖面呈袋状，斜直壁，未见工具痕迹，坑底平整。坑口东西 2.00、南北 0.70、坑底南北 0.9、东西 2.67、深 1.64～1.72 米。坑内堆积可分五层，第①层厚 0.14～0.36 米，土色浅褐色，土质疏松，坡状堆积。包含物有零星草木灰及炭粒、兽骨。第②层厚 0.26～0.40 米，土色灰色，土质疏松，坡状堆积。第③层厚 0.52～0.68 米，土色浅褐色，土质疏松，水平状堆积。第④层厚 0.06～0.38 米，土色黄色，土质疏松，坡状堆积。第⑤层厚 0.20～0.54 米，土色浅灰色，土质疏松，水平状堆积。

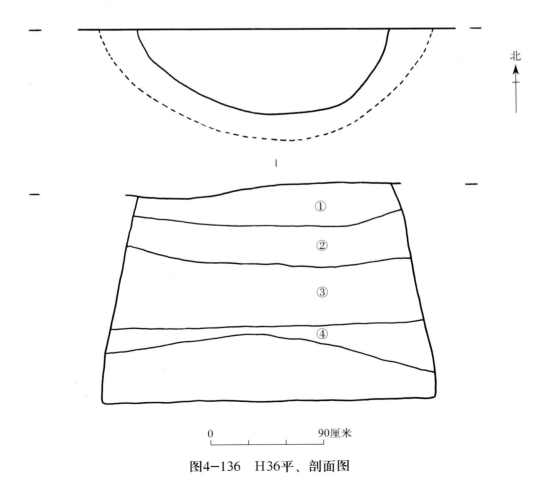

北

0　　　　　　　　90厘米

图4-136　H36平、剖面图

坑内出土少量陶片。

（1）H36①层

出土少量陶片，以腹部残片为主，可辨器形有圆腹罐、双耳罐、高领罐（表4-210、211）。

表4-210　H36①层器形数量统计表

器形 \ 陶质陶色	泥质				夹砂				合计
	红	橙黄	灰	黑	红	橙黄	灰	黑	
圆腹罐						1			1
双耳罐						1			1
高领罐	1								1

表4-211　H36①层陶片统计表

纹饰 \ 陶质陶色	泥质				夹砂				合计
	橙黄	灰	红	灰底黑彩	橙黄	灰	红	褐	
素面			12						12
绳纹			1						1
篮纹		3	4						7
麻点纹					9				9
麻点纹＋篮纹					1				1

圆腹罐　1件。

标本H36①：1，夹砂橙黄陶。侈口，方唇，矮领，束颈，上腹圆弧，下腹残。颈部饰斜向篮纹，上腹饰竖向绳纹，有烟炱。口径11、残高7.6厘米（图4-137，1）。

双耳罐　1件。

标本H36①：2，夹砂橙黄陶。口部与底部均残，鼓腹，腹部有残耳，腹部饰斜向篮纹。残高4.4、残宽10厘米（图4-137，2）。

高领罐　1件。

标本H36①：3，泥质红陶。喇叭口，窄平沿，圆唇，高领，束颈，颈部以下残。口沿外侧饰一周折棱，颈部饰斜向篮纹。残高5.2、残宽10厘米（图4-137，3）。

（2）H36②层

出土少量陶片，以腹部残片为主，可辨器形有双耳罐，另出土骨锥1件（表4-212、213）。

表4-212　H36②层器形数量统计表

器形 \ 陶质陶色	泥质				夹砂				合计
	红	橙黄	灰	黑	红	橙黄	灰	黑	
双耳罐						1			1

双耳罐　1件。

标本H36②：2，夹砂橙黄陶。侈口，方唇，高领，束颈，颈部以下残。拱形双耳，耳面

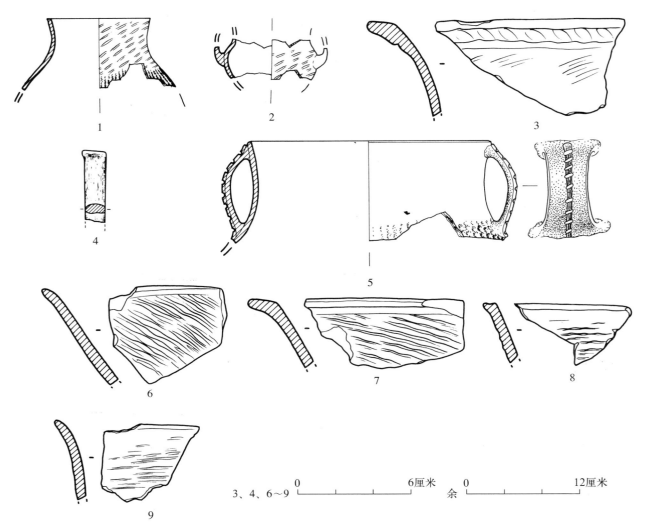

图4-137　H36出土遗物

1、9.圆腹罐H36①：1、H36⑤：3　2、5.双耳罐H36①：2、H36②：2　3.高领罐H36①：3　4.骨锥H36②：1　6～8.盆
H36③：1、H36⑤：1、2

饰一条竖向附加泥条呈斜凸棱状，下颈部饰麻点纹，有烟炱。口径25.4、残高10.8厘米（图
4-137，5）。

　　骨锥　1件。

表4-213　H36②层陶片统计表

纹饰　　陶色	泥质				夹砂				合计
	橙黄	灰	红	灰底黑彩	橙黄	灰	红	褐	
素面	19	2							21
篮纹		2	11						13
麻点纹					19				19
麻点纹＋篮纹					2				2

标本H36②：1，动物骨骼磨制而成，器体呈扁平状，尖端残，仅存尾端，器表通体磨制精细且光滑。残长 3.8、宽 1.3、厚 0.7 厘米（图 4-137，4；彩版八四，4）。

（3）H36③层

出土少量陶片，以腹部残片为主，可辨器形有盆（表 4-214、215）。

表4-214　H36③层器形数量统计表

陶质 陶色 器形	泥质				夹砂				合计
	红	橙黄	灰	黑	红	橙黄	灰	黑	
盆	1								1

表4-215　H36③层陶片统计表

陶质 陶色 纹饰	泥质				夹砂				合计
	橙黄	灰	红	灰底 黑彩	橙黄	灰	红	褐	
素面	5								5
绳纹	2				5	3			10
篮纹	3		2		1				6
麻点纹					11				11

盆　1 件。

标本H36③：1，泥质红陶。敞口，圆唇，斜弧腹，底残。腹部饰斜向篮纹，内壁素面磨光。残高 5.4、残宽 6.2 厘米（图 4-137，6）。

（4）H36⑤层

出土少量陶片，以腹部残片为主，可辨器形有圆腹罐、盆（表 4-216、217）。

表4-216　H36⑤层器形数量统计表

陶质 陶色 器形	泥质				夹砂				合计
	红	橙黄	灰	黑	红	橙黄	灰	黑	
圆腹罐							1		1
盆	1				1				2

表4-217　H36⑤层陶片统计表

陶质 陶色 纹饰	泥质				夹砂				合计
	橙黄	灰	红	灰底 黑彩	橙黄	灰	红	褐	
素面	5								5
绳纹	2				5	4			11
篮纹	3		3		1				7
麻点纹					11	2			13
交错绳纹	1								1

圆腹罐 1件。

标本H36⑤：3，夹砂灰陶。侈口，圆唇，高领，束颈，颈部以下残。颈部饰横向篮纹。残高4.3、残宽5厘米（图4-137，9）。

盆 2件。

标本H36⑤：1，泥质红陶。敞口，窄平沿，圆唇，斜直腹，底残。腹部饰横向篮纹，内壁素面磨光。残高3.8、残宽8.5厘米（图4-137，7）。

标本H36⑤：2，夹砂红陶。敞口，方唇，斜弧腹，底残。腹部饰横向篮纹。残高3.3、残宽6.3厘米（图4-137，8）。

36. H38

H38位于ⅢT0602东北角，部分压于北隔梁下，开口于第④层下（图4-138；彩版八五，1）。根据遗迹暴露部分推测H38平面近椭圆形，口部边缘形态明显，底部边缘形态较明显，剖面呈筒状，直壁，未见工具痕迹，坑底平整。坑口东西1.06、南北0.88、坑底东西0.97、深0.40米。坑内堆积未分层，土色浅灰色，土质疏松，水平状堆积。

坑内出土少量陶片，以腹部残片为主，可辨器形有高领罐（表4-218、219）。

高领罐 1件。

标本H38：1，泥质橙黄陶。喇叭口，圆唇，高领，束颈，颈部以下残。素面。口径13、残高8厘米（图4-138，1）。

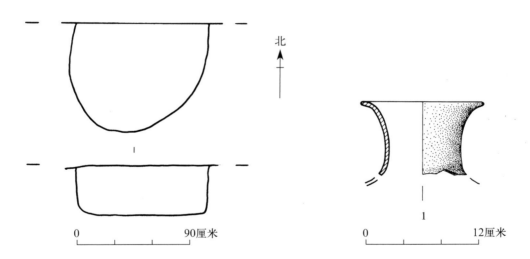

北

0   90厘米

0   12厘米

图4-138 H38及出土高领罐H38：1

表4-218 H38器形数量统计表

器形 \ 陶质 陶色	泥质				夹砂				合计
	红	橙黄	灰	黑	红	橙黄	灰	黑	
高领罐		1							1

表4-219　H38陶片统计表

纹饰	陶质 陶色	泥质				夹砂				合计
		橙黄	灰	红	灰底黑彩	橙黄	灰	红	褐	
素面		5								5
绳纹		2				5	2			9
篮纹		2				1				3

37. H39

H39位于ⅢT0505南部，开口于第④层下，南部被H32打破，北部被H30打破（图4-139；彩版八五，2）。H39平面残存呈不规则状，口部边缘形态明显，底部边缘形态明显，剖面呈筒状，直壁，未见工具痕迹，坑底平整。坑口南北0.60、东西1.23、坑底东西1.10、深0.92米。坑内堆积未分层，土色深灰色，土质疏松，包含物有兽骨，水平状堆积。

坑内出土少量陶片，以腹部残片为主，可辨器形有器盖（表4-220、221）。

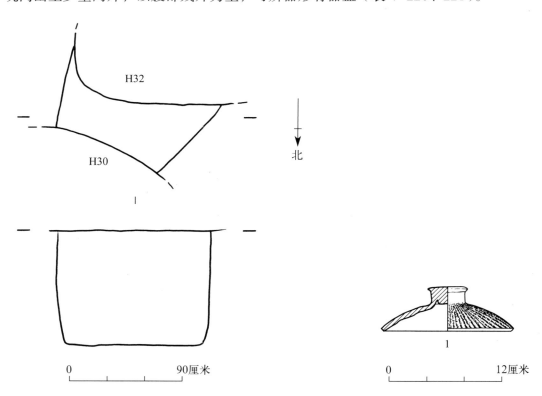

图4-139　H39及出土陶器盖H39：1

表4-220　H39器形数量统计表

器形	陶质 陶色	泥质				夹砂				合计
		红	橙黄	灰	黑	红	橙黄	灰	黑	
器盖						1				1

表4-221　H39陶片统计表

陶质 陶色 纹饰	泥质				夹砂				合计
	橙黄	灰	红	灰底黑彩	橙黄	灰	红	褐	
素面	1				2	1			4
绳纹		1			1		1		3
篮纹			2		4				6
麻点纹					1	3			4
附加堆纹 + 绳纹					1				1
篮纹 + 绳纹					2				2

器盖　1件。

标本H39∶1，夹砂红陶。整体近伞状，圆形平顶柄部，弧形盖面，柄部素面，面部饰竖向绳纹，直径14、高4.8厘米（图4-139，1；彩版八五，3）。

38. H40

H40位于ⅢT0705西北角，开口于第④层下，东部被H31打破（图4-140；彩版八六，1）。根据遗迹残存部分推测H40平面近椭圆形，口部边缘形态较明显，底部边缘形态较明显，剖面呈

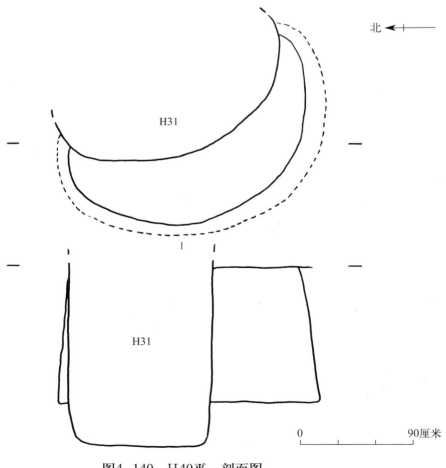

图4-140　H40平、剖面图

袋状，斜直壁，未见工具痕迹，坑底平整。坑口南北1.80、东西0.56、坑底南北2.10、深1.08米。坑内堆积未分层，土色浅灰色，土质疏松，包含物有少量炭粒，水平状堆积。

坑内出土少量陶片，以腹部残片为主，可辨器形有高领罐、盆（表4-222、223）。

表4-222　H40器形数量统计表

器形 \ 陶质 \ 陶色	泥质				夹砂				合计
	红	橙黄	灰	褐	红	橙黄	灰	黑	
高领罐				1					1
盆		1				1			2

表4-223　H40陶片统计表

纹饰 \ 陶质 \ 陶色	泥质				夹砂				合计
	橙黄	灰	红	灰底黑彩	橙黄	灰	红	褐	
素面	25	8	7		5				45
绳纹					7				7
篮纹	11	5	5						21
刻划纹					1				1
麻点纹			1		12				13
麻点纹＋篮纹					1				1

高领罐　1件。

标本H40：1，泥质褐陶。喇叭口，圆唇，高领，束颈，颈部以下残。颈部饰竖向篮纹。口径21.2、残高3.6厘米（图4-141，1）。

盆　2件。

标本H40：2，泥质橙黄陶。敞口，方唇，斜直腹，底残。口沿外侧贴有一周薄泥条，器表素面且刮抹痕迹明显，其内壁素面磨光。口径30、残高2.2厘米（图4-141，2）。

标本H40：3，夹砂橙黄陶。敞口，方唇，弧腹，底残。口沿外侧素面，腹部饰竖向绳纹，腹部断茬处有一钻孔。口径27、残高4.2厘米（图4-141，3）。

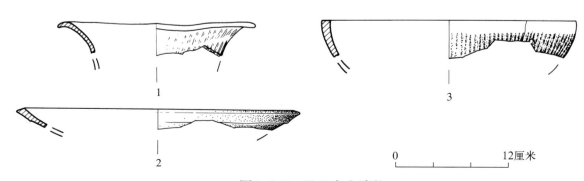

图4-141　H40出土遗物

1.高领罐H40：1　2、3.盆H40：2、3

39. H41

H41 位于Ⅲ T0201 东南角，部分压在东隔梁下，开口于第⑤层下（图 4-142；彩版八七，1、2）。根据遗迹暴露部分推测 H41 平面近椭圆形，口部边缘形态明显，底部边缘形态不明显，剖面呈袋状，斜弧壁，未见工具痕迹，坑底平整。坑口东西 1.50、南北 1.44、深 2.50～2.82 米。坑内

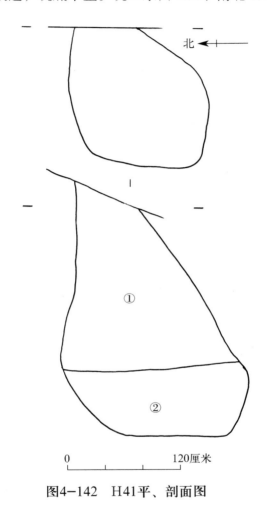

图4-142　H41平、剖面图

堆积可分两层，第①层厚 1.80～2.10 米，土色浅灰色，土质疏松，包含物有石块、兽骨、炭粒、红烧土颗粒、白灰皮，水平状堆积。第②层厚 0.68～0.80 米，土色浅灰色，土质疏松，包含物有石块、炭粒、红烧土颗粒，水平状堆积。

H41①层出土少量陶片，以腹部残片为主，可辨器形有圆腹罐、花边罐、单耳罐、高领罐、盆、器盖，另出土石刀 1 件、石器 2 件（表 4-224、225）。

表4-224　H41器形数量统计表

器形　　　陶质陶色	泥质				夹砂				合计
	红	橙黄	灰	褐	红	橙黄	灰	黑	
圆腹罐		1			1	8	2		12
高领罐	1	1		1		1			4

陶质 器形 陶色	泥质				夹砂				合计
	红	橙黄	灰	褐	红	橙黄	灰	黑	
花边罐	1					1			2
单耳罐							1		1
盆	1								1
器盖							1		1

表4-225　H41陶片统计表

陶质 纹饰 陶色	泥质				夹砂				合计
	橙黄	灰	红	灰底 黑彩	橙黄	灰	红	褐	
素面	87	14	18		45				164
绳纹					65		6		71
篮纹	33	2	14		10		1		60
附加堆纹	3								3
麻点纹		1			104	1			106
麻点纹 + 篮纹					4				4

圆腹罐　12件。

标本H41①：1，夹砂红陶。侈口，尖唇，矮领，束颈，圆腹，底残。颈部素面，腹部饰麻点纹。口径11.2、残高18厘米（图4-143，1）。

标本H41①：5，夹砂灰陶。上腹残，下腹圆，平底。腹部饰竖向绳纹，底部饰交错绳纹。底径10、残高9.2厘米（图4-143，2）。

标本H41①：7，夹砂橙黄陶。侈口，尖唇，高领，束颈，上腹斜，下腹残。颈部饰横向篮纹，上腹饰竖向绳纹。口径19.2、残高8.6厘米（图4-143，3）。

标本H41①：8，夹砂橙黄陶。侈口，圆唇，矮领，束颈，上腹斜，下腹残。口沿外侧有一周折棱，颈部素面且有刮抹痕迹，腹部饰竖向绳纹，有烟炱。口径10、残高5.2厘米（图4-143，4）。

标本H41①：10，夹砂橙黄陶。侈口，尖唇，高领，束颈，上腹圆，下腹残。口沿外侧有一周折棱，颈部饰横向篮纹，肩部饰附加泥饼，腹部饰麻点纹，有烟炱。口径18.2、残高10.6厘米（图4-143，5）。

标本H41①：12，泥质橙黄陶。侈口，尖唇，高领，束颈，上腹圆，下腹残。颈部素面，腹部饰竖向刻划纹，内壁口沿处素面磨光且有修整刮抹痕迹。口径8、残高6.2厘米（图4-143，6）。

标本H41①：13，夹砂橙黄陶。侈口，尖唇，高领，束颈，颈部以下残。颈部饰横向篮纹，有烟炱。口径15、残高5.8厘米（图4-143，7）。

标本H41①：16，夹砂橙黄陶。侈口，圆唇，矮领，束颈，上腹斜，下腹残。器表饰竖向绳纹。残高7、残宽4.7厘米（图4-143，8）。

标本H41①：17，夹砂橙黄陶。侈口，圆唇，矮领，束颈，颈部以下残。颈部饰横向篮纹。

残高5、残宽5厘米（图4-143，9）。

标本H41①：19，夹砂橙黄陶。侈口，圆唇，矮领，束颈，上腹微弧，下腹残。器表素面。残高4.3、残宽6.6厘米（图4-143，10）。

标本H41①：22，夹砂橙黄陶。侈口，圆唇，矮领，束颈，颈部以下残。颈部饰横向篮纹。残高3.9、残宽4.4厘米（图4-143，11）。

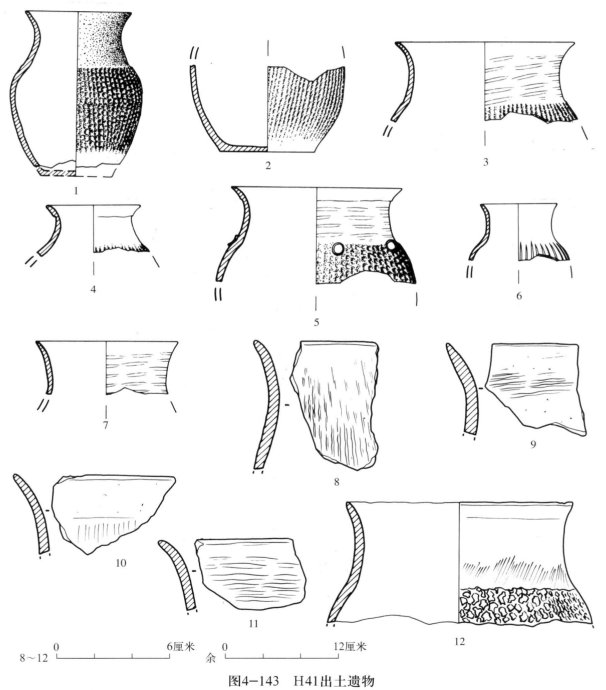

图4-143　H41出土遗物

1～12.圆腹罐H41①：1、5、7、8、10、12、13、16、17、19、22、23

　　标本H41①：23，夹砂灰陶。侈口，圆唇，矮领，束颈，上腹圆，下腹残。颈部素面且有一周竖向刮抹痕迹，上腹饰麻点纹。口径12、残高6.8厘米（图4-143，12）。

　　花边罐　2件。

　　标本H41①：9，夹砂橙黄陶。侈口，锯齿唇，矮领，束颈，上腹斜，下腹残。颈部素面且粗糙，上腹饰麻点纹。口径17、残高7厘米（图4-144，1）。

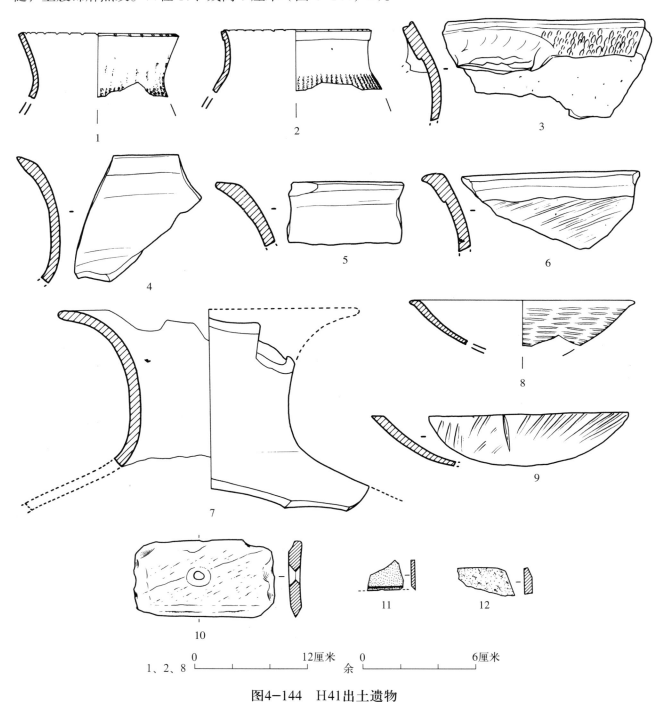

图4-144　H41出土遗物

1、2.花边罐H41①：9、11　3.单耳罐H41①：15　4~7.高领罐H41①：18、20、21、24　8.盆H41①：6　9.器盖H41①：14
10.石刀H41①：3　11、12.石器H41①：2、4

标本H41①：11，夹砂红陶。侈口，锯齿唇，矮领，微束颈，上腹弧，下腹残。口沿外侧饰一周附加泥条，颈部素面，上腹部饰竖向绳纹，有烟炱。口径16、残高6.8厘米（图4-144，2）。

单耳罐　1件。

标本H41①：15，夹砂橙黄陶。侈口，方唇，矮领，束颈，颈部以下残。口沿外侧饰一周附加泥条，泥条之上饰麻点纹，口沿外侧有残耳根部，颈部素面。残高5.4、残宽11.1厘米（图4-144，3）。

高领罐　4件。

标本H41①：18，泥质褐陶。喇叭口，窄平沿，尖唇，高领，束颈，颈部以下残。器表素面磨光。残高6.9、残宽6厘米（图4-144，4）。

标本H41①：20，泥质红陶。喇叭口，窄平沿，圆唇，口沿以下残。口沿外侧有盖面痕迹，内壁素面磨光。残高3.5、残宽6.2厘米（图4-144，5）。

标本H41①：21，夹砂橙黄陶。侈口，方唇，高领，束颈，颈部以下残。口沿外侧有一周折棱，颈部饰斜向篮纹。残高4.2、残宽9.5厘米（图4-144，6）。

标本H41①：24，泥质橙黄陶。喇叭口，圆唇，高领，束颈，溜肩，腹部残，器表素面磨光，颈部刮抹痕迹明显。口径16、残高11厘米（图4-144，7；彩版八七，3）。

盆1　件。

标本H41①：6，泥质红陶。敞口，圆唇，斜弧腹，底残。器表饰横向篮纹。口径24、残高5.2厘米（图4-144，8）。

器盖　1件。

标本H41①：14，夹砂橙黄陶。器纽残，弧形盖面，敞口，方唇，盖面饰斜向篮纹，边缘有一道刻划，有烟炱。残高2.9、口径10.6厘米（图4-144，9）。

石刀　1件。

标本H41①：3，残损，石英岩。平面呈长方形，背部及两侧边缘有击打痕迹，器表一面磨制精细，另一面残损，器身中间有一对向钻孔，外孔1.2、内孔0.5厘米。双面磨刃。刃残长6.58厘米，刃角63.9°，器身长7.4、宽4.2、厚0.7厘米，重37.78克（图4-144，10；彩版八七，4）。

石器　2件。

标本H41①：2，残损，石英岩。器身有磨制痕迹。残长1.83、宽1.58、厚0.21厘米，重0.92克（图4-144，11）。

标本H41①：4，残损，石英岩。器身有磨制痕迹。残长2.6、宽1.44、厚0.44厘米，重2.61克（图4-144，12）。

40. H42

H42位于ⅢT0201东南角，部分压在东隔梁与南壁下，开口于第⑤层下（图4-145；彩版八六，2）。根据遗迹暴露部分推测H42平面近圆形，口部边缘形态明显，底部边缘形态不明显，剖面呈圜状，斜弧壁，未见工具痕迹，坑底西高东低呈坡状。坑口东西0.56、南北0.60、深0.26米。坑内堆积未分层，土色浅灰色，土质致密，包含物有炭粒、红烧土颗粒，坡状堆积。

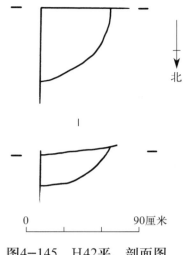

0　　　　　　　　90厘米

图4-145　H42平、剖面图

坑内出土少量陶片，以陶器腹部残片为主，无可辨器形标本，所以不具体介绍，只进行陶系统计（表4-226）。

表4-226　H42陶片统计表

纹饰＼陶质＼陶色	泥质				夹砂				合计
	橙黄	灰	红	灰底黑彩	橙黄	灰	红	褐	
素面			2						2
篮纹			1				2		3
麻点纹					3		2		5

41. H43

H43位于ⅢT0202北部，开口于第④层下（图4-146；彩版八八，1、2）。平面呈圆形，口部边缘形态明显，底部边缘形态较明显，剖面呈袋状，斜弧壁，未见工具痕迹，坑底南部有一椭圆小坑。H43坑口南北1.50、东西1.60、坑底东西2.10、深2.04米。小坑直径0.35～0.46、深0.30米。坑内堆积可分六层，第①层厚0.22～0.30米，土色黄灰色，土质疏松，坡状堆积。第②层厚0.22～0.28米，土色浅黄色，土质疏松，坡状堆积。第③层厚0.36～0.56米，土色深黄色，土质疏松，坡状堆积。第④层厚0.12～0.40米，土色浅黄色，土质疏松，坡状堆积。第⑤层厚0.30～0.76米，土色浅黄色，土质致密，坡状堆积。第⑥层厚0.06～0.26米，土色浅灰色，土质疏松，坡状堆积。底部小坑土色褐色，土质疏松。

坑内出土大量陶片。

（1）H43①层

出土大量陶片，以腹部残片为主，可辨器形有圆腹罐、花边罐、单耳罐、双耳罐、高领罐、大口罐、盆、陶钵、斝、罐腹底、陶拍（表4-227、228）。

圆腹罐　10件。

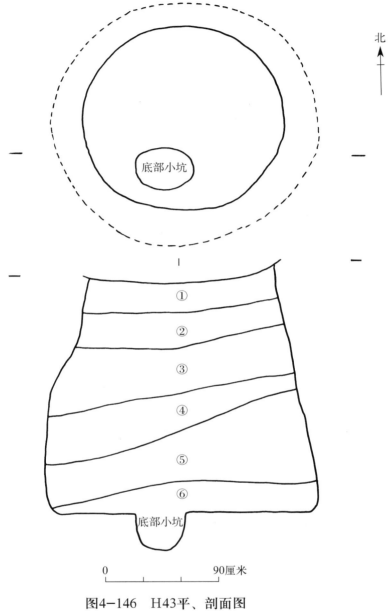

图4-146　H43平、剖面图

表4-227　H43①层器形数量统计表

| 陶质 | 泥质 | | | | 夹砂 | | | | 合计 |
器形　陶色	红	橙黄	灰	黑	红	橙黄	灰	黑	
圆腹罐					3	7			10
高领罐	1	1							2
单耳罐	1				2	1			4
双耳罐	2								2
花边罐					1				1
大口罐						1			1

续表

器形 \ 陶质陶色	泥质				夹砂				合计
	红	橙黄	灰	黑	红	橙黄	灰	黑	
盆	1	3							4
钵		1							1
羼足						2			2
罐腹底	1								1

表4-228　H43①层陶片统计表

纹饰 \ 陶质陶色	泥质				夹砂				合计
	橙黄	灰	红	灰底黑彩	橙黄	灰	红	褐	
素面	29		5		40				74
绳纹			2		25				27
篮纹	7	1	30		4				42
附加堆纹	1								1
麻点纹					33		2		35
麻点纹＋附加堆纹							1		1
戳印纹		1							1

标本H43①：10，夹砂红陶。侈口，尖唇，高领，束颈，圆腹，底残。颈部及上腹饰斜向篮纹，篮纹上有一周附加泥饼，腹部饰麻点纹。口径13、残高14厘米（图4-147，1）。

标本H43①：12，夹砂橙黄陶。侈口，圆唇，矮领，微束颈，上腹圆，下腹残。颈部素面，上腹部饰麻点纹，有烟炱。口径14、残高7.3厘米（图4-147，2）。

标本H43①：15，夹砂橙黄陶。侈口，圆唇，矮领，微束颈，上腹圆，下腹残。颈部素面，腹部饰竖向细绳纹，有烟炱。口径12、残高9厘米（图4-147，3）。

标本H43①：17，夹砂红陶。微侈口，方唇，微束颈，颈部以下残。口沿外侧有一周折棱，器表素面。口径20、残高4.8厘米（图4-147，4）。

标本H43①：21，夹砂橙黄陶。侈口，尖唇，高领，微束颈，颈部以下残。颈部饰斜向篮纹。口径13、残高4.6厘米（图4-147，5）。

标本H43①：27，夹砂橙黄陶。侈口，方唇，矮领，束颈，上腹斜，下腹残。口沿外侧有一周折棱，器表饰横向篮纹。残高5.5、残宽6厘米（图4-147，6）。

标本H43①：30，夹砂橙黄陶。小喇叭口，圆唇，矮领，束颈，颈部以下残。器表素面，有烟炱。残高3.2、残宽4.6厘米（图4-147，7）。

标本H43①：13，夹砂橙黄陶。上腹残，下腹圆弧，平底。腹部饰竖向绳纹，有烟炱。底径8.8、残高8.8厘米（图4-147，8）。

标本H43①：25，夹砂红陶。上腹残，下腹圆弧，平底微凹。腹部饰麻点纹。底径9.8、残高6厘米（图4-147，9）。

标本H43①：26，夹砂橙黄陶。上腹残，下腹圆弧，平底。腹部饰麻点纹，有烟炱。底径11、

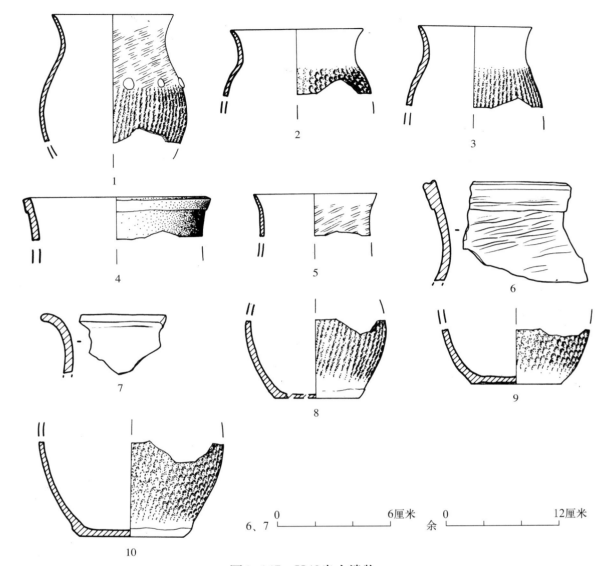

图4-147 H43出土遗物
1～10.圆腹罐H43①：10、12、15、17、21、27、30、13、25、26

残高 10 厘米（图 4-147，10）。

花边罐 1 件。

标本H43①：6，夹砂红陶。侈口，圆唇，矮领，束颈，圆腹，假圈足，颈部素面，颈腹间饰一周附加泥条，泥条经手指按压呈波状，泥条以下腹部饰斜向绳纹。口径 10.4、高 16、底径 8.4 厘米（图 4-148，1；彩版八九，1）。

单耳罐 4 件。

标本H43①：4，泥质红陶。侈口，圆唇，矮领，微束颈，鼓腹，平底。拱形单耳，颈部素面，腹部饰交错刻划纹。口径 8、高 9.4、底径 5.2 厘米（图 4-148，2；彩版八九，2）。

标本H43①：5，夹砂红陶。侈口，圆唇，矮领，束颈，圆腹，平底微凹，拱形单耳，颈部素面，腹部饰麻点纹。口径 10.4、高 9.6、底径 7.2 厘米（图 4-148，3；彩版八九，3）。

标本H43①：7，夹砂红陶。侈口，尖唇，矮领，微束颈，圆腹，平底。拱形单耳，器表通体饰竖向绳纹。口径10.4、高13.6、底径9厘米（图4-148，4；彩版八九，4）。

标本H43①：14，夹砂橙黄陶。侈口，尖唇，高领，微束颈，圆腹，底残。拱形单耳，唇面上有一道凹槽，颈部素面，腹部饰竖向绳纹，耳上饰一条竖向附加泥条，泥条经手指按压呈波状，有烟炱。口径12.2、残高11厘米（图4-148，5）。

双耳罐　2件。

标本H43①：11，泥质红陶。侈口，尖唇，矮领，微束颈，扁鼓腹，平底。拱形双耳，器身通体素面磨光。口径10、高9.8、底径5.8厘米（图4-148，6；彩版九〇，1）。

标本H43①：18，泥质红陶。侈口，尖唇，高领，束颈，上腹斜弧，下腹残。拱形双耳，耳部上端有"V"字形压印纹，器表通体素面磨光。口径10.2、残高7厘米（图4-148，7）。

高领罐　2件。

标本H43①：1，泥质橙黄陶。口沿及底部残，仅存肩、腹部，溜肩，鼓腹。肩部素面，下腹部饰横向篮纹。腹径29.6、残高18.8厘米（图4-148，8；彩版九〇，2）。

标本H43①：8，泥质红陶。颈部以上残，圆肩，上腹圆，下腹斜直，平底，上腹素面，下腹饰竖向绳纹。残高29.6、底径12.6厘米（图4-148，9）。

大口罐　1件。

标本H43①：29，夹砂橙黄陶。微侈口，锯齿唇，上腹微弧，下腹残。口沿外侧有一周折棱，器表通体饰斜向绳纹。残高4.6、残宽8.4厘米（图4-148，10）。

盆　4件。

标本H43①：9，泥质红陶。敞口，圆唇，斜弧腹，平底。腹部饰斜向篮纹。口径25.4、高4.8、底径7.4厘米（图4-148，11）。

标本H43①：19，泥质橙黄陶。敞口，窄平沿，尖唇，斜腹微弧，底残。口沿外侧有一周折棱，腹部饰斜向绳纹，内壁素面磨光。口径26、残高7厘米（图4-148，12）。

标本H43①：22，泥质橙黄陶。上腹残，下腹斜弧，平底。腹部饰竖向细绳纹，近底部饰斜向篮纹。底径8、残高7厘米（图4-148，13）。

标本H43①：28，泥质橙黄陶。敞口，圆唇，斜直腹，底残。口沿外侧有一周折棱，腹部饰斜向篮纹，内壁素面磨光。残高6、残宽7.2厘米（图4-148，14）。

钵　1件。

标本H43①：23，泥质橙黄陶。直口，方唇，弧腹，底残。器身通体素面磨光。口径20、残高4.6厘米（图4-148，15）。

鬲　2件。

标本H43①：24，夹砂橙黄陶。牛角状空心足，素面，有烟炱。残高8、残宽4.6厘米（图4-148，16）。

标本H43①：16，夹砂橙黄陶。牛角状空心足。素面。残高7.2、残宽6.8厘米（图4-148，17）。

罐腹底　1件。

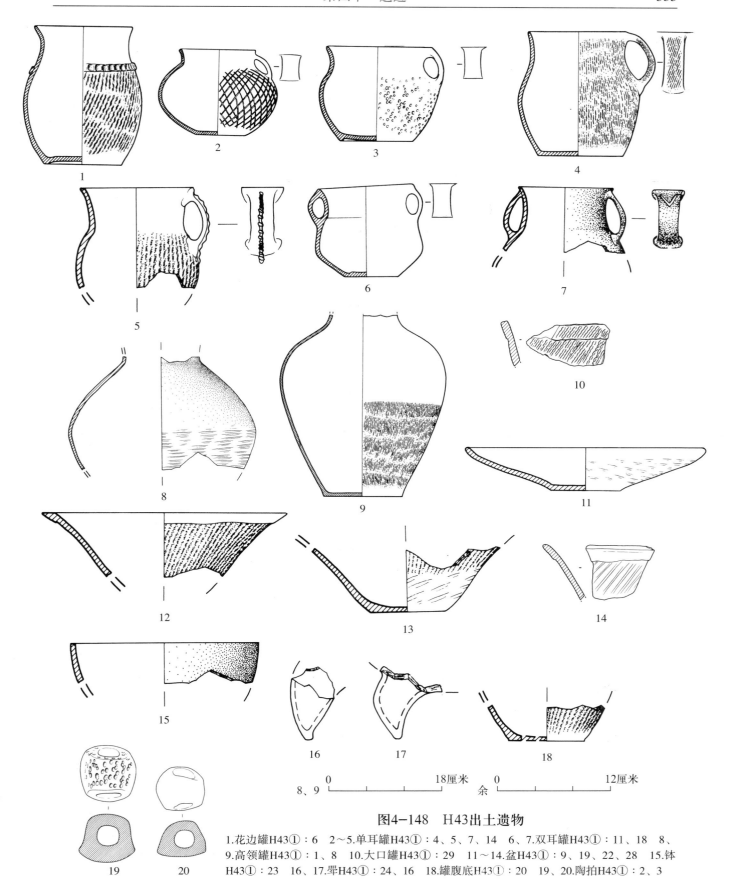

图4-148 H43出土遗物

1.花边罐H43①：6 2～5.单耳罐H43①：4、5、7、14 6、7.双耳罐H43①：11、18 8、9.高领罐H43①：1、8 10.大口罐H43①：29 11～14.盆H43①：9、19、22、28 15.钵H43①：23 16、17.罘H43①：24、16 18.罐腹底H43①：20 19、20.陶拍H43①：2、3

标本H43①：20，泥质红陶。上腹残，下腹斜弧，平底。腹部饰竖向细绳纹。底径8.2、残高4厘米（图4-148，18）。

陶拍　2件。

标本H43①：2，泥质红陶。拍面近圆形，拍面弧形且光滑，背部为桥形空心鋬，鋬表面饰麻点纹，中间圆形孔直径为2.6、器身长6.2、宽6、高5.2厘米，重180克（图4-148，19；彩版九〇，3、4）。

标本H43①：3，泥质红陶。拍面呈椭圆形，拍面弧形且光滑，桥形空心鋬，器表素面，中间圆孔直径为2.1厘米。器身长4.7、宽5.2、高3.8厘米，重81克（图4-148，20；彩版九〇，5、6）。

（2）H43②层

出土少量陶片，以腹部残片为主，可辨器形有圆腹罐、花边罐（表4-229、230）。

表4-229　H43②层器形数量统计表

陶质　　器形　陶色	泥质				夹砂				合计
	红	橙黄	灰	黑	红	橙黄	灰	黑	
圆腹罐					1	2			3
花边罐						1			1

表4-230　H43②层陶片统计表

陶质　　纹饰　陶色	泥质				夹砂				合计
	橙黄	灰	红	灰底黑彩	橙黄	灰	红	褐	
素面	20	2			6	1	2		31
绳纹	5		1		6	5			17
篮纹	2	1	1		5		1		10
刻划纹	1								1
附加堆纹			1		2				3
麻点纹					11	4			15
刻划纹＋麻点纹					3				3

圆腹罐　3件。

标本H43②：1，夹砂橙黄陶。上腹残，下腹斜弧，平底。腹部饰竖向绳纹。底径16、残高13厘米（图4-149，1）。

标本H43②：2，夹砂橙黄陶。侈口，圆唇，高领，束颈，上腹圆，下腹残。颈部素面，上腹饰绳纹。残高7.4、残宽10.2厘米（图4-149，2）。

标本H43②：4，夹砂红陶。侈口，圆唇，矮领，束颈，上腹斜，下腹残。器表饰篮纹。残高4.1、残宽5.8厘米（图4-149，3）。

花边罐　1件。

标本H43②：3，夹砂橙黄陶。侈口，尖唇，高领，束颈，颈部以下残。颈部饰一周附加泥条，泥条经手指按压呈波状，且泥条下饰戳印纹。残高4.9、残宽4.8厘米（图4-149，4）。

（3）H43③层

出土少量陶片，以腹部残片为主，可辨器形有圆腹罐、单耳罐、高领罐、斝，另出土石矛、骨锥（表4-231、232）。

表4-231　H43③层器形数量统计表

器形 \ 陶质·陶色	泥质				夹砂				合计
	红	橙黄	灰	黑	红	橙黄	灰	黑	
圆腹罐					1	1			2
高领罐	1								1
单耳罐		1							1
斝						1			1

表4-232　H43③层陶片统计表

纹饰 \ 陶质·陶色	泥质				夹砂				合计
	橙黄	灰	红	灰底黑彩	橙黄	灰	红	褐	
素面	12		12		9	5			38
绳纹	1	1	1		10	4	2		19
篮纹	3	1	5		3				12
麻点纹					8	11			19
绳纹＋篮纹						1			1
麻点纹＋篮纹					6		1		7

圆腹罐　2件。

标本H43③：4，夹砂红陶。侈口，圆唇，矮领，束颈，上腹圆，下腹残。肩部饰一周附加泥饼，腹部饰竖向绳纹，有烟炱。口径15、残高7.4厘米（图4-149，5）。

标本H43③：7，夹砂橙黄陶。侈口，方唇，高领，束颈，腹部残。口沿外侧饰一周折棱，颈部饰斜向篮纹。残高8.8、残宽6.4厘米（图4-149，6）。

单耳罐　1件。

标本H43③：6，泥质橙黄陶。侈口，圆唇，矮领，束颈，颈部以下残。拱形单耳，器表素面。残高7.7、残宽6.1厘米（图4-149，7）。

高领罐　1件。

标本H43③：5，泥质红陶。颈部以上残，上腹鼓，下腹斜直，底残。腹部饰斜向篮纹。残高11.4、残宽37.2厘米（图4-149，8）。

斝　1件。

标本H43③：3，夹砂红陶。敛口，方唇，深直腹，平裆，三个牛角状空心足，拱形双耳，下腹饰斜向绳纹，其余素面。口径17.8、高24厘米（图4-149，9；彩版九一，1）。

石矛　1件。

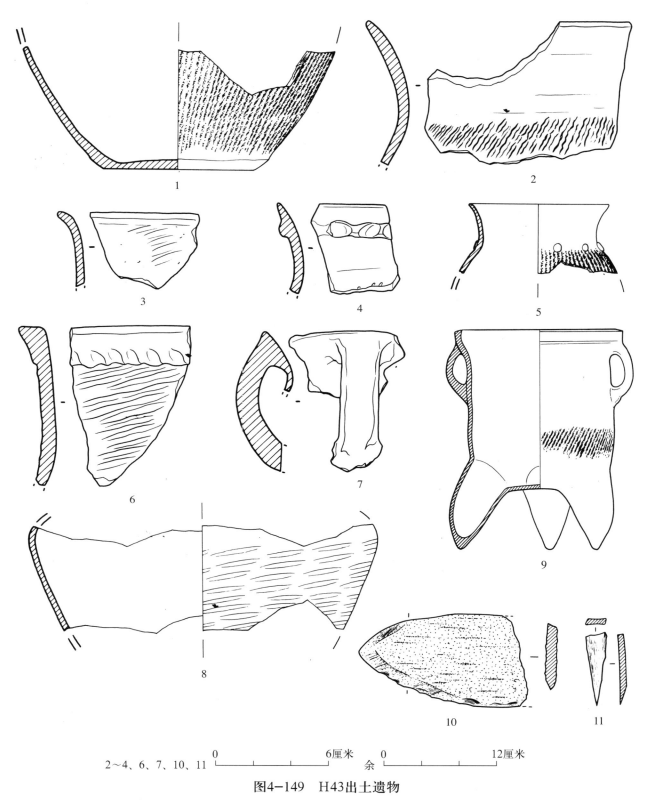

2～4、6、7、10、11　├───────┤　余　├───────┤
　　　　　　　　　　0　　　　　　6厘米　　0　　　　　　12厘米

图4-149　H43出土遗物

1～3、5、6.圆腹罐H43②:1、2、4、H43③:4、7　4.花边罐H43②:3　7.单耳罐H43③:6　8.高领罐H43③:5　9.斝
H43③:3　10.石矛H43③:1　11.骨锥H43③:2

标本H43③：1，片岩。石矛断剩前半部分，双面刃石矛。残刃长12.8厘米，刃角58.3°，现存残长9、宽5、厚0.58厘米，重41.12克（图4-149，10；彩版九一，2）。

骨锥 1件。

标本H43③：2，动物骨骼制作而成，器身呈扁平状，锥尖锋利，尾端残缺。残长3.9、残宽1.1、厚0.3厘米（图4-149，11；彩版九一，3）。

（4）H43④层

出土少量陶片，以腹部残片为主，可辨器形有圆腹罐、花边罐、高领罐、盆、豆盘、斝、陶纺轮，另出土石凿1件、石刀2件、石纺轮1件（表4-233、234）。

表4-233 H43④层器形数量统计表

陶质	泥质				夹砂				合计
器形 \ 陶色	红	橙黄	灰	褐	红	橙黄	灰	黑	
圆腹罐					2	5			7
高领罐	1			1					2
花边罐						1			1
盆		1							1
斝足						1			1
豆盘		1							1

表4-234 H43④层陶片统计表

陶质	泥质				夹砂				合计
纹饰 \ 陶色	橙黄	灰	红	灰底黑彩	橙黄	灰	红	褐	
素面	30	1	26		17		4		78
绳纹	2		6						8
篮纹	15		10		5				30
刻划纹					1				1
附加堆纹					1				1
麻点纹					38		13		51
附加堆纹＋麻点纹						2			2

圆腹罐 7件。

标本H43④：5，夹砂橙黄陶。侈口，圆唇，高领，束颈，颈部以下残。颈部饰横向篮纹，有烟炱。残高6.2、残宽5.2厘米（图4-150，1）。

标本H43④：6，夹砂红陶。侈口，尖唇，矮领，束颈，圆腹，平底。颈部饰一附加泥饼，器表通体饰竖向绳纹。口径14.7、高21.2、底径9厘米（图4-150，2；彩版九一，4）。

标本H43④：12，夹砂橙黄陶。侈口，尖唇，高领，束颈，上腹斜，下腹残。颈部饰斜向篮纹，上腹饰麻点纹，有烟炱。残高6.2、残宽9.3厘米（图4-150，3）。

标本H43④：14，夹砂橙黄陶。侈口，方唇，高领，束颈，颈部以下残。颈部素面且有刮抹

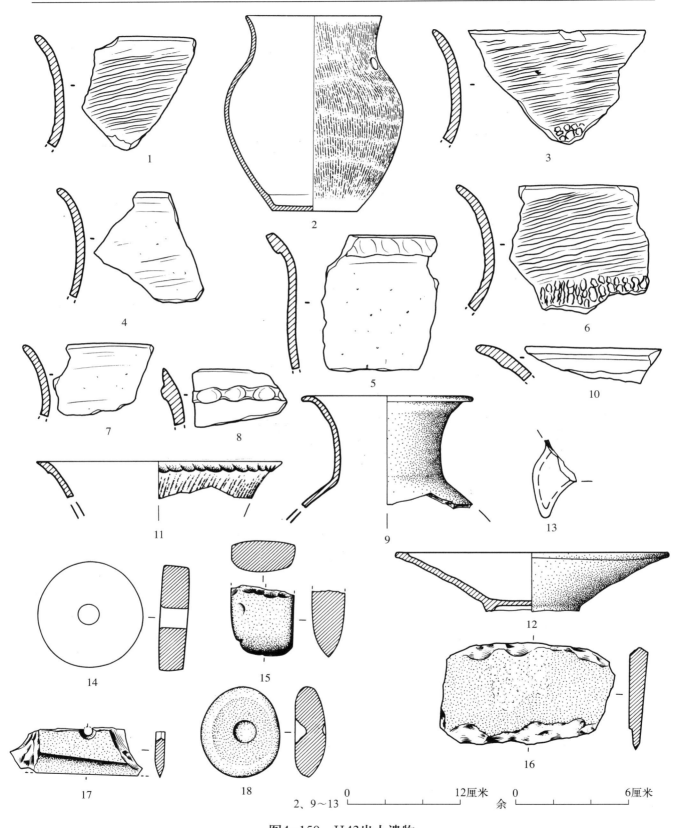

图4-150　H43出土遗物

1~7.圆腹罐H43④：5、6、12、14、15、16、18　8.花边罐H43④：13　9、10.高领罐H43④：10、17　11.盆H43④：11　12.豆盘H43④：8　13.斝H43④：9　14.陶纺轮H43④：1　15.石凿H43④：2　16、17.石刀H43④：3、7　18.石纺轮H43④：4

痕迹。残高6、残宽6厘米（图4-150，4）。

标本H43④：15，夹砂橙黄陶。侈口，方唇，矮领，束颈，上腹弧，下腹残。口沿外侧有一周折棱，素面。残高7.5、残宽6.3厘米（图4-150，5）。

标本H43④：16，夹砂红陶。侈口，圆唇，高领，束颈，上腹斜，下腹残。颈部饰绳纹，上腹饰麻点纹，有烟炱。残高7、残宽7.4厘米（图4-150，6）。

标本H43④：18，夹砂橙黄陶。侈口，圆唇，高领，束颈，颈部以下残。器表素面。残高4、残宽5.3厘米（图4-150，7）。

花边罐　1件。

标本H43④：13，夹砂红陶。侈口，尖唇，矮领，束颈，颈部以下残。颈部饰一周附加泥条，泥条经手指按压呈波状。残高3.2、残宽5.1厘米（图4-150，8）。

高领罐　2件。

标本H43④：10，泥质红陶。喇叭口，平沿，圆唇，高领，束颈，溜肩，腹部残。素面磨光。口径18.4、残高12厘米（图4-150，9）。

标本H43④：17，泥质褐陶。喇叭口，圆唇，口沿以下残。口沿外侧有一周折棱，素面磨光。残高2、残宽7.3厘米（图4-150，10）。

陶盆　1件。

标本H43④：11，泥质橙黄陶。敞口，平沿，尖唇，斜直腹，底残。口沿外侧饰一周折棱，腹部饰横向篮纹。口径25.8、残高4厘米（图4-150，11；彩版九一，5）。

豆盘　1件。

标本H43④：8，泥质橙黄陶。敞口，平沿，圆唇，斜直腹，平底，豆座残，素面。口径29、高6.4、底径10厘米（图4-150，12）。

鬶　1件。

标本H43④：9，夹砂红陶。牛角状空心足。素面。残高8.6、残宽5厘米（图4-150，13）。

陶纺轮　1件。

标本H43④：1，泥质灰陶。平面呈圆形饼状，器表磨光，器身中部有一双向钻孔，孔径1.1、器身直径5.7、厚1.3厘米（图4-150，14；彩版九二，1）。

石凿　1件。

标本H43④：2，石英岩。器表通体磨光且有轻微划痕。刃长3.2厘米，刃角56.5°，残长3.8、宽3.4、厚1.8厘米，重31.8克（图4-150，15；彩版九二，2、3）。

石刀　2件。

标本H43④：3，石英砂岩。器表有打磨痕迹，边缘有残缺痕迹。残长9.2、宽5.5、厚0.95厘米，重82.04克（图4-150，16；彩版九二，4）。

标本H43④：7，页岩。器表通体磨光且有残缺痕迹，残孔，双面刃石刀。残长6.4、宽2.6、厚0.48厘米，重13.77克（图4-150，17；彩版九二，5）。

石纺轮　1件。

标本H43④：4，花岗岩。呈椭圆形，器身通体磨光，直径4.8、厚1.7厘米，表面有剥落痕迹，在中心位置有一对向钻孔痕迹，但未钻通，大孔 1.2、另一面小孔 0.6 厘米（图 4-150，18；彩版九二，6）。

（5）H43⑤层

出土少量陶片，以腹部残片为主，可辨器形有圆腹罐、双耳罐（表 4-235、236）。

表4-235　H43⑤层器形数量统计表

器形＼陶色	泥质				夹砂				合计
	红	橙黄	灰	黑	红	橙黄	灰	黑	
圆腹罐					1	1			2
双耳罐							1		1

表4-236　H43⑤层陶片统计表

纹饰＼陶色	泥质				夹砂				合计
	橙黄	灰	红	灰底黑彩	橙黄	灰	红	褐	
素面	3								3
篮纹	1		2						3
附加堆纹＋绳纹							1		1
刻划纹＋绳纹						1			1

圆腹罐　2 件。

标本 H43⑤：1，夹砂红陶。侈口，尖唇，高领，微束颈，圆腹，平底，颈部饰横向篮纹，腹部饰竖向绳纹。口径 13、高 20.6、底径 8.4 厘米（图 4-151，1；彩版九三，1）。

标本 H43⑤：3，夹砂橙黄陶。侈口，尖唇，高领，束颈，上腹圆，下腹残。颈部饰横向篮纹，腹部饰麻点纹，有烟炱。口径 14、残高 10.6 厘米（图 4-151，2）。

双耳罐　1 件。

标本 H43⑤：2，夹砂灰陶。侈口，尖唇，矮领，束颈，圆腹，平底。拱形双耳，素面。口径

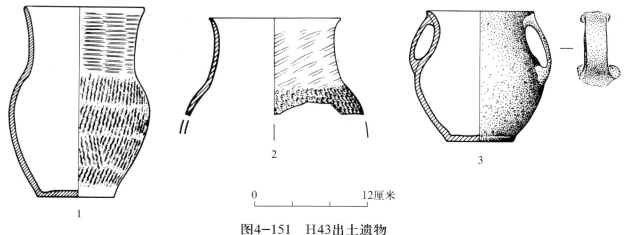

0　　　　　　　　12厘米

图4-151　H43出土遗物

1、2.圆腹罐H43⑤：1、3　3.双耳罐H43⑤：2

11.4、高 14.2、底径 7.2 厘米（图 4-151，3；彩版九三，2）。

（6）H43⑥层

出土少量陶片，以腹部残片为主，可辨器形有圆腹罐、单耳罐、高领罐、大口罐，另出土骨器 1 件、骨针 1 件、骨锥 1 件（表 4-237、238）。

表4-237 H43⑥层器形数量统计表

器形 \ 陶质 陶色	泥质				夹砂				合计
	红	橙黄	灰	黑	红	橙黄	灰	黑	
圆腹罐					1	1			2
单耳罐							1		1
大口罐					1				1
高领罐			1						1

表4-238 H43⑥层陶片统计表

纹饰 \ 陶质 陶色	泥质				夹砂				合计
	橙黄	灰	红	灰底黑彩	橙黄	灰	红	褐	
素面	16	5	20		5				46
绳纹	3				3		3		9
篮纹	3		11						14
刻划纹		2							2
麻点纹					24				24
篮纹＋麻点纹					2				2

圆腹罐 2 件。

标本H43⑥：4，夹砂橙黄陶。侈口，圆唇，矮领，微束颈，上腹圆，下腹残。颈部素面，腹部饰麻点纹，有烟炱。口径 15.2、残高 10 厘米（图 4-152，1）。

标本H43⑥：8，夹砂红陶。侈口，尖唇，高领，束颈，颈部以下残。颈部饰斜向篮纹。残高 5、残宽 8.6 厘米（图 4-152，2）。

单耳罐 1 件。

标本H43⑥：5，夹砂灰陶。侈口，尖唇，高领，束颈，颈部以下残。拱形单耳。上颈部素面且有刮抹痕迹，下颈部饰竖向刻划纹。口径 11、残高 5 厘米（图 4-152，3）。

高领罐 1 件。

标本H43⑥：7，泥质灰陶。喇叭口，圆唇，高领，束颈，颈部以下残。口沿外侧有一周折棱，通体素面磨光。残高 3.5、残宽 12 厘米（图 4-152，4）。

大口罐 1 件。

标本H43⑥：6，夹砂红陶。微侈口，上腹直，下腹残。口沿外侧有一周折棱，器表通体饰斜向篮纹。残高 5.2、残宽 7.7 厘米（图 4-152，5）。

骨针 1 件。

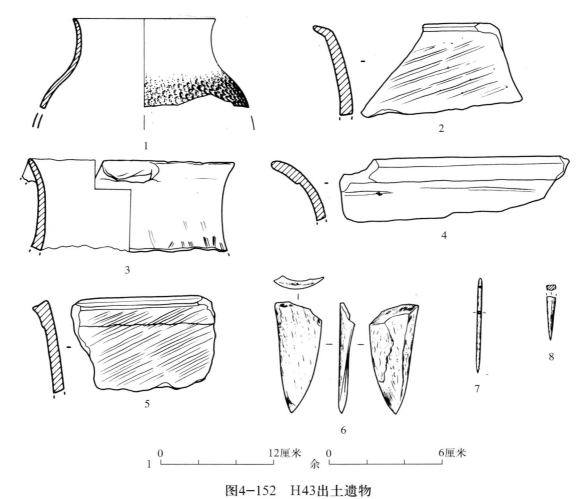

0 ———————— 12厘米   0 ———————— 6厘米
1   余

图4-152　H43出土遗物

1、2.圆腹罐H43⑥：4、8　3.单耳罐H43⑥：5　4.高领罐H43⑥：7　5.大口罐H43⑥：6　6.骨器H43⑥：2　7.骨针H43⑥：1
8.骨锥H43⑥：3

标本H43⑥：1，基本完整，动物骨骼磨制而成，器体呈圆柱状，针尖略残损，尾端扁平，磨制痕迹明显，有一斜钻孔，器身长5.2厘米（图4-152，7；彩版九三，4）。

骨锥　1件。

标本H43⑥：3，残损，系用肢骨磨制而成，尾端残，尖端较尖锐，器表磨制精细且光滑，残长2.3、残宽0.4厘米（图4-152，8；彩版九三，5）。

骨器　1件。

标本H43⑥：2，残损，系用肢骨磨制而成，平面近三角形，表面弧形，尖部较尖锐，尾端残损，一侧边有磨制痕迹，一侧边未磨，表面磨制光滑。残长6、宽2.5、厚0.53厘米，重8.06克（图4-152，6；彩版九三，3）。

42. H44

H44位于ⅢT0202南部，部分压在南壁下，开口于第⑥层下（图4-153；彩版九四，1）。根据遗迹暴露部分推测H44平面近椭圆形，口部边缘形态明显，底部边缘形态较明显，剖面呈筒

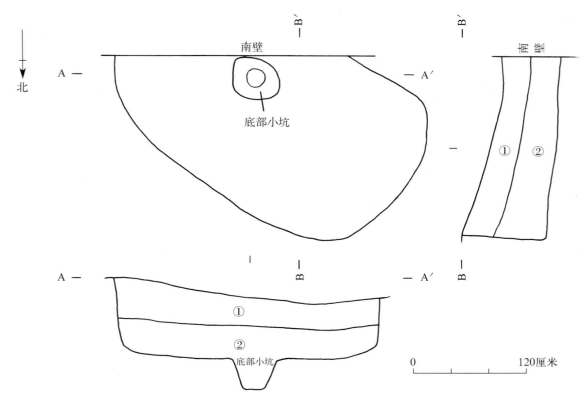

图4-153　H44平、剖面图

状，斜直壁，未见工具痕迹，坑底部有一小圆坑。坑口东西3.16、南北2.00、坑底东西2.72、南北1.96、深0.60～0.80米。小坑坑口0.46、坑底0.22、深0.34米。坑内堆积可分两层，第①层厚0.30～0.43米，土色浅灰色，土质疏松，包含物有炭粒、兽骨、红烧土块、石块，坡状堆积。第②层厚0.36米，土色浅灰色，土质疏松，包含物有炭粒、兽骨、红烧土块、石块，凹镜状堆积。

坑内②层未发现遗物，仅①层出土较多陶片，以腹部残片为主，可辨器形有圆腹罐、花边罐、单耳罐、双耳罐、高领罐、大口罐、敛口罐、盆、斝、彩陶罐、罐腹底，另出土石器1件（表4-239、240）。

表4-239　H44①层器形数量统计表

器形 \ 陶色	泥质				夹砂				合计
陶质	红	橙黄	灰	黑	红	橙黄	灰	黑	
圆腹罐					1	14	2		17
花边罐					2	9	1		12
高领罐	3	3							6
双耳罐					4	1			5
单耳罐	1	1				2			4
大口罐						1			1
敛口罐						1			1

续表

器形 ＼ 陶色	泥质				夹砂				合计
	红	橙黄	灰	黑	红	橙黄	灰	黑	
盆		5							5
罨足							1		1
彩陶罐		1							1
罐腹底					1				1

表4-240　H44①层陶片统计表

纹饰 ＼ 陶色	泥质				夹砂				合计
	橙黄	灰	红	灰底黑彩	橙黄	灰	红	褐	
素面	106	17	77		99	1	4		304
绳纹	8	3	2		35	1			49
篮纹	63	21	56		44		3		187
刻划纹						1			1
附加堆纹			6		14	1			21
附加堆纹＋绳纹					4				4
附加堆纹＋篮纹			4						4
麻点纹					308	4	8		320

圆腹罐　17件。

标本H44①：3，夹砂橙黄陶。上腹残，下腹斜弧，平底。腹部饰麻点纹，有烟炱。底径12、残高14厘米（图4-154，1）。

标本H44①：4，夹砂橙黄陶。侈口，尖唇，矮领，束颈，上腹圆，下腹残。颈部素面，腹部饰竖向绳纹，有烟炱。口径13、残高8.4厘米（图4-154，2）。

标本H44①：9，夹砂橙黄陶。侈口，尖唇，高领，微束颈，圆腹，底残。颈部素面，腹部饰麻点纹，有烟炱。口径9、残高9.4厘米（图4-154，3）。

标本H44①：22，夹砂红陶。上腹残，下腹斜弧，平底。腹部饰麻点纹，底部饰篮纹。底径12、残高7厘米（图4-154，4）。

标本H44①：25，夹砂灰陶。侈口，方唇，矮领，束颈，上腹圆弧，下腹残。颈部素面，颈腹间有一周凹槽，上腹饰竖向绳纹。残高5.5、残宽6.4厘米（图4-154，5）。

标本H44①：28，夹砂橙黄陶。侈口，圆唇，矮领，束颈，颈部以下残。颈部饰横向篮纹。残高5.1、残宽7.2厘米（图4-154，6）。

标本H44①：29，夹砂橙黄陶。侈口，圆唇，高领，束颈，颈部以下残。颈部饰横向篮纹。残高6.7、残宽5厘米（图4-154，7）。

标本H44①：31，夹砂橙黄陶。侈口，方唇，高领，束颈，上腹斜，下腹残。唇面有一道凹槽，颈部饰斜向篮纹有烟炱。残高9.6、残宽5.9厘米（图4-154，8）。

标本H44①：35，夹砂橙黄陶。微侈口，圆唇，高领，束颈，颈部以下残。颈部饰横向篮纹。

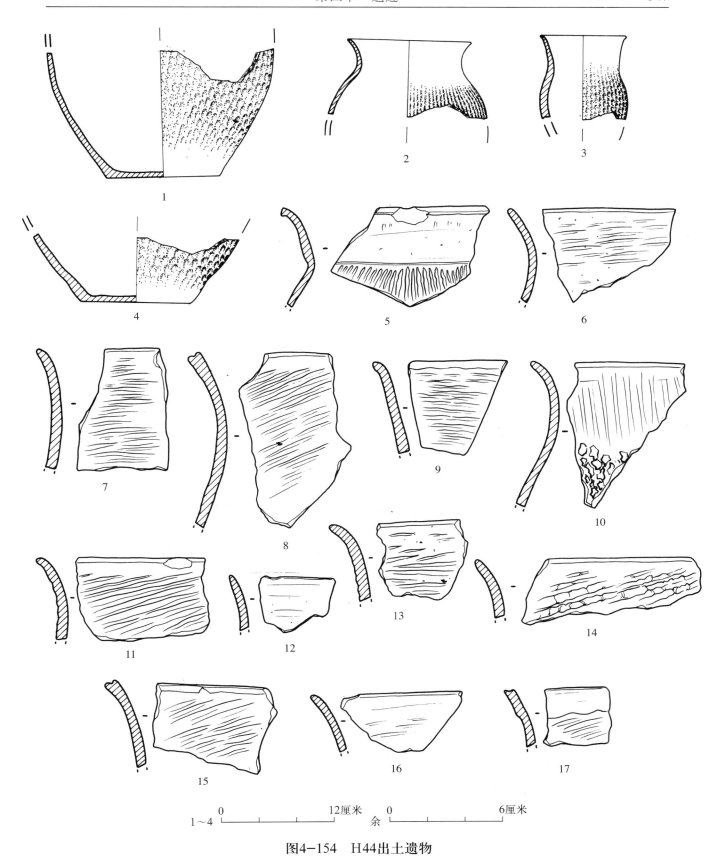

图4-154 H44出土遗物

1~17.圆腹罐H44①：3、4、9、22、25、28、29、31、35、37、43、46、48、49、50、51、52

残高 5.2、残宽 5.2 厘米（图 4-154，9）。

标本 H44①：37，夹砂橙黄陶。侈口，圆唇，高领，束颈，上腹斜，下腹残。颈部饰竖向宽篮纹，上腹饰麻点纹。残高 8、残宽 6.3 厘米（图 4-154，10）。

标本 H44①：43，夹砂橙黄陶。侈口，圆唇，高领，束颈，颈部以下残。颈部饰斜向篮纹，有烟炱。残高 4.6、残宽 7.1 厘米（图 4-154，11）。

标本 H44①：46，夹砂灰陶。侈口，尖唇，微束颈，颈部以下残。素面。残高 3、残宽 4 厘米（图 4-154，12）。

标本 H44①：48，夹砂橙黄陶。侈口，圆唇，高领，束颈，颈部以下残。颈部饰粗绳纹，有烟炱。残高 4.3、残宽 4.8 厘米（图 4-154，13）。

标本 H44①：49，夹砂橙黄陶。侈口，圆唇，微束颈，颈部以下残。颈部饰横向篮纹，有烟炱。残高 3.6、残宽 9.5 厘米（图 4-154，14）。

标本 H44①：50，夹砂橙黄陶。侈口，方唇，矮领，束颈，上腹斜弧，下腹残。唇面有一道凹槽，器表饰斜向篮纹，有烟炱。残高 4.8、残宽 6.5 厘米（图 4-154，15）。

标本 H44①：51，夹砂橙黄陶。侈口，圆唇，矮领，束颈，颈部以下残。素面，有烟炱。残高 3.2、残宽 6.5 厘米（图 4-154，16）。

标本 H44①：52，夹砂橙黄陶。侈口，方唇，矮领，束颈，颈部以下残。唇面有一道凹槽，颈部饰斜向篮纹。残高 3.1、残宽 3.6 厘米（图 4-154，17）。

花边罐　12 件。

标本 H44①：53，夹砂橙黄陶。侈口，尖唇，高领，束颈，颈部以下残。口沿外侧饰一周附加泥条，泥条经手指按压呈波状，有烟炱。颈部饰麻点纹。残高 5.4、残宽 4.8 厘米（图 4-155，1）。

标本 H44①：54，夹砂橙黄陶。侈口，锯齿唇，高领，束颈，颈部以下残。口沿外侧有一周附加泥条饰竖向宽篮纹，颈部素面。残高 5.5、残宽 7.4 厘米（图 4-155，2）。

标本 H44①：55，夹砂红陶。侈口，圆唇，口沿以下残。口沿外侧饰一周附加泥条，泥条之上饰戳印纹。残高 4、残宽 4 厘米（图 4-155，3）。

标本 H44①：47，夹砂橙黄陶。侈口，锯齿唇，矮领，束颈，颈部以下残。器表饰竖向篮纹。素面，有烟炱。残高 4、残宽 4 厘米（图 4-155，4）。

标本 H44①：45，夹砂橙黄陶。微侈口，圆唇，口沿以下残。口沿外侧饰一周附加泥条，泥条之上饰戳印纹，有烟炱。残高 3.5、残宽 7.3 厘米（图 4-155，5）。

标本 H44①：42，夹砂红陶。侈口，尖唇，高领，微束颈，颈部以下残。颈部饰一周附加泥条，泥条经手指按压呈波状，有烟炱。泥条下饰麻点纹。残高 4.5、残宽 6.4 厘米（图 4-155，6）。

标本 H44①：38，夹砂橙黄陶。侈口，尖唇，高领，束颈，上腹斜，下腹残。颈部饰一周附加泥条，泥条经手指按压呈波状，上腹饰麻点纹，有烟炱。残高 6.8、残宽 8.4 厘米（图 4-155，7）。

标本 H44①：39，夹砂橙黄陶。侈口，圆唇，矮领，束颈，颈部以下残。口沿外侧饰一周附加泥条，泥条之上饰戳印纹，颈部素面。残高 5.6、残宽 4.6 厘米（图 4-155，8）。

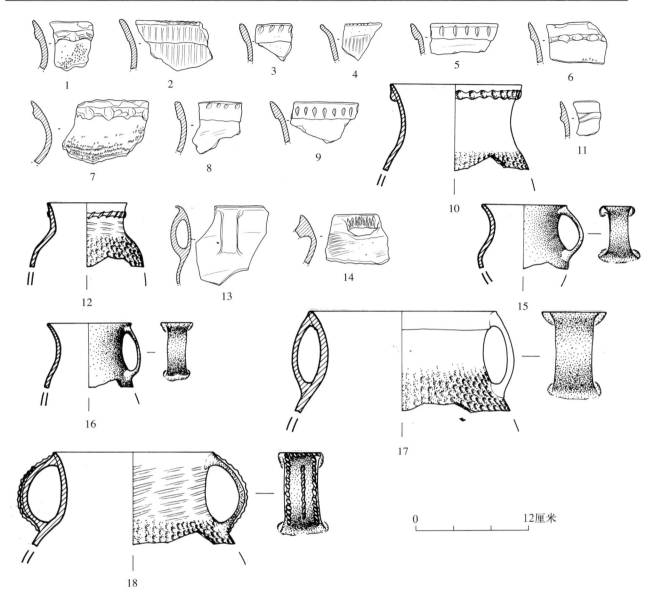

图4-155　H44出土遗物

1～12.花边罐H44①：53～55、47、45、42、38、39、17、12、10、6　13～16.单耳罐H44①：32、27、8、13　17、18.双耳罐 H44①：2、7

标本H44①：17，夹砂橙黄陶。侈口，尖唇，高领，束颈，颈部以下残。口沿外侧饰一周附加泥条，泥条之上饰戳印纹，颈部素面。残高4.4、残宽6.9厘米（图4-155，9）。

标本H44①：12，夹砂橙黄陶。侈口，尖唇，高领，束颈，上腹斜弧，下腹残。口沿外侧饰一周附加泥条，泥条经手指按压呈波状，颈部素面，上腹饰麻点纹，有烟炱。口径14、残高9.4厘米（图4-155，10）。

标本H44①：10，夹砂灰陶。侈口，尖唇，微束颈，颈部以下残。颈部饰一周附加泥条呈斜凸棱状，有烟炱。残高3.8、残宽2.9厘米（图4-155，11）。

标本H44①：6，夹砂橙黄陶。侈口，尖唇，矮领，束颈，上腹圆，下腹残。口沿下有一周附加泥条，泥条之上饰斜向戳印纹，颈部饰横向篮纹，腹部饰麻点纹，有烟炱。口径8.6、残高7厘米（图4-155，12）。

单耳罐　4件。

标本H44①：32，泥质红陶。侈口，圆唇，高领，束颈，上腹鼓，下腹残。拱形单耳，素面磨光。残高8.7、残宽6.8厘米（图4-155，13）。

标本H44①：27，夹砂橙黄陶。侈口，圆唇，矮领，束颈，上腹斜，下腹残。拱形单耳。耳上端饰竖向绳纹，颈部饰横向篮纹。残高5.5、残宽6.7厘米（图4-155，14）。

标本H44①：8，夹砂橙黄陶。侈口，圆唇，高领，束颈，鼓腹，底残。拱形单耳。素面，有烟炱。口径9、残高7.2厘米（图44-155，15）。

标本H44①：13，泥质橙黄陶。侈口，尖唇，高领，束颈，上腹圆，下腹残。拱形单耳，器表素面。口径9、残高7厘米（图4-155，16）。

双耳罐　5件。

标本H44①：2，夹砂红陶。侈口，圆唇，高领，束颈，上腹弧，下腹残。拱形双耳，颈部素面，腹部饰麻点纹，有烟炱。口径20、残高11厘米（图4-155，17）。

标本H44①：7，夹砂红陶。侈口，尖唇，高领，束颈，上腹圆弧，下腹残。拱形双耳。耳面饰附加泥条，泥条经手指按压呈波状，颈部饰横向篮纹，腹部饰麻点纹，有烟炱。口径17、残高10厘米（图4-155，18）。

标本H44①：15，夹砂橙黄陶。侈口，尖唇，高领，束颈，鼓腹，底残。拱形双耳。颈部素面，耳面饰戳印纹，有烟炱。口径9、残高8厘米（图4-156，1）。

标本H44①：18，夹砂红陶。侈口，尖唇，高领，束颈，上腹圆，下腹残。拱形双耳。口沿外侧有一周折棱，腹部及耳面饰麻点纹。口径20、残高16.2厘米（图4-156，2）。

标本H44①：19，夹砂红陶。侈口，圆唇，矮领，束颈，上腹圆，下腹残。拱形双耳，颈部素面，腹部及耳面饰麻点纹，有烟炱。口径17、残高9.2厘米（图4-156，3）。

高领罐　6件。

标本H44①：5，泥质红陶。喇叭口，尖唇，高领，束颈，颈部以下残。素面磨光。口径20、残高8.4厘米（图4-156，4）。

标本H44①：24，泥质橙黄陶。喇叭口，圆唇，高领，束颈，颈部以下残。素面磨光。残高6.5、残宽9.1厘米（图4-156，5）。

标本H44①：30，泥质红陶。喇叭口，方唇，矮领，束颈，颈部以下残。口沿外侧饰一周折棱，器表饰斜向篮纹。残高5.3、残宽11.9厘米（图4-156，6）。

标本H44①：33，泥质橙黄陶。喇叭口，圆唇，高领，束颈，颈部以下残。沿下饰横向篮纹，颈部素面且有刮抹痕迹。残高5.7、残宽7厘米（图4-156，7）。

标本H44①：36，泥质红陶。喇叭口，圆唇，束颈，颈部以下残。口沿外侧有一周折棱，颈部素面磨光。残高3.2、残宽10.4厘米（图4-156，8）。

标本H44①：40，泥质橙黄陶。喇叭口，圆唇，束颈，颈部以下残。口沿外侧有一周折棱，素面磨光。残高3.4、残宽10.4厘米（图4-156，9）。

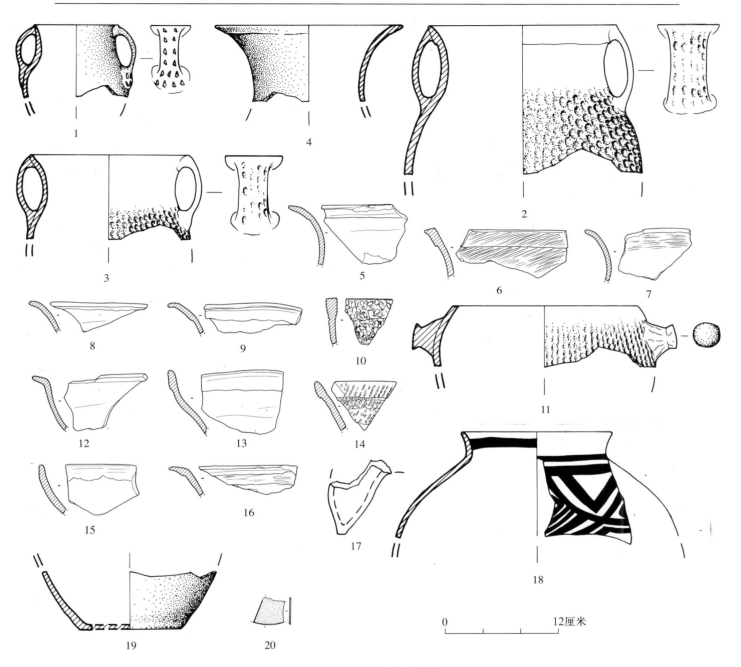

图4-156　H44出土遗物

1～3.双耳罐H44①：15、18、19　4～9.高领罐H44①：5、24、30、33、36、40　10.大口罐H44①：20　11.敛口罐H44①：14
12～16.盆H44①：44、41、34、26、23　17.罘H44①：11　18.彩陶罐H44①：21　19.罐腹底H44①：16　20.石器H44①：1

大口罐　1件。

标本H44①：20，夹砂红陶。敛口，方唇，上腹微弧，下腹残。口沿外侧有一周折棱，器表饰麻点纹。残高5、残宽5厘米（图4-156，10）。

敛口罐　1件。

标本H44①：14，夹砂红陶。敛口，方唇，上腹圆，下腹残。上腹部有一对称圆形乳状耳鋬，腹部饰麻点纹。口径 19、残高 7 厘米（图 4-156，11）。

盆　5 件。

标本 H44①：44，泥质橙黄陶。敞口，平折沿，圆唇，弧腹，底残。素面磨光。残高 6、残宽 8.2 厘米（图 4-156，12）。

标本 H44①：41，泥质橙黄陶。敞口，方唇，弧腹，底残。口沿外侧有一周折棱，素面。残高 7、残宽 8.8 厘米（图 4-156，13）。

标本 H44①：34，泥质橙黄陶。敞口，圆唇，斜直腹，底残。口沿外侧有一周折棱，器表饰麻点纹，内壁素面磨光。残高 5.4、残宽 6.4 厘米（图 4-156，14）。

标本 H44①：26，泥质橙黄陶。敞口，方唇，弧腹，底残。口沿外侧有一周折棱，素面。残高 5.6、残宽 7.5 厘米（图 4-156，15）。

标本 H44①：23，泥质橙黄陶。敞口，平沿，尖唇，斜直腹，底残。口沿外侧有一周折棱，折棱下帖有一周薄泥条，腹部饰横向篮纹。残高 3.2、残宽 10.4 厘米（图 4-156，16）。

鬶　1 件。

标本 H44①：11，夹砂橙黄陶。牛角状空心足，素面且有烟炱。残高 8、残宽 6.4 厘米（图 4-156，17）。

彩陶罐　1 件。

标本 H44①：21，泥质橙黄陶。侈口，圆唇，矮领，束颈，上腹圆，下腹残。器表饰条带状交错黑彩。内壁口沿下饰一周黑彩。口径 16、残高 12.4 厘米（图 4-156，18）。

罐腹底　1 件。

标本 H44①：16，夹砂红陶。上腹残，下腹斜弧，平底。素面，有烟炱。底径 11、残高 6 厘米（图 4-156，19）。

石器　1 件。

标本 H44①：1，页岩。器身有磨制痕迹。残长 3.1、宽 2.93、厚 0.15 厘米，重 2.21 克（图 4-156，20）。

43. H45

H45 位于Ⅲ T0202 西部，部分压在西壁下，开口于第⑥层下（图 4-157；彩版九四，2）。根据遗迹暴露部分推测 H45 平面近椭圆形，口部边缘形态较明显，底部边缘形态较明显，剖面略袋状，斜直壁，未见工具痕迹，坑底平整。坑口南北 1.40、东西 0.14、坑底南北 1.50、东西 0.18、深 0.60～0.80 米。坑内堆积可分两层，第①层厚 0～0.38 米，土色浅灰色，土质疏松，包含物有炭粒、红烧土颗粒，凹镜状堆积。第②层厚 0～0.50 米，土色灰色，土质疏松，水平状堆积。

坑内出土少量陶片，以腹部残片为主，可辨器形有圆腹罐（表 4-241、242）。

圆腹罐　1 件。

标本 H45①：1，夹砂橙黄陶。侈口，尖唇，高领，束颈，上腹弧，下腹残。素面。残高 7.3、残宽 6.4 厘米（图 4-157，1）。

表4-241　H45①层器形数量统计表

器形＼陶质陶色	泥质				夹砂				合计
	红	橙黄	灰	黑	红	橙黄	灰	黑	
圆腹罐						1			1

表4-242　H45①层陶片统计表

纹饰＼陶质陶色	泥质				夹砂				合计
	橙黄	灰	红	灰底黑彩	橙黄	灰	红	褐	
素面	5	2	3						10
绳纹			2				2		4
篮纹	6								6
麻点纹							5		5

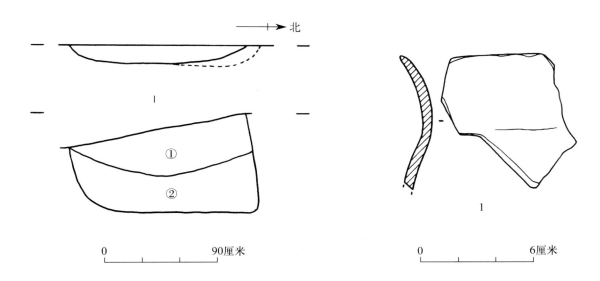

图4-157　H45及出土圆腹罐H45①：1

44. H46

H46位于ⅢT0202西部，部分压在西壁下，开口于第⑥层下，南侧被H45打破（图4-158；彩版九五，1）。根据遗迹暴露部分推测H46平面近椭圆形，口部边缘形态明显，底部边缘形态较明显，剖面呈筒状，弧壁，未见工具痕迹，坑底北高南低略呈坡状。坑口南北1.90、东西1、坑底南北1.10、东西0.88、深2.30～2.38米。坑内堆积可分五层，第①层厚0.38～0.54米，土色浅灰色，土质疏松，包含物有石块、炭粒、红烧土颗粒，坡状堆积。第②层厚0.62～0.66米，土色浅褐色，土质疏松，包含物有石块、炭粒、红烧土颗粒，坡状堆积。第③层厚0.46～1.00米，土色浅褐色，土质疏松，包含物有炭粒、红烧土颗粒，坡状堆积。第④层厚0.28～0.36米，土色浅褐色，土质疏松，包含物有炭粒、红烧土颗粒，坡状堆积。第⑤层厚0.32～0.34米，土色深褐色，土质疏松，包含物有炭粒、红烧土颗粒，坡状堆积。

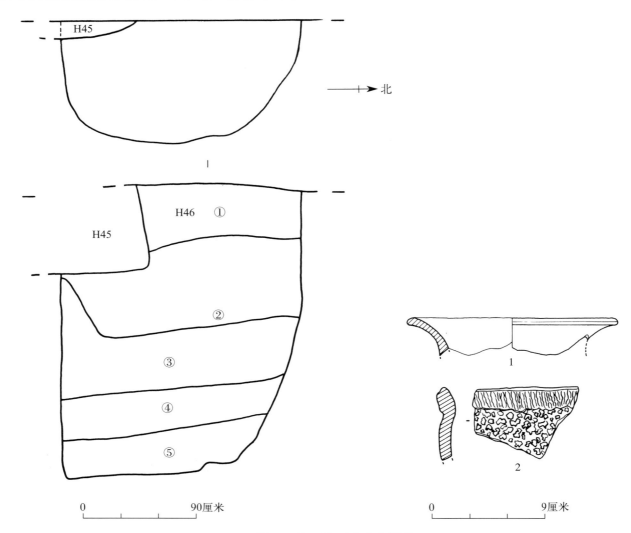

图4-158　H46及出土遗物
1.高领罐H46①：2　2.大口罐H46①：1

坑内出土大量陶片。

（1）H46①层

出土少量陶片，以腹部残片为主，可辨器形有高领罐、大口罐（表4-243、244）。

表4-243　H46①层器形数量统计表

器形 ＼ 陶质 陶色	泥质				夹砂				合计
	红	橙黄	灰	褐	红	橙黄	灰	黑	
大口罐						1			1
高领罐				1					1

高领罐　1件。

标本H46①：2，泥质褐陶。喇叭口，圆唇，束颈，口沿外侧有一周折棱，素面磨光。口径16、残高2.9厘米（图4-158，1）。

表4-244 H46①层陶片统计表

纹饰＼陶质／陶色	泥质				夹砂				合计
	橙黄	灰	红	灰底黑彩	橙黄	灰	红	褐	
素面	6	1	2		2				11
绳纹	1				3				4
篮纹	9	1	5		4	1			20
麻点纹					16				16
压印纹					1				1

大口罐 1件。

标本H46①：1，夹砂橙黄陶。侈口，圆唇，束颈，上腹弧，下腹残。口沿外侧饰一周附加泥条，泥条之上饰竖向绳纹，腹部饰麻点纹。残高5.7、残宽8.1厘米（图4-158，2）。

（2）H46②层

出土少量陶片，以陶器腹部残片为主，无可辨器形标本，所以不具体介绍，只进行陶系统计（表4-245）。

表4-245 H46②层陶片统计表

纹饰＼陶质／陶色	泥质				夹砂				合计
	橙黄	灰	红	灰底黑彩	橙黄	灰	红	褐	
素面			2						2
绳纹	3		1						4
篮纹			1						1
刻划纹					2				2
麻点纹					3	1			4

（3）H46③层

出土少量陶片，以陶器腹部残片为主，无可辨器形标本，所以不具体介绍，只进行陶系统计（表4-246）。

表4-246 H46③层陶片统计表

纹饰＼陶质／陶色	泥质				夹砂				合计
	橙黄	灰	红	灰底黑彩	橙黄	灰	红	褐	
素面					2				2
篮纹		1							1
麻点纹					2				2

45. H47

H47位于ⅢT0202西南角，部分压在西壁与南壁下，开口于第⑥层下，被H44打破（图

4-159；彩版九五，2）。遗迹暴露部分的平面呈不规则状，口部边缘形态明显，底部边缘形态明显，剖面呈筒状，直壁，未见工具痕迹，坑底平整。坑口东西1.30、南北1.06、深0.26～0.70米。坑内堆积可分两层，第①层厚0.20～0.50米，土色深褐色，土质疏松，包含物有炭粒，坡状堆积。第②层厚0.06～0.36米，土色褐色，土质疏松，包含物有炭粒、红烧土颗粒，坡状堆积。

坑内出土少量陶片，以腹部残片为主，可辨器形有花边罐、盆（表4-247、248）。

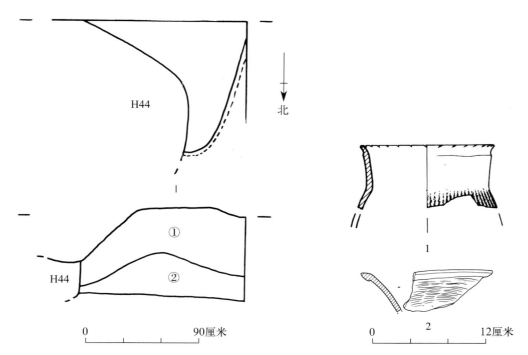

图4-159　H47平、剖面图及出土遗物
1.花边罐H47①：1　2.盆H47①：2

表4-247　H47①层器形数量统计表

器形 \ 陶质 \ 陶色	泥质				夹砂				合计
	红	橙黄	灰	黑	红	橙黄	灰	黑	
花边罐						1			1
盆		1							1

表4-248　H47①层陶片统计表

纹饰 \ 陶质 \ 陶色	泥质				夹砂				合计
	橙黄	灰	红	灰底黑彩	橙黄	灰	红	褐	
素面	5					3	1		9
绳纹					4				4
篮纹	2		2		1		3		8
麻点纹					10	2			12

续表

纹饰＼陶质	泥质				夹砂				合计
纹饰＼陶色	橙黄	灰	红	灰底黑彩	橙黄	灰	红	褐	
麻点纹＋篮纹							2		2
刻划纹					2				2
席纹						1			1

花边罐　1件。

标本H47①：1，夹砂橙黄陶。侈口，锯齿唇，高领，微束颈，上腹斜弧，下腹残。上腹饰竖向绳纹，有烟炱。口径14、残高6.6厘米（图4-159，1）。

盆　1件。

标本H47①：2，泥质橙黄陶。敞口，平沿，尖唇，斜直腹，底残。口沿外侧有一周折棱，腹部饰横向篮纹。残高4.5、残宽8.2厘米（图4-159，2）。

46. H48

H48位于ⅢT0505西部，部分压在西壁下，开口于第④层下，东部被H30、H39打破，南部被H32打破（图4-160；彩版九六，1）。根据遗迹残存部分推测H48平面近椭圆形，口部边缘形态明显，底部边缘形态明显。剖面呈袋状，斜直壁，未见工具痕迹，坑底平整，坑口东西2.36、南北2.64、坑底南北2.90、深1.93米。坑内堆积未分层，土色浅灰色，土质疏松，包含物有少量的草木灰、红烧土颗粒、零星炭粒、兽骨，袋状堆积。

坑内出土少量陶片，以腹部残片为主，可辨器形有圆腹罐、花边罐、盆、尊（表4-249、250）。

表4-249　H48器形数量统计表

器形＼陶质	泥质				夹砂				合计
器形＼陶色	红	橙黄	灰	黑	红	橙黄	灰	黑	
圆腹罐		1							1
花边罐						1			1
盆		1							1
尊	1								1

表4-250　H48陶片统计表

纹饰＼陶质	泥质				夹砂				合计
纹饰＼陶色	橙黄	灰	红	灰底黑彩	橙黄	灰	红	褐	
素面	20	2	6		4				32
绳纹					7				7
篮纹	20	3							23
麻点纹			2		24				26
附加堆纹＋麻点纹			2						2

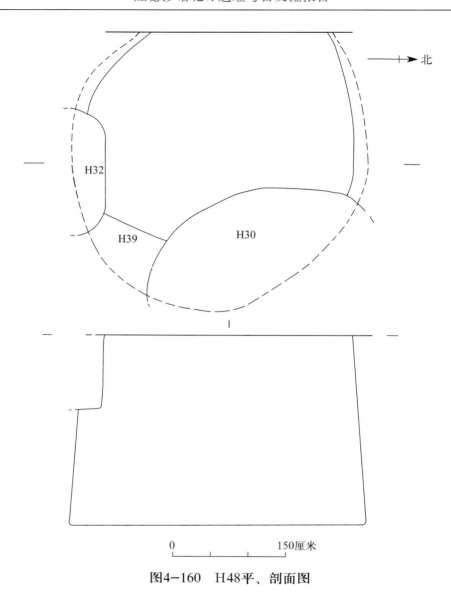

图4-160　H48平、剖面图

圆腹罐　1件。

标本H48：4，泥质橙黄陶。侈口，圆唇，高领，束颈，颈部以下残。口沿外侧有一周折棱，颈部饰斜向篮纹。残高7、残宽7.1厘米（图4-161，1）。

花边罐　1件。

标本H48：3，夹砂橙黄陶。侈口，尖唇，矮领，束颈，上腹圆，下腹残。口沿外侧饰一周附加泥条，泥条经手指按压呈波状，颈部素面，腹部饰麻点纹，有烟炱。口径8、残高6.2厘米（图4-161，2）。

盆　1件。

标本H48：2，泥质橙黄陶。敞口，圆唇，弧腹，底残。口沿外侧有一周折棱，折棱之上饰戳印纹。口径27、残高2厘米（图4-161，3）。

尊　1件。

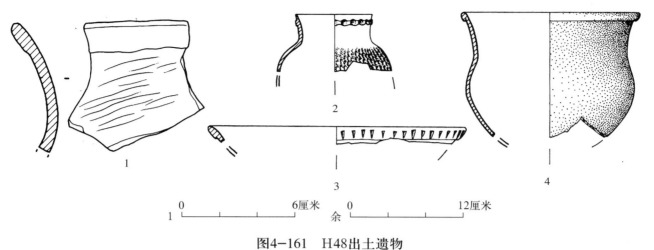

图4-161 H48出土遗物

1.圆腹罐H48：4 2.花边罐H48：3 3.盆H48：2 4.尊H48：1

标本H48：1，泥质红陶。侈口，卷沿，圆唇，高领，束颈，鼓腹，底残。器表通体素面磨光且有修整刮抹痕迹。口径18.8、残高13.4厘米（图4-161，4）。

47. H49

H49位于ⅢT0505中部偏东，开口于第④层下，西部被H48打破（图4-162；彩版九六，2）。根据遗迹残存部分推测H49平面近圆形，口部边缘形态明显，底部边缘形态明显，剖面呈筒状，直壁，未见工具痕迹，坑底平整。坑口东西0.96、南北0.88、坑底东西0.90、深0.90米。坑内堆积未分层，土色浅灰色，土质疏松，包含物有少量草木灰、红烧土颗粒、零星炭粒，水平状堆积。

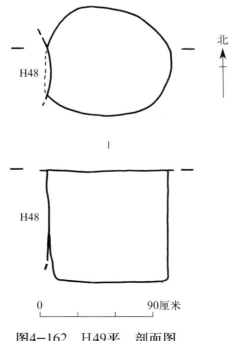

图4-162 H49平、剖面图

坑内出土少量陶片，以腹部残片为主，可辨器形有圆腹罐、花边罐、单耳罐、高领罐、盆（表4-251、252）。

表4-251　H49器形数量统计表

器形＼陶质＼陶色	泥质				夹砂				合计
	红	橙黄	灰	黑	红	橙黄	灰	黑	
圆腹罐						1	1		2
高领罐	1								1
花边罐						1			1
单耳罐	1								1
盆		3							3

表4-252　H49陶片统计表

纹饰＼陶质＼陶色	泥质				夹砂				合计
	橙黄	灰	红	灰底黑彩	橙黄	灰	红	褐	
素面	12	3	8		6	1			30
绳纹	2	1	1		11	1	1		17
篮纹	20	3			4		1		28
麻点纹					15				15
绳纹＋篮纹	1					2			3
麻点纹＋绳纹							1		1

圆腹罐　2件。

标本H49：3，夹砂灰陶。侈口，方唇，高领，束颈，颈部以下残。颈部饰斜向篮纹。残高4.8、残宽5.2厘米（图4-163，1）。

标本H49：6，夹砂橙黄陶。侈口，圆唇，矮领，束颈，颈部以下残。颈部饰斜向篮纹。残高3.9、残宽4.9厘米（图4-163，2）。

花边罐　1件。

标本H49：4，夹砂橙黄陶。侈口，圆唇，高领，束颈，颈部以下残。口沿外侧饰一周附加泥条，颈部饰斜向篮纹。残高5、残宽6.4厘米（图4-163，3）。

单耳罐　1件。

标本H49：5，泥质红陶。侈口，圆唇，矮领，束颈，上腹鼓，下腹残。拱形单耳，素面磨光。残高4.3、残宽6.9厘米（图4-163，4）。

高领罐　1件。

标本H49：7，泥质红陶。喇叭口，圆唇，颈部残。口沿外侧有一周折棱，素面磨光。残高3.5、残宽5.1厘米（图4-163，5）。

盆　3件。

标本H49：1，泥质橙黄陶。敞口，方唇，斜弧腹，底残。腹部饰横向篮纹。残高4.4、残宽

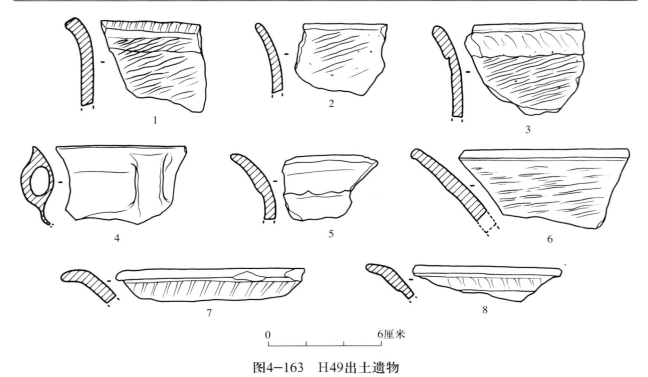

图4-163　H49出土遗物

1、2.圆腹罐H49：3、6　3.花边罐H49：4　4.单耳罐H49：5　5.高领罐H49：7　6~8.盆H49：1、2、8

9厘米（图4-163，6）。

标本H49：2，泥质橙黄陶。敞口，折沿，圆唇，斜弧腹，底残。腹部饰竖向宽篮纹，内壁素面磨光。残高1.8、残宽10厘米（图4-163，7）。

标本H49：8，泥质橙黄陶。敞口，窄平沿，圆唇，斜直腹，底残。口沿外侧饰一周折棱，折棱被按压呈波状。残高1.9、残宽7.9厘米（图4-163，8）。

48. H50

H50位于ⅢT0604西北，开口于第②层下（图4-164；彩版九七，1）。平面呈椭圆形，口部边缘形态明显，底部边缘形态明显，剖面呈筒状，直壁，未见工具痕迹，坑底平整。坑口南北0.75、东西0.86、坑底南北0.73、深0.56米。坑内堆积未分层，土色浅灰，土质疏松，包含大量植物根茎、零星炭粒、石块，水平状堆积。

坑内出土少量陶片，出土骨器1件（表4-253）。

表4-253　H50陶片统计表

纹饰　　　陶质　陶色	泥质				夹砂				合计
	橙黄	灰	红	灰底黑彩	橙黄	灰	红	褐	
素面	6				3	1			10
绳纹	2		1		3				6
篮纹	2				2		1		5
麻点纹					8				8

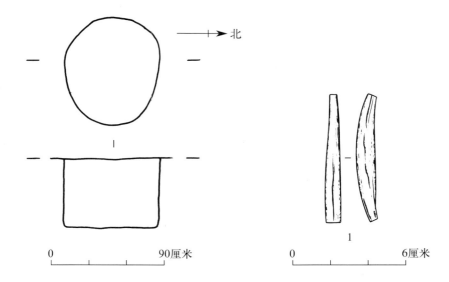

图4-164　H50及出土骨器H50：1

骨器　1件。

标本H50：1，动物骨骼磨制而成，呈弧形柱状，两端磨制平，器身磨制痕迹明显。长7、宽1厘米（图4-164，1）。

49. H51

H51位于ⅢT0704中部，部分压在探方南壁下，开口于第①层下（图4-165；彩版九七，2）。根据遗迹暴露部分推测H51平面近椭圆形，口部边缘形态较明显，底部边缘形态不明显，剖面不规则，斜弧壁，未见工具痕迹，坑底西高东低呈坡状。坑口东西1.20、南北0.50、坑底东西1.19、深0.80米。坑内堆积未分层，土色浅灰，土质疏松，包含植物根茎、炭粒、白灰皮、兽骨、石块，坡状堆积。

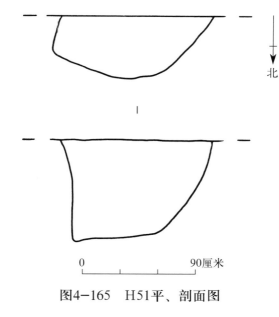

图4-165　H51平、剖面图

坑内出土少量陶片，以陶器腹部残片为主，无可辨器形标本，所以不具体介绍，只进行陶系统计（表4-254）。

表4-254 H51陶片统计表

纹饰 陶质 陶色	泥质				夹砂				合计
	橙黄	灰	红	灰底黑彩	橙黄	灰	红	褐	
篮纹	1				1				2
麻点纹					1				1

50. H52

H52位于ⅢT0605南部，开口于第④层下，北部被H27打破、西南部被H25打破（图4-166；彩版九八，1）。根据残存部分推测H52平面近圆形，口部边缘形态明显，底部边缘形态不明显，剖面呈筒状，斜弧壁，未见工具痕迹，坑底平整。坑口东西1.40、坑底南北0.90、深1.25米。坑内堆积不分层，土色浅灰，土质疏松，包含少量草木灰和零星炭粒，水平状堆积。

坑内出土少量陶片，以腹部残片为主，可辨器形有圆腹罐（表4-255、256）。

圆腹罐 1件。

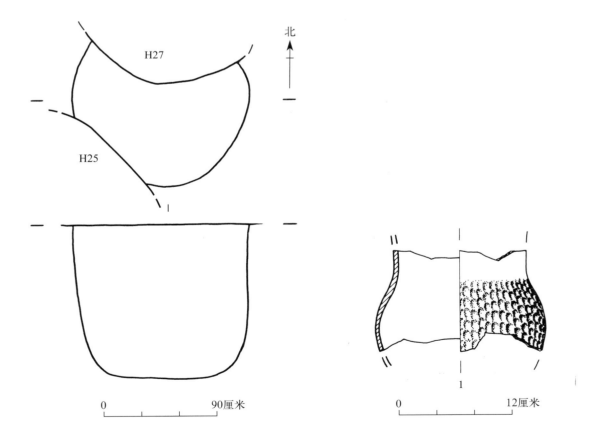

图4-166 H52及出土圆腹罐H52：1

标本H52：1，夹砂红陶。口部及底部残，高领，束颈，圆腹。颈部素面，腹部饰麻点纹，有烟炱。残高11、腹径18厘米（图4-166，1）。

表4-255　H52器形数量统计表

器形＼陶质 陶色	泥质				夹砂				合计
	红	橙黄	灰	黑	红	橙黄	灰	黑	
圆腹罐					1				1

表4-256　H52陶片统计表

纹饰＼陶质 陶色	泥质				夹砂				合计
	橙黄	灰	红	灰底黑彩	橙黄	灰	红	褐	
素面	4						4		8
篮纹			3						3
麻点纹					9				9

51. H53

H53位于ⅢT0605西南，开口于第④层下，被H33打破（图4-167；彩版九八，2）。根据遗迹残存部分推测H53平面近椭圆形，口部边缘形态明显，底部边缘形态较明显，剖面呈筒状，斜弧壁，未见工具痕迹，坑底平整。坑口东西1.20、南北0.56、深0.40米。坑内堆积未分层，土色浅褐色，土质疏松，包含零星炭粒，水平状堆积。

坑内出土少量陶片，以腹部残片为主，可辨器形有圆腹罐、花边罐、高领罐（表4-257、258）。

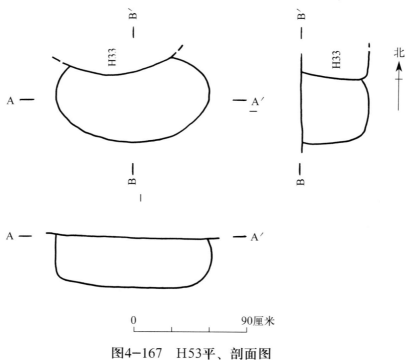

0　　　　　　　　90厘米

图4-167　H53平、剖面图

表4-257　H53器形数量统计表

器形 \ 陶质 \ 陶色	泥质				夹砂				合计
	红	橙黄	灰	黑	红	橙黄	灰	黑	
花边罐						1			1
高领罐		1							1
圆腹罐						1			1

表4-258　H53陶片统计表

纹饰 \ 陶质 \ 陶色	泥质				夹砂				合计
	橙黄	灰	红	灰底黑彩	橙黄	灰	红	褐	
素面	2								2
绳纹					2				2
篮纹	4	2							6
刻划纹	1								1
麻点纹					6				6

圆腹罐　1件。

标本H53：3，夹砂橙黄陶。侈口，圆唇，高领，束颈，颈部以下残。素面，有烟炱。口径13、残高6.2厘米（图4-168，1）。

花边罐　1件。

标本H53：1，夹砂橙黄陶。侈口，方唇，高领，束颈，上腹圆，下腹残。口沿外侧有一周折棱，口沿及颈部饰斜向篮纹，肩部饰一周附加泥条，泥条经手指按压呈波状，上腹饰麻点纹，有

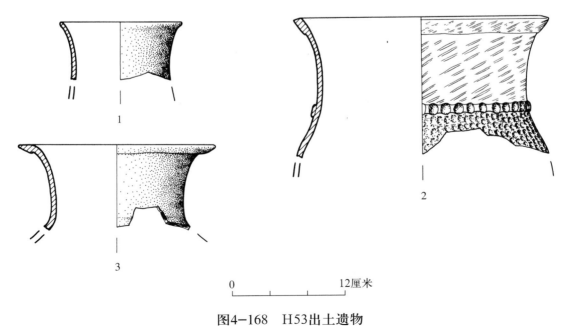

图4-168　H53出土遗物

1.圆腹罐H53：3　2.花边罐H53：1　3.高领罐H53：2

烟炱。口径 27、残高 14.8 厘米（图 4-168，2）。

高领罐　1 件。

标本 H53：2，泥质橙黄陶。喇叭口，平沿，尖唇，高领，束颈，颈部以下残。素面且有刮抹痕迹。口径 20.8、残高 9 厘米（图 4-168，3）。

52. H54

H54 位于Ⅲ T0604 西南角，开口于第③层下（图 4-169）。平面呈椭圆形，口部边缘形态明显，底部边缘形态不明显，剖面呈锅状，斜弧壁，未见工具痕迹，圜底。坑口东西 1.56、南北 1.20、深 0.60～0.65 米。坑内堆积可分两层，第①层厚 0.44 米，土色浅灰，土质疏松，包含炭粒、白灰皮、兽骨、褐色土块，水平状堆积。第②层厚 0.21 米，土色浅灰，土质疏松，包含零星炭粒，凹镜状堆积。

坑内出土少量陶片，以腹部残片为主，可辨器形有花边罐、盆（表 4-259、260）。

表4-259　H54①层器形数量统计表

器形 \ 陶质 陶色	泥质				夹砂				合计
	红	橙黄	灰	黑	红	橙黄	灰	黑	
花边罐						1			1
盆	1								1

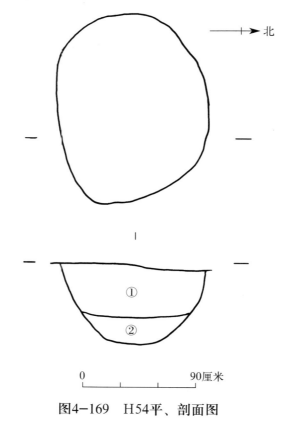

图4-169　H54平、剖面图

表4-260　H54①层陶片统计表

纹饰 \ 陶质 陶色	泥质				夹砂				合计
	橙黄	灰	红	灰底黑彩	橙黄	灰	红	褐	
素面	1		2						3
篮纹	1					1			2
麻点纹					7		1		8
麻点纹＋篮纹								1	1

花边罐　1件。

标本H54①：2，夹砂橙黄陶。侈口，尖唇，矮领，束颈，上腹斜，下腹残。口沿外侧有一周折棱，折棱之上饰戳印纹，颈部素面，上腹饰麻点纹。残高5.5、残宽6.6厘米（图4-170，1）。

盆　1件。

标本H54①：1，泥质红陶。敞口，平沿，圆唇，斜弧腹，底残。腹部饰斜向篮纹，内壁素面且有刮抹痕迹。口径26、残高4.6厘米（图4-170，2）。

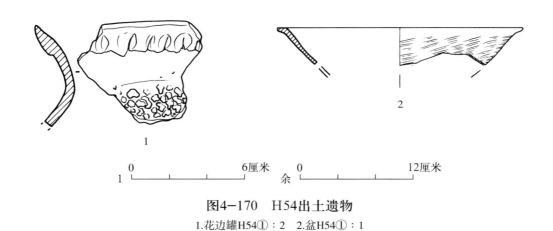

图4-170　H54出土遗物
1.花边罐H54①：2　2.盆H54①：1

53. H55

H55位于ⅢT0604西南角，灰坑分布于ⅢT0605、ⅢT0704、ⅢT0705三个探方内，开口于第③层下，被H54、H51打破（图4-171）。根据遗迹暴露部分推测H55平面近椭圆形，口部边缘形态不明显，底部边缘形态不明显，剖面呈不规则状，斜弧壁，底部凹凸不平。坑口南北4.25、东西2.85、深0.76米。坑内堆积可分三层，第①层厚0.10～0.34米，土色浅灰，土质疏松，包含植物根茎、炭粒、白灰皮、草木灰、红烧土颗粒，坡状堆积。第②层厚0.22～0.40米，土色浅灰，土质疏松，包含炭粒、红烧土颗粒，坡状堆积。第③层厚0.26米，土色浅灰，土质疏松，包含炭粒，坡状堆积。

坑内出土少量陶片。

（1）H55①层

出土少量陶片，以腹部残片为主，可辨器形有圆腹罐、花边罐、单耳罐、盆、斝（表4-261、

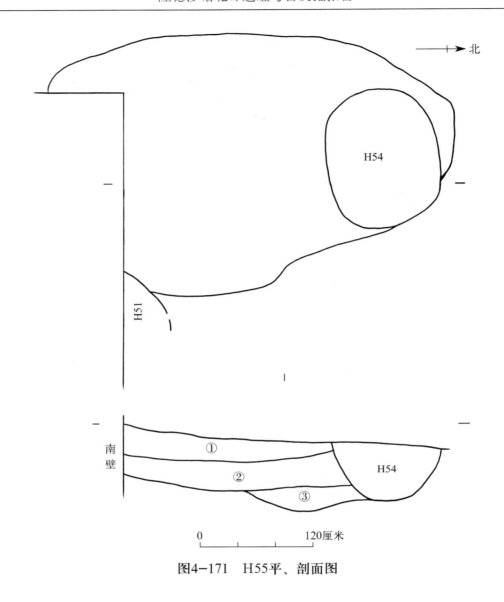

图4-171　H55平、剖面图

262）。

圆腹罐　3件。

标本H55①：3，夹砂红陶。侈口，方唇，矮领，束颈，上腹微弧，下腹残。口沿外侧有一周折棱，器表饰斜向篮纹。残高5.9、残宽5.2厘米（图4-172，1）。

表4-261　H55①层器形数量统计表

器形 ＼ 陶质陶色	泥质				夹砂				合计
	红	橙黄	灰	黑	红	橙黄	灰	黑	
圆腹罐					1	2			3
花边罐					1				1
单耳罐	1								1
盆			1						1
斝					1				1

表4-262　H55①层陶片统计表

陶质	泥质				夹砂				合计
纹饰 　陶色	橙黄	灰	红	灰底黑彩	橙黄	灰	红	褐	
素面	20	12	25		13				70
绳纹					2		3		5
篮纹			17		1				18

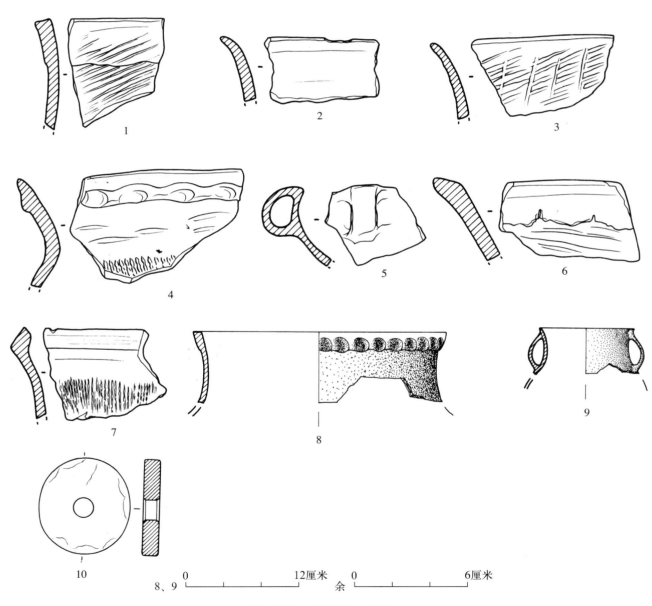

图4-172　H55出土遗物

1~3、8.H55①：3、4、6、H55②：2　4.花边罐H55①：1　5.单耳罐H55①：2　6.盆H55①：7　7.斝H55①：5　9.双耳罐H55②：3　10.石纺轮H55②：1

标本H55①：4，夹砂橙黄陶。侈口，圆唇，高领，束颈，颈部以下残。素面。残高3.6、残宽6.1厘米（图4-172，2）。

标本H55①：6，夹砂橙黄陶。侈口，圆唇，高领，束颈，颈部以下残。颈部饰交错篮纹，有烟炱。残高4.3、残宽7.7厘米（图4-172，3）。

花边罐　1件。

标本H55①：1，夹砂红陶。侈口，尖唇，高领，束颈，上腹斜，下腹残。颈部饰一周附加泥条，泥条经手指按压呈波状，颈腹间饰篮纹，上腹饰麻点纹。残高6.2、残宽9厘米（图4-172，4）。

单耳罐　1件。

标本H55①：2，泥质红陶。敛口，鼓腹，底残，拱形单耳，素面。残高4.5、残宽4.8厘米（图4-172，5）。

盆　1件。

标本H55①：7，泥质灰陶。敞口，窄平沿，尖唇，斜直腹，底残。口沿外侧有一周折棱，腹部饰篮纹。残高4.5、残宽7.2厘米（图4-172，6）。

斝　1件。

标本H55①：5，夹砂红陶。敛口，内折沿，上腹直，下腹残。口沿素面，腹部饰竖向绳纹。残高5、残宽5.8厘米（图4-172，7）。

（2）H55②层

出土少量陶片，以腹部残片为主，可辨器形有圆腹罐、双耳罐，另出土石纺轮1件（表4-263、264）。

表4-263　H55②层器形数量统计表

器形＼陶质＼陶色	泥质				夹砂				合计
	红	橙黄	灰	褐	红	橙黄	灰	黑	
圆腹罐					1				1
双耳罐				1					1

表4-264　H55②层陶片统计表

纹饰＼陶质＼陶色	泥质				夹砂				合计
	橙黄	灰	红	灰底黑彩	橙黄	灰	红	褐	
素面	6	1	4						11
绳纹						2			2
篮纹	10		2						12
麻点纹					13				13

圆腹罐　1件。

标本H55②：2，夹砂红陶。侈口，方唇，矮领，微束颈，颈部以下残。口沿外侧饰一周折棱，颈部素面。口径26.4、残高7.8厘米（图4-172，8）。

双耳罐　1件。

标本H55②：3，泥质褐陶。侈口，尖唇，高领，束颈，颈部以下残。拱形双耳，器表素面磨光。口径9.8、残高5厘米（图4-172，9）。

石纺轮　1件。

标本H55②：1，石英岩。器身通体磨光，器体呈圆形，器表有残缺，器身直径5.1、厚0.9厘米，器身中心位置有一管钻孔，孔径1.1厘米（图4-172，10；彩版九九，1）。

54. H56

H56位于ⅢT0703东北角，开口于第②层下（图4-173；彩版九九，2）。平面呈椭圆形，口部边缘形态明显，底部边缘形态明显，剖面呈筒状，直壁，未见工具痕迹，坑底平整。坑口东西0.96、南北0.80、坑底东西0.90、深0.62米。坑内堆积未分层，土色浅褐，土质疏松，水平状堆积。

坑内出土少量陶片，以陶器腹部残片为主，无可辨器形标本，所以不具体介绍，只进行陶系统计（表4-265）。

表4-265　H56陶片统计表

纹饰　　　　陶质 　　　　　陶色	泥质				夹砂				合计
	橙黄	灰	红	灰底黑彩	橙黄	灰	红	褐	
素面	15	3	10		10				38
绳纹					2		3		5
篮纹	10				1				11

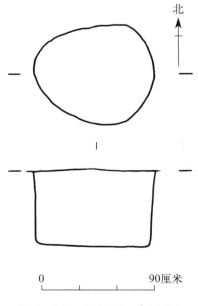

图4-173　H56平、剖面图

55. H57

H57位于Ⅲ T0604东南角，开口于第⑤层下（图4-174；彩版一○○，1）。平面呈椭圆形，口部边缘形态明显，底部边缘形态明显，剖面呈袋状，弧形壁，未见工具痕迹，坑底平整。南侧坑口有坍塌迹象，坑口南北1.34、东西1.26、坑底南北1.34、深0.84～1.06米。坑内堆积可分两层，第①层厚0.17～0.40米，土色浅灰，土质疏松，包含炭粒、白灰皮、红烧土颗粒、石块，坡状堆积。第②层厚0.57～0.89米，土色深灰，土质疏松，包含炭粒、石块、红烧土颗粒、兽骨，凹镜状堆积。

坑内出土少量陶片，以腹部残片为主，可辨器形有圆腹罐、盆、斝，另出土骨锥1件（表4-266、267）。

表4-266　H57器形数量统计表

器形 ＼ 陶质陶色	泥质				夹砂				合计
	红	橙黄	灰	黑	红	橙黄	灰	黑	
圆腹罐						2			2
斝		1							1
盆		1							1

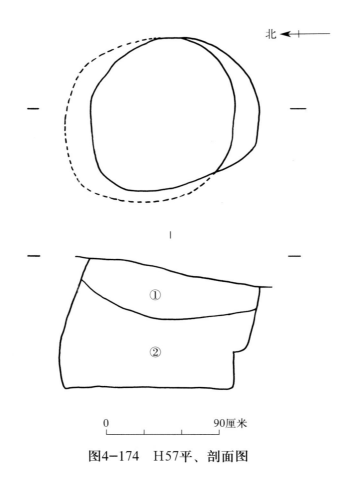

北 ←

图4-174　H57平、剖面图

0 ———— 90厘米

表4-267　H57陶片统计表

陶质	泥质				夹砂				合计
纹饰　　陶色	橙黄	灰	红	灰底黑彩	橙黄	灰	红	褐	
素面	8	1	1		11				21
绳纹			1		6				7
篮纹	7		1						8
麻点纹					12				12

圆腹罐　2件。

标本H57：3，夹砂橙黄陶。侈口，圆唇，矮领，束颈，上腹圆，下腹残。颈部饰横向细绳纹，上腹饰麻点纹，有烟炱。口径 12.8、残高 7.6 厘米（图 4-175，1）。

标本H57：5，夹砂橙黄陶。侈口，圆唇，高领，束颈，颈部以下残。颈部素面，有烟炱。残高 5.5、残宽 6.5 厘米（图 4-175，2）。

盆　1件。

标本H57：4，泥质橙黄陶。敞口，圆唇，斜直腹，底残。素面且有刮抹痕迹。残高 5.5、残宽 6.6 厘米（图 4-175，3）。

罕　1件。

标本H57：2，泥质橙黄陶。侈口，双重唇，腹部残，拱形残耳，唇部有一周凹槽，颈部饰有竖向绳纹，有烟炱。口径 18.8、残高 4 厘米（图 4-175，4）。

骨锥　1件。

标本H57：1，动物骨骼磨制而成，尖端残损近圆柱状，尾端扁平，器身光滑。残长 11.2、宽 1.1、厚 0.6 厘米（图 4-175，5；彩版一〇〇，2）。

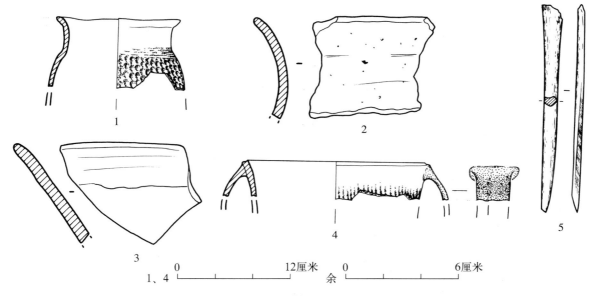

图4-175　H57出土遗物

1、2.圆腹罐H57：3、5　3.盆H57：4　4.罕H57：2　5.骨锥H57：1

56. H58

H58 位于ⅢT0702 西部，大部分延伸至ⅢT0703 内，开口于第③层下，北部被H56 打破（图4-176；彩版一〇一，1）。根据遗迹残存部分推测H58 平面近椭圆形，口部边缘形态明显，底部边缘形态明显，剖面呈筒状，西壁弧，东壁直，未见工具痕迹，坑底基本平整。坑口东西 2.56、南北 1.54、坑底东西 2.58、深 1.16 米，坑内堆积未分层，土色深灰，土质疏松，包含少量炭粒，水平状堆积。

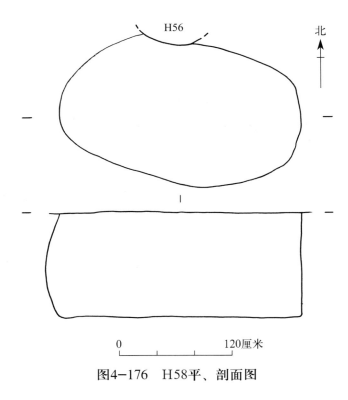

图4-176　H58平、剖面图

坑内出土大量陶片，以腹部残片为主，可辨器形有圆腹罐、花边罐、大口罐，另出土骨器 1件、兽骨 1 件（表 4-268、269）。

表4-268　H58器形数量统计表

器形＼陶质／陶色	泥质				夹砂				合计
	红	橙黄	灰	黑	红	橙黄	灰	黑	
大口罐						1			1
圆腹罐					1				1
花边罐					1				1

表4-269　H58陶片统计表

纹饰＼陶质／陶色	泥质				夹砂				合计
	橙黄	灰	红	灰底黑彩	橙黄	灰	红	褐	
素面	41	7	8		17				73

续表

纹饰\陶色\陶质	泥质				夹砂				合计
	橙黄	灰	红	灰底黑彩	橙黄	灰	红	褐	
绳纹	4				25				29
篮纹	30		15		12				57
麻点纹					53				53
绳纹＋篮纹					2				2
网格纹			1						1

圆腹罐 1件。

标本H58:3，夹砂红陶。侈口，尖唇，高领，束颈，上腹斜，下腹残。颈部饰斜向篮纹，上腹饰竖向绳纹，有烟炱。口径13、残高6.6厘米（图4-177，1）。

花边罐 1件。

标本H58:4，夹砂红陶。侈口，锯齿唇，矮领，束颈，颈部以下残。颈部饰斜向篮纹，有烟炱。口径12、残高5厘米（图4-177，2）。

大口罐 1件。

标本H58:2，夹砂橙黄陶。直口，方唇，上腹直，下腹残。上腹饰斜向篮纹。口径26.8、残高6.2厘米（图4-177，3）。

骨器 1件。

标本H58:5，动物角磨制而成，弧形，尾端残，尖端磨平成刃部，器身残长4.8、宽2厘米（图4-177，4）。

兽骨 1件。

标本H58:1，表面有加工痕迹，断截处呈椭圆形。残长7、残宽0.9、厚0.3厘米，重2.49克（图4-177，5；彩版一〇一，2）。

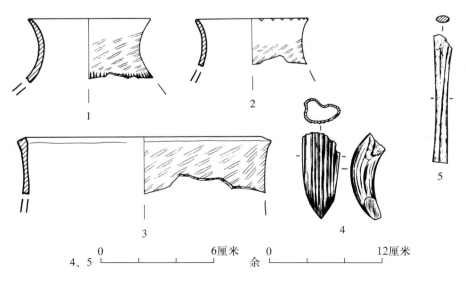

图4-177 H58出土遗物

1.圆腹罐H58:3 2.花边罐H58:4 3.大口罐H58:2 4.骨器H58:5 5.兽骨H58:1

57. H59

H59位于ⅢT0202西北角，部分压于北隔梁与西壁下，开口于第⑥层下，东部被H43打破（图4-178）。平面呈不规则状，口部边缘形态明显，底部边缘形态明显，剖面呈筒状，直壁，未见工具痕迹，由于灰坑未清理到底，坑底形制不详。坑口东西1.8、南北1.14、清理深0.82米。坑内堆积可分五层，第①层厚0.12～0.20米，土色深灰，土质疏松，包含少量草木灰、炭粒，坡状堆积。第②层厚0.23～0.26米，土色浅灰，土质疏松，包含大量草木灰、红烧土颗粒，坡状堆积。第③层厚0.13～0.17米，土色浅褐，土质疏松，包含少量草木灰，坡状堆积。第④层厚0.12～0.27米，土色浅灰，土质疏松，坡状堆积。第⑤层厚0～0.06米，土色浅黄，土质疏松，坡状堆积。

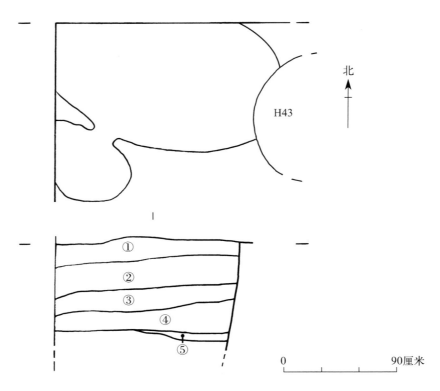

图4-178　H59平、剖面图

H59②～④层出土少量陶片，以陶器腹部残片为主，无可辨器形标本，所以不具体介绍，只进行陶系统计。坑内①层出土少量陶片，以腹部残片为主，可辨器形有花边罐、单耳罐、敛口罐，另出土骨锥1件（表4-270～274）。

表4-270　H59①层器形数量统计表

器形 \ 陶质 \ 陶色	泥质				夹砂				合计
	红	橙黄	灰	黑	红	橙黄	灰	黑	
单耳罐	1								1
敛口罐						1			1
花边罐						1			1

表4-271　H59①层陶片统计表

纹饰＼陶质陶色	泥质				夹砂				合计
	橙黄	灰	红	灰底黑彩	橙黄	灰	红	褐	
素面	2				3				5
绳纹					4				4
篮纹			1		5				6
麻点纹					7				7

表4-272　H59②层陶片统计表

纹饰＼陶质陶色	泥质				夹砂				合计
	橙黄	灰	红	灰底黑彩	橙黄	灰	红	褐	
素面	3	1							4
绳纹					4				4
篮纹					3		1		4
篮纹＋绳纹					1				1
麻点纹					11				11

表4-273　H59③层陶片统计表

纹饰＼陶质陶色	泥质				夹砂				合计
	橙黄	灰	红	灰底黑彩	橙黄	灰	红	褐	
素面	1								1
绳纹					1				1
篮纹					1				1

表4-274　H59④层陶片统计表

纹饰＼陶质陶色	泥质				夹砂				合计
	橙黄	灰	红	灰底黑彩	橙黄	灰	红	褐	
素面	1				4				5
篮纹			1		4				5
麻点纹					10				10
篮纹＋麻点纹					3				3
篮纹＋绳纹					1				1

　　单耳罐　1件。

　　标本H59①:2，泥质红陶。侈口，尖唇，高领，微束颈，上腹鼓，下腹残。拱形单耳，颈部素面，上腹饰竖向刻划纹。口径8、残高6厘米（图4-179，1）。

　　敛口罐　1件。

　　标本H59①:3，夹砂橙黄陶。敛口，斜方唇，鼓腹，平底。器表通体饰麻点纹且有烟炱。口径 11、高 10.2、底径 10 厘米（图 4-179，2）。

花边罐　1 件。

标本 H59①：4，夹砂橙黄陶。侈口，尖唇，高领，束颈，上腹斜弧，下腹残。颈部饰一周附加泥条，泥条经手指按压呈波状，上腹饰麻点纹，有一泥饼，有烟炱。残高 6.2、残宽 6.2 厘米（图 4-179，3）。

骨锥　1 件。

标本 H59①：1，动物骨骼磨制而成，尖端磨制尖锐，尾端残。残长 4.6、残宽 0.6 厘米（图 4-179，4；彩版一〇一，3）。

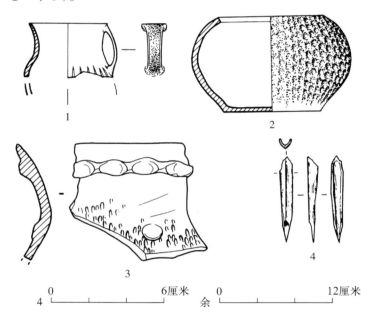

0　　　　　　　　6厘米　　　0　　　　　　　　12厘米
4 ├─────────┤　余 ├─────────┤

图4-179　H59出土遗物
1.单耳罐H59①：2　2.敛口罐H59①：3　3.花边罐H59①：4　4.骨锥H59①：1

58. H60

H60 位于 Ⅲ T0705 西北，开口于第④层下，被 H40 打破（图 4-180；彩版一〇一，4）。根据遗迹现存部分推测 H60 平面近椭圆形，口部边缘形态明显，底部边缘形态较明显，剖面呈筒状，直壁，未见工具痕迹，坑底西高东低呈坡状。坑口东西 0.34～0.98、坑底东西 0.34、深 0.32～0.40 米。坑内堆积未分层，土色浅灰，土质疏松，包含少量炭粒，坡状堆积。

坑内出土少许陶片，以陶器腹部残片为主，无可辨器形标本，所以不具体介绍，只进行陶系统计（表 4-275）。

表4-275　H60陶片统计表

纹饰 \ 陶质 陶色	泥质				夹砂				合计
	橙黄	灰	红	灰底黑彩	橙黄	灰	红	褐	
素面		1							1
篮纹						1			1

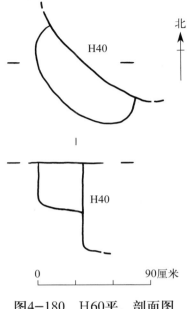

图4-180　H60平、剖面图

59. H61

H61 位于 Ⅲ T0705 北部，开口于第④层下，西部被H25、H31 打破（图 4-181；彩版一○二，1）。根据遗迹现存部分推测H61 平面近椭圆形，口部边缘形态明显，底部边缘形态较

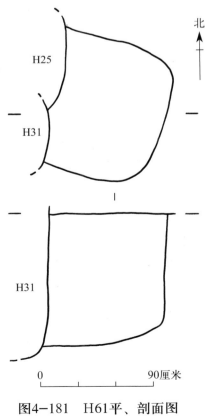

图4-181　H61平、剖面图

明显，剖面呈筒状，直壁，未见工具痕迹，坑底东高西低呈坡状。坑口东西 1.00、南北 1.14、坑底东西 0.32、深 0.90～1.08 米。坑内堆积未分层，土色浅褐，土质疏松，包含少量炭粒，坡状堆积。

坑内出土少量陶片，以腹部残片为主，可辨器形有盆（表 4-276、277）。

表4-276　H61器形数量统计表

器形＼陶质 陶色	泥质				夹砂				合计
	红	橙黄	灰	黑	红	橙黄	灰	黑	
盆	1								1

表4-277　H61陶片统计表

纹饰＼陶质 陶色	泥质				夹砂				合计
	橙黄	灰	红	灰底黑彩	橙黄	灰	红	褐	
素面	5	1	3						9
绳纹						1	1		2
篮纹	6		3		1		1		11
麻点纹					7	1	5		13
麻点纹 + 篮纹					1		1		2

盆　1件。

标本H61：1，泥质红陶。敞口，窄平沿，尖唇，斜弧腹，底残。器表素面且有刮抹痕迹，内壁素面磨光。口径 24、残高 3 厘米（图 4-182）。

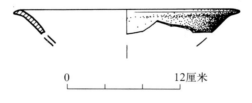

0　　　　　　　　12厘米

图4-182　H61出土盆H61：1

60. H62

H62 位于 ⅢT0604 西南角，开口于第③层下，被H54、H68 打破（图 4-183；彩版一〇二，2）。根据遗迹残存部分推测H62平面近圆形，口部边缘形态明显，底部边缘形态明显，剖面呈袋状，斜直壁，未见工具痕迹，坑底平整。坑口南北 1.74、东西 1.82、坑底东西 2.60、深 1.50～2.25 厘米。坑内堆积可分八层，第①层厚 0.26～0.30 米，土色浅灰，土质疏松，包含炭粒、石块，坡状堆积。第②层厚 0.25～0.46 米，土色深灰，土质疏松，包含石块、兽骨、炭粒，坡状堆积。第③层厚 0～0.44 米，土色深褐，土质疏松，包含炭粒、石块、兽骨，坡状堆积。第④层厚 0.20～0.26 米，土色浅黄，土质疏松，包含炭粒、石块、生土块，水平状堆积。第⑤层厚 0.50 米，土色深褐，土质致密，包含炭粒、草拌泥块、生土块，水平状堆积。第⑥层厚 1.05 米，土色浅褐，土质致密，水平状堆积。第⑦层厚 0.20～0.25 米，土色深褐，土质疏松，包含炭粒、水

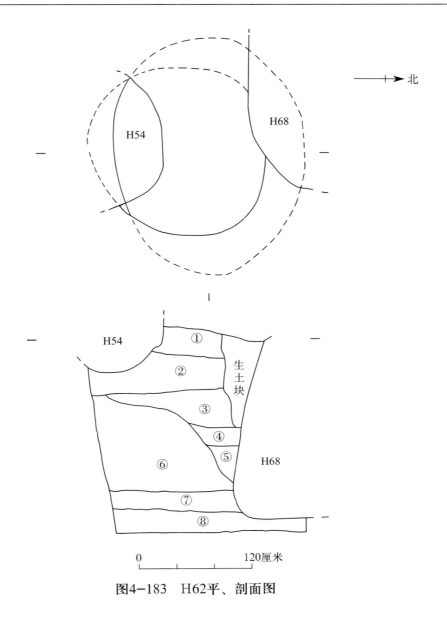

图4-183　H62平、剖面图

平状堆积。第⑧层厚 0.16～0.26 米，土色浅灰，土质疏松，包含炭粒、石块、硬土块，水平状堆积。

坑内出土大量陶片。

（1）H62①层

出土少量陶片，以腹部残片为主，可辨器形有圆腹罐、盆（表4-278、279）。

表4-278　H62①层器形数量统计表

陶质 陶色 器形	泥质				夹砂				合计
	红	橙黄	灰	黑	红	橙黄	灰	黑	
圆腹罐		1	1						2
盆					1				1

表4-279　H62①层陶片统计表

纹饰＼陶色	泥质				夹砂				合计
	橙黄	灰	红	灰底黑彩	橙黄	灰	红	褐	
素面	7	3	3		5				18
绳纹					3				3
篮纹	5				1		1		7

圆腹罐　1件。

标本H62①：2，夹砂红陶。口残，圆腹，平底。腹部饰麻点纹，近底部饰横向篮纹。底径8、残高12厘米（图4-184，1）。

盆　2件。

标本H62①：1，泥质灰陶。敞口，窄平沿，圆唇，斜腹，底残。腹部素面。口径18、残高3.6厘米（图4-184，2）。

标本H62①：3，泥质橙黄陶。敞口，平沿，尖唇，斜弧腹，底残。口沿外侧有一周折棱，器表通体饰横向篮纹，内壁泥条盘筑痕迹明显。口径38、残高10厘米（图4-184，3）。

（2）H62②层

出土少量陶片，以腹部残片为主，可辨器形有花边罐、高领罐、盆（表4-280、281）。

表4-280　H62②层器形数量统计表

器形＼陶色	泥质				夹砂				合计
	红	橙黄	灰	黑	红	橙黄	灰	黑	
高领罐						1			1
花边罐	1								1
盆		1							1

表4-281　H62②层陶片统计表

纹饰＼陶色	泥质				夹砂				合计
	橙黄	灰	红	灰底黑彩	橙黄	灰	红	褐	
素面	7	3	3		5				18
绳纹					3				3
篮纹	5				1		1		7
刻划纹			1						1
附加堆纹					1				1
麻点纹					9				9

花边罐　1件。

标本H62②：2，泥质红陶。侈口，方唇，高领，束颈，颈部以下残。口沿外侧有一周折棱，泥条经手指按压呈波状，颈部素面。残高6、残宽6厘米（图4-184，4）。

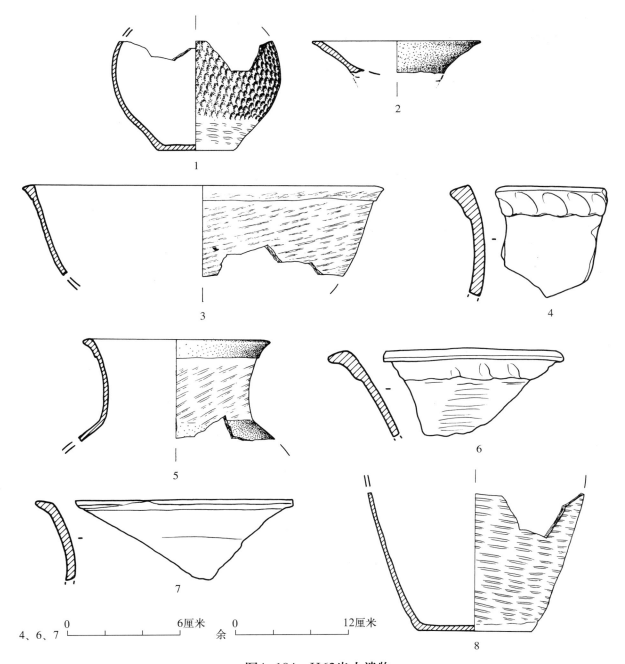

图4-184 H62出土遗物

1.圆腹罐H62①：2　2、3、6.盆H62①：1、3、H62②：3　4.花边罐H62②：2　5、7、8.高领罐H62②：1、H62③：2、1

高领罐　1件。

标本H62②：1，夹砂橙黄陶。喇叭口，圆唇，高领，束颈，溜肩，腹部残。口沿外侧有一周折棱，颈部饰斜向篮纹。口径20、残高10.8厘米（图4-184，5）。

盆　1件。

标本H62②：3，泥质橙黄陶。敞口，折沿，圆唇，斜直腹，底残。口沿外侧有一周折棱，泥条经手指按压呈波状，腹部饰横向篮纹。残高4.8、残宽9.5厘米（图4-184，6）。

（3）H62③层

出土少量陶片，以腹部残片为主，可辨器形有高领罐（表4-282、283）。

表4-282　H62③层器形数量统计表

器形 \ 陶色 \ 陶质	泥质				夹砂				合计
	红	橙黄	灰	黑	红	橙黄	灰	黑	
高领罐	1	1							2

表4-283　H62③层陶片统计表

纹饰 \ 陶色 \ 陶质	泥质				夹砂				合计
	橙黄	灰	红	灰底黑彩	橙黄	灰	红	褐	
素面	7								7
篮纹	7		3		2				12
麻点纹					7				7

高领罐　2件。

标本H62③：2，泥质橙黄陶。喇叭口，平沿，圆唇，高领，束颈，颈部以下残。素面。残高4.3、残宽11.5厘米（图4-184，7）。

标本H62③：1，泥质红陶。上腹残，下腹斜直微弧，平底。腹部饰斜向篮纹。底径12、残高14.8厘米（图4-184，8）。

（4）H62⑧层

出土少量陶片，以陶器腹部残片为主，无可辨器形标本，所以不具体介绍，只进行陶系统计（表4-284）。

表4-284　H62⑧层陶片统计表

纹饰 \ 陶色 \ 陶质	泥质				夹砂				合计
	橙黄	灰	红	灰底黑彩	橙黄	灰	红	褐	
素面	3	1			2				6
绳纹	2				3				5
篮纹	1								1
麻点纹					2				2
刻划纹					2				2

61. H63

H63位于ⅢT0202东北角，部分压于北隔梁下，开口于第⑥层下（图4-185；彩版一〇三，1）。根据遗迹暴露部分推测H63平面近椭圆形，口部边缘形态明显，底部边缘形态明显，剖面呈袋状，斜弧壁，未见工具痕迹，坑底平整。坑口东西3.90、南北1.75、坑底东西5.04、南北2.34、深2.84米。坑内堆积可分九层，第①层厚0.18米，土色褐色，土质致密，包含炭粒、红

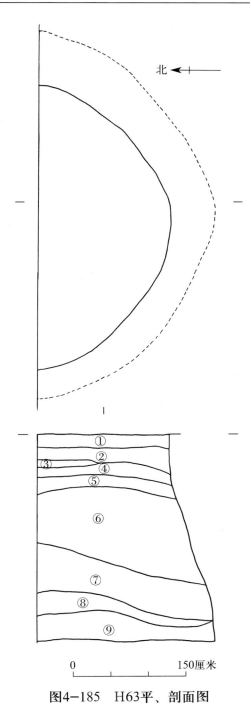

图4-185　H63平、剖面图

烧土颗粒，水平状堆积。第②层厚0.12～0.36米，土色浅灰，土质致密，包含炭粒、红烧土颗粒，坡状堆积。第③层厚0～0.18米，土色浅褐，土质致密，包含炭粒、红烧土颗粒，水平状堆积。第④层厚0.08～0.20米，土色浅褐，土质致密，包含炭粒、红烧土颗粒、兽骨，坡状堆积。第⑤层厚0.14～0.34米，土色浅灰，土质疏松，包含少量炭粒、红烧土颗粒，坡状堆积。第⑥层厚0.58～1.06米，土色褐色，土质致密，包含少量炭粒、红烧土颗粒，坡状堆积。第⑦层厚0.48～0.64米，土色浅黄，土质疏松，坡状堆积。第⑧层厚0～0.30米，土色褐色，土质致密，包含少量炭粒、红烧土颗粒，坡状堆积。第⑨层厚 0～0.42 米，土色浅黄，土质疏松，略坡状堆积。

坑内出土大量陶片。

（1）H63①层

出土少量陶片，以腹部残片为主，可辨器形有圆腹罐、花边罐、单耳罐、高领罐、盆（表 4-285、286）。

表4-285　H63①层器形数量统计表

器形＼陶质／陶色	泥质				夹砂				合计
	红	橙黄	灰	黑	红	橙黄	灰	黑	
圆腹罐	1	1				2			4
单耳罐					1		1		2
花边罐						2			2
高领罐	2								2
盆	1	1							2

表4-286　H63①层陶片统计表

纹饰＼陶质／陶色	泥质				夹砂				合计
	橙黄	灰	红	灰底黑彩	橙黄	灰	红	褐	
素面	17	4	12		14				47
绳纹					12				12
篮纹	28								28
麻点纹					28				28
麻点纹＋篮纹					7				7

圆腹罐　4件。

标本H63①：3，夹砂橙黄陶。侈口，圆唇，矮领，束颈，上腹弧，下腹残。下腹部饰麻点纹。残高 5.1、残宽 5.7 厘米（图 4-186，1）。

标本H63①：4，泥质橙黄陶。侈口，方唇，矮领，微束颈，颈部以下残。素面。残高 4.2、残宽 6.8 厘米（图 4-186，2）。

标本H63①：9，夹砂橙黄陶。侈口，圆唇，高领，束颈，颈部以下残。颈部饰横向篮纹。残高 5.2、残宽 8.2 厘米（图 4-186，3）。

标本H63①：11，泥质红陶。侈口，圆唇，矮领，束颈，颈部以下残。素面磨光。残高 3.5、残宽 5.5 厘米（图 4-186，4）。

花边罐　2件。

标本H63①：5，夹砂橙黄陶。侈口，锯齿唇，高领，束颈，颈部以下残。颈部素面且有刮抹痕迹，有烟炱。残高 5.7、残宽 7.8 厘米（图 4-186，5）。

标本H63①：10，夹砂橙黄陶。侈口，锯齿唇，高领，束颈，颈部以下残，颈部饰横向篮纹。残高 6、残宽 5 厘米（图 4-186，6）。

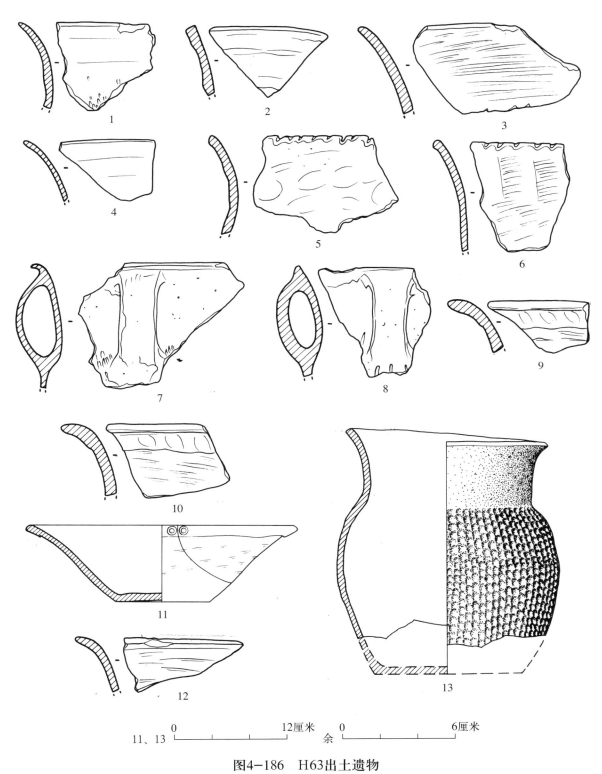

图4-186　H63出土遗物

1～4、13.圆腹罐H63①：3、4、9、11，H63⑨：1　5、6.花边罐H63①：5、10　7、8.单耳罐H63①：2、6　9、10.高领罐
H63①：7、12　11、12.盆H63①：1、8

单耳罐　2件。

标本H63①：2，夹砂灰陶。侈口，微卷沿，圆唇，高领，束颈，上腹圆，下腹残。拱形单耳，颈部素面，上腹饰麻点纹。残高7、残宽7.6厘米（图4-186，7）。

标本H63①：6，夹砂红陶。侈口，尖唇，高领，束颈，上腹圆，下腹残。拱形单耳，颈部素面，上腹饰竖向刻划纹。残高6.1、残宽5.2厘米（图4-186，8）。

高领罐　2件。

标本H63①：7，泥质红陶。喇叭口，圆唇，高领，束颈，颈部以下残。口沿外侧有一周折棱，颈部饰横向篮纹，内壁素面磨光。残高3.1、残宽5.4厘米（图4-186，9）。

标本H63①：12，泥质红陶。喇叭口，圆唇，高领，束颈，颈部以下残。口沿外侧有一周折棱，颈部饰横向篮纹。残高4.3、残宽5.4厘米（图4-186，10）。

盆　2件。

标本H63①：1，泥质红陶。敞口，圆唇，斜弧腹，平底微凹，沿下饰一周折棱，口部有两个双向钻孔为修葺所用，腹部有稀疏的斜向篮纹。口径30.6、高8.4、底径10厘米（图4-186，11；彩版一〇三，2）。

标本H63①：8，泥质橙黄陶。敞口，折沿，圆唇，上腹斜直，下腹残。上腹饰横向篮纹。残高3、残宽6.4厘米（图4-186，12）。

（2）H63⑨层

出土少量陶片，以腹部残片为主，可辨器形有圆腹罐（表4-287、288）。

表4-287　H63⑨层器形数量统计表

器形 \ 陶质	泥质				夹砂				合计
陶色	红	橙黄	灰	黑	红	橙黄	灰	黑	
圆腹罐					1				1

表4-288　H63⑨层陶片统计表

纹饰 \ 陶质	泥质				夹砂				合计
陶色	橙黄	灰	红	灰底黑彩	橙黄	灰	红	褐	
素面							1		1
麻点纹							1		1

圆腹罐　1件。

标本H63⑨：1，夹砂红陶。侈口，方唇，高领，束颈，圆腹，底残。口部不甚规整，高低不平。腹部饰麻点纹。口径21.6、残高25.6厘米（图4-186，13彩版一〇三，3）。

62. H64

H64位于ⅢT0201东北部，部分压于东、北隔梁下，开口于第⑤层下（图4-187；彩版一〇四，1）。根据遗迹暴露部分推测H64平面近椭圆形，口部边缘形态明显，底部边缘形态明显，

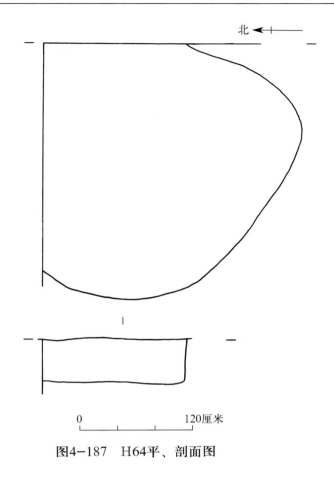

图4-187　H64平、剖面图

剖面呈筒状，直壁，未见工具痕迹，坑底平整。坑口东西2.80、南北2.72、坑底南北1.51、深0.46米。坑内堆积未分层，土色浅灰，土质疏松，包含炭粒、红烧土颗粒、石块、兽骨，水平状堆积。

坑内出土少量陶片，以腹部残片为主，可辨器形有圆腹罐、单耳罐、高领罐、盆，另出土石刀2件（表4-289、290）。

圆腹罐　2件。

标本H64：7，夹砂红陶。直口，方唇，上腹深圆，下腹残。口沿外侧有一周折棱，器身通体饰麻点纹。口径36.8、残高18厘米（图4-188，1）。

表4-289　H64器形数量统计表

器形 陶质 陶色	泥质				夹砂				合计
	红	橙黄	灰	黑	红	橙黄	灰	黑	
圆腹罐					1	1			2
单耳罐					1				1
高领罐	1								1
盆		1							1

表4-290　H64陶片统计表

纹饰 ＼ 陶质 陶色	泥质				夹砂				合计
	橙黄	灰	红	灰底黑彩	橙黄	灰	红	褐	
素面	4	6	5						15
绳纹					5		1		6
篮纹			10		2		2		14
麻点纹					4		5		9
麻点纹＋附加堆纹					6				6

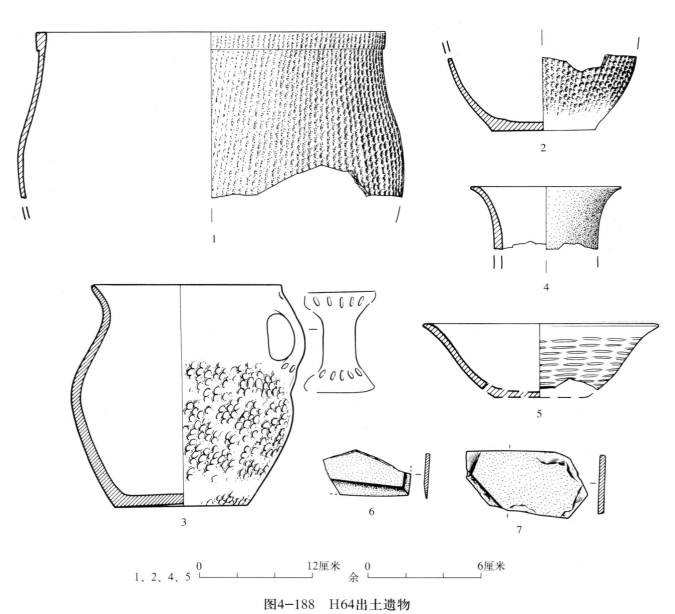

图4-188　H64出土遗物

1、2.圆腹罐H64：7、6　3.单耳罐H64：3　4.高领罐H64：5　5.盆H64：4　6、7.石刀H64：1、2

标本H64：6，夹砂橙黄陶。上腹残，下腹斜弧，平底。腹部饰麻点纹。底径11、残高8厘米（图4-188，2）。

单耳罐　1件。

标本H64：3，夹砂红陶。侈口，圆唇，鼓腹，平底。拱形单耳。耳上下两端均有戳印纹，颈部素面，腹部饰麻点纹。口径10、高12、底径7厘米（图4-188，3；彩版一〇四，2）。

高领罐　1件。

标本H64：5，泥质红陶。喇叭口，窄平沿，圆唇，高领，束颈，颈部以下残。素面且有刮抹痕迹。口径16、残高7厘米（图4-188，4）。

盆　1件。

标本H64：4，泥质橙黄陶。敞口，圆唇，斜腹微弧，底残。口沿外侧素面，腹部饰横向篮纹，有烟炱。口径25、残高7厘米（图4-188，5）。

石刀　2件。

标本H64：1，页岩。器身有磨制痕迹，表面光滑。单面磨刃。残长4.56、宽2.46、厚0.21厘米，重4.24克（图4-188，6；彩版一〇四，3）。

标本H64：2，石英砂岩。器身有打磨的痕迹。单面磨刃。刃长1.92厘米，刃角34.2°，残长6.25、宽3.4、厚0.3厘米，重12.31克（图4-188，7；彩版一〇四，4）。

63. H65

H65位于ⅢT0604东南，部分延伸至ⅢT0603内，开口于第⑥层下（图4-189；彩版一〇五，1、2）。平面近圆形，口部边缘形态明显，底部边缘形态明显，剖面呈袋状，斜弧壁，坑底平整。坑口东西2.40、南北2.20、坑底南北3.20、深2.10～2.42米。坑壁局部有竖向的工具痕迹（彩版一〇五，3），宽2、进深1、长24～36厘米，间距5～10厘米。工具痕迹有两种，一为圆形尖头，另一为弧形平头。坑底部东、南、北有三个小坑，整体呈三足鼎立状，用途不详。H1平面椭圆形。口径0.48、底径0.72、深0.55米。h2平面椭圆形。口径0.65、底径0.84、深0.52米。h3平面长方形，南北长0.34、宽0.48、深0.24米。H65坑内堆积可分七层，第①层厚0～0.14米，土色浅灰，土质疏松，包含植物根茎、炭粒、石块，坡状堆积。第②层厚0.08～0.21米，土色浅灰，土质疏松，包含红烧土颗粒、炭粒，坡状堆积。第③层厚0.18～0.23米，土色浅灰，土质疏松，包含石块、红烧土颗粒、炭粒，坡状堆积。第④层厚0.08～0.44米，土色浅灰，土质疏松，包含炭粒、石块，坡状堆积。第⑤层厚0.11～0.42米，土色浅灰，土质疏松，包含红烧土颗粒、炭粒、石块，水平状堆积。第⑥层厚0.88～0.94米，土色浅灰，土质致密，包含红烧土颗粒、炭粒、石块、兽骨，水平状堆积。第⑦层厚0.42～0.48米，土色浅灰，土质疏松，包含兽骨、炭粒、石块，水平状堆积。

坑内出土较多陶片。

（1）H65①层

出土少量陶片，以腹部残片为主，可辨器形有圆腹罐、花边罐、单耳罐、盆（表4-291、292）。

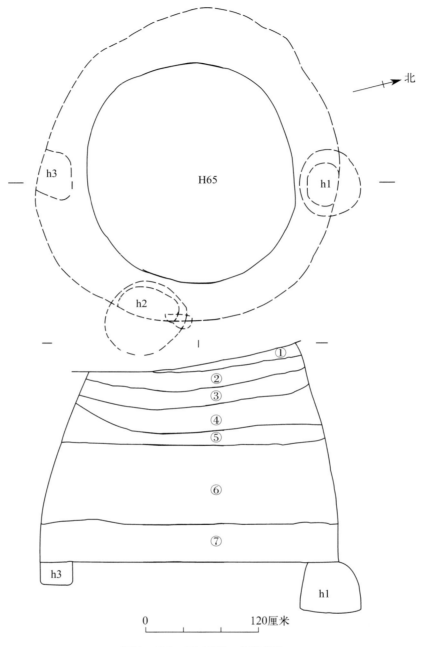

图4-189　H65平、剖面图

表4-291　H65①层器形数量统计表

器形 \ 陶色	泥质				夹砂				合计
	红	橙黄	灰	黑	红	橙黄	灰	褐	
圆腹罐					3				3
单耳罐	1							1	2
花边罐					1				1
盆	1								1

表4-292　H65①层陶片统计表

纹饰 \ 陶色	泥质				夹砂				合计
	橙黄	灰	红	灰底黑彩	橙黄	灰	红	褐	
素面	1								1
绳纹							7		7
篮纹							1		1
麻点纹					2				2
绳纹 + 篮纹							3		3

圆腹罐　3件。

标本H65①：6，夹砂红陶。侈口，圆唇，矮领，束颈，圆腹，平底微凹。颈部有明显修整刮抹痕迹，腹部饰竖向绳纹。口径13.2、高19.8、底径10厘米（图4-190，1；彩版一〇六，2）。

标本H65①：7，夹砂红陶。侈口，圆唇，高领，束颈，上腹斜，下腹残。颈部饰横向篮纹，上腹饰竖向绳纹，有烟炱。残高7、残宽6厘米（图4-190，2）。

标本H65①：8，夹砂红陶。侈口，方唇，矮领，束颈，颈部以下残。口沿外侧有一周折棱，器表饰横向篮纹，有烟炱。残高4.8、残宽4.6厘米（图4-190，3）。

花边罐　1件。

标本H65①：5，夹砂红陶。侈口，圆唇，矮领，束颈，圆腹，平底。口沿外侧饰一周附加泥条，泥条经手指按压呈波状，腹部饰竖向绳纹。口径13.2、高19、底径8厘米（图4-190，4；彩版一〇六，1）。

单耳罐　2件。

标本H65①：2，夹砂褐陶。侈口，尖唇，矮领，束颈，鼓腹，平底，拱形单耳。腹部饰交错刻划纹。口径7、高7.5、底径3.5厘米（图4-190，5；彩版一〇六，3）。

标本H65①：3，泥质红陶。侈口，圆唇，矮领，束颈，圆腹，平底微凹，拱形单耳。器身通体素面。口径8.8、高11、底径6厘米（图4-190，6；彩版一〇六，4）。

盆　1件。

标本H65①：1，泥质红陶。敞口，平沿，圆唇，斜直腹，平底内凹，腹部饰斜向篮纹。口径27.7、高8.3、底径10厘米（图4-190，7；彩版一〇六，5）。

（2）H65②层

出土少量陶片，以腹部残片为主，可辨器形有圆腹罐、双耳罐（表4-293、294）。

表4-293　H65②层器形数量统计表

器形 \ 陶色	泥质				夹砂				合计
	红	橙黄	灰	黑	红	橙黄	灰	黑	
双耳罐	1					1			2
圆腹罐					1				1

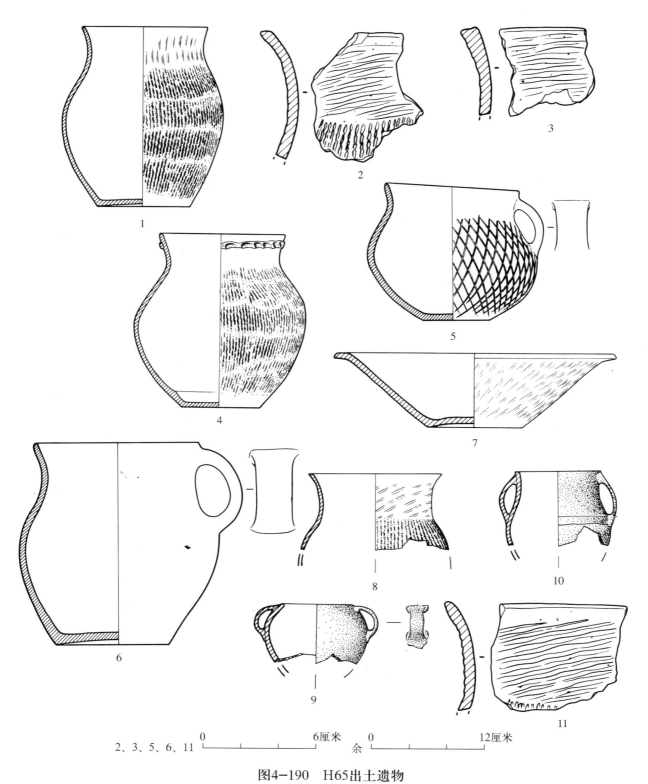

2、3、5、6、11 | 0　　　　　　6厘米
余 | 0　　　　　　12厘米

图4-190　H65出土遗物

1~3、8、11.圆腹罐H65①：6~8、H65②：3、H65③：1　4.花边罐H65①：5　5、6.单耳罐H65①：2、3　7.盆H65①：1
9、10.双耳罐H65②：1、2

表4-294 H65②层陶片统计表

纹饰＼陶色	泥质				夹砂				合计
	橙黄	灰	红	灰底黑彩	橙黄	灰	红	褐	
素面	3	2			1				6
绳纹					5				5
网格纹	1								1
麻点纹					1				1

圆腹罐 1件。

标本H65②：3，夹砂红陶。侈口，方唇，高领，束颈，上腹圆，下腹残。颈部饰斜向篮纹，腹部饰竖向绳纹，有烟炱。口径14、残高8.6厘米（图4-190，8）。

双耳罐 2件。

标本H65②：1，泥质红陶。敛口，圆唇，鼓腹，底残。拱形双耳，器表素面且有刮抹痕迹。口径7.2、残高6.4厘米（图4-190，9）。

标本H65②：2，夹砂橙黄陶。微侈口，方唇，矮领，微束颈，圆腹，底残。拱形双耳，耳上端有两道戳印痕迹，腹部饰一周附加泥条，器表素面且有烟炱。口径9.6、残高8厘米（图4-190，10）。

（3）H65③层

出土少量陶片，以腹部残片为主，可辨器形有圆腹罐（表4-295、296）。

表4-295 H65③层器形数量统计表

器形＼陶色	泥质				夹砂				合计
	红	橙黄	灰	黑	红	橙黄	灰	黑	
圆腹罐						1			1

表4-296 H65③层陶片统计表

纹饰＼陶色	泥质				夹砂				合计
	橙黄	灰	红	灰底黑彩	橙黄	灰	红	褐	
素面	5	4	5		7				21
绳纹					7				7
篮纹	9		2						11
麻点纹					11				11

圆腹罐 1件。

标本H65③：1，夹砂橙黄陶。侈口，圆唇，高领，束颈，颈部以下残。上颈部饰横向篮纹，下颈部饰麻点纹，有烟炱。残高5.8、残宽7.2厘米（图4-190，11）。

（4）H65⑤层

出土少量陶片，以腹部残片为主，可辨器形有大口罐、斝、罐腹底（表4-297、298）。

表4-297　H65⑤层器形数量统计表

器形＼陶质／陶色	泥质				夹砂				合计
	红	橙黄	灰	黑	红	橙黄	灰	黑	
罐腹底		1							1
大口罐					1				1
罕					1				1

表4-298　H65⑤层陶片统计表

纹饰＼陶质／陶色	泥质				夹砂				合计
	橙黄	灰	红	灰底黑彩	橙黄	灰	红	褐	
素面	10	1	4		2				17
绳纹							4		4
篮纹		1							1
麻点纹					8		2		10

大口罐　1件。

标本H65⑤：3，夹砂红陶。微侈口，方唇，上腹微弧，下腹残。口沿外侧饰一周附加泥条，器表通体饰麻点纹。残高6.1、残宽8.1厘米（图4-191，1）。

罕　1件。

标本H65⑤：2，夹砂红陶。敛口，圆重唇，上腹弧，下腹残。唇外有三道凹槽，口沿外侧饰一周附加泥条，泥条之上饰戳印纹，上腹素面。口径22、残高4厘米（图4-191，2）。

罐腹底　1件。

标本H65⑤：1，泥质橙黄陶。上腹残，下腹鼓，平底微凹。腹部饰竖向刻划纹。底径4.4、残高4厘米（图4-191，3）。

（5）H65⑥层

出土少量陶片，以腹部残片为主，可辨器形有圆腹罐、盆、杯（表4-299、300）。

表4-299　H65⑥层器形数量统计表

器形＼陶质／陶色	泥质				夹砂				合计
	红	橙黄	灰	黑	红	橙黄	灰	黑	
圆腹罐	1				2				3
盆	1								1
杯							1		1

表4-300　H65⑥层陶片统计表

纹饰＼陶质／陶色	泥质				夹砂				合计
	橙黄	灰	红	灰底黑彩	橙黄	灰	红	褐	
素面	15	4			9				28

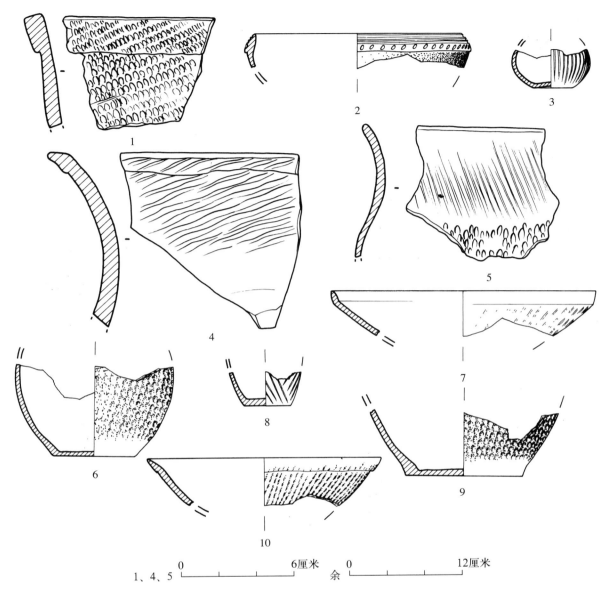

图4-191 H65出土遗物

1.大口罐H65⑤：3 2.斝H65⑤：2 3.罐腹底H65⑤：1 4~6、9.圆腹罐H65⑥：4、5、3、H65⑦：1 7、10.盆H65⑥：2、H65⑦：2 8.杯H65⑥：1

续表

陶质	泥质				夹砂				合计
纹饰 陶色	橙黄	灰	红	灰底黑彩	橙黄	灰	红	褐	
绳纹					5				5
篮纹	10	2							12
附加堆纹	1								1
麻点纹					3				3
篮纹＋麻点纹					2		1		3
绳纹＋麻点纹			1						1

圆腹罐　3件。

标本H65⑥：4，泥质红陶。侈口，窄平沿，圆唇，高领，束颈，颈部以下残。口沿外侧饰一周折棱，器表饰斜向篮纹。残高9.5、残宽9.7厘米（图4-191，4）。

标本H65⑥：5，夹砂红陶。侈口，圆唇，矮领，束颈，上腹圆，下腹残。颈部饰竖向篮纹，上腹饰麻点纹。残高7.3、残宽8厘米（图4-191，5）。

标本H65⑥：3，夹砂红陶。上腹残，下腹圆，平底。腹部饰麻点纹。底径8.8、残高10厘米（图4-191，6）。

盆　1件。

标本H65⑥：2，泥质红陶。微侈口，尖唇，斜直腹，底残。口沿外侧与腹部形成一周折棱，口沿外侧素面磨光，腹部饰竖向篮纹。口径28、残高5厘米（图4-191，7）。

杯　1件。

标本H65⑥：1，夹砂灰陶。上腹残，下腹斜直，平底。腹部饰交错刻划纹。底径5、残高4厘米（图4-191，8）。

（5）H65⑦层

出土少量陶片，以腹部残片为主，可辨器形有圆腹罐、盆（表4-301、302）。

表4-301　H65⑦层器形数量统计表

器形＼陶色＼陶质	泥质				夹砂				合计
	红	橙黄	灰	黑	红	橙黄	灰	黑	
圆腹罐						1			1
盆					1				1

表4-302　H65⑦层陶片统计表

纹饰＼陶色＼陶质	泥质				夹砂				合计
	橙黄	灰	红	灰底黑彩	橙黄	灰	红	褐	
素面	7				5				12
绳纹					2				2
篮纹	3				1				4
刻划纹	1								1
麻点纹					16				16

圆腹罐　1件。

标本H65⑦：1，夹砂橙黄陶。上腹残，下腹斜直，平底。腹部饰麻点纹。底径12.6、残高7厘米（图4-191，9）。

盆　1件。

标本H65⑦：2，夹砂红陶。敞口，尖唇，斜腹微弧，底残。口沿外侧有一周折棱，器表通体饰斜向绳纹。口径24.6、残高5.2厘米（图4-191，10）。

64. H66

H66位于ⅢT0604东南角，开口于第⑥层下（图4-192；彩版一〇七，1）。平面呈椭圆形，口部边缘形态明显，底部边缘形态较明显，剖面呈袋状，斜壁，未见工具痕迹，坑底凹凸不平。坑口南北1.10、东西0.93、坑底南北1.2、东西1.05、深0.36～0.60米。坑内堆积可分两层，第①层厚0.09～0.3米，土色浅灰，土质疏松，包含炭粒，坡状堆积。第②层厚0.27～0.42米，土色灰色，土质疏松，包含炭粒、石块，水平状堆积。

坑内出土少量陶片，以腹部残片为主，可辨器形有双耳罐（表4-303、304）。

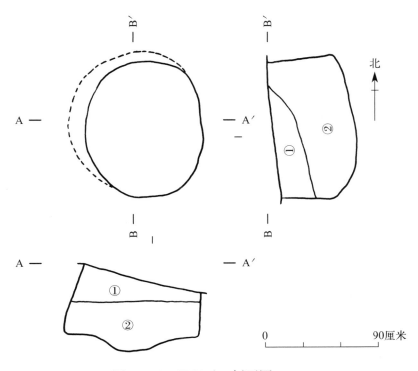

图4-192　H66平、剖面图

表4-303　H66②层器形数量统计表

器形＼陶质／陶色	泥质				夹砂				合计
	红	橙黄	灰	黑	红	橙黄	灰	黑	
双耳罐	1								1

表4-304　H66②层陶片统计表

纹饰＼陶质／陶色	泥质				夹砂				合计
	橙黄	灰	红	灰底黑彩	橙黄	灰	红	褐	
素面	3	5			5				13
绳纹					4				4
麻点纹					9				9

双耳罐　1件。

标本H66②：1，泥质红陶。侈口，圆唇，高领，束颈，折腹，平底微凹，拱形双耳，耳部饰有竖向刻划纹，器表素面。口径10.5、高10.5、底径5.1厘米（图4-193；彩版一〇七，2、3）。

0　　　　　　　　　　12厘米

图4-193　H66出土双耳罐H66②：1

65. H67

H67位于ⅢT0704东北角，开口于第⑥层下，被H34、H57打破（图4-194；彩版一〇八，1、2）。根据遗迹现存部分推测H67平面近椭圆形，口部边缘形态明显，底部边缘形态明显，剖面呈筒状，斜弧壁，未见工具痕迹，坑底高低不平。坑口南北1.80、东西1.36、坑底南北1.75、东西1.30、深0.76～0.86米。坑底北侧有一凹坑，椭圆形，深0.10米。坑内堆积可分三层，第①层厚0～0.11米，土色灰色，土质疏松，包含炭粒、红烧土颗粒，坡状堆积。第②层厚0.08～0.10米，

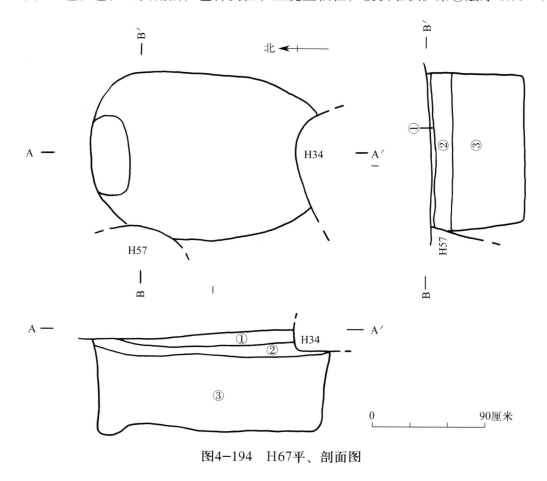

图4-194　H67平、剖面图

土色浅灰，土质疏松，包含炭粒，坡状堆积。第③层厚 0.62 米，土色浅灰，土质疏松，包含炭粒、石块，水平状堆积。

坑内出土少量陶片。

（1）H67①层

出土少量陶片，以腹部残片为主，可辨器形有双耳罐（表4-305、306）。

表4-305　H67①层器形数量统计表

器形 　 陶质　陶色	泥质				夹砂				合计
	红	橙黄	灰	黑	红	橙黄	灰	黑	
双耳罐		1							1

表4-306　H67①层陶片统计表

纹饰 　 陶质　陶色	泥质				夹砂				合计
	橙黄	灰	红	灰底黑彩	橙黄	灰	红	褐	
素面	5				4				9
绳纹			1		11				12
篮纹	10				4				14
麻点纹					9				9
附加堆纹＋篮纹					1				1

双耳罐　1件。

标本H67①：1，泥质橙黄陶。侈口，尖唇，高领，束颈，颈部以下残。口沿外侧有残耳根部。颈部素面，下颈部饰竖向刻划纹。口径 8、残高 4 厘米（图4-195，1）。

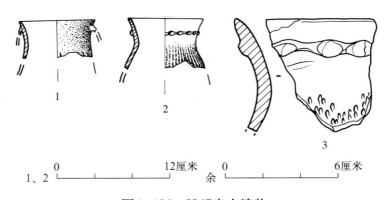

图4-195　H67出土遗物

1.双耳罐H67①：1　2、3.花边罐H67②：1、H67③：1

（2）H67②层

出土少量陶片，以腹部残片为主，可辨器形有花边罐（表4-307、308）。

花边罐　1件。

标本H67②：1，夹砂红陶。侈口，尖唇，矮领，束颈，上腹圆，下腹残。口沿外饰有一周附加泥条，泥条经手指按压呈波状，上腹饰竖向绳纹。口径 8、残高 5.4 厘米（图4-195，2）。

表4-307　H67②层器形数量统计表

器形 \ 陶色 \ 陶质	泥质				夹砂				合计
	红	橙黄	灰	黑	红	橙黄	灰	黑	
花边罐					1				1

表4-308　H67②层陶片统计表

纹饰 \ 陶色 \ 陶质	泥质				夹砂				合计
	橙黄	灰	红	灰底黑彩	橙黄	灰	红	褐	
素面	7	1	5		6				19
绳纹			1		2				3
篮纹	7		2		2				11
附加堆纹 + 篮纹					1				1
麻点纹	2				7				9

（3）H67③层

出土少量陶片，以腹部残片为主，可辨器形有花边罐（表4-309、310）。

花边罐　1件。

标本H67③：1，夹砂橙黄陶。侈口，尖唇，高领，微束颈，上腹斜，下腹残。颈部饰一周附加泥条，泥条经手指按压呈波状，上腹饰麻点纹。残高6、残宽5.8厘米（图4-195，3）。

表4-309　H67③层器形数量统计表

器形 \ 陶色 \ 陶质	泥质				夹砂				合计
	红	橙黄	灰	黑	红	橙黄	灰	黑	
花边罐						1			1

表4-310　H67③层陶片统计表

纹饰 \ 陶色 \ 陶质	泥质				夹砂				合计
	橙黄	灰	红	灰底黑彩	橙黄	灰	红	褐	
素面	2		1		2	4			9
绳纹						3	2		5
篮纹	8		2			2	1		13
附加堆纹	1					1			2
麻点纹					16				16
附加堆纹 + 麻点纹					1				1

66. H68

H68位于ⅢT0605东北角，部分被压于东、北隔梁下，开口于第③层下，被F3打破（图4-196；彩版一〇九，1）。根据遗迹现存部分推测H68平面近椭圆形，口部边缘形态明显，底部

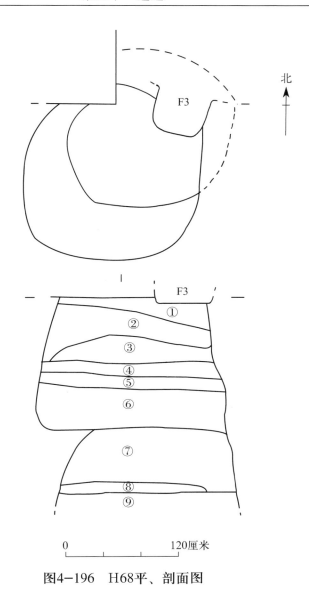

图4-196 H68平、剖面图

边缘形态较明显，剖面呈袋状，斜壁，未见工具痕迹，该坑较深，为安全起见未清理到底。坑口东西2.20、南北1.92、深2.18～2.23米。坑内堆积可分九层，第①层厚0.10～0.42米，土色浅灰，土质疏松，包含少量草木灰、炭粒，坡状堆积。第②层厚0.24～0.84米，土色深灰，土质疏松，包含少量草木灰和红烧土颗粒，坡状堆积。第③层厚0～0.40米，土色浅褐色，土质疏松，包含少量草木灰，坡状堆积。第④层厚0.16～0.24米，土色浅灰色，土质疏松，包含少量草木灰，坡状堆积。第⑤层厚0.16～0.22米，土色浅黄，土质疏松，包含零星炭粒，坡状堆积。第⑥层厚0.50～0.68米，土色浅褐，土质疏松，包含少量草木灰、炭粒，水平堆积。第⑦层厚0.77～0.84米，土色浅灰，土质疏松，包含零星炭粒、红烧土颗粒，水平堆积。第⑧层厚0～0.18米，土色褐色，土质疏松，包含少量草木灰，坡状堆积。第⑨层，土色灰色，土质疏松，包含零星炭粒，未清理到底。

坑内出土大量陶片。

（1）H68①层

出土少量陶片，以腹部残片为主，可辨器形有盆、斝（表4-311、312）。

表4-311　H68①层器形数量统计表

器形 ＼ 陶质 陶色	泥质				夹砂				合计
	红	橙黄	灰	黑	红	橙黄	灰	黑	
盆		1							1
斝足		1							1

表4-312　H68①层陶片统计表

纹饰 ＼ 陶质 陶色	泥质				夹砂				合计
	橙黄	灰	红	灰底黑彩	橙黄	灰	红	褐	
素面	8	3	2		5		2		20
绳纹			3		9				12
篮纹	6		2						8
麻点纹					13		7		20

盆　1件。

标本H68①：2，泥质橙黄陶。敞口，圆唇，斜弧腹，底残。素面磨光。残高4.3、残宽6.6厘米（图4-197，1）。

斝　1件。

标本H68①：1，泥质橙黄陶。斝足，平底。素面。残高1.4、残宽1.6厘米（图4-197，2）。

（2）H68②层

出土少量陶片，以腹部残片为主，可辨器形有盆（表4-313、314）。

表4-313　H68②层器形数量统计表

器形 ＼ 陶质 陶色	泥质				夹砂				合计
	红	橙黄	灰	黑	红	橙黄	灰	黑	
盆		1							1

表4-314　H68②层陶片统计表

纹饰 ＼ 陶质 陶色	泥质				夹砂				合计
	橙黄	灰	红	灰底黑彩	橙黄	灰	红	褐	
素面	1		2						3
篮纹	1								1
麻点纹							1		1

盆　1件。

标本H68②：1，泥质橙黄陶。敞口，圆唇，斜直腹，底残。腹部饰横向篮纹，内壁素面磨

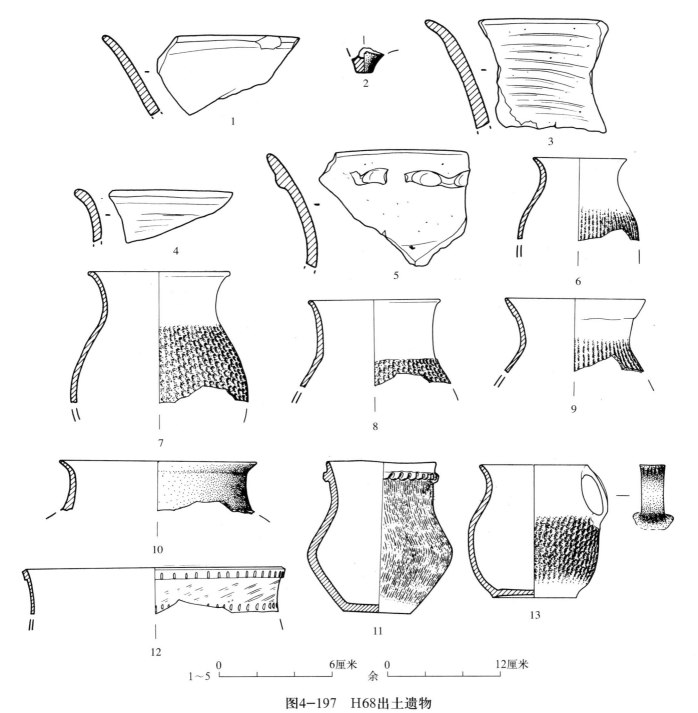

图4-197　H68出土遗物

1、3.盆H68①：2、H68②：1　2.鬶足H68①：1　4、6～10.圆腹罐H68③：2、H68④：6～9、13　5、11、12.花边罐
H68③：1、H68④：1、14　13.单耳罐H68④：3

光。残高6.2、残宽6.9厘米（图4-197，3）。

（3）H68③层

出土少量陶片，以腹部残片为主，可辨器形有圆腹罐、花边罐（表4-315、316）。

表4-315　H68③层器形数量统计表

器形＼陶质・陶色	泥质				夹砂				合计
	红	橙黄	灰	黑	红	橙黄	灰	黑	
圆腹罐						1			1
花边罐						1			1

表4-316　H68③层陶片统计表

纹饰＼陶质・陶色	泥质				夹砂				合计
	橙黄	灰	红	灰底黑彩	橙黄	灰	红	褐	
素面	2		5						7
篮纹	3								3
附加堆纹	2								2

圆腹罐　1件。

标本H68③：2，夹砂橙黄陶。侈口，圆唇，口沿以下残。素面且有烟炱。残高3、残宽6.5厘米（图4-197，4）。

花边罐　1件。

标本H68③：1，夹砂橙黄陶。侈口，圆唇，高领，束颈，颈部以下残。口沿下饰一周附加泥条，泥条经手指按压呈波状。残高6.4、残宽8厘米（图4-197，5）。

（4）H68④层

出土少量陶片，以腹部残片为主，可辨器形有圆腹罐、花边罐、单耳罐、高领罐、敛口罐、鸮面罐、盆、斝（表4-317、318）。

表4-317　H68④层器形数量统计表

器形＼陶质・陶色	泥质				夹砂				合计
	红	橙黄	灰	黑	红	橙黄	灰	黑	
圆腹罐		1			4				5
花边罐					1	1			2
高领罐	2								2
单耳罐					1				1
敛口罐	1				1				2
盆		1							1
斝						1			1
鸮面罐						1			1

表4-318　H68④层陶片统计表

纹饰＼陶质・陶色	泥质				夹砂				合计
	橙黄	灰	红	灰底黑彩	橙黄	灰	红	褐	
素面	25	2	11		12				50

纹饰　　陶色　陶质	泥质				夹砂				合计
	橙黄	灰	红	灰底黑彩	橙黄	灰	红	褐	
绳纹		1			12				13
篮纹	26		19	1					46
麻点纹					40				40

圆腹罐　5件。

标本H68④：6，夹砂红陶。侈口，尖唇，矮领，束颈，上腹圆，下腹残。颈部素面有刮抹痕迹，腹部饰竖向绳纹，有烟炱。口径10、残高9厘米（图4-197，6）。

标本H68④：7，夹砂红陶。侈口，圆唇，高领，束颈，上腹圆，下腹残。颈部素面，腹部饰麻点纹，有烟炱。口径15、残高14.4厘米（图4-197，7）。

标本H68④：8，夹砂红陶。侈口，圆唇，高领，束颈，上腹斜，下腹残。颈部素面，腹部饰麻点纹，有烟炱。口径14、残高10厘米（图4-197，8）。

标本H68④：9，夹砂红陶。侈口，尖唇，高领，束颈，上腹斜，下腹残。口沿外侧有一周折棱，上腹饰竖向绳纹，有烟炱。口径15、残高8厘米（图4-197，9）。

标本H68④：13，泥质橙黄陶。侈口，尖唇，矮领，束颈，颈部以下残。素面磨光。口径21、残高5.4厘米（图4-197，10）。

花边罐　2件。

标本H68④：1，夹砂红陶。侈口，尖唇，高领，微束颈，扁鼓腹，平底。口沿外侧饰一周附加泥条，泥条经手指按压呈波状，泥条以下通体饰竖向绳纹。口径11、高16.5、底径7.1厘米（图4-197，11；彩版一一〇，1）。

标本H68④：14，夹砂橙黄陶。侈口，方唇，矮领，束颈，颈部以下残。口沿外侧饰一周附加泥条，泥条之上饰戳印纹，部分泥条已脱落，颈部饰斜向篮纹，肩部饰一周戳印纹。口径28、残高5厘米（图4-197，12）。

单耳罐　1件。

标本H68④：3，夹砂红陶。侈口，圆唇，矮领，束颈，圆腹，平底微凹，拱形单耳。耳上端饰戳印纹，腹部饰麻点纹。口径11.6、高14.6、底径8.8厘米（图4-197，13；彩版一一〇，2）。

高领罐　2件。

标本H68④：4，泥质红陶。颈部以上残，溜肩，上腹鼓，下腹斜直，平底内凹。腹部饰交错篮纹。底径12、残高40厘米（图4-198，1；彩版一一〇，3）。

标本H68④：10，泥质红陶。喇叭口，圆唇，高领，束颈，颈部以下残。口沿外侧有一周折棱，颈部素面磨光且有刮抹痕迹。口径18、残高9厘米（图4-198，2）。

敛口罐　2件。

标本H68④：2，泥质红陶。敛口，方唇，鼓腹，平底微凹，双鋬耳，腹部饰竖向绳纹，绳纹之上饰横向刻划纹。口径13、高21.2、底径11.2厘米（图4-198，3；彩版一一〇，4）。

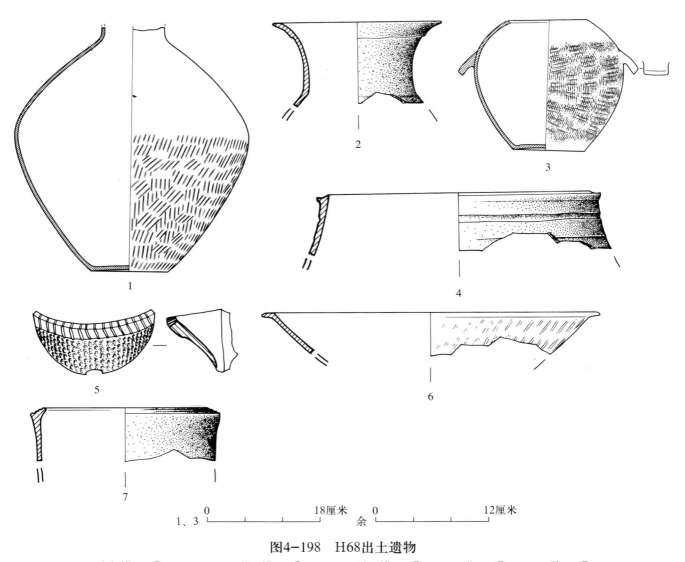

图4-198　H68出土遗物

1、2.高领罐H68④：4、10　3、4.敛口罐H68④：2、5　5.鸮面罐H68④：15　6.盆H68④：12　7.斝H68④：11

标本H68④：5，夹砂红陶。敛口，方唇，上腹斜，下腹残。唇面呈凹状且有刮痕，器表饰两周附加泥条。口径28、残高6.4厘米（图4-198，4）。

鸮面罐　1件。

标本H68④：15，夹砂橙黄陶。敛口，锯齿唇，腹部残。口沿外侧饰一周附加泥条呈斜凸棱状，面部饰麻点纹且有烟炱。长12、宽6厘米（图4-198，5）。

盆　1件。

标本H68④：12，泥质橙黄陶。敞口，平沿，尖唇，斜直腹，底残。器表通体饰斜向篮纹，内壁素面磨光。口径36、残高4.8厘米（图4-198，6）。

斝　1件。

标本H68④：11，夹砂橙黄陶。敛口，重唇，上腹直，下腹残。唇面有三道凹槽，腹部素面且有竖向修整刮抹痕迹。口径17、残高6厘米（图4-198，7）。

67. H70

H70 位于ⅢT0604 东北，开口于第⑦层下（图4-199；彩版一○九，2）。平面近圆角方形，口部边缘形态明显，底部边缘形态明显，剖面呈筒状，直壁，未见工具痕迹，坑底平整。坑口东西 1.26、南北 1.18、坑底东西 1.23、深 0.39 米。坑内堆积未分层，土色浅灰，土质疏松，包含植物根茎、炭粒、红烧土颗粒、石块，水平状堆积。

坑内出土少量陶片，出土石镞 1 件。陶片以陶器腹部残片为主，无可辨器形标本，所以不具体介绍，只进行陶系统计（表 4-319）。

表4-319　H70陶片统计表

纹饰＼陶质·陶色	泥质				夹砂				合计
	橙黄	灰	红	灰底黑彩	橙黄	灰	红	褐	
绳纹					2				2
篮纹	2								2
麻点纹					1	2			3

石镞　1 件。

标本H70：1，页岩。器体呈扁三角形，两侧边缘均为双面磨制的刃部，较为锋利，尖部较尖锐，尾端平整。长 2.8、宽 1.1、厚 0.2 厘米（图 4-200）。

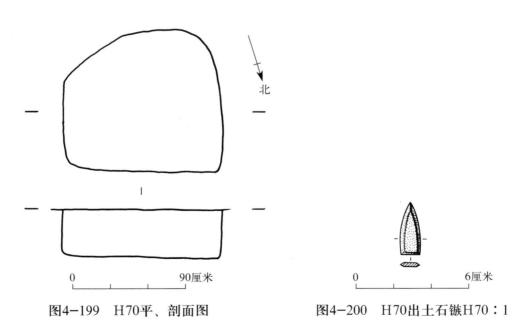

图4-199　H70平、剖面图　　　　　　　图4-200　H70出土石镞H70：1

68. H71

H71 位于ⅢT0604 西南，开口于第④层下，西部被H62 打破（图 4-201；彩版一一一，1）。根据遗迹现存部分推测H71平面近椭圆形，口部边缘形态明显，底部边缘形态明显，剖面呈筒状，直壁，未见工具痕迹，坑底平整。坑口南北 1.50、东西 1.06、坑底东西 0.86、深 0.80 米。坑内堆积未分层，土色浅灰，土质疏松，包含炭粒，水平状堆积。

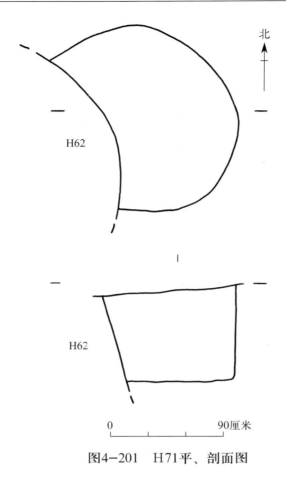

图4-201　H71平、剖面图

坑内出土少量陶片，以腹部残片为主，可辨器形有圆腹罐（表4-320、321）。

圆腹罐　2件。

标本H71：1，夹砂橙黄陶。侈口，尖唇，高领，束颈，上腹圆，下腹残。颈部饰斜向篮纹，上腹饰麻点纹，有烟炱。口径13、残高7.6厘米（图4-202，1）。

标本H71：2，夹砂橙黄陶。上腹残，下腹圆，平底。器身与底部分别制作后粘接而成，腹部与底部形成一棱台，腹部饰麻点纹，有烟炱。底径7、残高9厘米（图4-202，2）。

表4-320　H71器形数量统计表

器形 \ 陶质 陶色	泥质				夹砂				合计
	红	橙黄	灰	黑	红	橙黄	灰	黑	
圆腹罐						2			2

表4-321　H71陶片统计表

纹饰 \ 陶质 陶色	泥质				夹砂				合计
	橙黄	灰	红	灰底黑彩	橙黄	灰	红	褐	
素面			1		7				8
麻点纹					7				7

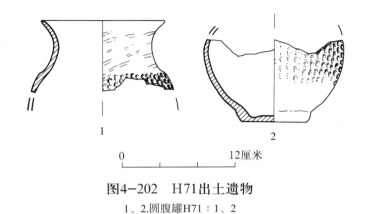

图4-202　H71出土遗物
1、2.圆腹罐H71∶1、2

69. H72

H72位于ⅢT0504西北角，开口于第③层下，南部被F3打破（图4-203；彩版一一一，2）。根据遗迹现存部分推测H72平面近椭圆形，口部边缘形态明显，底部边缘形态不明显，剖面呈筒状，斜壁，未见工具痕迹，坑底平整。坑口东西3.00、南北0.90、坑底东西2.90、深0.20米。坑内堆积未分层，土色浅褐，土质疏松，包含少量草木灰、零星炭粒，水平状堆积。

坑内出土少量陶片，以陶器腹部残片为主，无可辨器形标本，所以不具体介绍，只进行陶系统计（表4-322）。

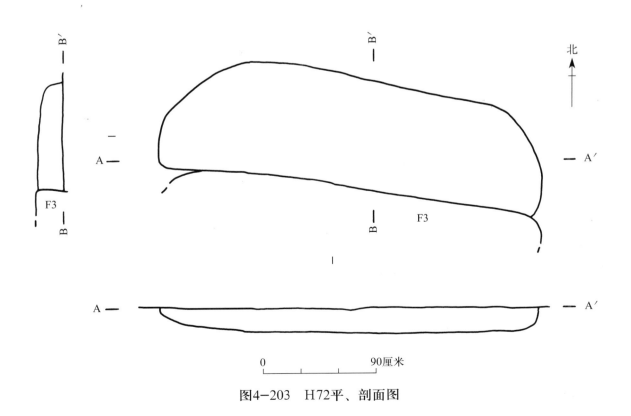

图4-203　H72平、剖面图

表4-322 H72陶片统计表

纹饰	陶质 / 陶色	泥质				夹砂				合计
		橙黄	灰	红	灰底黑彩	橙黄	灰	红	褐	
素面		4		1						5
绳纹						1				1
篮纹						2				2
麻点纹						1				1

70. H73

H73 位于Ⅲ T0704 东北角，开口于第⑥层下，北部被H57 打破，东部被H67 打破（图4-204；彩版一一二，1）。根据遗迹残存部分推测H73 平面近椭圆形，口部边缘形态明显，底部边缘形态明显，剖面呈筒状，直壁，未见工具痕迹，坑底平整。坑口南北0.94、东西1.14、坑底东西1.29、深0.72 米。坑内堆积未分层，土色浅灰，土质疏松，包含植物根茎、炭粒、红烧土颗粒、兽骨、石块，坡状堆积。

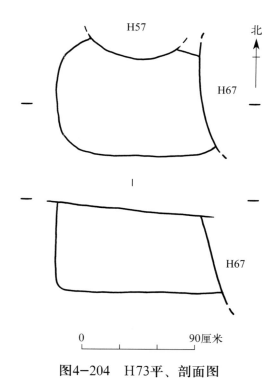

图4-204 H73平、剖面图

坑内出土少量陶片，以腹部残片为主，可辨器形有圆腹罐、花边罐、双耳罐、高领罐、大口罐、盆（表4-323、324）。

圆腹罐 4件。

标本H73：3，夹砂红陶。侈口，圆唇，高领，束颈，圆腹，平底。颈部饰横向篮纹，腹部饰竖向绳纹。口径15、高19、底径11 厘米（图4-205，1；彩版一一三，1）。

表4-323 H73器形数量统计表

器形 \ 陶色	泥质				夹砂				合计
	红	橙黄	灰	黑	红	橙黄	灰	黑	
圆腹罐					2	2			4
双耳罐	1					1			2
花边罐						1			1
高领罐		1							1
大口罐					1				1
盆	1								1

表4-324 H73陶片统计表

纹饰 \ 陶色	泥质				夹砂				合计
	橙黄	灰	红	灰底黑彩	橙黄	灰	红	褐	
素面	25				12				37
绳纹	1						14		15
篮纹	4		1						5
刻划纹		3							3
附加堆纹＋绳纹＋篮纹	1								1
麻点纹					33				33

标本H73：4，夹砂橙黄陶。侈口，尖唇，高领，束颈，上腹圆，下腹残。颈部素面，上腹部饰竖向刻划纹，有烟炱。口径10、残高6.6厘米（图4-205，2）。

标本H73：9，夹砂橙黄陶。侈口，圆唇，高领，束颈，颈部以下残。颈部饰横向篮纹。残高4.1、残宽5.8厘米（图4-205，3）。

标本H73：10，夹砂红陶。侈口，折沿，圆唇，上腹直，下腹残。素面，有烟炱。残高4、残宽5.6厘米（图4-205，4）。

花边罐 1件。

标本H73：5，夹砂橙黄陶。侈口，尖唇，矮领，束颈，上腹斜，下腹残。口沿外侧饰一周附加泥条，泥条经手指按压呈波状，颈部饰斜向绳纹，上腹饰竖向绳纹，有烟炱。口径13、残高5.6厘米（4-205，5）。

双耳罐 2件。

标本H73：2，泥质红陶。侈口，圆唇，高领，束颈，鼓腹，平底内凹，拱形双耳，耳面上端饰"V"字形刻划纹，口沿外侧与上腹部均有一道横向刻划纹，素面。口径6.5、高7、底径3.8厘米（图4-205，6；彩版一一三，2、3）。

标本H73：8，夹砂橙黄陶。侈口，圆唇，高领，微束颈，上腹圆，下腹残。拱形双耳，耳上端饰戳印纹，耳面饰竖向绳纹，颈部素面，腹部饰竖向绳纹，有烟炱。口径17、残高13厘米（图4-205，7）。

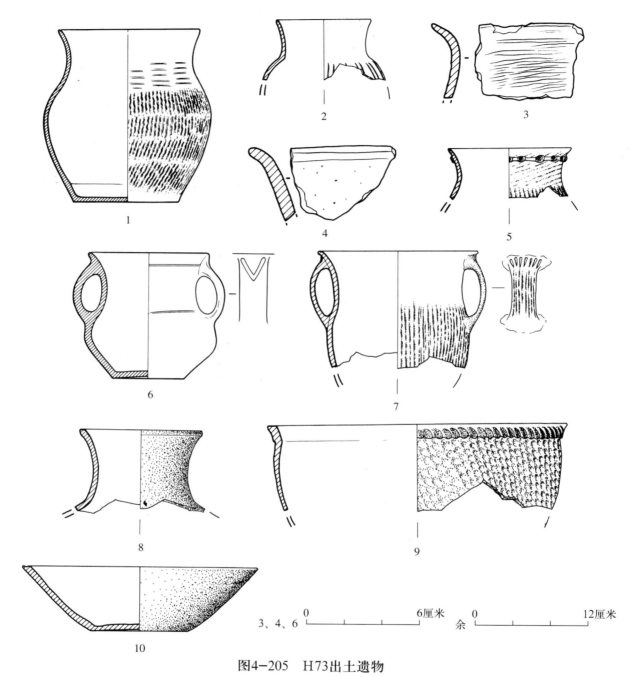

图4-205　H73出土遗物

1~4.圆腹罐H73：3、4、9、10　5.花边罐H73：5　6、7.双耳罐H73：2、8　8.高领罐H73：7　9.大口罐H73：6　10.盆H73：1

高领罐　1件。

标本H73：7，泥质橙黄陶。喇叭口，圆唇，高领，束颈，颈部以下残。颈部素面。口径13、残高8.6厘米（图4-205，8）。

大口罐　1件。

标本H73：6，夹砂红陶。侈口，方唇，上腹圆，下腹残。口沿外侧饰一周折棱，腹部饰麻点纹。口径31.6、残高9.6厘米（图4-205，9）。

盆　1件。

标本H73：1，泥质红陶。敞口，方唇，斜直腹，平底内凹。唇面呈浅凹槽状，素面。口径25、高7、底径10.4厘米（图4-205，10；彩版一一三，4）。

71. H74

H74位于ⅢT0503西北角，部分压于西壁与北隔梁下，开口于第③层下（图4-206；彩版一一二，2）。根据遗迹暴露部分推测H74平面近椭圆形，口部边缘形态明显，底部边缘形态明显，剖面呈袋状，斜弧壁，未见工具痕迹，坑底平整。坑口东西1.44、南北0.42、坑底东西1.68、深1.84米。坑内堆积可分两层，第①层厚0.80～0.92米，土色浅褐，土质疏松，包含少量草木灰、炭粒，坡状堆积。第②层厚0.94米，土色浅黄，土质疏松，包含少量草木灰、零星炭粒，水平状堆积。

坑内出土少量陶片，以陶器腹部残片为主，无可辨器形标本，所以不具体介绍，只进行陶系统计（表4-325、326）。

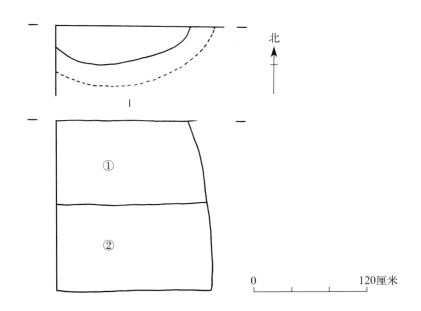

图4-206　H74平、剖面图

表4-325　H74①层陶片统计表

纹饰＼陶色＼陶质	泥质				夹砂				合计
	橙黄	灰	红	灰底黑彩	橙黄	灰	红	褐	
素面	5	1			2				8
绳纹					1				1
篮纹			6						6
麻点纹					5				5

表4-326　H74②层陶片统计表

纹饰 \ 陶色 \ 陶质	泥质				夹砂				合计
	橙黄	灰	红	灰底黑彩	橙黄	灰	红	褐	
素面		3	10		5				18
绳纹			1						1
篮纹			10				2		12
麻点纹					10				10

72. H75

H75位于ⅢT0704西北角，开口于第④层下，北部被H20打破（图4-207；彩版——四，1）。根据遗迹现存部分推测H75平面近圆形，口部边缘形态明显，底部边缘形态明显，剖面呈袋状，斜壁，未见工具痕迹，坑底平整。坑口南北1.38、东西1.29、坑底南北1.66、深1.76米。坑内堆积不分层，土色浅灰，土质疏松，包含植物根茎、炭粒、红烧土颗粒、石块、兽骨，水平状堆积。

坑内出土少量陶片，以陶器腹部残片为主，无可辨器形标本，所以不具体介绍，只进行陶系统计（表4-327）。

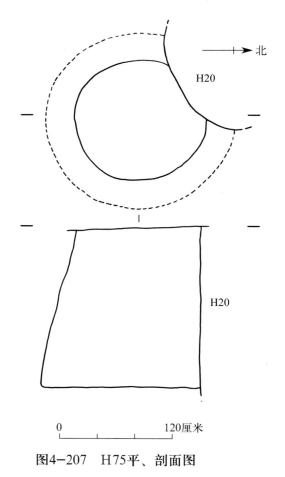

图4-207　H75平、剖面图

表4-327　H75陶片统计表

纹饰	陶质 陶色	泥质				夹砂				合计
		橙黄	灰	红	灰底黑彩	橙黄	灰	红	褐	
素面		3	1	1		1				6
篮纹		3		3		3				9
麻点纹						3		1		4

73. H76

H76 位于ⅢT0704 东北角，开口⑥层下，H67 叠压H76，南部被H34 打破（图 4-208）。根据遗迹现存部分推测H76 平面近圆形，口部边缘形态明显，底部边缘形态不明显，剖面呈筒状，弧壁，未见工具痕迹，坑底平整。坑口南北 1.10、东西 1.34、坑底南北 0.60、深 0.54 米。坑内堆积未分层，土色褐色，土质疏松，包含炭粒、红烧土颗粒、兽骨、石块，水平状堆积。

坑内出土少量陶片，以腹部残片为主，可辨器形有圆腹罐、花边罐、双耳罐、高领罐、斝、尊（表 4-328、329）。

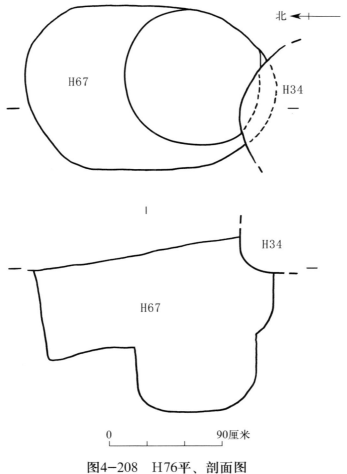

图4-208　H76平、剖面图

表4-328　H76器形数量统计表

器形 ＼ 陶质 陶色	泥质				夹砂				合计
	红	橙黄	灰	黑	红	橙黄	灰	黑	
圆腹罐	1								1
高领罐		1							1
花边罐						1			1
双耳罐						1			1
尊	1								1
斝					1				1

表4-329　H76陶片统计表

纹饰 ＼ 陶质 陶色	泥质				夹砂				合计
	橙黄	灰	红	灰底黑彩	橙黄	灰	红	褐	
素面	8	2			2				12
附加堆纹	1								1
篮纹	8	2							10
麻点纹					5				5
弦纹＋戳印纹					1				1

圆腹罐　1件。

标本H76：3，泥质红陶。侈口，尖唇，矮领，束颈，上腹圆，下腹残。颈部素面，上腹饰交错刻划纹。口径6、残高4厘米（图4-209，1）。

花边罐　1件。

标本H76：5，夹砂橙黄陶。侈口，尖唇，矮领，束颈，上腹斜弧，下腹残。口沿外侧饰一周附加泥条，泥条经手指按压呈波状，颈部素面，上腹饰竖向绳纹，有烟炱。口径14、残高6.4厘米（图4-209，2）。

双耳罐　1件。

标本H76：6，夹砂橙黄陶。侈口，锯齿唇，高领，束颈，上腹圆，下腹残。拱形双耳。颈部饰斜向篮纹，上腹饰麻点纹，耳面饰一条竖向附加泥条呈凸棱状，有烟炱。口径20、残高11厘米（图4-209，3）。

高领罐　1件。

标本H76：4，泥质橙黄陶。喇叭口，窄平沿，方唇，高领，束颈，溜肩，肩部以下残。素面磨光，颈部修整刮抹痕迹明显。口径19.4、残高10厘米（图4-209，4）。

斝　1件。

标本H76：2，夹砂红陶。敛口，重唇，深直腹，平裆，底部有三个牛角状空心足，桥形双耳，器表素面。口径15、高17.6厘米（图4-209，5；彩版一一四，2）。

尊　1件。

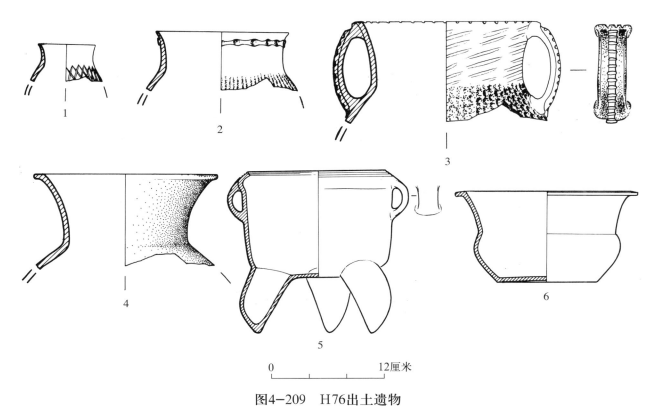

图4-209　H76出土遗物

1.圆腹罐H76：3　2.花边罐H76：5　3.双耳罐H76：6　4.高领罐H76：4　5.鬲H76：2　6.尊H76：1

标本H76：1，泥质红陶。敞口，平沿，高领，微束，鼓腹，平底微内凹，颈、腹连接处有一明显的折线，器表通体素面。口径16.7、高9.9、底径10.6厘米（图4-209，6；彩版一一四，3）。

74. H77

H77位于ⅢT0704东南角，部分压于东隔梁下，开口于第⑥层下，被H34、H67、H51打破（图4-210；彩版一一五，1）。平面呈椭圆形，口部边缘形态明显，底部边缘形态明显，剖面呈筒状，直壁，未见工具痕迹，坑底西高东低呈坡状。坑口东西2.85、南北1、坑底东西2.70、深1.05米。坑内堆积可分两层，第①层厚0.34～0.64米，土色褐色，土质疏松，包含植物根茎、炭粒，坡状堆积。第②层厚0.30～0.44米，土色浅灰，土质疏松，包含炭粒、红烧土颗粒、白灰皮、石块，坡状堆积。

坑内出土少量陶片，以腹部残片为主，可辨器形有鬲，另出土石刀2件（表4-330、331）。

表4-330　H77②层器形数量统计表

器形	陶质　陶色	泥质				夹砂				合计
		红	橙黄	灰	黑	红	橙黄	灰	黑	
鬲						1				1

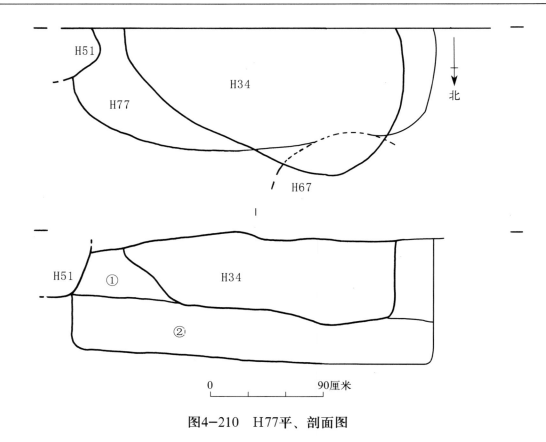

图4-210　H77平、剖面图

表4-331　H77②层陶片统计表

纹饰 ＼ 陶质 陶色	泥质				夹砂				合计
	橙黄	灰	红	灰底黑彩	橙黄	灰	红	褐	
素面	1	2			1				4
绳纹					1				1
篮纹	2				3				5
麻点纹					9	1			10

鬶　1件。

标本H77②：3，夹砂红陶。鬶足，牛角状空心足，表面较粗糙且有烟炱。残高7.4、残宽5厘米（图4-211，1）。

石刀　2件。

标本H77②：1，石英岩。石刀为长方形，器身通体磨光，器身有残缺痕迹，器身中间有一对向钻孔，外孔0.97、内孔0.4厘米，双面刃石刀，残刃长6.5厘米，刃角43.8°，器身长8.3、宽4.3、厚0.5厘米，重36.2克（图4-211，2；彩版——五，2）。

标本H77②：2，石英岩。一面磨制程度较高，另一面磨制程度较低，背部磨光。现残存约二分之一。刃残长5厘米，刃角40.3°，刃部有使用过程中留下的缺口，器身残长5.6、宽4、厚1.1厘米，重31克（图4-211，3；彩版——五，3）。

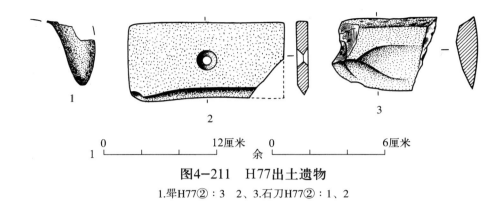

图4-211 H77出土遗物

1.罢H77②：3 2、3.石刀H77②：1、2

75. H78

H78 位于Ⅲ T0704 东南角，部分压于东隔梁下，开口H77下（图 4-212；彩版——六，1）。根据遗迹暴露部分推测H78 平面近椭圆形，口部边缘形态明显，底部边缘形态不明显，剖面呈不规则状，直壁，未见工具痕迹，底部有一凹坑。坑口东西 1.83、南北 0.45、坑底东西 1.24、深 0.16～0.66 米。坑内堆积未分层，土色浅灰，土质疏松，包含炭粒、红烧土颗粒、白灰皮、兽骨、石块，凹镜状堆积。

坑内出土零星陶片，以陶器腹部残片为主，无可辨器形标本，所以不具体介绍，只进行陶系统计（表 4-332）。

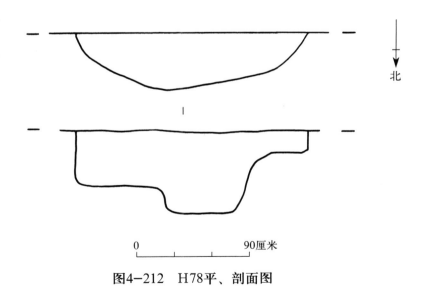

图4-212 H78平、剖面图

表4-332 H78陶片统计表

纹饰 \ 陶质 陶色	泥质				夹砂				合计
	橙黄	灰	红	灰底黑彩	橙黄	灰	红	褐	
篮纹	3								3

76. H79

H79 位于ⅢT0704 南部，部分压于南壁下，开口H77 下，东部被H78 打破（图 4-213；彩版一一六，2）。根据遗迹现存部分推测H79 平面近圆形，口部边缘形态明显，底部边缘形态不明显，剖面呈筒状，弧壁，未见工具痕迹，底部凹凸不平。坑口南北 0.30、东西 0.40、坑底南北 0.32、东西 0.38、深 0.28 米。坑内堆积未分层，土色浅灰，土质疏松，包含红烧土颗粒、炭粒，水平状堆积。

坑内出土零星陶片，出土陶拍 1 件。陶片以陶器腹部残片为主，无可辨器形标本，所以不具体介绍，只进行陶系统计（表 4-333）。

表4-333　H79陶片统计表

纹饰	陶质	泥质				夹砂				合计
	陶色	橙黄	灰	红	灰底黑彩	橙黄	灰	红	褐	
麻点纹						1				1

陶拍　1 件。

标本H79：1，夹砂橙黄陶。器体呈蘑菇状，拍面圆弧，柄部圆柱状，平顶，顶部中间有一圆凹窝，拍背面饰麻点纹，拍面直径 7、厚 1.65、柄部直径 2.83、高 4 厘米，重 101.08 克（图 4-214；彩版一一六，3）。

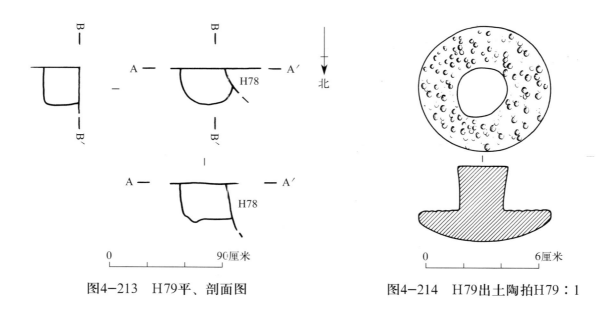

图4-213　H79平、剖面图　　　　　　图4-214　H79出土陶拍H79：1

77. H80

H80 位于ⅢT0202 中部偏西，开口于第⑥层下，被H44、H46 打破（图 4-215；彩版一一七，1）。根据遗迹现存部分推测H80 平面近圆形，口部边缘形态明显，底部边缘形态明显，剖面呈筒状，直壁，未见工具痕迹，坑底平整。坑口南北 1.36、坑底东西 0.51、深 0.46 米。坑内堆积未分层，土色褐色，土质疏松，包含石块、兽骨、炭粒，水平状堆积。

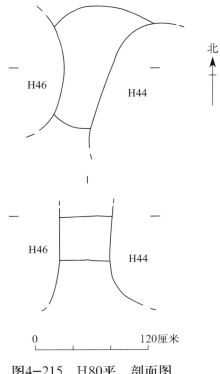

图4-215 H80平、剖面图

坑内出土零星陶片，以陶器腹部残片为主，无可辨器形标本，所以不具体介绍，只进行陶系统计（表4-334）。

表4-334 H80陶片统计表

纹饰 \ 陶色 陶质	泥质				夹砂				合计
	橙黄	灰	红	灰底黑彩	橙黄	灰	红	褐	
素面			2						2
篮纹			1		2				3

78. H81

H81位于ⅢT0202东南角，部分压于南壁下，开口于第⑤层下，被H44、H88打破（图4-216；彩版一一七，2）。根据遗迹现存部分推测H81平面近椭圆形，口部边缘形态明显，底部边缘形态较明显，剖面呈袋状，斜弧壁，未见工具痕迹，坑底平整。坑口南北2.90、东西1.90、深0.82米。坑内堆积未分层，土色褐色，土质疏松，水平状堆积。

坑内出土大量陶片，以腹部残片为主（彩版一一七，3），可辨器形有圆腹罐、花边罐、双耳罐、高领罐、鬲足（表4-335、336）。

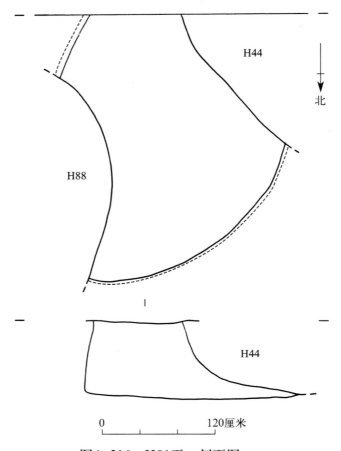

图4-216　H81平、剖面图

表4-335　H81器形数量统计表

器形	陶质	泥质				夹砂				合计
	陶色	红	橙黄	灰	黑	红	橙黄	灰	黑	
双耳罐		1				1				2
斝							1			1
花边罐						4	1	1		6
罐腹底						1				1
高领罐		1								1
大口圆腹罐								1		1
圆腹罐							1			1

表4-336　H81陶片统计表

纹饰	陶质	泥质				夹砂				合计
	陶色	橙黄	灰	红	灰底黑彩	橙黄	灰	红	褐	
素面		36	4			39		7		86
绳纹		2				17				19

续表

纹饰 \ 陶质 陶色	泥质				夹砂				合计
	橙黄	灰	红	灰底黑彩	橙黄	灰	红	褐	
篮纹	15	1	5		11		7		39
刻划纹					1				1
附加堆纹	1				1				2
麻点纹					48				48
麻点纹 + 篮纹					4				4

圆腹罐 3 件。

标本H81∶12，夹砂灰陶。侈口，方唇，高领，微束颈，上腹斜，下腹残。颈部饰横向篮纹，上腹饰麻点纹，有烟炱。残高 11.5、残宽 10.1 厘米（图 4-217，1）。

标本H81∶13，夹砂橙黄陶。侈口，方唇，高领，束颈，上腹斜，下腹残。颈部素面，上腹饰麻点纹。残高 7.9、残宽 11.5 厘米（图 4-217，2）。

标本H81∶7，夹砂红陶。上腹残，下腹斜直，平底。下腹饰麻点纹。底径 12、残高 9.4 厘米（图 4-217，3）。

花边罐 6 件。

标本H81∶3，夹砂红陶。侈口，尖唇，矮领，微束颈，上腹斜弧，下腹残。口沿外侧和上腹各饰一周附加泥条，泥条经手指按压呈波状，颈部饰斜向篮纹，上腹饰竖向绳纹，有烟炱。口径 10、残高 5.4 厘米（图 4-217，4）。

标本H81∶4，夹砂橙黄陶。侈口，尖唇，矮领，微束颈，上腹斜弧，下腹残。口沿外侧饰一周附加泥条，泥条经手指按压呈波状，上腹饰麻点纹，有烟炱。口径 11、残高 5.6 厘米（图 4-217，5）。

标本H81∶5，夹砂灰陶。侈口，尖唇，高领，束颈，上腹圆，下腹残。颈腹间饰一周附加泥条，泥条经手指按压呈波状，上腹部饰斜向篮纹，有烟炱。口径 11、残高 7 厘米（图 4-217，6）。

标本H81∶6，夹砂红陶。侈口，尖唇，矮领，束颈，上腹圆，下腹残。口沿外侧饰一周附加泥条，泥条经手指按压呈波状，颈部素面，上腹饰麻点纹，有烟炱。口径 12、残高 9.6 厘米（图 4-217，7）。

标本H81∶8，夹砂红陶。侈口，尖唇，矮领，束颈，颈部以下残。口沿外侧饰一周附加泥条，泥条经手指按压呈波状，颈部饰竖向绳纹，有烟炱。口径 11、残高 4.4 厘米（图 4-217，8）。

标本H81∶10，夹砂红陶。微侈口，锯齿唇，高领，微束颈，颈部以下残。颈部饰横向篮纹。残高 6.1、残宽 7.3 厘米（图 4-217，9）。

双耳罐 2 件。

标本H81∶1，泥质红陶。侈口，圆唇，高领，微束颈，鼓腹，平底微内凹，拱形双耳，器身素面。口径 6.2、高 7.7、底径 3 厘米（图 4-217，10；彩版一一七，3）。

标本H81∶9，夹砂红陶。侈口，双重唇，高领，束颈，颈部以下残。耳残。唇面形成一道凹槽，颈部素面。口径 24、残高 8 厘米（图 4-217，11）。

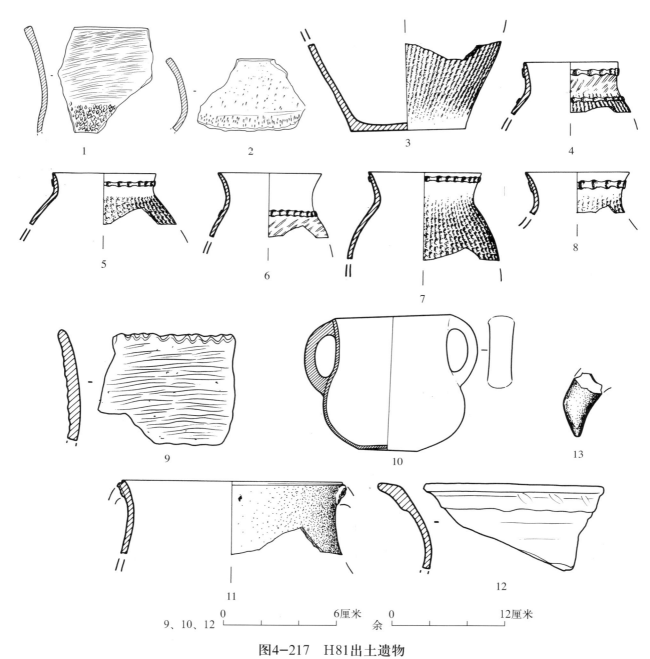

图4-217　H81出土遗物

1～3.圆腹罐H81：12、13、7　4～9.花边罐H81：3～6、8、10　10、11.双耳罐H81：1、9　12.高领罐H81：11　13.鬶足
H81：2

　　高领罐　1件。

　　标本H81：11，泥质橙黄陶。喇叭口，平沿，圆唇，高领，束颈，颈部以下残。口沿外侧有一周折棱，折棱之下饰戳印纹。颈部素面磨光。残高4.7、残宽9.6厘米（图4-217，12）。

　　鬶足　1件。

　　标本H81：2，夹砂橙黄陶。鬶足，牛角状空心足，素面，有烟炱。残高7、残宽3.7厘米（图4-217，13）。

79. H82

H82位于ⅢT0201北部，开口于第⑤层下，被H5打破（图4-218；彩版一一八，1）。根据遗迹暴露部分推测H82平面近椭圆形，口部边缘形态明显，底部边缘形态明显，剖面呈筒状，直壁，未见工具痕迹，坑底平整。坑口南北2.25、东西2.06、坑底东西1.98、深0.85～1.06米。坑内堆积可分两层，第①层厚0.40～0.50米，土色褐色，土质疏松，包含草木灰、白灰皮、石块、兽骨，坡状堆积。第②层厚0.38～0.54米，土色褐色，土质疏松，包含炭粒、石块、兽骨，水平状堆积。

坑内出土少量陶片，以腹部残片为主，可辨器形有圆腹罐、高领罐、盆，另出土骨镞1件（表4-337～339）。

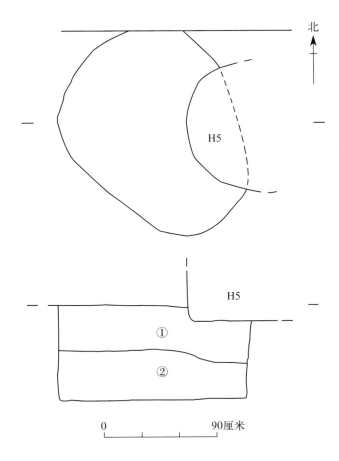

图4-218　H82平、剖面图

表4-337　H82①层器形数量统计表

器形 \ 陶色	泥质				夹砂				合计
	红	橙黄	灰	黑	红	橙黄	灰	黑	
大口圆腹罐						1			1
圆腹罐						3	1		4
高领罐		1							1
盆		1							1

表4-338　H82①层陶片统计表

纹饰 ＼ 陶质 ＼ 陶色	泥质				夹砂				合计
	橙黄	灰	红	灰底黑彩	橙黄	灰	红	褐	
素面	16	7	9		9				41
绳纹		1	14		4				19
篮纹	18				36				54
戳印纹		1							1

表4-339　H82②层陶片统计表

纹饰 ＼ 陶质 ＼ 陶色	泥质				夹砂				合计
	橙黄	灰	红	灰底黑彩	橙黄	灰	红	褐	
素面	2		3						5
绳纹							2		2
篮纹	2		1		1	1	1		6
麻点纹					2				2
麻点纹＋篮纹							1		1

圆腹罐　5件。

标本H82①：2，夹砂橙黄陶。侈口，圆唇，高领，束颈，上腹圆，下腹残。颈部素面，腹部饰麻点纹。口径18.2、残高14厘米（图4-219，1）。

标本H82①：3，夹砂橙黄陶。侈口，圆唇，高领，束颈，上腹斜弧，下腹残。颈部饰横向篮纹，上腹饰竖向绳纹，有烟炱。口径15、残高7.4厘米（图4-219，2）。

标本H82①：5，夹砂橙黄陶。侈口，圆唇，矮领，束颈，颈部以下残。颈部饰斜向篮纹。残高4.5、残宽5.8厘米（图4-219，3）。

标本H82①：7，夹砂橙黄陶。侈口，尖唇，高领，束颈，颈部以下残。颈部饰横向篮纹。残高5.5、残宽5.6厘米（图4-219，4）。

标本H82①：8，夹砂灰陶。侈口，尖唇，矮领，微束颈，颈部以下残。口沿外侧有一周折棱，素面且有烟炱。残高4.8、残宽5.6厘米（图4-219，5）。

高领罐　1件。

标本H82①：4，泥质橙黄陶。喇叭口，尖唇，高领，束颈，颈部以下残。口沿外侧有一周折棱，下颈部饰戳印纹。残高8、残宽7厘米（图4-219，6）。

盆　1件。

标本H82①：6，泥质橙黄陶。敞口，方唇，斜直腹，底残。口沿外侧饰一周折棱，折棱之上饰戳印纹，腹部饰横向篮纹。残高4、残宽11.9厘米（图4-219，7）。

骨镞　1件。

标本H82①：1，动物骨骼磨制而成，平面略呈菱形，除锋部细磨外，其余粗磨，锋部扁平且尖锐，铤部呈圆柱状。长9.2、厚0.9厘米（图4-219，8；彩版一一八，2）。

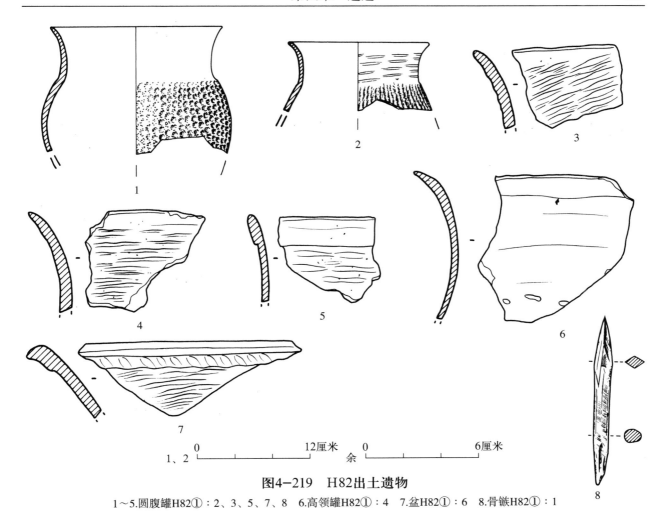

图4-219 H82出土遗物

1～5.圆腹罐H82①：2、3、5、7、8 6.高领罐H82①：4 7.盆H82①：6 8.骨镞H82①：1

80. H83

H83位于ⅢT0604东南角，开口H65下（图4-220）。平面近圆形，口部边缘形态明显，底部边缘形态明显，剖面呈袋状，直壁，未见工具痕迹，坑底平整。坑口东西2.52米，坑底2.44米，深0.36米。坑内堆积未分层，土色浅灰，土质疏松，包含炭粒、兽骨、石块，出土少量陶片。H83底部南侧有一小坑，平面略呈椭圆形，剖面呈袋装，斜直壁，平底。口部南北0.78米，东西0.72米，底部直径1.52米，深1.56米。坑内堆积未分层，土色浅灰，土质疏松，水平状堆积。

出土少量陶片，以腹部残片为主，可辨器形有圆腹罐、花边罐、高领罐（表4-340、341）。

表4-340 H83器形数量统计表

器形	陶质 陶色	泥质				夹砂				合计
		红	橙黄	灰	黑	红	橙黄	灰	黑	
圆腹罐			1			2				3
花边罐							1			1
高领罐		1	1							2

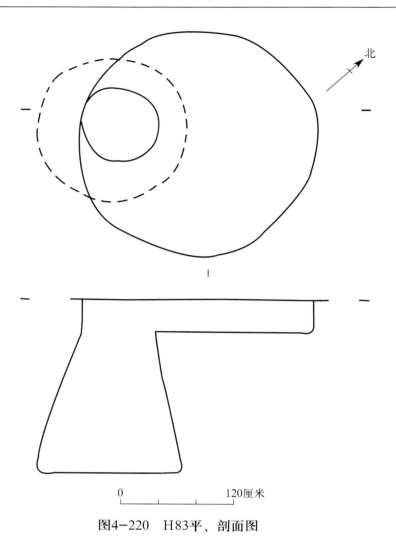

图4-220　H83平、剖面图

表4-341　H83陶片统计表

纹饰 ＼ 陶质 陶色	泥质				夹砂				合计
	橙黄	灰	红	灰底黑彩	橙黄	灰	红	褐	
素面	17		5		5				27
绳纹	1				5				6
篮纹	11		2		5				18
麻点纹					17				17
附加堆纹 + 绳纹					1				1

圆腹罐　3件。

标本H83：2，泥质橙黄陶。侈口，圆唇，矮领，束颈，颈部以下残。素面磨光。口径15、残高7厘米（图4-221，1）。

标本H83：3，夹砂橙黄陶。侈口，尖唇，高领，束颈，颈部以下残。颈部饰斜向篮纹，有烟炱。口径16、残高3.8厘米（图4-221，2）。

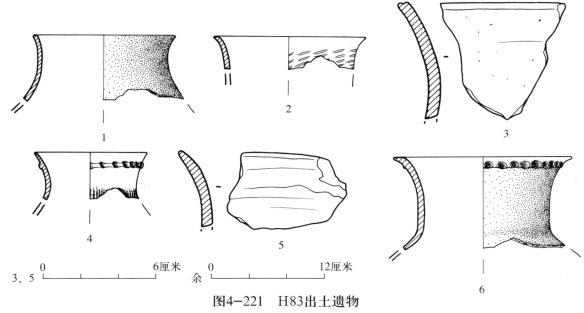

图4-221　H83出土遗物

1~3.圆腹罐H83：2、3、6　4.花边罐H83：5　5、6.高领罐H83：1、4

标本H83：6，夹砂橙黄陶。侈口，方唇，高领，束颈，颈部以下残。唇面有一道凹槽，颈部素面，有烟炱。残高6.3、残宽6.6厘米（图4-221，3）。

花边罐　1件。

标本H83：5，夹砂橙黄陶。侈口，尖唇，矮领，束颈，腹部残，口沿外侧饰一周附加泥条，泥条经手指按压呈波状，颈部饰竖向绳纹。口径12、残高5厘米（图4-221，4）。

高领罐　2件。

标本H83：1，泥质橙黄陶。喇叭口，圆唇，高领，束颈，颈部以下残。素面磨光。残高4.2、残宽6.3厘米（图4-221，5）。

标本H83：4，泥质红陶。喇叭口，平沿，圆唇，高领，束颈，溜肩，腹部残。口沿外侧饰一周折棱，颈部素面磨光。口径19、残高10厘米（图4-221，6）。

81. H84

H84位于ⅢT0201西部，开口于第⑥层下，被H82、H88打破（图4-222；彩版一一八，4）。根据遗迹现存部分推测H84平面近椭圆形，口部边缘形态较明显，底部边缘形态明显，剖面呈筒状，斜直壁，未见工具痕迹，坑底平整。坑口南北2.14、东西1.64、坑底南北1.50、深1.46米。坑内堆积未分层，土色褐色，土质疏松，包含红烧土颗粒、炭粒、少量草木灰、石块、兽骨，水平状堆积。

坑内出土大量陶片，以腹部残片为主，可辨器形有圆腹罐、花边罐、高领罐、敛口罐，另出土骨针1件（表4-342、343）。

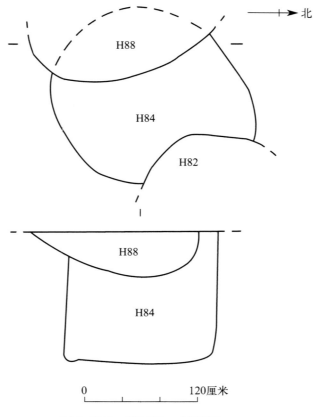

图4-222　H84平、剖面图

表4-342　H84器形数量统计表

器形 ＼ 陶质/陶色	泥质				夹砂				合计
	红	橙黄	灰	黑	红	橙黄	灰	黑	
圆腹罐						1			1
花边罐						4			4
高领罐	1								1
敛口罐					2				2

表4-343　H84陶片统计表

纹饰 ＼ 陶质/陶色	泥质				夹砂				合计
	橙黄	灰	红	灰底黑彩	橙黄	灰	红	褐	
素面	29	4	5		13				51
绳纹		1	2		24				27
篮纹	14	1	5		1				21
麻点纹					38				38
附加堆纹＋篮纹					1				1
附加堆纹＋麻点纹					1				1
麻点纹＋篮纹					1				1

圆腹罐 1件。

标本H84：8，夹砂橙黄陶。侈口，尖唇，高领，束颈，上腹斜，下腹残。通体饰麻点纹。残高6.8、残宽6.3厘米（图4-223，1）。

花边罐 4件。

标本H84：2，夹砂橙黄陶。侈口，尖唇，矮领，上腹斜，下腹残。上颈部饰一周附加泥条，泥条经手指按压呈波状，颈部素面，上腹部饰麻点纹，有烟炱。口径9、残高5.6厘米（图4-223，2）。

标本H84：3，夹砂橙黄陶。侈口，圆唇，高领，微束颈，上腹圆，下腹残。口沿外侧饰一周附加泥条，泥条之上饰斜向戳印纹，颈部素面，上腹饰竖向绳纹，有烟炱。口径11、残高8厘米（图4-223，3）。

标本H84：4，夹砂橙黄陶。侈口，尖唇，矮领，微束颈，上腹圆，下腹残。口沿外侧饰一周附加泥条，泥条之上饰斜向戳印纹，颈部素面，上腹饰麻点纹。口径10、残高8厘米（图4-223，4）。

标本H84：9，夹砂橙黄陶。侈口，尖唇，矮领，束颈，颈部以下残。颈部饰横向篮纹，篮纹之上饰一周附加泥条，泥条经手指按压呈波状，有烟炱。残高4、残宽5.6厘米（图4-223，5）。

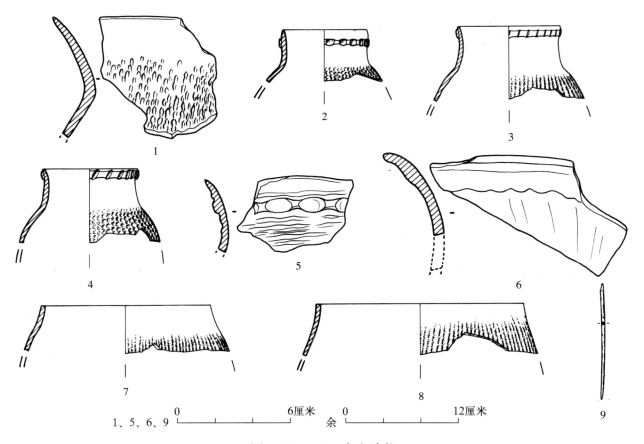

图4-223 H84出土遗物

1.圆腹罐H84：8 2～5.花边罐H84：2、3、4、9 6.高领罐H84：7 7、8.敛口罐H84：5、6 9.骨针H84：1

高领罐　1件。

标本H84：7，泥质红陶。喇叭口，圆唇，高领，束颈，颈部以下残。口沿外侧有一周折棱，颈部素面磨光且有刮抹痕迹。残高5.6、残宽7.8厘米（图4-223，6）。

敛口罐　2件。

标本H84：5，夹砂红陶。敛口，方唇，上腹斜弧，下腹残。上腹饰竖向绳纹，有烟炱。口径18、残高5.4厘米（图4-223，7）。

标本H84：6，夹砂红陶。敛口，方唇，上腹斜，下腹残。上腹饰竖向绳纹，有烟炱。口径22、残高5.6厘米（图4-223，8）。

骨针　1件。

标本H84：1，动物骨骼磨制而成，器体呈圆柱状，截断面呈圆形，尖端磨制尖锐，尾端残损，器身通体磨制精细较光滑。残长6.3、厚0.3厘米（图4-223，9；彩版一一八，3）。

82. H85

H85位于ⅢT0705南部，部分压于南壁下，开口于第④层下（图4-224；彩版一一九，1）。根据遗迹现存部分推测平面近椭圆形，口部边缘形态明显，底部边缘形态较明显，剖面呈袋状，

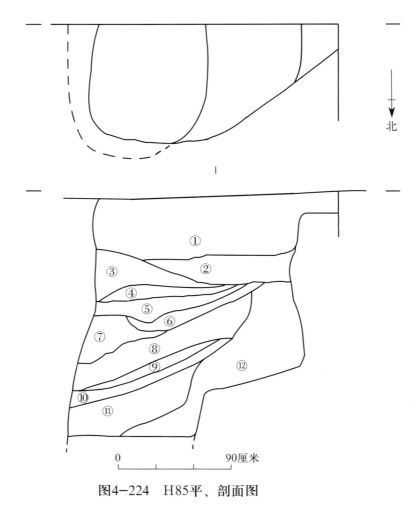

图4-224　H85平、剖面图

各壁均坍塌，由于灰坑较深，为了安全起见未清理至底。坑口东西4.70、南北0.60~2.46、坑底东西2.46、南北2.10~2.30、深4.80米。坑内堆积可分十二层，第①层厚0.40~1.18米，土色浅灰，土质疏松，包含植物根茎、白灰皮、炭粒、兽骨、石块，水平堆积。第②层厚0~0.70米，土色浅灰，土质疏松，包含植物根茎、炭粒、石块，坡状堆积。第③层厚0~1.10米，土色浅灰，土质疏松，包含炭粒、烧结块、生土块，坡状堆积。第④层厚0~0.30米，土色褐色，土质疏松，包含炭粒，凸镜状堆积。第⑤层厚0~0.50米，土色浅灰，土质疏松，包含兽骨、炭粒、烧结块、生土块、石块，凹镜状堆积。第⑥层厚0~0.30米，土色浅灰，土质疏松，包含炭粒，凹镜状堆积。第⑦层厚0~0.95米，土色黄色，土质致密，包含炭粒、草木灰，坡状堆积。第⑧层厚0.50~0.70米，土色浅灰，土质疏松，包含炭粒、烧结块、石块，坡状堆积。第⑨层厚0~0.20米，土色浅灰，土质疏松，包含炭粒、烧结块、石块，坡状堆积。第⑩层厚0~0.35米，土色浅灰，土质疏松，包含炭粒、黄土块、烧结块，坡状堆积。第⑪层厚0~0.80米，土色褐色，土质疏松，包含生土块、炭粒、烧结块、石块，坡状堆积。第⑫层厚0~1.95米，土色浅灰，土质疏松，包含石块、炭粒、烧结块，不规则状堆积。

坑内出土大量陶片。

（1）H85①层

出土少量陶片，以腹部残片为主，可辨器形有圆腹罐、花边罐、高领罐、盆，另出土石刀1件（表4-344、345）。

表4-344　H85①层器形数量统计表

器形 \ 陶质 陶色	泥质				夹砂				合计
	红	橙黄	灰	褐	红	橙黄	灰	黑	
圆腹罐						6			6
花边罐						2			2
高领罐	2	1	1	1					5
盆	4	1							5

表4-345　H85①层陶片统计表

纹饰 \ 陶质 陶色	泥质				夹砂				合计
	橙黄	灰	红	灰底黑彩	橙黄	灰	红	褐	
素面	37	8	9		15		1		70
绳纹							10		10
篮纹	14	11	7		1		1		34
麻点纹					35				35
刻划纹	1								1

圆腹罐　3件。

标本H85①：7，夹砂橙黄陶。侈口，尖唇，矮领，束颈，颈部以下残。下颈部饰竖向绳纹，有烟炱。口径13、残高4厘米（图4-225，1）。

　　标本H85①：9，夹砂橙黄陶。侈口，圆唇，高领，束颈，上腹圆，下腹残。颈部素面，上腹部饰麻点纹。口径13、残高7.6厘米（图4-225，2）。

　　标本H85①：13，夹砂橙黄陶。侈口，圆唇，高领，束颈，颈部以下残，颈部饰竖向绳纹。残高6.9、残宽7厘米（图4-225，3）。

　　花边罐　2件。

　　标本H85①：4，夹砂橙黄陶。侈口，尖唇，高领，束颈，颈部以下残。口沿外侧饰一周附加

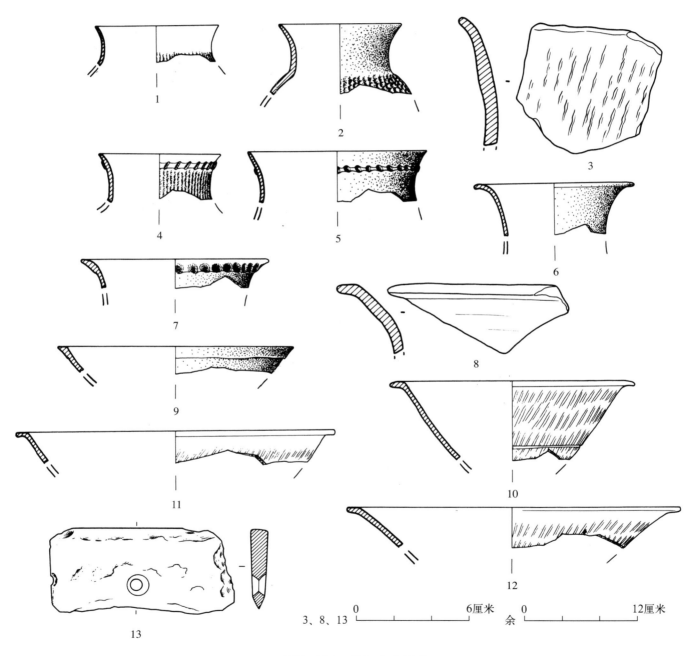

图4-225　H85出土遗物

1～3.圆腹罐H85①：7、9、13　4、5.花边罐H85①：4、6　6～8.高领罐H85①：10、11、12　9～12.盆H85①：2、3、5、8
13.石刀H85①：1

泥条，泥条之上饰斜向戳印纹，颈部饰竖向绳纹。口径13、残高5厘米（图4-225，4）。

标本H85①：6，夹砂橙黄陶。侈口，尖唇，矮领，束颈，颈部以下残。颈部饰一周附加泥条，泥条经手指按压呈波状。口径19、残高5.4厘米（图4-225，5）。

高领罐 3件。

标本H85①：10，泥质橙黄陶。喇叭口，圆唇，高领，束颈，颈部以下残。素面磨光。口径17、残高5.6厘米（图4-225，6）。

标本H85①：11，泥质灰陶。喇叭口，圆唇，高领，束颈，颈部以下残。口沿外侧饰一周折棱，颈部素面磨光，有烟炱。口径20、残高3.2厘米（图4-225，7）。

标本H85①：12，泥质红陶。喇叭口，平沿，圆唇，高领，束颈，颈部以下残。素面磨光。残高3.8、残宽9厘米（图4-225，8）。

盆 4件。

标本H85①：2，泥质橙黄陶。敞口，尖唇，斜腹微弧，底残。口沿外侧有一周折棱，器表通体素面磨光且有修整刮抹痕迹。口径25、残高3厘米（图4-225，9）。

标本H85①：3，泥质红陶。敞口，平沿，圆唇，斜腹微弧，底残。腹部饰斜向篮纹，下腹有一道横向刮痕，内壁素面磨光且有刮抹痕迹。口径26、残高8.6厘米（图4-225，10）。

标本H85①：5，泥质红陶。敞口，平沿，圆唇，斜弧腹，底残。腹部饰斜向篮纹，内壁素面磨光。口径34、残高3.6厘米（图4-225，11）。

标本H85①：8，泥质红陶。敞口，平沿，方唇，斜直腹，底残。腹部饰斜向篮纹，内壁素面磨光且有修整刮抹痕迹。口径35.7、残高4.4厘米（图4-225，12）。

石刀 1件。

标本H85①：1，石英岩。石刀为长方形，器表有打磨痕迹，器身有残缺痕迹，器身中间靠刃部有一对向钻孔，双面刃石刀。残长9.8、宽4.7、厚0.89厘米，重69.28克（图4-225，13；彩版一一九，2）。

（2）H85②层

出土少量陶片，以腹部残片为主，可辨器形有圆腹罐、高领罐、盆（表4-346、347）。

表4-346 H85②层器形数量统计表

器形＼陶色	泥质				夹砂				合计
	红	橙黄	灰	褐	红	橙黄	灰	黑	
圆腹罐						3			3
高领罐				1	1				2
盆					1				1

表4-347 H85②层陶片统计表

纹饰＼陶色	泥质				夹砂				合计
	橙黄	灰	红	灰底黑彩	橙黄	灰	红	褐	
素面	15	6	13		11				45

续表

纹饰＼陶色＼陶质	泥质				夹砂				合计
	橙黄	灰	红	灰底黑彩	橙黄	灰	红	褐	
绳纹					11				11
篮纹	15	4	6						25
麻点纹					14				14
附加堆纹					1				1
麻点纹＋篮纹					2				2

圆腹罐 3件。

标本H85②：1，夹砂橙黄陶。侈口，尖唇，矮领，束颈，颈部以下残。下颈部残断处饰竖向绳纹，有烟炱。口径11、残高4.8厘米（图4-226，1）。

标本H85②：3，夹砂橙黄陶。侈口，窄平沿，尖唇，矮领，束颈，颈部以下残。口沿外侧有一周折棱，素面，有烟炱。口径16.8、残高4.8厘米（图4-226，2）。

标本H85②：4，夹砂橙黄陶。侈口，圆唇，高领，微束颈，颈部以下残。颈部饰竖向绳纹，有烟炱。口径13、残高5厘米（图4-226，3）。

高领罐 2件。

标本H85②：2，泥质褐陶。喇叭口，圆唇，高领，束颈，颈部以下残。素面。口径16.8、残高4.8厘米（图4-226，4）。

标本H85②：5，泥质红陶。喇叭口，圆唇，口沿以下残。素面，内壁素面磨光。口径15、残高1.5厘米（图4-226，5）。

盆 1件。

标本H85②：6，夹砂红陶。敞口，方唇，弧腹，底残。口沿外侧有一周折棱，器表通体饰麻点纹。口径24.8、残高4.5厘米（图4-226，6）。

（3）H85⑤层

出土少量陶片，以腹部残片为主，可辨器形有圆腹罐、高领罐、盆（表4-348、349）。

表4-348　H85⑤层器形数量统计表

器形＼陶色＼陶质	泥质				夹砂				合计
	红	橙黄	灰	黑	红	橙黄	灰	黑	
圆腹罐					1				1
高领罐	1								1
盆					1				1

表4-349　H85⑤层陶片统计表

纹饰＼陶色＼陶质	泥质				夹砂				合计
	橙黄	灰	红	灰底黑彩	橙黄	灰	红	褐	
素面	17	11							28

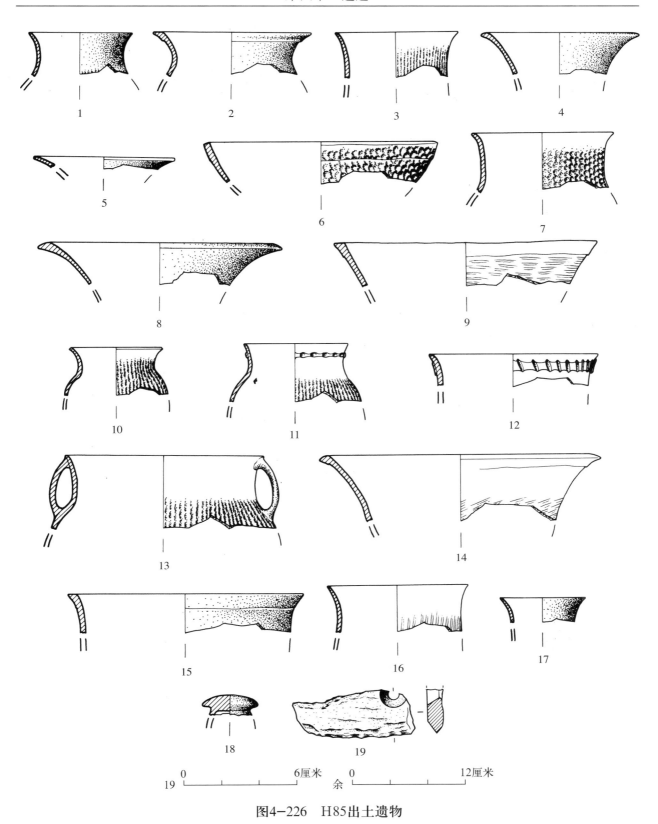

图4-226　H85出土遗物

1～3、7、10、15～17.圆腹罐H85②：1、3、4、H85⑤：1、H85⑧：4、H85⑪：2、4、5　4、5、8.高领罐H85②：2、5、
H85⑤：2　6、9、14.盆H85②：6、H85⑤：3、H85⑨：1　11、12.花边罐H85⑧：2、3　13.双耳罐H85⑧：1　18.器纽
H85⑪：3　19.石器H85⑪：1

续表

纹饰＼陶色＼陶质	泥质				夹砂				合计
	橙黄	灰	红	灰底黑彩	橙黄	灰	红	褐	
绳纹	3								3
篮纹	4	2							6
麻点纹					7				7
附加堆纹	1								1

圆腹罐　1件。

标本H85⑤：1，夹砂红陶。侈口，圆唇，高领，束颈，颈部以下残。颈部饰麻点纹，有烟炱。口径15、残高6.2厘米（图4-226，7）。

高领罐　1件。

标本H85⑤：2，泥质红陶。敞口，斜沿，尖唇，高领，束颈，颈部以下残。颈部素面磨光。口径25.8、残高4.6厘米（图4-226，8）。

盆　1件。

标本H85⑤：3，夹砂红陶。敞口，方唇，斜直腹，底残。口沿外侧有一周折棱，腹部饰横向篮纹，内壁素面磨光。口径28、残高4.8厘米（图4-226，9）。

（4）H85⑦层

出土陶片见下表（表4-350）。

表4-350　H85⑦层陶片统计表

纹饰＼陶色＼陶质	泥质				夹砂				合计
	橙黄	灰	红	灰底黑彩	橙黄	灰	红	褐	
素面	3	3					1		7
绳纹			1		2	3	8		14
篮纹			1		1	1			3
麻点纹					1				1
网格纹			1						1

（5）H85⑧层

出土少量陶片，以腹部残片为主，可辨器形有圆腹罐、花边罐、双耳罐（表4-351、352）。

表4-351　H85⑧层器形数量统计表

器形＼陶色＼陶质	泥质				夹砂				合计
	红	橙黄	灰	黑	红	橙黄	灰	黑	
圆腹罐						1			1
花边罐					1	1			2
双耳罐						1			1

表4-352 H85⑧层陶片统计表

纹饰＼陶质＼陶色	泥质				夹砂				合计
	橙黄	灰	红	灰底黑彩	橙黄	灰	红	褐	
素面		1	3						4
绳纹					5				5
篮纹		1	1				1		3
麻点纹					4	1			5
附加堆纹＋麻点纹＋篮纹					1				1

圆腹罐 1件。

标本H85⑧：4，夹砂橙黄陶。侈口，方唇，矮领，束颈，上腹圆，下腹残。器表通体饰竖向绳纹，有烟炱。口径10、残高5.2厘米（图4-226，10）。

花边罐 2件。

标本H85⑧：2，夹砂橙黄陶。侈口，尖唇，矮领，束颈，上腹圆，下腹残。口沿外侧饰一周附加泥条，泥条经手指按压呈波状，上腹部饰竖向绳纹，有烟炱。口径11、残高6.2厘米（图4-226，11）。

标本H85⑧：3，夹砂红陶。侈口，尖唇，微束颈，颈部以下残。口沿外侧饰一周附加泥条，泥条之上饰斜向戳印纹，有烟炱。口径18、残高3.6厘米（图4-226，12）。

双耳罐 1件。

标本H85⑧：1，夹砂橙黄陶。侈口，尖唇，高领，束颈，上腹圆，下腹残。拱形双耳，颈部素面，上腹饰竖向绳纹，有烟炱。口径21、残高8.2厘米（图4-226，13）。

（6）H85⑨层

出土少量陶片，以腹部残片为主，可辨器形有盆（表4-353、354）。

表4-353 H85⑨层器形数量统计表

器形＼陶质＼陶色	泥质				夹砂				合计
	红	橙黄	灰	黑	红	橙黄	灰	黑	
盆						1			1

表4-354 H85⑨层陶片统计表

纹饰＼陶质＼陶色	泥质				夹砂				合计
	橙黄	灰	红	灰底黑彩	橙黄	灰	红	褐	
素面			1						1
绳纹					4				4
篮纹			2						2
麻点纹					2				2
刻划纹					2				2

盆　1件。

标本H85⑨：1，夹砂橙黄陶。侈口，窄沿，尖唇，斜弧腹，底残。口沿外侧有一周折棱，腹部饰横向篮纹。口径29.8、残高7.6厘米（图4-226，14）。

（7）H85⑩层

出土陶片见下表（表4-355）。

表4-355　H85⑩层陶片统计表

| 纹饰 | 陶质 | 泥质 | | | | 夹砂 | | | | 合计 |
	陶色	橙黄	灰	红	灰底黑彩	橙黄	灰	红	褐	
素面		2	2	3			1			8
绳纹			1			3		3		7
篮纹		1		6						7
麻点纹						2				2

（8）H85⑪层

出土少量陶片，以腹部残片为主，可辨器形有圆腹罐、器纽，另出土石器1件（表4-356、357）。

表4-356　H85⑪层器形数量统计表

| 器形 | 陶质 | 泥质 | | | | 夹砂 | | | | 合计 |
	陶色	红	橙黄	灰	黑	红	橙黄	灰	黑	
圆腹罐		1	1			1				3

表4-357　H85⑪层陶片统计表

| 纹饰 | 陶质 | 泥质 | | | | 夹砂 | | | | 合计 |
	陶色	橙黄	灰	红	灰底黑彩	橙黄	灰	红	褐	
素面		5	1	1			2			9
绳纹		3				1				4
篮纹		5								5
篮纹＋绳纹						2				2
麻点纹						2				2
麻点纹＋篮纹		1								1

圆腹罐　3件。

标本H85⑪：2，泥质红陶。侈口，方唇，高领，微束颈，颈部以下残。口沿外侧有一周折棱，颈部素面磨光。口径25、残高4.4厘米（图4-226，15）。

标本H85⑪：4，夹砂红陶。侈口，尖唇，高领，微束颈，颈部以下残。颈部饰竖向篮纹，有烟炱。口径15、残高5厘米（图4-226，16）。

标本H85⑪：5，泥质橙黄陶。侈口，尖唇，高领，束颈，颈部以下残。素面磨光。口径9、残高 2.6 厘米（图 4-226，17）。

器纽 1 件。

标本 H85⑪：3，泥质灰陶。呈圆饼状，表面圆形弧状，有刮抹痕迹，素面。直径 6、残高 2.4 厘米（图 4-226，18）。

石器 1 件。

标本 H85⑪：1，石英岩。器身有一单向钻孔，双面磨刃。外孔 1.27、内孔 0.67 厘米。刃长 5.6 厘米，刃角 75.9°，器身残长 6.5、残宽 2.5、厚 0.83 厘米，重 18.85 克（图 4-226，19）。

83. H86

H86 位于Ⅲ T0201 西南角，开口于第⑤层下，被 H81 打破（图 4-227；彩版一二〇，1）。根据遗迹暴露部分推测 H86 平面近圆形，口部边缘形态明显，底部边缘形态明显，剖面呈筒状，斜壁微弧，未见工具痕迹，坑底平整。坑口南北 1.20、东西 2.30、坑底东西 2.28、深 0.95 米。坑内堆积未分层，土色浅灰色，土质疏松，包含红烧土颗粒、炭粒、石块、兽骨，水平状堆积。

坑内出土少量陶片，以腹部残片为主，可辨器形有圆腹罐、高领罐（表 4-358、359）。

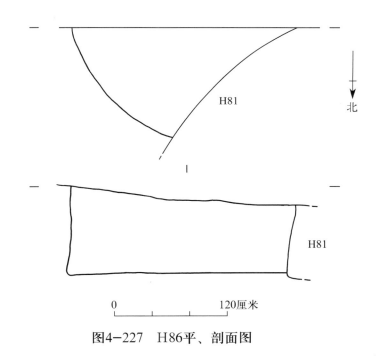

图4-227 H86平、剖面图

表4-358 H86器形数量统计表

陶质\陶色\器形	泥质				夹砂				合计
	红	橙黄	灰	黑	红	橙黄	灰	黑	
圆腹罐	1				1				2
高领罐	1								1

表4-359　H86陶片统计表

纹饰 \ 陶质 陶色	泥质				夹砂				合计
	橙黄	灰	红	灰底黑彩	橙黄	灰	红	褐	
素面	7	4	5		1	9	3		29
绳纹	2				2	1	4		9
篮纹	2	2	6				4		14
麻点纹					14	2	3		19
麻点纹＋篮纹							1		1

圆腹罐　2件。

标本H86：1，泥质红陶。侈口，方唇，高领，束颈，颈部以下残。口沿外侧有一周折棱，颈部饰斜向篮纹。口径29、残高8.6厘米（图4-228，1）。

标本H86：2，夹砂红陶。侈口，圆唇，束颈，颈部以下残。颈部饰斜向篮纹，器表有烟炱痕迹。口径14.8、残高3.6厘米（图4-228，2）。

高领罐　1件。

标本H86：3，泥质红陶。喇叭口，窄平沿，圆唇，高领，束颈，颈部以下残。器表素面磨光。口径19.2、残高6.8厘米（图4-228，3）。

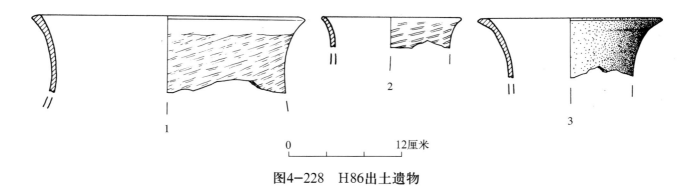

图4-228　H86出土遗物
1、2.圆腹罐H86：1、2　3.高领罐H86：3

84. H87

H87位于ⅢT0201南部，部分压于南壁和西壁下，开口于第⑤层下，被H41、H42、H82、H86打破（图4-229；彩版一二一，1）。根据遗迹现存部分推测H87平面近椭圆形，口边缘形态明显，底边缘形态不明显，剖面呈筒状，斜壁，未见工具痕迹。坑底呈坡状，坑口南北1.92、东西2.7、坑底南北0.88、东西1.68、深0.84～0.94米。坑内堆积未分层，土色浅灰色，土质疏松，包含红烧土颗粒、炭粒、石块、兽骨，不规则状堆积。

坑内出土少量陶片，以腹部残片为主，可辨器形有圆腹罐、盆、陶刀，另出土石刀1件（表4-360、361）。

圆腹罐　4件。

标本H87：4，夹砂橙黄陶。侈口，方唇，微束颈，颈部以下残。素面。残高3.8、残宽8.1厘

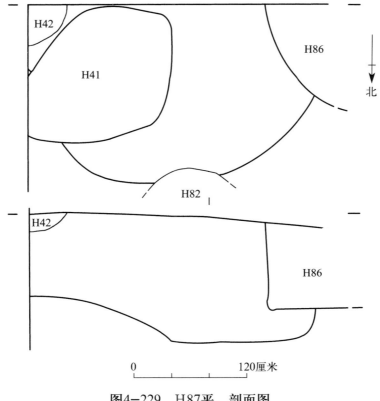

图4-229　H87平、剖面图

米（图4-230，1）。

标本H87：6，夹砂橙黄陶。侈口，圆唇，高领，束颈，颈部以下残。颈部饰横向篮纹。残高4.4、残宽5.0厘米（图4-230，2）。

标本H87：7，夹砂橙黄陶。微侈口，方唇，上腹斜，下腹残。口沿外侧有一周附加泥条，器表通体饰斜向篮纹，有烟炱。残高4.5、残宽8.4厘米（图4-230，3）。

表4-360　H87器形数量统计表

器形 \ 陶质 陶色	泥质				夹砂				合计
	红	橙黄	灰	黑	红	橙黄	灰	黑	
圆腹罐						4			4
盆	1	1							2

表4-361　H87陶片统计表

纹饰 \ 陶质 陶色	泥质				夹砂				合计
	橙黄	灰	红	灰底黑彩	橙黄	灰	红	褐	
素面	22	9	3		1		3		38
绳纹					13				13
篮纹	9	2	1		11				23
麻点纹					12				12

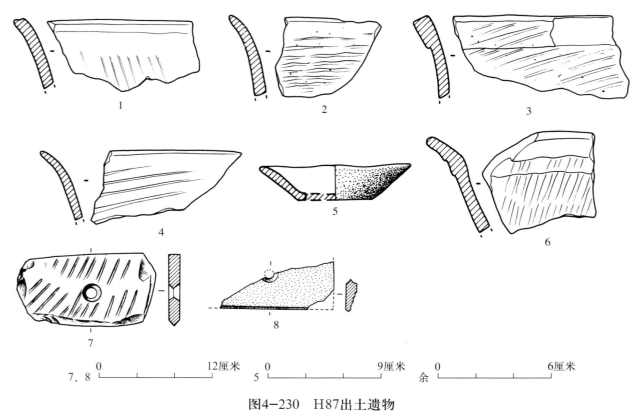

图4-230 H87出土遗物

1~4.圆腹罐H87:4、6~8 5、6.盆H87:1、5 7.陶刀H87:3 8.石刀H87:2

标本H87:8，夹砂橙黄陶。侈口，圆唇，高领，束颈，颈部以下残。颈部饰横向篮纹。残高4.1、残宽7厘米（图4-230，4）。

盆 2件。

标本H87:1，泥质红陶。敞口，圆唇，斜直腹，平底。素面。口径12、高3、底径6厘米（图4-230，5；彩版一二一，2）。

标本H87:5，泥质橙黄陶。敞口，折沿，圆唇，斜直腹，底残。口沿外侧有两道折棱呈棱台状，腹部饰斜向宽篮纹，内壁素面磨光。残高5.6、残宽6厘米（图4-230，6）。

陶刀 1件。

标本H87:3，残损，长方形，泥质澄黄陶。平基部，双面刃，器身中间有一对向钻孔，器表饰斜向篮纹，外大孔1、内孔0.6、外小孔0.83厘米。刃残长6.2厘米，刃角80.3°，器身残长7.3、宽4、厚0.6厘米，重23.25克（图4-230，7；彩版一二一，3）。

石刀 1件。

标本H87:2，残损，石英岩。器表磨光且有打磨痕迹，器身有一残孔。残长6.07、残宽2.6、厚0.57厘米，重9.34克（图4-230，8；彩版一二一，4）。

85. H88

H88位于ⅢT0201西部，开口于第⑤层下（图4-231；彩版一二〇，2）。平面呈椭圆形，口

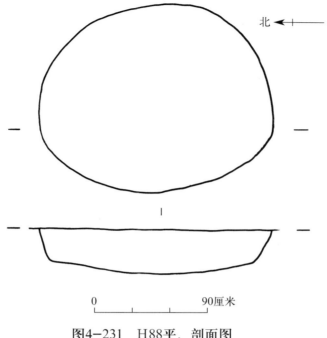

北 ←

0 　　　　90厘米

图4-231　H88平、剖面图

底部边缘形态明显，底部边缘形态不明显，剖面呈筒状，斜直壁，未见工具痕迹，坑底微凹。坑口南北1.88、东西1.52、深0.26～0.36米，坑内堆积未分层，土色浅灰，土质疏松，凹镜状堆积。

坑内出土少量陶片，以陶器腹部残片为主，无可辨器形标本，所以不具体介绍，只进行陶系统计（表4-362）。

表4-362　H88陶片统计表

纹饰 ＼ 陶质 陶色	泥质				夹砂				合计
	橙黄	灰	红	灰底黑彩	橙黄	灰	红	褐	
素面	2								2
篮纹	3				1				4
麻点纹					4				4
刻划纹					1				1

86. H89

H89位于Ⅲ T0705东北角，开口于第④层下（图4-232；彩版一二二，1）。平面呈椭圆形，口部边缘形态明显，底部边缘形态较明显，剖面呈筒状，斜弧壁，未见工具痕迹，坑底平整。坑口南北1.90、东西1.26、坑底南北1.52、东西0.60～0.64、深1.70米。坑内堆积未分层，土色褐色，土质疏松，包含炭粒、红烧土颗粒、石块，坡状堆积。

坑内出土少量陶片，以腹部残片为主，可辨器形有圆腹罐（表4-363、364）。

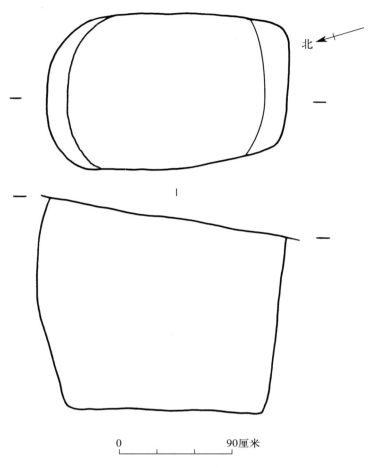

0　　　　　　　　　90厘米

图4-232　H89平、剖面图

表4-363　H89器形数量统计表

器形 \ 陶质 \ 陶色	泥质				夹砂				合计
	红	橙黄	灰	黑	红	橙黄	灰	黑	
圆腹罐		1			1	1			3

表4-364　H89陶片统计表

纹饰 \ 陶质 \ 陶色	泥质				夹砂				合计
	橙黄	灰	红	灰底黑彩	橙黄	灰	红	褐	
素面		1	2		5				8
绳纹							17		17
篮纹	9								9
麻点纹					14				14

圆腹罐　3件。

标本H89：1，夹砂橙黄陶。上腹残，下腹斜弧，平底。腹部饰麻点纹，近底部素面。底径14.8、残高9.4厘米（图4-233，1）。

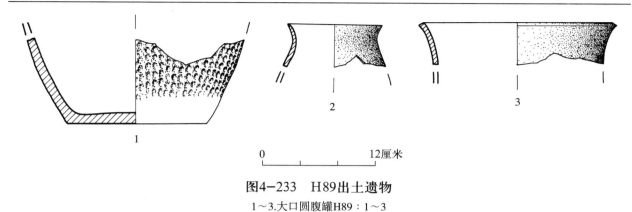

图4-233 H89出土遗物
1~3.大口圆腹罐H89：1~3

标本H89：2，泥质橙黄陶。侈口，尖唇，矮领，束颈，上腹斜弧，下腹残。素面磨光且有刮抹痕迹。口径10.2、残高4.6厘米（图4-233，2）。

标本H89：3，夹砂红陶。侈口，方唇，束颈，颈部以下残。器表素面，有烟炱。口径21、残高4.8厘米（图4-233，3）。

87. H90

H90位于ⅢT0705东部，开口于第④层下，被H89打破（图4-234；彩版一二二，2）。根据遗迹现存部分推测H90平面近椭圆形，口部边缘形态明显，底部边缘形态明显，剖面呈筒状，直壁，未见工具痕迹，坑底平整。坑口南北1.9、东西0.88、坑底1.86、深1.45米。坑内堆积未分层，土色褐色，土质疏松，包含炭粒，水平状堆积。

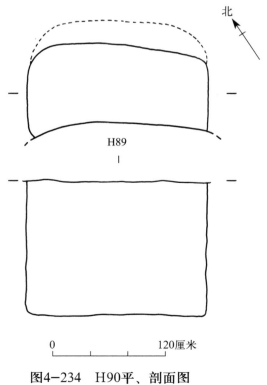

图4-234 H90平、剖面图

坑内出土少量陶片，以陶器腹部残片为主，无可辨器形标本，所以不具体介绍，只进行陶系统计（表4-365）。

表4-365　H90陶片统计表

陶质	泥质				夹砂				合计
陶色 纹饰	橙黄	灰	红	灰底 黑彩	橙黄	灰	红	褐	
素面			1		1				2
麻点纹						1			1

88. H91

H91 位于Ⅲ T0704 东北角，开口于第⑥层下，被H67 打破（图 4-235；彩版一二三，1）。根据遗迹现存部分推测H91平面近椭圆形，口部边缘形态明显，底部边缘形态较明显，剖面呈筒状，直壁，未见工具痕迹，坑底北高南低呈坡状。坑口南北1.4、东西0.95、深1.16米。坑内堆积未分层，土色浅灰，土质疏松，包含红烧土颗粒、炭粒、兽骨，坡状堆积。

坑内出土少量陶片，以腹部残片为主，可辨器形有圆腹罐、花边罐、双耳罐、豆、尊（表4-366、367）。

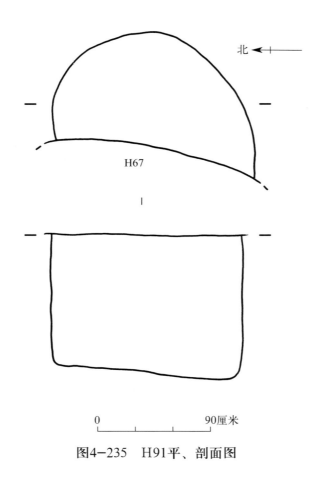

图4-235　H91平、剖面图

表4-366 H91器形数量统计表

器形＼陶质陶色	泥质				夹砂				合计
	红	橙黄	灰	黑	红	橙黄	灰	黑	
圆腹罐						1	1		2
花边罐					1				1
双耳罐							1		1
尊		1							1
豆	1								1

表4-367 H91陶片统计表

纹饰＼陶质陶色	泥质				夹砂				合计
	橙黄	灰	红	灰底黑彩	橙黄	灰	红	褐	
素面	2	1			1				4
篮纹	2		1						3
麻点纹					7				7
附加堆纹	1								1

圆腹罐 2件。

标本H91：1，夹砂橙黄陶。侈口，圆唇，矮领，束颈，颈部以下残，素面，有烟炱。残高3.1、残宽5厘米（图4-236，1）。

标本H91：5，夹砂灰陶。侈口，尖唇，矮领，束颈，上腹圆，下腹残。颈部素面，上腹饰麻点纹。口径9、残高5.2厘米（图4-236，2）。

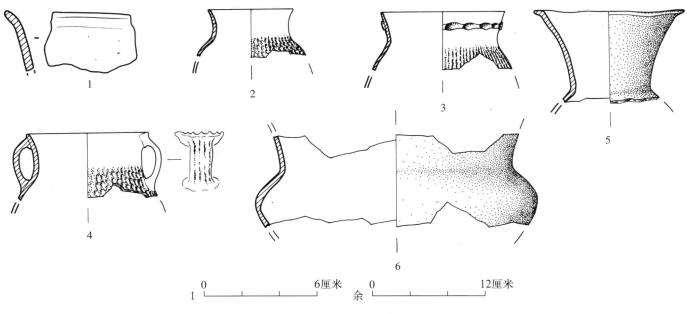

图4-236 H91出土遗物

1、2.圆腹罐H91：1、5 3.花边罐H91：4 4.双耳罐H91：2 5.豆H91：6 6.尊H91：3

花边罐　1件。

标本H91：4，夹砂红陶。侈口，尖唇，矮领，束颈，上腹斜弧，下腹残。口沿外侧饰一周附加泥条，泥条经手指按压呈波状，颈部素面，上腹饰竖向绳纹。有烟炱。口径13、残高6.2厘米（图4-236，3）。

双耳罐　1件。

标本H91：2，夹砂橙黄陶。侈口，尖唇，高领，束颈，上腹圆，下腹残。拱形双耳，颈部素面，上腹部饰麻点纹，耳上端口沿处呈锯齿状，耳面饰竖向篮纹，有烟炱。口径13、残高7厘米（图4-236，4）。

豆　1件。

标本H91：6，泥质红陶。豆盘残，高圈空心足，素面磨光且有竖向修整刮抹痕迹。底径16、残高10厘米（图4-236，5）。

尊　1件。

标本H91：3，泥质橙黄陶。口部及底部残，仅存颈、腹，高领，束颈，扁鼓腹。颈部与腹部形成一折棱，器表素面磨光。残高10、腹径30厘米（图4-236，6）。

89. H94

H94位于ⅢT1101东南部，开口于第④层下，被H124、H153、H226打破（图4-237）。根据遗迹现存部分推测H94平面近椭圆形，口部边缘形态明显，底部边缘形态不明显，剖面呈筒

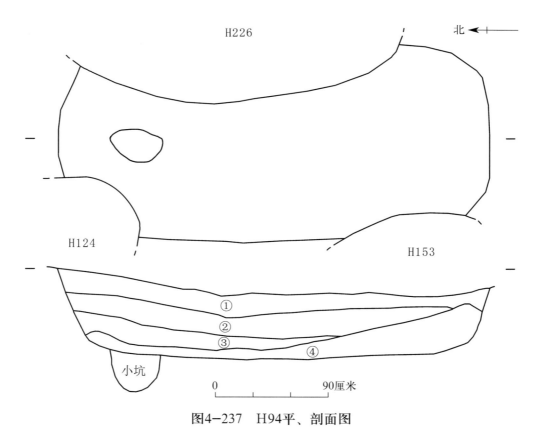

图4-237　H94平、剖面图

状，斜直壁，未见工具痕迹，坑底基本平整，北部有一小坑。坑口南北3.40、东西1.62、坑底南北3.00、深0.42~0.60米。小坑直径0.40、深0.34米。坑内堆积可分四层，第①层厚0.10~0.18米，土色褐色，土质疏松，包含炭粒，坡状堆积。第②层厚0.14~0.20米，土色深灰色，土质疏松，包含炭粒、红烧土颗粒，坡状堆积。第③层厚0~0.20米，土色褐色，土质疏松，坡状堆积。第④层厚0.10~0.30米，土色褐色，土质疏松，坡状堆积。

坑内出土少量陶片。H94②、③层出土少量陶片，以陶器腹部残片为主，无可辨器形标本，所以不具体介绍，只进行陶系统计。

（1）H94①层

出土少量陶片，以腹部残片为主，可辨器形有圆腹罐、盆（表4-368、369）。

表4-368　H94①层器形数量统计表

器形 \ 陶质 \ 陶色	泥质				夹砂				合计
	红	橙黄	灰	黑	红	橙黄	灰	黑	
圆腹罐		1			1				2
盆	1								1

表4-369　H94①层陶片统计表

纹饰 \ 陶质 \ 陶色	泥质				夹砂				合计
	橙黄	灰	红	灰底黑彩	橙黄	灰	红	褐	
素面	4		1						5
绳纹					1				1
篮纹					2				2
麻点纹					1				1
交错篮纹	1								1

圆腹罐　2件。

标本H94①：1，夹砂橙黄陶。微侈口，方唇，矮领，微束颈，颈部以下残。素面且有烟炱。口径17.6、残高3.6厘米（图4-238，1）。

标本H94①：2，泥质橙黄陶。侈口，圆唇，高领，束颈，颈部以下残。素面。口径10.6、残高3.2厘米（图4-238，2）。

盆　1件。

标本H94①：3，泥质红陶。敞口，平沿，尖唇，斜直腹，底残。口沿外侧饰一周折棱，素面磨光。残高3.8、残宽6.8厘米（图4-238，3）。

（2）H94②层

出土陶片见下表（表4-370）。

（3）H94③层

出土陶片见下表（表4-371）。

（4）H94④层

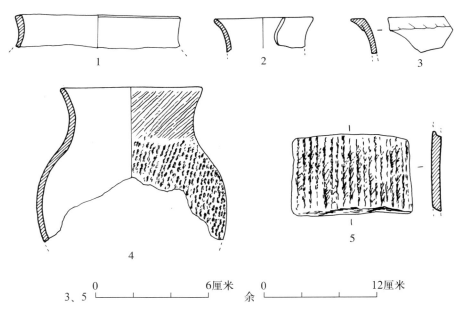

图4-238　H94出土遗物

1、2、4.圆腹罐H94①：1、2、H94④：2　3.盆H94①：3　5.陶刀H94④：1

表4-370　H94②层陶片统计表

纹饰 \ 陶色 陶质	泥质				夹砂				合计
	橙黄	灰	红	灰底黑彩	橙黄	灰	红	褐	
素面	2								2
篮纹	3				1				4
麻点纹					4				4
刻划纹					1				1

表4-371　H94③层陶片统计表

纹饰 \ 陶色 陶质	泥质				夹砂				合计
	橙黄	灰	红	橙黄底黑彩	橙黄	灰	红	褐	
麻点纹				2					2

出土少量陶片，以腹部残片为主，可辨器形有圆腹罐，另出土陶刀1件（表4-372、373）。

圆腹罐　1件。

标本H94④：2，夹砂红陶。侈口，圆唇，高领，束颈，圆腹，底残。颈部饰斜向篮纹，腹部饰麻点纹，有烟炱。口径15、残高16.6厘米（图4-238，4）。

表4-372　H94④层器形数量统计表

器形 \ 陶色 陶质	泥质				夹砂				合计
	红	橙黄	灰	黑	红	橙黄	灰	黑	
圆腹罐					1				1

表4-373 H94④层陶片统计表

纹饰 \ 陶色	泥质				夹砂				合计
	橙黄	灰	红	灰底黑彩	橙黄	灰	红	褐	
素面	14	1	1		4				20
绳纹					1				1
篮纹	9	2			3				14
麻点纹					14				14
篮纹+麻点纹	1				1				2

陶刀 1件。

标本H94④：1，半成品，夹砂橙黄陶。长方形，器表饰竖向粗绳纹。残长6.4、残宽4.4厘米（图4-238，5）。

90. H95

H95位于ⅢT1202东北部，开口于第③层下（图4-239；彩版一二三，2）。平面近圆形，口部边缘形态明显，底部边缘形态较不明显，剖面呈筒状，斜弧壁，未见工具痕迹，坑底平整。坑口东西0.95、南北0.87、坑底东西0.85、深0.48米。坑内堆积未分层，土色褐色，土质疏松，包含植物根茎、炭粒，水平状堆积。

坑内出土少量陶片，以腹部残片为主，可辨器形有单耳罐（表4-374、375）。

单耳罐 1件。

标本H95：1，夹砂红陶。微侈口，圆唇，矮领，圆腹，底残。耳残，上腹饰横向绳纹，绳纹之上饰交错刻划纹，腹部饰斜向绳纹。口径7.6、残高7.8厘米（图4-240）。

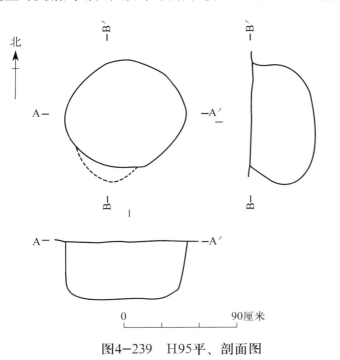

0   90厘米

图4-239 H95平、剖面图

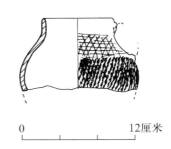

0   12厘米

图4-240 H95出土单耳罐H95：1

表4-374　H95器形数量统计表

器形 ＼ 陶质 ＼ 陶色	泥质				夹砂				合计
	红	橙黄	灰	黑	红	橙黄	灰	黑	
单耳罐					1				1

表4-375　H95陶片统计表

纹饰 ＼ 陶质 ＼ 陶色	泥质				夹砂				合计
	橙黄	灰	红	灰底黑彩	橙黄	灰	红	褐	
素面	15								15
篮纹	4								4
麻点纹					4				4
附加堆纹					1				1

91. H96

H96 位于ⅢT1102 北部，开口于第③层下（图 4-241；彩版一二四，1）。平面呈椭圆形，口部边缘形态明显，底部边缘形态明显，剖面呈袋状，斜弧壁，未见工具痕迹，坑底平整。坑口

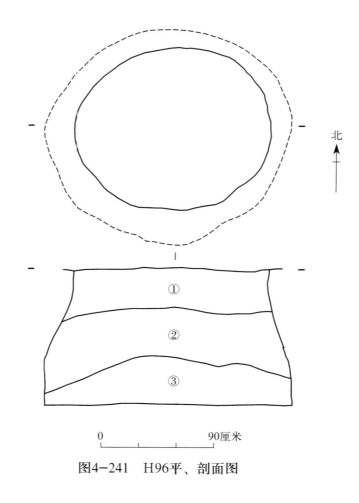

0　　　　　　90厘米

图4-241　H96平、剖面图

东西 1.55、南北 1.29、坑底东西 1.86、南北 1.71、深 1.17 米。坑内堆积可分三层，第①层厚 0.32～0.44 米，土色深灰，土质疏松，包含物有兽骨，坡状堆积。第②层厚 0.38～0.53 米，土色深灰，土质疏松，凸镜状堆积。第③层厚 0.06～0.40 米，土色褐色，土质疏松，包含炭粒、硬土块、石块，凸镜状堆积。

坑内出土少量陶片，以陶器腹部残片为主，无可辨器形标本，所以不具体介绍，只进行陶系统计（表 4-376、377）。

表4-376　H96②层陶片统计表

纹饰 ＼ 陶质／陶色	泥质				夹砂				合计
	橙黄	灰	红	灰底黑彩	橙黄	灰	红	褐	
素面	7				1				8
绳纹					1				1
篮纹	4								4
麻点纹					3				3
附加堆纹					1				1

表4-377　H96③层陶片统计表

纹饰 ＼ 陶质／陶色	泥质				夹砂				合计
	橙黄	灰	红	灰底黑彩	橙黄	灰	红	褐	
素面	3	1							4
绳纹	3								3
篮纹	2								2
麻点纹					2				2

92. H97

H97 位于ⅢT1106 西南部，开口于第②层下（图 4-242；彩版一二四，2）。平面近圆形，口部边缘形态明显，底部边缘形态明显，剖面呈筒状，斜直壁，未见工具痕迹，坑底平整。坑口东西 1.16、南北 1.03、坑底东西 1.07、深 0.58 米。坑内堆积未分层，土色深灰，土质疏松，包含植物根茎、炭粒、红烧土颗粒，水平状堆积。

坑内出土少量陶片，以腹部残片为主，可辨器形有敛口罐，另出土石镞 1 件（表 4-378、379）。

表4-378　H97器形数量统计表

器形 ＼ 陶质／陶色	泥质				夹砂				合计
	红	橙黄	灰	黑	红	橙黄	灰	黑	
敛口罐						1			1

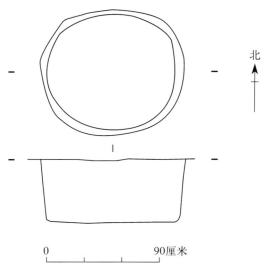

0　　　　　　　　　　90厘米

图4-242　H97平、剖面图

表4-379　H97陶片统计表

纹饰 \ 陶色 \ 陶质	泥质				夹砂				合计
	橙黄	灰	红	灰底黑彩	橙黄	灰	红	褐	
素面	14	5	7		21				47
绳纹	5				15				20
篮纹	15				4				19
麻点纹					24				24
刻划纹	1				7				8
篮纹＋麻点纹	2								2

敛口罐　1件。

标本H97：2，夹砂橙黄陶。敛口，方唇，上腹斜弧，下腹残。器身通体饰麻点纹。残高6.4、残宽6厘米（图4-243，1）。

石镞　1件。

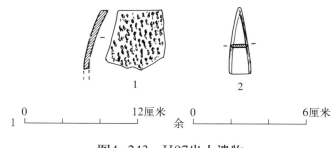

1　　　　　　　　　2

0　　　　　12厘米　　0　　　　　　6厘米

图4-243　H97出土遗物

1.敛口罐H97：2　2.石镞H97：1

标本H97∶1，硅质白云岩。器体呈扁三角形，两侧边缘均为双面磨制的刃部，尖部较尖锐，尾端平整。长3.6、宽1.1厘米（图4-243，2）。

93. H98

H98位于ⅢT1306西北角，部分压于西壁下，开口于第②层下（图4-244）。遗迹暴露部分推测平面呈正方形，口部边缘形态明显，底部边缘形态明显，剖面呈筒状，直壁，未见工具痕迹，坑底平整。坑口东西1.80、南北1.75、坑底东西1.79、深0.30米。坑内堆积未分层，土色深灰，土质疏松，包含炭粒、红烧土颗粒，水平状堆积。

坑内出土少量陶片，以陶器腹部残片为主，无可辨器形标本，所以不具体介绍，只进行陶系统计（表4-380）。

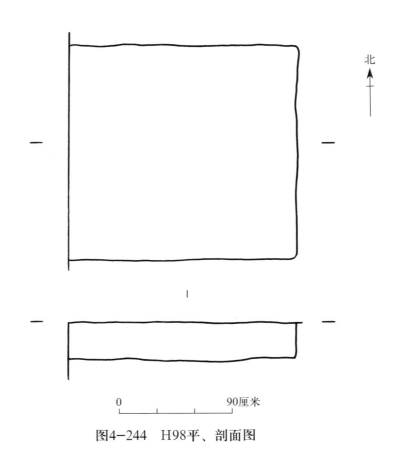

图4-244　H98平、剖面图

表4-380　H98陶片统计表

纹饰＼陶质＼陶色	泥质				夹砂				合计
	橙黄	灰	红	灰底黑彩	橙黄	灰	红	褐	
素面	1								1
麻点纹					5				5

94. H99

H99 位于Ⅲ T1206 西北角，部分压于西壁下，开口于第③层下（图 4-245）。遗迹暴露部分推测平面呈长方形，口部边缘形态较明显，底部边缘形态明显，剖面呈筒状，直壁，未见工具痕迹，坑底平整。坑口南北 2.40、东西 1.05、坑底南北 2.41、深 0.53 米，坑内堆积未分层，土色浅灰，土质疏松，包含炭粒、红烧土颗粒，水平状堆积。

坑内出土少量陶片，以陶器腹部残片为主，无可辨器形标本，所以不具体介绍，只进行陶系统计（表 4-381）。

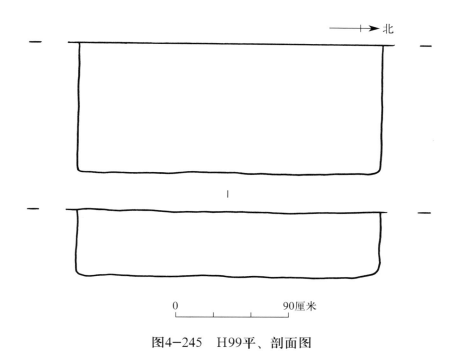

图4-245　H99平、剖面图

表4-381　H99陶片统计表

纹饰 \ 陶色	泥质				夹砂				合计
陶质	橙黄	灰	红	灰底黑彩	橙黄	灰	红	褐	
素面		1	3				2		6
绳纹					1				1
篮纹	2								2
麻点纹					5				5

95. H100

H100 位于Ⅲ T1206 西北部，开口于第③层下，被 H99、H147 打破（图 4-246）。根据遗迹现存部分推测 H100 平面近椭圆形，口部边缘形态明显，底部边缘形态明显，剖面呈筒状，弧壁，未见工具痕迹，坑底平整。坑口南北 1.68、东西 1.40、坑底东西 1.56、深 0.80 米。坑内堆积未分层，土色深灰，土质疏松，包含炭粒、红烧土颗粒，水平状堆积。

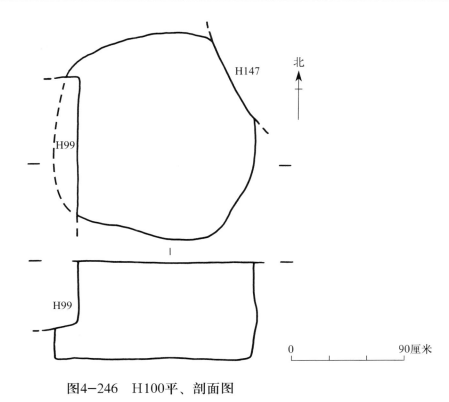

图4-246 H100平、剖面图

坑内出土少量陶片，以腹部残片为主，可辨器形有圆腹罐、花边罐、高领罐、盆、陶器（表4-382、383）。

表4-382 H100器形数量统计表

器形 \ 陶质 陶色	泥质				夹砂				合计
	红	橙黄	灰	黑	红	橙黄	灰	黑	
圆腹罐					1	1			2
花边罐						1			1
高领罐	1								1
盆		1							1

表4-383 H100陶片统计表

纹饰 \ 陶质 陶色	泥质				夹砂				合计
	橙黄	灰	红	灰底黑彩	橙黄	灰	红	褐	
素面	6	1	2		4				13
绳纹					4				4
篮纹	2				5				7
麻点纹					5				5
刻划纹					1				1
附加堆纹					1				1

圆腹罐　2件。

标本H100：2，夹砂橙黄陶。侈口，圆唇，矮领，束颈，圆腹，底残。器表饰竖向绳纹，有烟炱。口径13、残高10.2厘米（图4-247，1）。

标本H100：6，夹砂红陶。侈口，圆唇，高领，束颈，上腹圆，下腹残。颈部饰横向篮纹，上腹饰麻点纹，有烟炱。残高9.2、残宽9.2厘米（图4-247，2）。

花边罐　1件。

标本H100：3，夹砂橙黄陶。侈口，圆唇，矮领，束颈，上腹弧，下腹残。颈部饰一周附加泥条，泥条之上饰斜向戳印纹，腹部饰麻点纹，有烟炱。口径12.4、残高10.8厘米（图4-247，3）。

高领罐　1件。

标本H100：4，泥质红陶。喇叭口，圆唇，高领，束颈，颈部以下残。素面磨光。口径14.2、残高4.2厘米（图4-247，4）。

盆　1件。

标本H100：1，泥质橙黄陶。敞口，圆唇，斜直腹，平底。腹部饰竖向篮纹。口径22、高8.2、底径10.8厘米（图4-247，5；彩版一二五，1）。

陶器　1件。

标本H100：5，夹砂橙黄陶。半圆弧形，素面。残长6.8、宽2.8、厚0.8厘米（图4-247，6）。

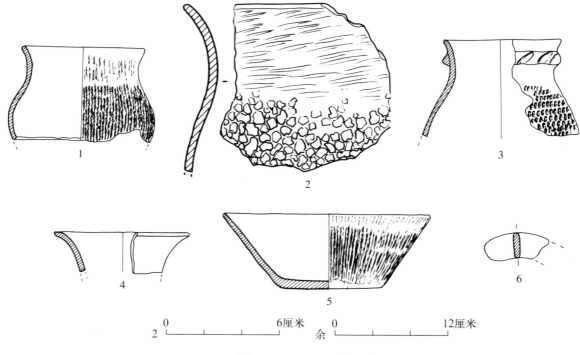

图4-247　H100出土遗物

1、2.圆腹罐H100：2、6　3.花边罐H100：3　4.高领罐H100：4　5.盆H100：1　6.陶器H100：5

96. H101

H101分布于ⅢT1005、T1004、T1104、T1105、T1006、T1106六个探方内，开口于第③层下，西部被H179打破（图4-248）。平面呈不规则状，口部边缘形态明显，底部边缘形态不明显，剖面呈不规则状，斜弧壁，未见工具痕迹，坑底高低不平。坑口东西3.8、南北2.2、深0.08～0.44米。坑内堆积分四层：第①层厚0～0.24米，土色浅灰色，土质疏松，包含物有兽骨、石块，不规则状堆积。第②层厚0～0.16米，土色浅灰色，土质疏松，包含物有兽骨、石块，不规则状堆积。第③层厚0～0.4米，土色褐色，土质疏松，包含物有炭粒、兽骨、石块，坡状堆积。第④层厚0～0.44米，土色深灰色，土质疏松，包含物有炭粒、兽骨、石块、草木灰，坡状堆积。

坑内出土较多陶片。

（1）H101①层

出土大量陶片，以腹部残片为主，可辨器形有圆腹罐、花边罐、单耳罐、双耳罐、高领罐、盆、鬲足，另出土石刀2件，石镞、石纺轮、锥形器各1件，石料4件（表4-384、385）。

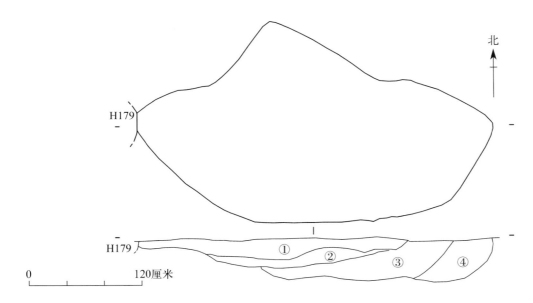

图4-248　H101平、剖面图

表4-384　H101①层器形数量统计表

器形＼陶色	泥质				夹砂				合计
	红	橙黄	灰	黑	红	橙黄	灰	黑	
圆腹罐		3				11	2		16
花边罐					1	22	4		27
单耳罐		1							1
双耳罐							1		1
高领罐		1							1
盆		5							5
鬲						1	1		2

表4-385 H101①层陶片统计表

纹饰	陶质 泥质				夹砂				合计
陶色	橙黄	灰	红	灰底黑彩	橙黄	灰	红	褐	
素面	71	17	1		33	2			124
绳纹	8	2			35	2			47
篮纹	59	9	1		3	1			73
麻点纹					160				160
附加堆纹	4				1				5
席纹	4								4
刻划纹		1							1
交错篮纹	1				2				3
附加堆纹＋绳纹					5				5
麻点纹＋篮纹					13				13
交错绳纹	1								1
附加堆纹＋篮纹	1								1
篮纹＋刻划纹					1				1

圆腹罐 16件。

标本H101①：57，夹砂橙黄陶。侈口，圆唇，高领，束颈，颈部以下残。颈部素面。残高4.3、残宽5.8厘米（图4-249，1）。

标本H101①：58，泥质橙黄陶。侈口，圆唇，高领，束颈，颈部以下残。颈部饰斜向篮纹。残高6.8、残宽7.4厘米（图4-249，2）。

标本H101①：59，夹砂灰陶。侈口，圆唇，高领，束颈，颈部以下残。颈部素面，饰有一泥饼。残高4.5、残宽6.7厘米（图4-249，3）。

标本H101①：60，夹砂橙黄陶。侈口，尖唇，矮领，微束颈，上腹斜，下腹残。颈部素面，上腹饰麻点纹。残高4.7、残宽6.3厘米（图4-249，4）。

标本H101①：50，夹砂橙黄陶。侈口，圆唇，高领，束颈，上腹弧，下腹残。颈部饰竖向宽篮纹，上腹饰麻点纹，有烟炱。残高12、残宽8.4厘米（图4-249，5）。

标本H101①：51，夹砂灰陶。侈口，圆唇，高领，束颈，颈部以下残。素面。残高5.5、残宽8.2厘米（图4-249，6）。

标本H101①：47，夹砂橙黄陶。侈口，圆唇，高领，束颈，上腹斜弧，下腹残。颈部饰斜向篮纹，上腹饰麻点纹。残高12、残宽12.6厘米（图4-249，7）。

标本H101①：41，夹砂橙黄陶。侈口，方唇，高领，束颈，上腹斜，弧下腹残。颈部素面，上腹饰麻点纹。残高8.4、残宽9.2厘米（图4-249，8）。

标本H101①：37，夹砂橙黄陶。侈口，尖唇，高领，束颈，颈部以下残。肩部饰麻点纹。残高5.7、残宽10.2厘米（图4-249，9）。

标本H101①：38，夹砂橙黄陶。侈口，圆唇，矮领，束颈，上腹斜弧，下腹残。颈部素面，

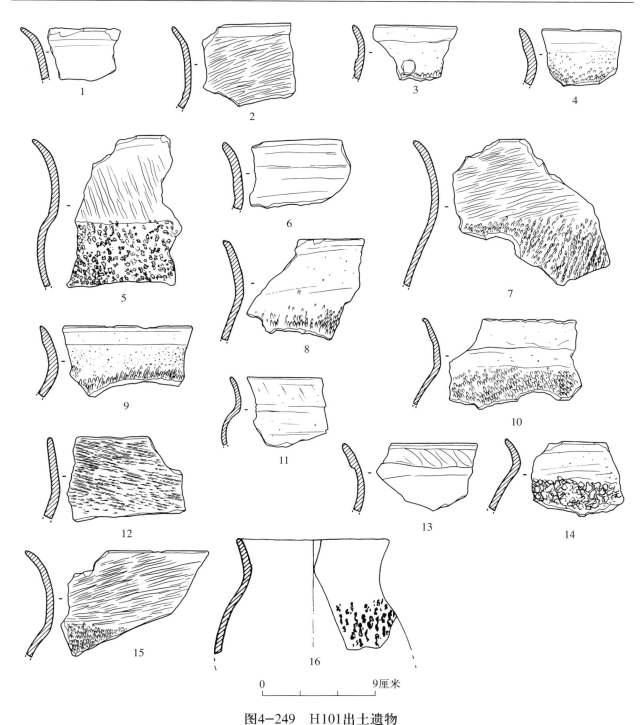

图4-249　H101出土遗物

1～16.圆腹罐H101①：57～60、50、51、47、41、37～39、34、35、32、29、14

上腹饰麻点纹。残高 7.3、残宽 10.3 厘米（图 4-249，10）。

标本H101①：39，泥质橙黄陶。侈口，圆唇，矮领，束颈，鼓腹，底残。素面磨光。残高 5.7、残宽 6 厘米（图 4-249，11）。

标本H101①：34，夹砂橙黄陶。侈口，圆唇，高领，微束颈，上腹斜弧，下腹残。器表通体饰绳纹。残高 7.1、残宽 9.3 厘米（图 4-249，12）。

标本 H101①：35，泥质橙黄陶。侈口，圆唇，高领，束颈，颈部以下残。口沿外侧有一周折棱，颈部素面有刮抹痕迹。残高 5.5、残宽 7.9 厘米（图 4-249，13）。

标本 H101①：32，夹砂橙黄陶。侈口，圆唇，矮领，束颈，上腹圆弧，下腹残。颈部素面，上腹饰麻点纹。残高 6.1、残宽 7.2 厘米（图 4-249，14）。

标本 H101①：29，夹砂橙黄陶。侈口，圆唇，高领，束颈，上腹斜，下腹残。颈部饰斜向篮纹，上腹饰麻点纹。残高 8.5、残宽 11.3 厘米（图 4-249，15）。

标本 H101①：14，夹砂橙黄陶。侈口，圆唇，矮领，束颈，上腹弧，下腹残。颈部素面，上腹饰麻点纹。口径 12.4、残高 9 厘米（图 4-249，16）。

花边罐　27 件。

标本 H101①：11，夹砂橙黄陶。侈口，尖唇，高领，束颈，上腹斜弧，下腹残。口沿外侧饰一周附加泥条，泥条经手指按压呈波状，颈部为素面，上腹饰麻点纹。口径 13、残高 7.6 厘米（图 4-250，1）。

标本 H101①：12，夹砂橙黄陶。侈口，圆唇，矮领，束颈，上腹斜弧，下腹残。口沿外侧饰一周附加泥条，泥条经手指按压呈波状，颈部素面，上腹饰麻点纹。口径 11.6、残高 8 厘米（图 4-250，2）。

标本 H101①：13，夹砂灰陶。侈口，圆唇，高领，微束颈，颈部以下残。口沿外侧饰一周附加泥条，泥条之上饰斜向戳印纹，肩部饰麻点纹。口径 21.8、残高 9.6 厘米（图 4-250，3）。

标本 H101①：15，夹砂橙黄陶。侈口，圆唇，矮领，束颈，上腹斜弧，下腹残。颈部饰斜向篮纹，篮纹之上饰一周附加泥条，泥条经手指按压呈波状，上腹饰竖向绳纹。口径 12.9、残高 6 厘米（图 4-250，4）。

标本 H101①：16，夹砂橙黄陶。侈口，尖唇，矮领，束颈，上腹斜弧，下腹残。颈部饰一周附加泥条，泥条经手指按压呈波状，上腹饰麻点纹。口径 9、残高 6.2 厘米（图 4-250，5）。

标本 H101①：17，夹砂橙黄陶。侈口，圆唇，高领，束颈，颈部以下残。口沿外侧饰一周附加泥条，泥条之上饰戳印纹，颈部饰竖向篮纹。口径 14.4、残高 5.4 厘米（图 4-250，6）。

标本 H101①：18，夹砂橙黄陶。侈口，尖唇，矮领，束颈，上腹斜弧，下腹残。口沿外侧饰一周附加泥条，泥条经手指按压呈波状，颈部素面，上腹饰麻点纹。口径 19.8、残高 9.2 厘米（图 4-250，7）。

标本 H101①：19，夹砂橙黄陶。侈口，圆唇，高领，束颈，上腹斜弧，下腹残。上颈部饰一周附加泥条，泥条经手指按压呈波状，上腹饰麻点纹。口径 19、残高 7.4 厘米（图 4-250，8）。

标本 H101①：20，夹砂橙黄陶。侈口，圆唇，矮领，束颈，上腹弧，下腹残。口沿外侧饰一周附加泥条，泥条经手指按压呈波状，颈部素面，上腹饰麻点纹。口径 11.4、残高 6.6 厘米（图 4-250，9）。

标本 H101①：21，夹砂橙黄陶。侈口，圆唇，矮领，束颈，上腹斜，下腹残。口沿外侧饰一周附加泥条，泥条经手指按压呈波状，素面。口径 14.4、残高 7 厘米（图 4-250，10）。

标本 H101①：22，夹砂红陶。侈口，圆唇，矮领，束颈，上腹斜弧，下腹残。口沿外侧饰

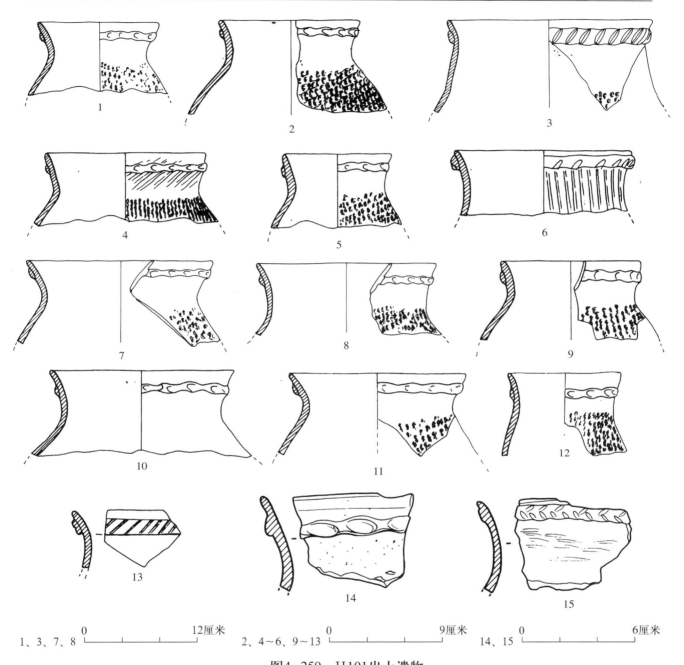

图4-250　H101出土遗物

1~15.花边罐H101①：11~13、15~23、26、28、31

一周附加泥条，泥条经手指按压呈波状，颈部素面，上腹饰麻点纹。口径14.4、残高7厘米（图4-250，11）。

标本H101①：23，夹砂橙黄陶。侈口，圆唇，高领，束颈，上腹弧，下腹残。颈部饰一周附加泥条，泥条经手指按压呈波状，上腹饰麻点纹。口径9、残高6.9厘米（图4-250，12）。

标本H101①：26，夹砂橙黄陶。侈口，圆唇，高领，束颈，颈部以下残。口沿外侧有一周附加泥条，泥条之上饰斜向刻划纹，颈部素面，有烟炱。残高4.8、残宽6.2厘米（图4-250，13）。

标本H101①：28，夹砂橙黄陶。侈口，尖唇，高领，束颈，颈部以下残。颈部饰一周附加泥条，泥条经手指按压呈波状。残高5.3、残宽6.4厘米（图4-250，14）。

标本H101①：31，夹砂灰陶。侈口，圆唇，高领，束颈，颈部以下残。口沿外侧饰一周附加泥条，泥条之上饰戳印纹，颈部素面有刮抹痕迹。残高5.1、残宽6.1厘米（图4-250，15）。

标本H101①：33，夹砂橙黄陶。侈口，圆唇，矮领，束颈，上腹斜，下腹残。口沿外侧饰一周附加泥条，泥条之上饰戳印纹，颈部素面有一泥饼，上腹饰麻点纹。残高5、残宽7.2厘米（图4-251，1）。

标本H101①：36，夹砂橙黄陶。侈口，尖唇，矮领，束颈，颈部以下残。口沿外侧饰一周附加泥条，泥条经手指按压呈波状。残高4、残宽5.3厘米（图4-251，2）。

标本H101①：44，夹砂灰陶。侈口，尖唇，高领，束颈，颈部以下残。口沿外侧饰一周附加泥条，泥条之上饰斜向戳印纹，颈部饰斜向篮纹。残高5.3、残宽8.2厘米（图4-251，3）。

标本H101①：46，夹砂橙黄陶。侈口，尖唇，高领，微束颈，颈部以下残。口沿外侧饰一周附加泥条，泥条经手指按压呈波状，颈部素面。残高5.2、残宽11.2厘米（图4-251，4）。

标本H101①：48，夹砂橙黄陶。侈口，圆唇，高领，微束颈，颈部以下残。口沿外侧饰一周附加泥条，泥条经手指按压呈波状，颈部素面。残高4.6、残宽5.3厘米（图4-251，5）。

标本H101①：49，夹砂灰陶。侈口，圆唇，矮领，微束颈，颈部以下残。口沿外侧饰一周附加泥条，泥条经手指按压呈波状，颈部素面。残高4.1、残宽5厘米（图4-251，6）。

标本H101①：52，夹砂橙黄陶。侈口，圆唇，高领，束颈，颈部以下残。口沿外侧饰一周附加泥条，泥条之上饰斜向戳印纹，颈部饰斜向篮纹。残高6.5、残宽6.3厘米（图4-251，7）。

标本H101①：53，夹砂灰陶。侈口，圆唇，高领，束颈，颈部以下残。口沿外侧饰一周附加泥条，泥条之上饰戳印纹，颈部素面。残高5.5、残宽10.2厘米（图4-251，8）。

标本H101①：55，夹砂橙黄陶。侈口，圆唇，矮领，微束颈，颈部以下残。颈部饰一周附加泥条，泥条之上饰戳印纹。残高4.1、残宽6厘米（图4-251，9）。

标本H101①：56，夹砂橙黄陶。侈口，圆唇，高领，束颈，颈部以下残。口沿外侧饰一周附加泥条，泥条之上饰戳印纹，颈部饰斜向篮纹。残高6.5、残宽9.8厘米（图4-251，10）。

标本H101①：61，夹砂橙黄陶。侈口，尖唇，高领，束颈，颈部以下残。口沿外侧饰一周附加泥条，泥条经手指按压呈波状，颈部素面。残高5.9、残宽8.7厘米（图4-251，11）。

标本H101①：62，夹砂橙黄陶。侈口，圆唇，矮领，束颈，颈部以下残。颈部饰斜向篮纹，篮纹之上饰一周附加泥条，泥条之上饰斜向戳印纹。残高6.5、残宽9.6厘米（图4-251，12）。

单耳罐　1件。

标本H101①：30，泥质橙黄陶。侈口，圆唇，矮领，束颈，上腹斜，下腹残。连口残耳，素面。残高4、残宽7厘米（图4-251，13）。

双耳罐　1件。

标本H101①：24，夹砂灰陶。侈口，圆唇，矮领，束颈，弧腹，底残。连口拱形双耳。颈部素面，腹部饰麻点纹。口径11.6、残高9厘米（图4-252，1）。

高领罐　1件。

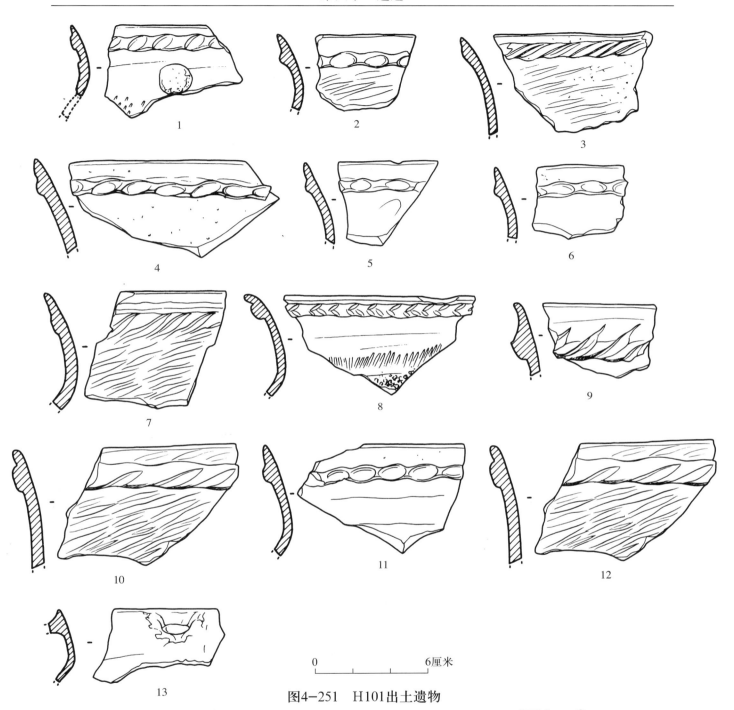

0　　　　　　6厘米

图4-251　H101出土遗物

1～12.花边罐H101①：33、36、44、46、48、49、52、53、55、56、61、62　13.单耳罐H101①：30

　　标本H101①：42，泥质橙黄陶。喇叭口，圆唇，高领，束颈，颈部以下残。口沿外侧饰一周折棱，口沿下饰斜向篮纹。残高3.3、残宽7.5厘米（图4-252，2）。

　　盆　5　件。

　　标本H101①：2，泥质橙黄陶。敞口，方唇，斜腹微弧，平底，唇面有一周凹槽，腹部素面。口径24.6、高7、底径12.8厘米（图4-252，3；彩版一二五，2）。

标本H101①：27，泥质橙黄陶。敞口，斜沿，尖唇，斜弧腹，底残。口沿外侧饰一周折棱，腹部饰斜向篮纹，内壁素面磨光，有烟炱。残高6、残宽6厘米（图4-252，4）。

标本H101①：40，泥质橙黄陶。敞口，圆唇，斜直腹，底残。素面磨光。残高2.7、残宽12.2厘米（图4-252，5）。

标本H101①：45，夹砂橙黄陶。敞口，圆腹，斜弧腹，底残。口沿外侧饰一周附加泥条，泥条经手指按压呈波状，腹部饰斜向篮纹。残高4.9、残宽6.2厘米（图4-252，6）。

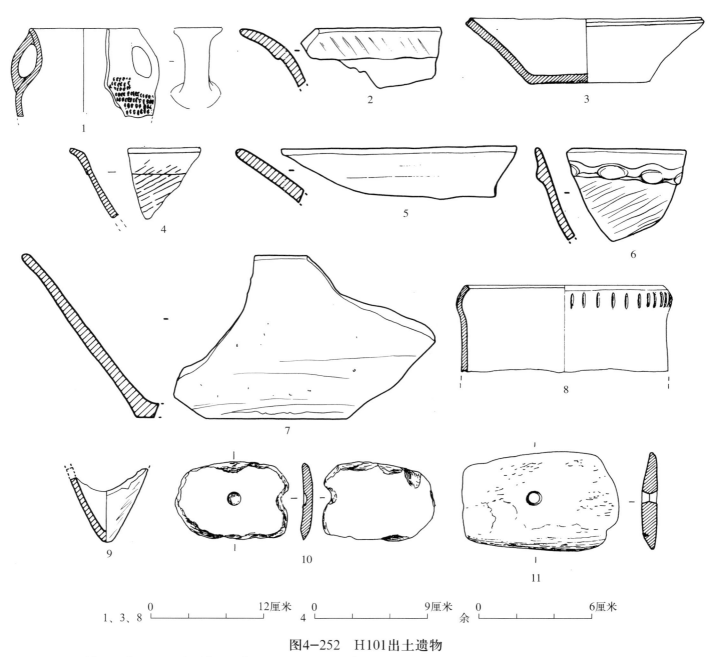

图4-252　H101出土遗物

1.双耳罐H101①：24　2.高领罐H101①：42　3～7.盆H101①：2、27、40、45、54　8、9.斝H101①：25、43　10、11.陶刀H101①：63、9

　　标本H101①：54，泥质橙黄陶。敞口，圆唇，斜腹微弧，平底。腹部素面。残高9、残宽14厘米（图4-252，7）。

　　斝　2件。

　　标本H101①：25，夹砂橙黄陶。敛口，方唇，上腹直，下腹残。口沿外侧饰一周竖向戳印纹，腹部素面。口径21.6、残高9.6厘米（图4-252，8）。

　　标本H101①：43，夹砂灰陶。牛角状空心足。素面。残高4.1、残宽3.8厘米（图4-252，9）。

　　陶刀　2件。

　　标本H101①：63，泥质橙黄陶。陶片打磨而成，近椭圆形，边缘打磨痕迹明显，双面刃，刃部打制后粗磨，中间有一钻孔痕迹。刃残长5厘米，刃角45°，器身残长6、宽4.2厘米（图4-252，10）。

　　标本H101①：9，泥质橙黄陶。近长方形，单面磨刃，中间有一对向钻孔，器表饰细绳纹。刃长7.5厘米，刃角49.5°，外孔0.9、内孔0.6厘米，器身长8.4、宽5.3厘米（图4-252，11）。

　　石刀　2件。

　　标本H101①：6，残，页岩。近呈梯状，器表细磨，平背部，双面磨刃。刃残长3.5厘米，刃角62.2°，器身残长4、宽3.87、厚0.45厘米（图4-253，1；彩版一二五，3）。

　　标本H101①：7，石灰岩。近椭圆形，基部平整，弧状双面刃。刃长6.56厘米，刃角47.3°，

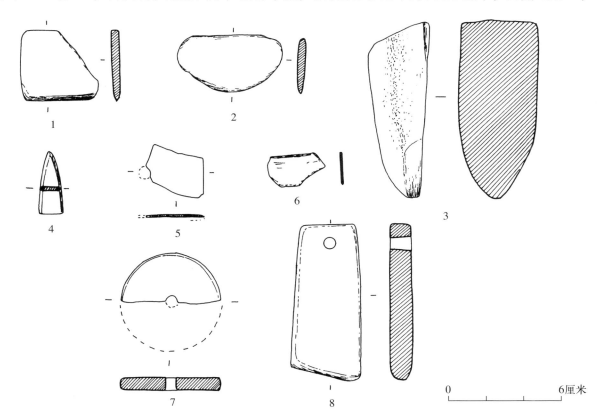

图4-253　H101出土遗物

1、2.石刀H101①：6、7　3.锥形器H101①：1　4.石镞H101①：3　5、6.石料H101①：4、8　7.石纺轮H101①：10　8.石器H101①：5

残长 5.6、残宽 3.2、厚 0.4 厘米（图 4-253，2；彩版一二五，4）。

锥形器　1 件。

标本 H101①：1，残损，石英岩。器身有轻微磨痕。残长 9.8、残宽 3.2、厚 4.2 厘米（图 4-253，3）。

石镞　1 件。

标本 H101①：3，页岩。器体呈扁三角形，两侧边缘均为双面磨制的刃部，尖部略残，尾端平整。长 3.4、宽 1.3、厚 0.3 厘米（图 4-253，4；彩版一二五，5）。

石料　2 件。

标本 H101①：4，板岩。制作小石器材料，一面残，一面平。残长 3.1、残宽 2.2、厚 0.2 厘米（图 4-253，5；彩版一二五，6）。

标本 H101①：8，页岩。两面平整，器表未见打磨痕迹。残长 3.1、残宽 1.7 厘米（图 4-253，6；彩版一二六，1）。

石纺轮　1 件。

标本 H101①：10，石英岩。器身呈半圆饼状，器表通体磨光且光滑，在器身中心有一残管钻残孔，器身直径 5.3、厚 0.6 厘米（图 4-253，7；彩版一二六，2）。

石器　1 件。

标本 H101①：5，石英岩。制作规整，近长方形，上窄下宽，上端有一圆孔，下端有轻微磨痕。长 8.5、宽 3.8、厚 1.2 厘米（图 4-253，8；彩版一二六，3）。

（2）H101②层

出土大量陶片，以腹部残片为主，可辨器形有圆腹罐、花边罐、单耳罐、双耳罐、高领罐、盆、器盖等，另出土石锛、骨锥各 1 件（表 4-386、387）。

表4-386　H101②层器形数量统计表

器形 \ 陶色 \ 陶质	泥质				夹砂				合计
	红	橙黄	灰	黑	红	橙黄	灰	黑	
圆腹罐		2			2	2			6
花边罐						4	2		6
单耳罐	1		1			1			3
双耳罐		2				1	1		4
高领罐		1	1						2
盆		1				1			2
器盖	1					1			2

表4-387　H101②层陶片统计表

纹饰 \ 陶色 \ 陶质	泥质				夹砂				合计
	橙黄	灰	红	灰底黑彩	橙黄	灰	红	褐	
素面	90	31	10		46	4			181

纹饰 \ 陶色	泥质				夹砂				合计
	橙黄	灰	红	灰底黑彩	橙黄	灰	红	褐	
绳纹	12				71	2			85
篮纹	94	10							104
麻点纹	8				266				274
篮纹 + 麻点纹					1				1
刻划纹	2				1				3
戳印纹		3			2				5
附加堆纹					22	2			24
附加堆纹 + 麻点纹					6				6
席纹					6				6
交错篮纹	1	1							2
麻点纹 + 席纹	2								2
附加堆纹 + 绳纹					4				4

圆腹罐 6 件。

标本H101②：5，夹砂红陶。侈口，圆唇，高领，束颈，圆腹，平底。颈部素面，颈、腹间有一附加泥饼，腹部饰麻点纹。口径9.4、高11.2、底径6.2厘米（图4-254，1；彩版一二六，4）。

标本H101②：8，泥质橙黄陶。侈口，圆唇，矮领，束颈，圆腹，底残。颈部饰横向篮纹，腹部饰麻点纹。口径14、残高11.4厘米（图4-254，2）。

标本H101②：9，泥质橙黄陶。侈口，圆唇，矮领，束颈，上腹圆，下腹残。颈部素面，上腹饰麻点纹。口径12、残高8厘米（图4-254，3）。

标本H101②：11，夹砂橙黄陶。侈口，圆唇，高领，束颈，上腹圆，下腹残。颈部素面，上腹饰麻点纹。残高9.2、残宽10.6厘米（图4-254，4）。

标本H101②：23，夹砂红陶。侈口，圆唇，高领，束颈，上腹斜弧，下腹残。颈部素面，上腹饰麻点纹。残高8.8、残宽8.5厘米（图4-254，5）。

标本H101②：24，夹砂橙黄陶。侈口，圆唇，高领，束颈，上腹斜弧，下腹残。颈部饰竖向篮纹，上腹饰麻点纹。残高9.7、残宽7.7厘米（图4-254，6）。

花边罐 6 件。

标本H101②：15，夹砂橙黄陶。侈口，尖唇，口沿以下残。口沿下饰一周附加泥条，泥条经手指按压呈波状，素面，有烟炱。口径18.2、残高3.6厘米（图4-254，7）。

标本H101②：16，夹砂灰陶。侈口，圆唇，矮领，束颈，上腹圆，下腹残。口沿外侧饰一周附加泥条，泥条之上饰戳印纹，颈部饰横向绳纹，上腹饰麻点纹，有烟炱。口径12、残高6厘米（图4-254，8）。

标本H101②：13，夹砂灰陶。侈口，圆唇，高领，束颈，上腹斜弧，下腹残。颈部饰横向篮纹，篮纹之上饰两周附加泥条，泥条经手指按压呈波状，上腹饰竖向绳纹，有烟炱。口径12.6、

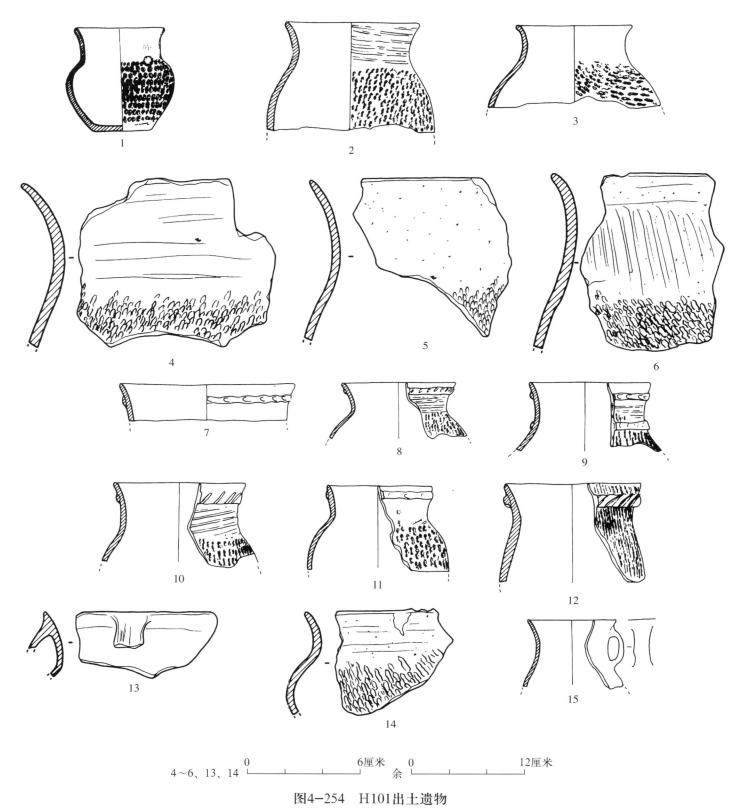

图4-254 H101出土遗物

1~6.圆腹罐H101②：5、8、9、11、23、24 7~12.花边罐H101②：15、16、13、12、10、7 13~15.单边罐H101②：25、26、20

残高 7.4 厘米（图 4-254，9）。

标本H101②：12，夹砂橙黄陶。侈口，圆唇，高领，束颈，上腹圆，下腹残。口沿外侧饰一周附加泥条，泥条之上饰戳印纹，颈部饰横向篮纹，上腹饰麻点纹，有烟炱。口径 14、残高 8.8 厘米（图 4-254，10）。

标本H101②：10，夹砂橙黄陶。侈口，圆唇，矮领，束颈，圆腹，底残。口沿外侧饰一周附加泥条，泥条经手指按压呈波状，颈部素面，腹部饰麻点纹，有烟炱。口径 11.2、残高 9.2 厘米（图 4-254，11）。

标本H101②：7，夹砂橙黄陶。侈口，圆唇，矮领，微束颈，斜弧腹，底残。口沿外侧饰一周附加泥条，泥条之上饰斜向戳印纹，器表通体饰竖向绳纹，有烟炱。口径 14、残高 10.4 厘米（图 4-254，12）。

单耳罐 3 件。

标本H101②：25，泥质灰陶。侈口，尖唇，矮领，束颈，颈部以下残。拱形单耳，颈部素面。残高 3.6、残宽 7.5 厘米（图 4-254，13）。

标本H101②：26，夹砂橙黄陶。侈口，圆唇，矮领，束颈，鼓腹，底残。颈部素面，腹部饰麻点纹。残高 5.7、残宽 6.3 厘米（图 4-254，14）。

标本H101②：20，泥质红陶。侈口，尖唇，高领，束颈，上腹斜弧，下腹残。拱形单耳，素面。口径 9.2、残高 6.6 厘米（图 4-254，15）。

双耳罐 4 件。

标本H101②：17，夹砂橙黄陶。侈口，圆唇，矮领，束颈，上腹圆，下腹残。连口拱形双耳，耳上端口沿呈锯齿状，耳面与上腹饰麻点纹。口径 12.2、残高 7.2 厘米（图 4-255，1）。

标本H101②：18，夹砂灰陶。侈口，圆唇，高领，束颈，上腹圆，下腹残。连口拱形双耳，颈部素面，上腹及耳面饰麻点纹，耳上端口沿处呈锯齿状。口径 11、残高 7 厘米（图 4-255，2）。

标本H101②：19，泥质橙黄陶。侈口，尖唇，高领，束颈，腹部残。拱形双耳，素面。口径 14.4、残高 6.8 厘米（图 4-255，3）。

标本H101②：21，泥质橙黄陶。侈口，圆唇，矮领，束颈，上腹圆，下腹残。拱形双耳，素面。口径 8.2、残高 4.4 厘米（图 4-255，4）。

高领罐 2 件。

标本H101②：28，泥质橙黄陶。喇叭口，圆唇，高领，束颈，颈部以下残。口沿外侧饰一周折棱，折棱之上饰压印纹，颈部素面。残高 6、残宽 13.6 厘米（图 4-255，5）。

标本H101②：14，泥质灰陶。微侈口，平折沿，方唇，高领，束颈，颈部以下残。素面。口径 20.2、残高 3.8 厘米（图 4-255，6）。

盆 2 件。

标本H101②：4，夹砂橙黄陶。敞口，方唇，斜弧腹，平底。唇面有一道凹槽，腹部饰横向粗绳纹。口径 20.8、高 6.8、底径 9.4 厘米（图 4-255，7；彩版一二六，5）。

标本H101②：27，泥质橙黄陶。敞口，方唇，斜腹微弧，底残。口沿外侧饰一周折棱，折棱经手指按压呈波状，腹部饰横向篮纹。残高 7.5、残宽 9.1 厘米（图 4-255，8）。

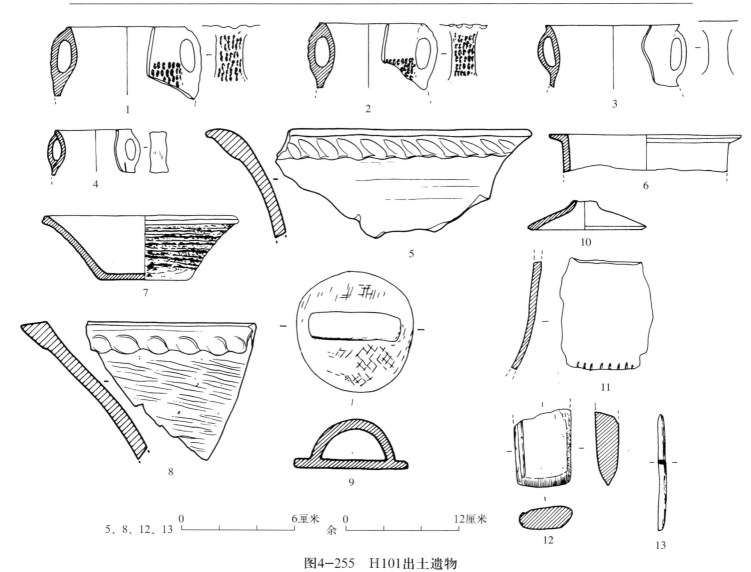

图4-255　H101出土遗物

1~4.双耳罐H101②：17、18、19、21　5、6.高领罐H101②：28、14　7、8.盆H101②：4、27　9、10.器盖H101②：1、6　11.罐腹片H101②：22　12.石铲H101②：3　13.骨锥H101②：2

器盖　2件。

标本H101②：1，夹砂橙黄陶。呈圆饼状，桥形把手，面部饰交错绳纹，直径11.8、面厚1、高5.6、把手宽3.2厘米（图4-255，9；彩版一二七，1）。

标本H101②：6，泥质红陶。近伞状，敞口，斜方唇，面部斜弧，柄部残。素面磨光，直径12.4、残高3.2厘米（图4-255，10）。

罐腹片　1件。

标本H101②：22，泥质橙黄陶。斜弧腹。素面，残断处饰戳印纹。残长11.8、残宽9.4厘米（图4-255，11）。

石铲　1件。

标本H101②：3，残损，石英岩。中腰至基部残，双面磨刃，两侧边圆弧，器身磨制精细。

刃长 2.7 厘米，刃角 58°，残长 4.2、宽 2.8、厚 1.2 厘米（图 4-255，12；彩版一二七，2）。

骨锥 1 件。

标本H101②：2，动物骨骼磨制而成，呈圆柱状，器身细磨且光滑，尖端磨制尖锐，尾端圆弧。长 6.4、宽 0.5、厚 0.2 厘米（图 4-255，13；彩版一二七，3）。

（3）H101③层

出土大量陶片，以腹部残片为主，可辨器形有圆腹罐、花边罐、盆、斝（表 4-388、389）。

表4-388 H101③层器形数量统计表

陶质 陶色 器形	泥质				夹砂				合计
	红	橙黄	灰	黑	红	橙黄	灰	黑	
圆腹罐						3			3
花边罐						2			2
盆	1								1
斝						1			1

表4-389 H101③层陶片统计表

陶质 陶色 纹饰	泥质				夹砂				合计
	橙黄	灰	红	灰底黑彩	橙黄	灰	红	褐	
素面	48	8	9		15				80
绳纹	5				53				58
篮纹	35	1			2	1	1		40
麻点纹					121				121
篮纹＋麻点纹					2				2
附加堆纹	2				8				10
附加堆纹＋绳纹					1				1
附加堆纹＋麻点纹					4				4
绳纹＋席纹					1				1
刻划纹					1				1
席纹	1								1

圆腹罐 3 件。

标本H101③：1，夹砂橙黄陶。侈口，圆唇，高领，束颈，上腹圆，下腹残。颈部素面，上腹饰绳纹，有烟炱。口径 8.4、残高 10.6 厘米（图 4-256，1）。

标本H101③：5，夹砂橙黄陶。侈口，圆唇，高领，束颈，上腹斜，下腹残。颈、腹饰斜向粗绳纹。残高 6.6、残宽 9.6 厘米（图 4-256，2）。

标本H101③：6，夹砂橙黄陶。侈口，圆唇，高领，束颈，上腹斜弧，下腹残。颈部素面，上腹饰麻点纹。残高 6.8、残宽 9.7 厘米（图 4-256，3）。

花边罐 2 件。

标本H101③：2，夹砂橙黄陶。侈口，圆唇，矮领，束颈，上腹圆，下腹残。口沿外侧饰一

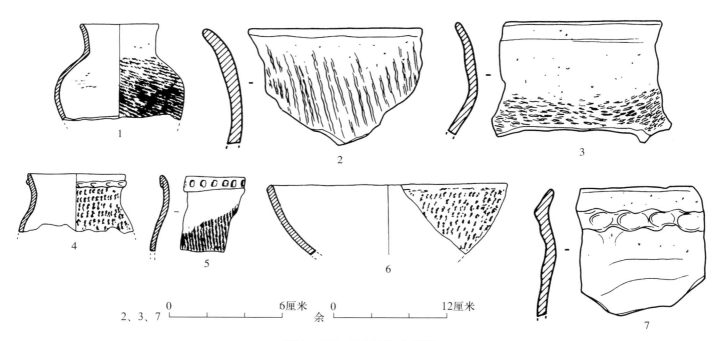

图4-256　H101出土遗物

1~3.圆腹罐H101③：1、5、6　4、5.花边罐H101③：2、3　6.盆H101③：4　7.罘H101③：7

周附加泥条，泥条经手指按压呈波状，颈部与上腹饰麻点纹，有烟炱。口径10.8、残高6.4厘米（图4-256，4）。

标本H101③：3，夹砂橙黄陶。侈口，尖唇，微束颈，上腹圆弧，下腹残。口沿外侧饰一周附加泥条，泥条之上饰戳印纹，上腹饰竖向绳纹，有烟炱。残高8.4、残宽6.6厘米（图4-256，5）。

盆　1件。

标本H101③：4，泥质红陶。敞口，方唇，弧腹，底残。腹部饰麻点纹。口径26、残高7.8厘米（图4-256，6）。

罘　1件。

标本H101③：7，夹砂橙黄陶。敛口，内折沿，圆唇，上腹斜直，下腹残。口沿外侧饰一周附加泥条，泥条经手指按压呈波状，腹部素面。残高7.2、残宽6.8厘米（图4-256，7）。

（4）H101④层

出土大量陶片，以腹部残片为主，可辨器形有圆腹罐、陶祖，另出土石刀、石料各2件（表4-390、391）。

表4-390　H101④层器形数量统计表

器形	陶质	泥质				夹砂				合计
	陶色	红	橙黄	灰	黑	红	橙黄	灰	黑	
圆腹罐							1			1

表4-391　H101④层陶片统计表

纹饰 \ 陶质 陶色	泥质				夹砂				合计
	橙黄	灰	红	灰底黑彩	橙黄	灰	红	褐	
素面	96	7	10		26				139
绳纹	13	1			42				56
篮纹	65	8	4		10				87
麻点纹	5				74				79
席纹	1								1
篮纹 + 麻点纹					2				2
席纹 + 绳纹	1								1
戳印纹					2				2
篮纹 + 绳纹					1	1			2
附加堆纹	1				6				7
附加堆纹 + 绳纹	2				2	1			5
附加堆纹 + 戳印纹 + 篮纹 + 绳纹					1				1
抹断绳纹	1		1						2
刻划纹 + 篮纹					2				2
刻划纹		1			1				2
附加堆纹 + 篮纹	3								3

圆腹罐　1件。

标本H101④：3，夹砂橙黄陶。侈口，圆唇，高领，束颈，圆腹，平底。颈部素面，上腹饰横向篮纹，下腹饰竖向篮纹。口径 7.8、高 11.6、底径 7 厘米（图 4-257，1；彩版一二七，4）。

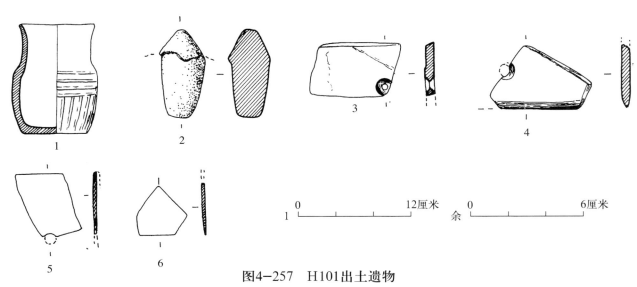

图4-257　H101出土遗物

1.圆腹罐H101④：3　2.陶祖H101④：2　3、4.石刀H101④：1、4　5、6.石料H101④：5、6

陶祖　1件。

标本H101④：2，呈龟头状，顶端尖且有修整磨光痕迹，下部有划痕。直径2.2、长4.7厘米（图4-257，2；彩版一二七，5）。

石刀　2件。

标本H101④：1，残，石英砂岩。呈长方形，器表粗磨，器身拐角有对向钻孔残，背部及刃部均残，器身残长4.2、残宽2.9、厚0.6厘米（图4-257，3；彩版一二七，6）。

标本H101④：4，页岩。现残状近三角形，器表细磨，基部及两侧边残，双面磨刃，器身残断处有对向钻孔残。刃残长4.2厘米，刃角56.3°，器身残长5.4、残宽3.2、厚0.4厘米（图4-257，4）。

石料　2件。

标本H101④：5，页岩。整体较平整，制作小石器材料。残长3.1、残宽2.3厘米（图4-257，5）。

标本H101④：6，页岩。整体较平整，制作小石器材料。残长2.6、残宽2.8厘米（图4-257，6）。

97. H102

H102位于ⅢT1106东南角，开口于第②层下（图4-258）。平面呈椭圆形，口部边缘形态明显，底部边缘形态较明显，剖面呈筒状，弧壁，未见工具痕迹，坑底高低不平。坑口东西1.62、南北1.90、坑底东西1.48、深0.36～0.46米，坑内堆积未分层，土色浅灰色，土质疏松，包含物有炭粒、石块、红烧土颗粒、兽骨，兽骨较集中而有规律地分布在灰坑中部，水平状堆积。

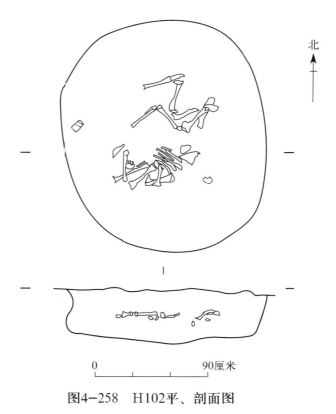

图4-258　H102平、剖面图

　　坑内出土少量陶片，以腹部残片为主，可辨器形有鬲、豆，另出土石斧1件（表4-392、393）。

表4-392　H102器形数量统计表

器形＼陶质陶色	泥质				夹砂				合计
	红	橙黄	灰	黑	红	橙黄	灰	黑	
豆			1						1
鬲							1		1

表4-393　H102陶片统计表

纹饰＼陶质陶色	泥质				夹砂				合计
	橙黄	灰	红	灰底黑彩	橙黄	灰	红	褐	
素面	28	4			15				47
绳纹		1			6				7
篮纹	18	1			3				22
麻点纹					24				24

　　鬲　1件。

　　标本H102:3，夹砂灰陶。牛角状空心足。器表饰绳纹。残高5.4、残宽4.3厘米（图4-259，1）。

　　豆　1件。

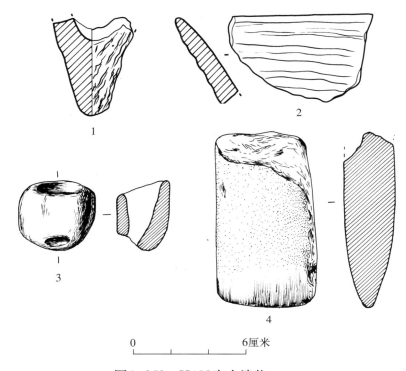

0　　　　　　6厘米

图4-259　H102出土遗物

1.鬲足H102:3　2.豆座H102:2　3.陶拍H102:4　4.石斧H102:1

标本H102：2，泥质灰陶。高圈空心足，器表饰横向宽篮纹，器身烧制变形。残高4.8、残宽7.6厘米（图4-259，2）。

陶拍　1件。

标本H102：4，泥质橙黄陶。拍面呈椭圆形，拍面弧形且光滑，桥形空心銎，器表素面，中间圆孔直径2.1厘米，器身长4.1、宽3.8、高2.8厘米（图4-259，3）。

石斧　1件。

标本H102：1，石英岩。残损，长方形，上窄下宽，背部残，两侧边圆弧，器表磨制精细，器表及刃部均有使用过程中留下的疤痕。刃长4.9厘米，刃角73.6°，器身残长9.5、宽5.3、厚2.6厘米（图4-259，4；彩版一二八，1）。

98. H103

H103位于ⅢT1006西部，部分压于西壁下，开口于第③层下（图4-260；彩版一二八，2）。遗迹暴露部分平面近长方形，口部边缘形态明显，底部边缘形态明显，剖面呈筒状，弧壁，未见工具痕迹，坑底南高北低。坑口南北1.82、东西0.52～0.73、坑底南北1.80、深0.54～0.76米。坑内堆积可分六层，第①层厚0～0.17米，土色深灰色，土质疏松，坡状堆积。第②层厚0.06～0.20米，土色深灰色，土质疏松，不规则状堆积。第③层厚0～0.12米，土色浅灰色，土质疏松，坡状堆积。第④层厚0.02～0.21米，土色浅灰色，土质疏松，坡状堆积。第⑤层厚0.08～0.20米，土色浅黄色，土质疏松，坡状堆积。第⑥层厚0.10～0.34米，土色浅褐色，土质疏松，坡状堆积。

坑内出土少量陶片。

（1）H103②层

出土少量陶片，以腹部残片为主，可辨器形有圆腹罐（表4-394、395）。

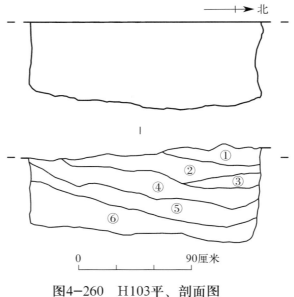

图4-260　H103平、剖面图

表4-394　H103②层器形数量统计表

器形	陶质 陶色	泥质				夹砂				合计
		红	橙黄	灰	黑	红	橙黄	灰	黑	
圆腹罐							1			1

表4-395　H103②层陶片统计表

纹饰	陶质 陶色	泥质				夹砂				合计
		橙黄	灰	红	灰底 黑彩	橙黄	灰	红	褐	
素面						4				4
麻点纹						2				2
刻划纹						1				1

圆腹罐　1件。

标本H103②：1，夹砂橙黄陶。口部与底部残，高领，束颈，圆腹，底残。颈部饰横向篮纹，腹部饰竖向绳纹。腹径20.2、残高11.2厘米（图4-261，1）。

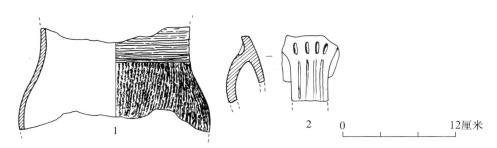

图4-261　H103出土遗物
1.圆腹罐H103②：1　2.单耳罐H103⑥：1

（2）H103⑥层

出土少量陶片，以腹部残片为主，可辨器形有单耳罐（表4-396、397）。

表4-396　H103⑥层器形数量统计表

器形	陶质 陶色	泥质				夹砂				合计
		红	橙黄	灰	黑	红	橙黄	灰	黑	
单耳罐		1								1

表4-397　H103⑥层陶片统计表

纹饰	陶质 陶色	泥质				夹砂				合计
		橙黄	灰	红	灰底 黑彩	橙黄	灰	红	褐	
素面		1								1
篮纹		1								1
麻点纹								1		1

单耳罐　1件。

标本H103⑥：1，泥质红陶。侈口，方唇，口沿以下残。连口拱形单耳，耳面上端饰戳印纹，耳面饰竖向宽篮纹。残高7.2、残宽6厘米（图4-261，2）。

99. H104

H104位于ⅢT1203中部，开口于第③层下（图4-262；彩版一二八，4）。平面近椭圆形，口部边缘形态明显，底部边缘形态不明显，剖面近倒"梯"状，斜弧壁，未见工具痕迹，坑底不平。坑口南北1.46、东西1.48、坑底南北0.40、深1.02米。坑内堆积可分四层，第①层厚0.04~0.12米，土色褐色，土质疏松，包含物有植物根茎、红烧土颗粒，基本水平状堆积。第②层厚0.04~0.15米，土色浅黄色，土质疏松，包含物有植物根茎、炭粒、红烧土颗粒，坡状堆积。第③层厚0~0.38米，土色浅黄色，土质致密，包含物有红烧土颗粒，坡状堆积。第④层厚0~0.64米，土色浅灰色，土质疏松，坡状堆积。

坑内出土少量陶片。

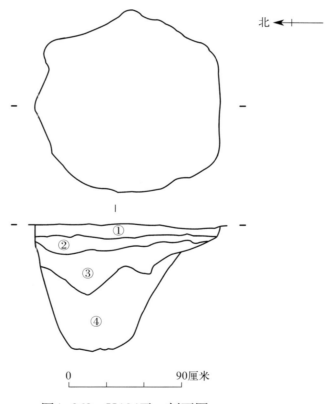

北 ←

0 　　　 90厘米

图4-262　H104平、剖面图

（1）H104①层

出土石刀1件。

石刀　1件。

标本H104①：1，残损，石英岩。器表通体磨光，仅存一部分刃部，双面刃。刃残长1.68厘米，刃角45°，器身残长2.47、残宽2.4、厚0.2厘米（图4-263，1；彩版一二八，3）。

（2）H104④层

出土少量陶片，以腹部残片为主，可辨器形有圆腹罐、大口罐（表4-398、399）。

表4-398 H104④层器形数量统计表

器形 \ 陶色	泥质				夹砂				合计
	红	橙黄	灰	黑	红	橙黄	灰	黑	
圆腹罐	1				1				2
大口罐						1			1

表4-399 H104④层陶片统计表

纹饰 \ 陶色	泥质				夹砂				合计
	橙黄	灰	红	灰底黑彩	橙黄	灰	红	褐	
素面	9	2	3		11				25
绳纹					16				16
篮纹	6	2			5				13
麻点纹					14				14

圆腹罐 2件。

标本H104④：1，夹砂红陶。侈口，圆唇，高领，束颈，上腹圆，下腹残。颈部有竖向修整刮抹痕迹，上腹饰竖向绳纹，有烟炱。口径11.6、残高8厘米（图4-263，2）。

标本H104④：3，泥质红陶。侈口，方唇，高领，束颈，颈部以下残。唇面呈凹槽状，颈部素面。残高4.5、残宽7.1厘米（图4-263，3）。

大口罐 1件。

标本H104④：2，夹砂橙黄陶。微侈口，方唇，深直腹，底残。口沿外侧饰一周折棱，腹部饰麻点纹，有烟炱。残高7.6、残宽14.2厘米（图4-263，4）。

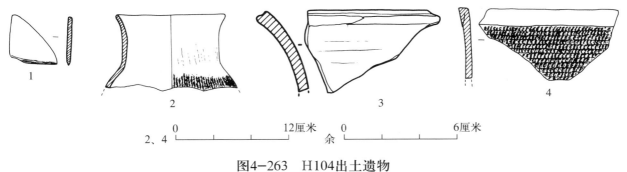

图4-263 H104出土遗物

1.石刀H104①：1 2、3.圆腹罐H104④：1、3 4.大口罐H104④：2

100. H105

H105位于ⅢT1003西北部，开口于第③层下。平面近椭圆形，口部边缘形态明显，底部边缘形态明显，剖面呈袋状，斜弧壁（图4-264；彩版一二九，1），未发现工具痕迹，坑底西高东

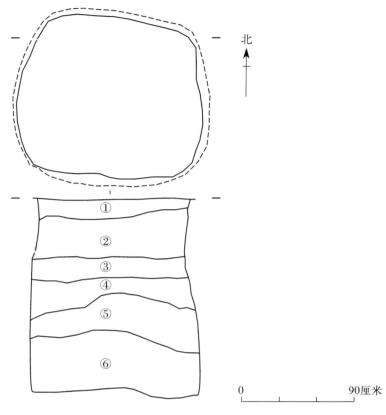

图4-264　H105平、剖面图

低。坑口南北1.32、东西1.47、坑底东西1.36、深1.53～1.62米。坑内堆积可分六层，第①层厚0.09～0.15米，土色灰色，土质疏松，包含物有红烧土颗粒、炭粒、石块、兽骨，坡状堆积。第②层厚0.33～0.39米，土色褐色，土质疏松，包含物有红烧土颗粒、炭粒、石块、兽骨，水平状堆积。第③层厚0.15～0.21米，土色深褐色，土质疏松，包含物有红烧土颗粒、炭粒、石块、兽骨，水平状堆积。第④层厚0.12～0.33米，土色灰黑色，土质疏松，包含物有草木灰、红烧土颗粒、炭粒，凸镜状堆积。第⑤层厚0.15～0.36米，土色浅黄色，土质致密，包含物有红烧土颗粒、炭粒，凸镜状堆积。第⑥层厚0.36～0.48米，土色黑灰色，土质疏松，包含物有草木灰、红烧土颗粒、炭粒，坡状堆积。

坑内出土大量陶片。

（1）H105①层

出土大量陶片，以腹部残片为主，可辨器形有圆腹罐、高领罐、大口罐、盆（表4-400、401）。

表4-400　H105①层器形数量统计表

器形 \ 陶质 陶色	泥质				夹砂				合计
	红	橙黄	灰	黑	红	橙黄	灰	黑	
圆腹罐					2	1	1		4

器形＼陶质	泥质				夹砂				合计
＼陶色	红	橙黄	灰	黑	红	橙黄	灰	黑	
高领罐					1				1
大口罐					2				2
盆	1	1				1			3

表4-401　H105①层陶片统计表

纹饰＼陶质	泥质				夹砂				合计
＼陶色	橙黄	灰	红	灰底黑彩	橙黄	灰	红	褐	
素面	22	12	11		53				98
绳纹	1		2		39				42
篮纹	11	12	27		34				84
麻点纹					115				115
刻划纹		2	4		3				9
篮纹＋麻点纹					8				8
附加堆纹					2				2
附加堆纹＋麻点纹					1				1
附加堆纹＋绳纹					1				1
抹断绳纹					2				2

圆腹罐　4件。

标本H105①：1，夹砂红陶。侈口，圆唇，高领，微束颈，上腹圆，下腹残。颈部饰横向篮纹，上腹饰麻点纹。口径17.6、残高11.2厘米（图4-265，1）。

标本H105①：2，夹砂红陶。侈口，圆唇，矮领，束颈，上腹斜，下腹部残，颈部素面，上腹饰麻点纹。口径14.8、残高7.2厘米（图4-265，2）。

标本H105①：6，夹砂橙黄陶。侈口，圆唇，高领，束颈，颈部以下残。颈部饰横向篮纹，有烟炱。残高4.6、残宽6.8厘米（图4-265，3）。

标本H105①：7，夹砂灰陶。侈口，圆唇，高领，束颈，颈部以下残。颈部素面且有刮抹痕迹。残高5.2、残宽6.3厘米（图4-265，4）。

高领罐　1件。

标本H105①：3，夹砂红陶。侈口，圆唇，高领，束颈，颈部以下残。器表素面。残高5.2、残宽4.9厘米（图4-265，5）。

大口罐　2件。

标本H105①：4，夹砂红陶。微侈口，方唇，上直腹，下腹残。口沿外侧有刮抹痕迹。口径25.2、残高6厘米（图4-265，6）。

标本H105①：5，夹砂红陶。微侈口，方唇，上腹斜直，下腹残。口沿外侧饰一周折棱，腹部饰竖向绳纹。残高6.8、残宽8.8厘米（图4-265，7）。

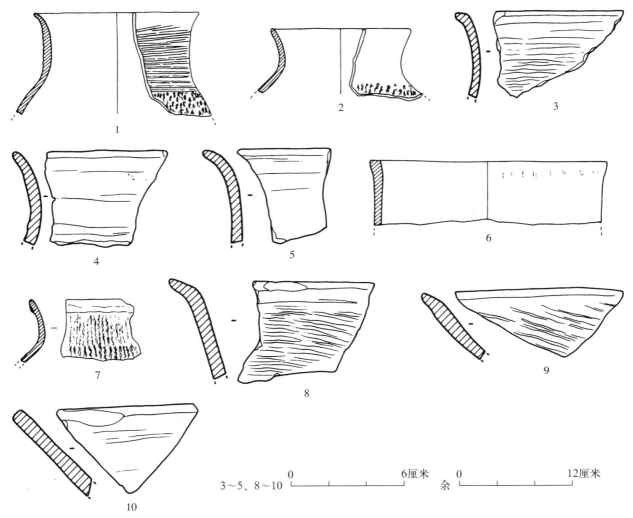

3～5、8～10 ├──┴──┴──┤ 0　　　　　　6厘米
余 ├──┴──┤ 0　　　　　12厘米

图4-265　H105出土遗物

1～4.圆腹罐H105①：1、2、6、7　5.高领罐H105①：3　6、7.大口罐H105①：4、5　8～10.盆H105①：8～10

盆　3件。

标本H105①：8，夹砂橙黄陶。敞口，平沿，圆唇，斜腹微弧，底残。腹部饰横向篮纹。残高5.5、残宽6.3厘米（图4-265，8）。

标本H105①：9，泥质红陶。敞口，圆唇，斜腹微弧，底残。腹部饰斜向篮纹，内壁素面磨光。残高3.7、残宽8.6厘米（图4-265，9）。

标本H105①：10，泥质橙黄陶。敞口，方唇，斜直腹，底残。器表素面磨光。残高4.7、残宽7.2厘米（图4-265，10）。

（2）H105②层

出土大量陶片，以腹部残片为主，可辨器形有圆腹罐、花边罐、单耳罐、高领罐、大口罐、盆、钵、豆，另出土石镞、石料、骨锥各1件（表4-402、403）。

圆腹罐　3件。

标本H105②：5，夹砂红陶。侈口，圆唇，高领，微束颈，上腹圆弧，下腹残。颈部有刮抹痕迹，上腹饰麻点纹。口径21.8、残高10.2厘米（图4-266，1）。

标本H105②：6，夹砂褐陶。侈口，圆唇，高领，束颈，颈部以下残。颈部有刮抹痕迹，肩部饰竖向绳纹。残高7.4、残宽6.4厘米（图4-266，2）。

表4-402 H105②层器形数量统计表

器形＼陶质＼陶色	泥质				夹砂				合计
	红	橙黄	灰	黑	红	橙黄	灰	褐	
圆腹罐					2			1	3
花边罐					1				1
单耳罐						1			1
高领罐	3								3
大口罐					4				4
盆	2								2
钵		1							1
豆			1						1

表4-403 H105②层陶片统计表

纹饰＼陶质＼陶色	泥质				夹砂				合计
	橙黄	灰	红	灰底黑彩	橙黄	灰	红	褐	
素面	95	14	28		61				198
绳纹	3				50				53
篮纹	81	22	24		71				198
刻划纹					1				1
篮纹＋麻点纹					11				11
附加堆纹							1		1
附加堆纹＋麻点纹							3		3
抹断绳纹					1				1
交错刻划纹		2			7				9

标本H105②：7，夹砂红陶。侈口，圆唇，高领，束颈，圆腹，底残。颈部素面，腹部饰横向篮纹，篮纹之上饰竖向刻划纹，有烟炱。口径9、残高10厘米（图4-266，3）。

花边罐 1件。

标本H105②：4，夹砂红陶。侈口，圆唇，矮领，束颈，上腹斜弧，下腹残。颈部饰一周附加泥条，泥条之上饰斜向戳印纹，上腹饰绳纹。口径13.6、残高7.4厘米（图4-266，4）。

单耳罐 1件。

标本H105②：19，夹砂橙黄陶。侈口，方唇，高领，束颈，颈部以下残。连口残耳，耳上端饰戳印纹，颈部饰横向篮纹。残高5.3、残宽7.1厘米（图4-266，5）。

高领罐 3件。

标本H105②：12，泥质红陶。喇叭口，圆唇，高领，束颈，溜肩，腹部残。口沿外侧饰一周

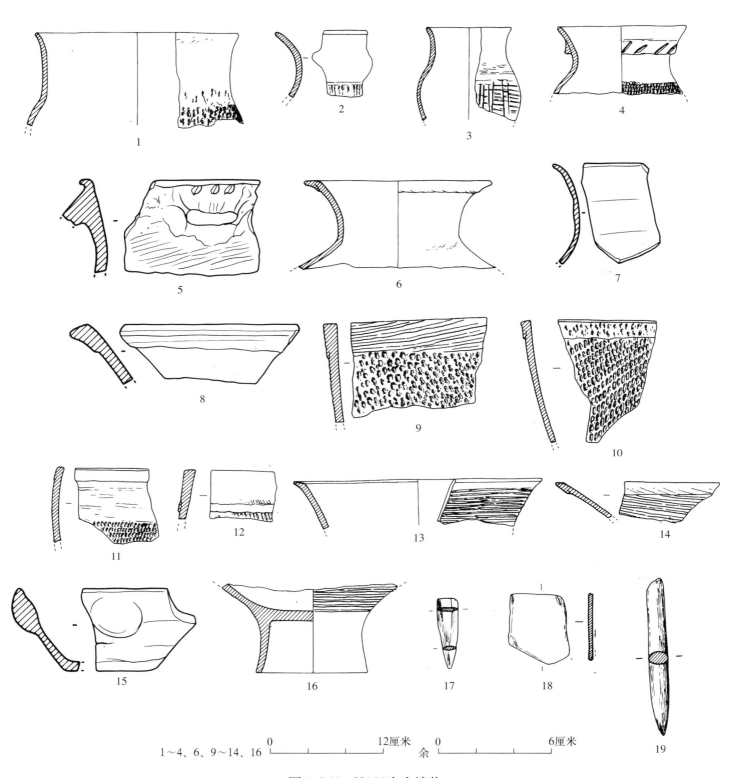

图4-266　H105出土遗物

1~3.圆腹罐H105②：5~7　4.花边罐H105②：4　5.单耳罐H105②：19　6~8.高领罐H105②：12、20、21　9~12.大口罐
H105②：8~11　13、14.盆H105②：13、14　15.钵H105②：18　16.豆H105②：15　17.石镞H105②：2　18.石料H105②：3
19.骨锥H105②：1

折棱，颈部素面。口径20.2、残高9.6厘米（图4-266，6）。

标本H105②：20，泥质红陶。喇叭口，圆唇，高领，束颈，颈部以下残。器表素面磨光。残高5.5、残宽3.6厘米（图4-266，7）。

标本H105②：21，泥质红陶。喇叭口，平沿，尖唇，高领，束颈，颈部以下残。口沿外侧有一周折棱，颈部素面磨光。残高3.2、残宽9.5厘米（图4-266，8）。

大口罐　4件。

标本H105②：8，夹砂红陶。直口，厚方唇，上腹直，下腹残。口沿外侧饰一周折棱，折棱之上饰斜向篮纹，腹部饰麻点纹，有烟炱。残高10.4、残宽14.6厘米（图4-266，9）。

标本H105②：9，夹砂红陶。微侈口，厚方唇，斜弧腹，底残。口沿外侧饰一周折棱，器表通体饰麻点纹。残高13.6、残宽10.6厘米（图4-266，10）。

标本H105②：10，夹砂红陶。敛口，方唇，上腹圆，底残。口沿外侧有一周折棱，上腹饰横向篮纹，篮纹下饰麻点纹。残高8、残宽8.4厘米（图4-266，11）。

标本H105②：11，夹砂红陶。直口，方唇，上腹斜直，下腹残。口沿外侧素面，上腹饰斜向绳纹，绳纹之上饰一周附加泥条。残高5.4、残宽7厘米（图4-266，12）。

盆　2件。

标本H105②：13，泥质红陶。敞口，圆唇，斜直腹，底残。腹部饰横向篮纹，泥条盘筑痕迹明显，内壁素面磨光。口径26.8、残高5厘米（图4-266，13）。

标本H105②：14，泥质红陶。敞口，尖唇，斜直腹，底残。口沿外侧饰有一周折棱，腹部饰横向篮纹，内壁素面磨光。残高4.4、残宽10.2厘米（图4-266，14）。

钵　1件。

标本H105②：18，泥质橙黄陶。敛口，圆唇，弧腹，平底，器身烧至变形，素面磨光。残高4.5、残宽6厘米（图4-266，15）。

豆　1件。

标本H105②：15，泥质灰陶。豆盘上腹残，下腹斜弧，高圈空心足，腹部饰横向篮纹，圈足素面。底径12、残高9.2厘米（图4-266，16）。

石镞　1件。

标本H105②：2，页岩。器体呈扁三角形，两侧边缘均为双面磨制的刃部，尾端平整，尖端磨制尖锐。长3.8、宽1.1、厚0.2厘米（图4-266，17；彩版一二九，2）。

石料　1件。

标本H105②：3，石英岩。整体较平整，制作小石器材料。残长3.2、残宽3.8厘米（图4-266，18；彩版一二九，3）。

骨锥　1件。

标本H105②：1，动物骨骼磨制而成，器体呈圆柱锥状，截断面呈椭圆形，尾端残，尖端磨制尖锐。残长8.5、宽1、厚0.7厘米（图4-266，19；彩版一二九，4）。

（3）H105③层

出土大量陶片，以腹部残片为主，可辨器形有圆腹罐、单耳罐、高领罐、盆、钵（表4-404、405）。

表4-404　H105③层器形数量统计表

器形 ＼ 陶质 陶色	泥质				夹砂				合计
	红	橙黄	灰	黑	红	橙黄	灰	黑	
圆腹罐		1				2			3
单耳罐					1				1
高领罐	1	1							2
盆		1							1
钵	1								1

表4-405　105③层陶片统计表

纹饰 ＼ 陶质 陶色	泥质				夹砂				合计
	橙黄	灰	红	灰底黑彩	橙黄	灰	红	褐	
素面	30	9	3		21				63
绳纹	1				15				16
篮纹	37	9	2		30				78
麻点纹					99				99
刻划纹	1				1				2
刻划纹＋麻点纹					1				1
戳印纹	1								1
交错篮纹	5								5
麻点纹＋篮纹					6	1			7

圆腹罐　3件。

标本H105③：1，夹砂橙黄陶。侈口，圆唇，高领，束颈，上腹斜，下腹残。颈部饰横向篮纹，上腹饰麻点纹，有烟炱。残高7.6、残宽7.7厘米（图4-267，1）。

标本H105③：4，泥质橙黄陶。侈口，圆唇，高领，束颈，颈部以下残。颈部饰竖向篮纹。残高3.6、残宽6厘米（图4-267，2）。

标本H105③：5，夹砂橙黄陶。侈口，圆唇，高领，束颈，颈部以下残。颈部饰横向篮纹，有烟炱。残高6.8、残宽7厘米（图4-267，3）。

单耳罐　1件。

标本H105③：2，夹砂红陶。侈口，方唇，高领，束颈，连口残耳，颈部以下残。残耳上端饰戳印纹，颈部饰横向篮纹。残高7.6、残宽8.2厘米（图4-267，4）。

高领罐　2件。

标本H105③：8，泥质橙黄陶。喇叭口，平沿，圆唇，高领，束颈，颈部以下残。口沿外侧饰一周折棱，颈部素面。残高4.8、残宽12厘米（图4-267，5）。

标本H105③：3，泥质红陶。喇叭口，平沿，圆唇，高领，束颈，颈部以下残。口沿外侧饰一周折棱，颈部素面。口径16.8、残高5.4厘米（图4-267，6）。

盆　1件。

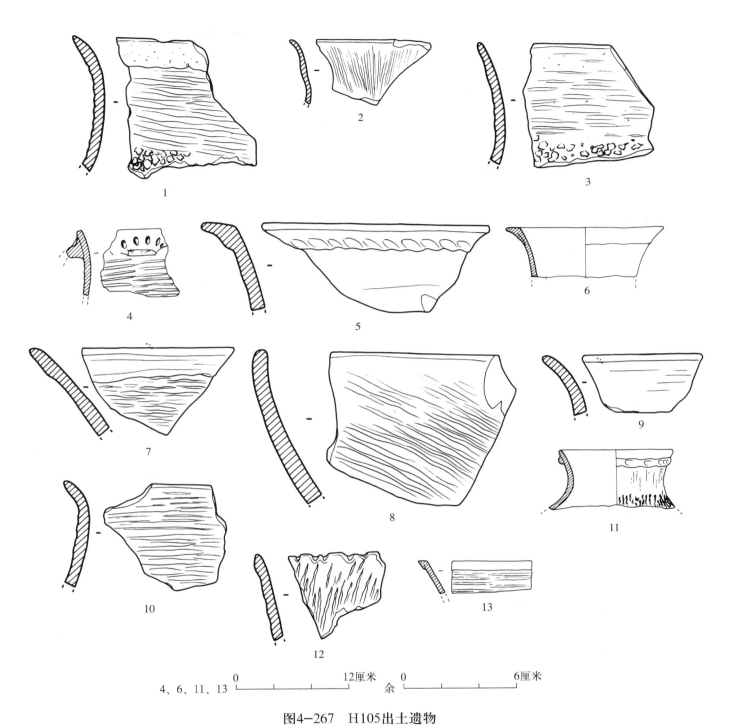

图4-267　H105出土遗物

1～3、9、10.圆腹罐H105③：1、4、5、H105④：3、4　4.单耳罐H105③：2　5、6.高领罐H105③：8、3　7、13.盆
H105③：7、H105④：2　8.钵H105③：6　11、12.花边罐H105④：1、5

　　标本H105③：7，泥质灰陶。敞口，圆唇，斜腹微弧，底残。口沿外侧有一周折棱，腹部饰横向篮纹。残高4.7、残宽8厘米（图4-267，7）。

　　钵　1件。

标本H105③：6，泥质红陶。敛口，圆唇，弧腹，底残。口沿外侧素面磨光，腹部饰斜向篮纹，有烟炱。残高8.3、残宽10厘米（图4-267，8）。

（4）H105④层

出土少量陶片，以腹部残片为主，可辨器形有圆腹罐、花边罐、盆（表4-406、407）。

表4-406　H105④层器形数量统计表

器形 \ 陶质 陶色	泥质				夹砂				合计
	红	橙黄	灰	黑	红	橙黄	灰	黑	
圆腹罐					1	1			2
花边罐					1	1			2
盆	1								1

表4-407　H105④层陶片统计表

纹饰 \ 陶质 陶色	泥质				夹砂				合计
	橙黄	灰	红	白	橙黄	灰	红	褐	
素面	46	10	15	1	33				105
绳纹					9				9
篮纹	53	14	24		12		7		110
麻点纹					76		5		81
刻划纹		1			3				4
篮纹＋麻点纹		1			11				12

圆腹罐　2件。

标本H105④：3，夹砂橙黄陶。侈口，圆唇，高领，束颈，颈部以下残。颈部素面，有烟炱。残高3.2、残宽6.3厘米（图4-267，9）。

标本H105④：4，夹砂红陶。侈口，圆唇，高领，束颈，颈部以下残。颈部饰横向篮纹，有烟炱。残高5.8、残宽6.5厘米（图4-267，10）。

花边罐　2件。

标本H105④：1，夹砂红陶。侈口，圆唇，矮领，束颈，腹部残，口沿外侧饰一周附加泥条，泥条经手指按压呈波状，颈部饰竖向绳纹。口径12.2、残高6.2厘米（图4-267，11）。

标本H105④：5，夹砂橙黄陶。侈口，锯齿唇，高领，束颈，颈部以下残。颈部饰竖向粗绳纹。残高4.6、残宽5.1厘米（图4-267，12）。

盆　1件。

标本H105④：2，泥质红陶。敞口，方唇，斜直腹，底残。口沿外侧饰一周折棱，腹部饰横向篮纹，内壁素面磨光。残高3.4、残宽8.6厘米（图4-267，13）。

（5）H105⑤层

出土陶片见下表（表4-408）。

表4-408　H105⑤层陶片统计表

纹饰＼陶质陶色	泥质				夹砂				合计
	橙黄	灰	红	灰底黑彩	橙黄	灰	红	褐	
素面		1	3				2		6
绳纹							1		1
篮纹	2								2
麻点纹					5				5

（6）H105⑥层

出土大量陶片，以腹部残片为主，可辨器形有圆腹罐、花边罐、单耳罐、双耳罐、高领罐、彩陶罐、大口罐、盆、瓶、斝、豆、器盖等，另出土石刀、石锛、骨锥、鹿角等各1件（表4-409、410）。

表4-409　H105⑥层器形数量统计表

器形＼陶质陶色	泥质				夹砂				合计
	红	橙黄	灰	黑	红	橙黄	灰	黑	
圆腹罐		1			6	19	3		29
花边罐							1		1
单耳罐		1			3	3	1		8
双耳罐	2				2		1		5
高领罐	7	2							9
大口罐					1	1			2
彩陶罐	1								1
盆	12	4	3		2				21
豆		1	1						2
斝		1					1		2
罐腹底						1			1

表4-410　H105⑥层陶片统计表

纹饰＼陶质陶色	泥质				夹砂				合计
	橙黄	灰	红	白	橙黄	灰	红	褐	
素面	271	57	38	4	124				494
绳纹	9	1	8		54		4		76
篮纹	263	21	55		440		5		784
麻点纹					518		43		561
刻划纹	1	2							3
网格纹					1				1
篮纹＋麻点纹					41		4		45
附加堆纹					3		1		4
附加堆纹＋篮纹					1				1

纹饰 ＼ 陶质＼陶色	泥质				夹砂				合计
	橙黄	灰	红	白	橙黄	灰	红	褐	
刻槽纹					1				1
篮纹＋刻划纹					2				2
篮纹＋戳印纹							2		2
附加堆纹＋绳纹							1		1
抹断绳纹			1		1				2
线纹					2				2
篮纹＋压印纹					2				2
席纹							1		1

圆腹罐　29 件。

标本 H105⑥：9，夹砂红陶。侈口，圆唇，高领，束颈，上腹圆，下腹残。颈部饰横向篮纹，腹部饰麻点纹。口径 15.6、残高 10 厘米（图 4-268，1）。

标本 H105⑥：10，夹砂红陶。侈口，圆唇，高领，束颈，上腹圆，下腹残。颈部饰横向篮纹，腹部饰麻点纹。残高 12.6、残宽 12 厘米（图 4-268，2）。

标本 H105⑥：11，夹砂红陶。侈口，圆唇，矮领，束颈，上腹斜弧，下腹残。颈部饰横向篮纹，上腹部饰麻点纹。口径 18、残高 8.4 厘米（图 4-268，3）。

标本 H105⑥：25，夹砂橙黄陶。上腹残，下腹圆，平底。腹部饰麻点纹。残高 10、底径 10.4 厘米（图 4-268，4）。

标本 H105⑥：44，夹砂橙黄陶。侈口，方唇，高领，束颈，颈部以下残。口沿外侧有一周凸棱，器表通体饰斜向绳纹。残高 5.2、残宽 8.7 厘米（图 4-268，5）。

标本 H105⑥：45，夹砂灰陶。侈口，方唇，高领，束颈，颈部以下残。口沿外侧有一周折棱，颈部素面有刮抹痕迹。残高 6.7、残宽 7.6 厘米（图 4-268，6）。

标本 H105⑥：57，夹砂橙黄陶。侈口，圆唇，口沿以下残。器表饰斜向篮纹，有烟炱。残高 3.3、残宽 7.7 厘米（图 4-268，7）。

标本 H105⑥：58，夹砂橙黄陶。侈口，圆唇，高领，束颈，上腹斜弧，下腹残。颈部饰横向篮纹，上腹饰麻点纹。残高 6.7、残宽 8.3 厘米（图 4-268，8）。

标本 H105⑥：59，泥质橙黄陶。侈口，窄平沿，圆唇，矮领，束颈，颈部以下残。口沿外侧饰一周附加泥条，泥条经手指按压呈波状，颈部素面。残高 3.8、残宽 9 厘米（图 4-268，9）。

标本 H105⑥：64，夹砂红陶。侈口，圆唇，高领，束颈，颈部以下残。颈部饰横向篮纹，有烟炱。残高 5.9、残宽 5 厘米（图 4-268，10）。

标本 H105⑥：66，夹砂橙黄陶。侈口，圆唇，高领，束颈，颈部以下残。颈部饰横向篮纹，有烟炱。残高 5.8、残宽 8.8 厘米（图 4-268，11）。

标本 H105⑥：68，夹砂橙黄陶。侈口，窄平沿，圆唇，高领，束颈，颈部以下残。口沿外侧有一周折棱，器表饰斜向篮纹。残高 7.2、残宽 11.8 厘米（图 4-268，12）。

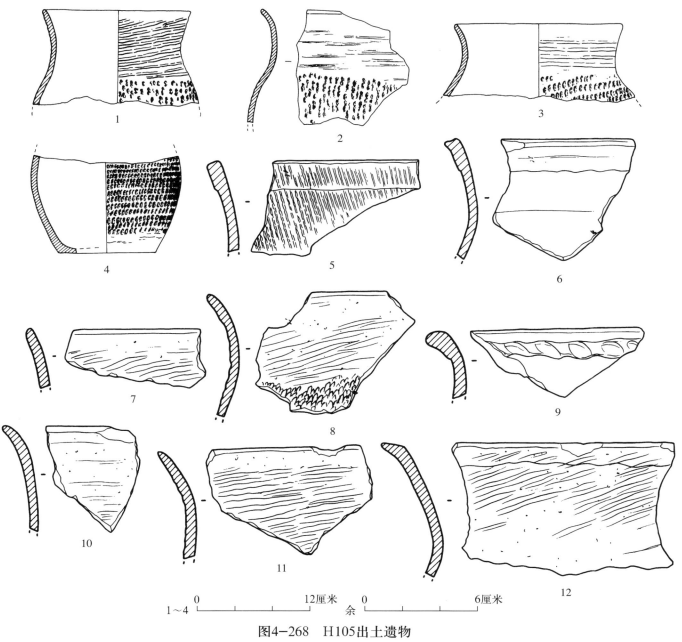

图4-268　H105出土遗物

1～12.圆腹罐H105⑥：9～11、25、44、45、57～59、64、66、68

标本H105⑥：70，夹砂橙黄陶。侈口，方唇，矮领，微束颈，上腹微弧，下腹残。口沿外侧有一周折棱，器表饰斜向篮纹。残高7、残宽5.8厘米（图4-269，1）。

标本H105⑥：71，夹砂橙黄陶。侈口，方唇，高领，束颈，颈部以下残。口沿外侧有一周凸棱，颈部素面，有烟炱。残高7.5、残宽6.4厘米（图4-269，2）。

标本H105⑥：72，夹砂橙黄陶。侈口，圆唇，矮领，束颈，上腹斜，下腹残。颈部饰横向篮纹，上腹素面有刮抹痕迹。残高6.4、残宽7.6厘米（图4-269，3）。

标本H105⑥：73，夹砂红陶。侈口，方唇，高领，束颈，颈部以下残。颈部饰横向篮纹。残高 8.2、残宽 9.9 厘米（图 4-269，4）。

标本 H105⑥：74，夹砂红陶。侈口，方唇，高领，束颈，颈部以下残。口沿上有一周凹槽，颈部饰横向篮纹。残高 5.4、残宽 8 厘米（图 4-269，5）。

标本 H105⑥：75，夹砂橙黄陶。侈口，圆唇，高领，束颈，上腹斜，下腹残。器表饰横向篮纹，有烟炱。残高 6.9、残宽 10.5 厘米（图 4-269，6）。

标本 H105⑥：76，夹砂橙黄陶。侈口，方唇，高领，束颈，颈部以下残。口沿外侧有一周折棱，器表通体饰绳纹。残高 6.1、残宽 3.8 厘米（图 4-269，7）。

标本 H105⑥：77，夹砂灰陶。侈口，圆唇，矮领，束颈，颈部以下残。颈部饰横向篮纹，有烟炱。残高 4.3、残宽 7.2 厘米（图 4-269，8）。

标本 H105⑥：78，夹砂橙黄陶。侈口，圆唇，高领，束颈，上腹斜，下腹残。颈部素面，上腹饰麻点纹，有烟炱。残高 7.2、残宽 7.2 厘米（图 4-269，9）。

标本 H105⑥：80，夹砂橙黄陶。侈口，圆唇，高领，束颈，颈部以下残。颈部素面，有烟炱。残高 7、残宽 6.7 厘米（图 4-269，10）。

标本 H105⑥：81，夹砂橙黄陶。侈口，圆唇，高领，束颈，颈部以下残。颈部饰横向篮纹，有烟炱。残高 6.5、残宽 6.5 厘米（图 4-269，11）。

标本 H105⑥：82，夹砂橙黄陶。微侈口，方唇，上腹微弧，下腹残。口沿外侧饰一周折棱，腹部饰麻点纹。残高 5.7、残宽 7.6 厘米（图 4-269，12）。

标本 H105⑥：83，夹砂橙黄陶。侈口，圆唇，高领，束颈，颈部以下残。颈部饰横向篮纹，有烟炱。残高 6.7、残宽 7.1 厘米（图 4-269，13）。

标本 H105⑥：84，夹砂橙黄陶。侈口，圆唇，矮领，束颈，颈部以下残。颈部饰横向篮纹。残高 4、残宽 7.8 厘米（图 4-269，14）。

标本 H105⑥：85，夹砂灰陶。侈口，圆唇，矮领，束颈，颈部以下残。颈部饰横向篮纹。残高 3.7、残宽 7.4 厘米（图 4-269，15）。

标本 H105⑥：88，夹砂橙黄陶。侈口，圆唇，高领，束颈，颈部以下残。颈部饰斜向篮纹。残高 4、残宽 7 厘米（图 4-269，16）。

标本 H105⑥：89，夹砂橙黄陶。侈口，圆唇，高领，束颈，颈部以下残。颈部饰横向篮纹，有烟炱。残高 6.2、残宽 8 厘米（图 4-269，17）。

花边罐　1 件。

标本 H105⑥：7，夹砂灰陶。微侈口，圆唇，直腹，底残。口沿外饰一周附加泥条，泥条之上饰戳印纹，泥条下有横向绳纹，腹部饰麻点纹，有烟炱。口径 11.8、残高 6.8 厘米（图 4-269，18）。

单耳罐　8 件。

标本 H105⑥：13，夹砂红陶。侈口，方唇，高领，束颈，上腹弧，下腹残。拱形单耳，颈部饰横向篮纹，腹部饰竖向绳纹，耳上下两端饰戳印纹。残高 11.8、残宽 8.8 厘米（图 4-270，1）。

标本 H105⑥：14，夹砂红陶。侈口，圆唇，矮领，微束颈，圆腹，底残。连口拱形单耳。颈部饰横向篮纹，腹部饰麻点纹。残高 10.8、残宽 10 厘米（图 4-270，2）。

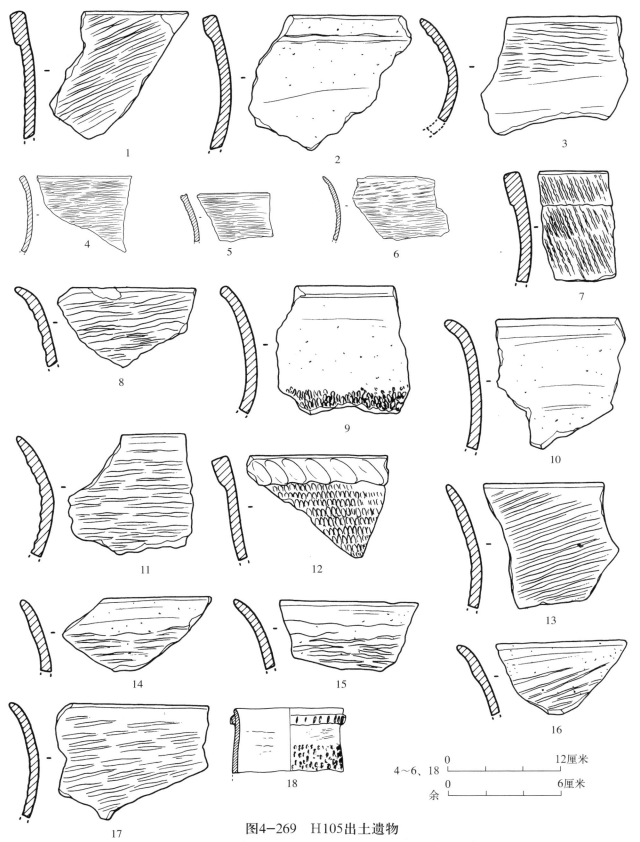

图4-269　H105出土遗物

1～17.圆腹罐H105⑥：70～78、80～85、88、89　18.花边罐H105⑥：7

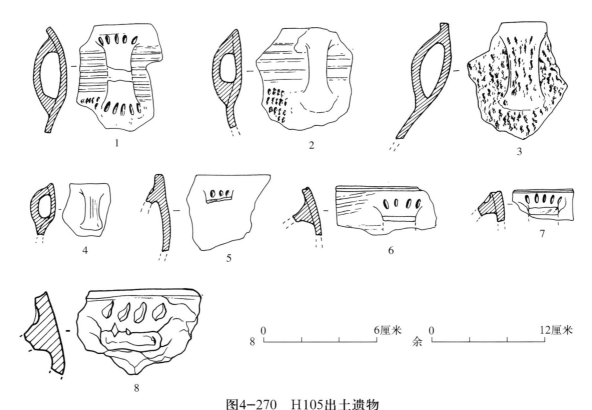

图4-270　H105出土遗物

1～8.单耳罐H105⑥：13、14、16、24、47、49、51、79

标本H105⑥：16，夹砂红陶。侈口，方唇，高领，束颈，上腹斜弧，下腹残。拱形单耳，器表通体饰麻点纹。残高12.4、残宽10.4厘米（图4-270，3）。

标本H105⑥：24，泥质橙黄陶。微侈口，圆唇，矮领，束颈，圆腹，底残。连口拱形单耳。素面，耳面饰竖向宽篮纹。残高5.8、残宽5厘米（图4-270，4）。

标本H105⑥：47，夹砂橙黄陶。微侈口，方唇，高领，微束颈，颈部以下残。口沿下有残耳，素面，耳上端饰戳印纹。残高8.2、残宽8.8厘米（图4-270，5）。

标本H105⑥：49，夹砂橙黄陶。侈口，方唇，微束颈，颈部以下残。口沿外侧有残耳，唇面有一道凹槽，耳上端饰戳印纹，颈部有斜向篮纹。残高5.2、残宽10.2厘米（图4-270，6）。

标本H105⑥：51，夹砂橙黄陶。微侈口，方唇，口沿以下残。口沿外侧有残耳，唇面有一道凹槽，耳上端饰戳印纹。残高3.4、残宽6.4厘米（图4-270，7）。

标本H105⑥：79，夹砂灰陶。侈口，方唇，高领，束颈，颈部以下残。口沿外侧有一残耳，耳上端饰戳印纹。残高4.7、残宽6.6厘米（图4-270，8）。

双耳罐　5件。

标本H105⑥：4，泥质红陶。侈口，尖唇，鼓腹，平底。连口拱形双耳，素面。口径8、高8.6、底径4.8厘米（图4-271，1；彩版一二九，5）。

标本H105⑥：12，夹砂红陶。侈口，方唇，高领，微束颈，上腹弧，下腹残。连口拱形双耳，颈部素面，上腹部饰麻点纹，耳面有一条竖向附加泥条，泥条之上饰戳印纹。口径19.2、残

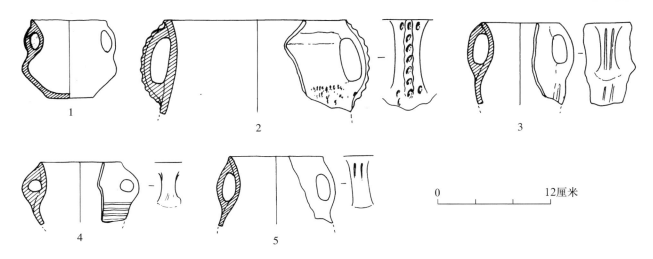

图4-271　H105出土遗物

1～5.双耳罐H105⑥：4、12、15、17、23

高9.8厘米（图4-271，2）。

标本H105⑥：15，夹砂灰陶。侈口，圆唇，矮领，束颈，圆腹，底残。连口拱形双耳。耳面有两道竖向凹槽，颈部素面，腹部饰有竖向刻划纹。口径8、残高8.8厘米（图4-271，3）。

标本H105⑥：17，夹砂红陶。侈口，尖唇，矮领，微束颈，鼓腹，底残。连口拱形双耳。颈部素面，腹部饰横向篮纹。口径8.6、残高6.6厘米（图4-271，4）。

标本H105⑥：23，泥质红陶。侈口，圆唇，矮领，束颈，上腹圆，下腹残。连口拱形双耳。素面，耳面有两道刻划。口径10、残高7.2厘米（图4-271，5）。

高领罐　9件。

标本H105⑥：18，泥质红陶。喇叭口，圆唇，高领，束颈，颈部以下残。素面。口径17、残高9.6厘米（图4-272，1）。

标本H105⑥：19，泥质红陶。喇叭口，窄平沿，圆唇，高领，束颈，颈部以下残。沿下饰斜向篮纹，颈部素面磨光。口径29.8、残高12.2厘米（图4-272，2）。

标本H105⑥：20，泥质红陶。喇叭口，圆唇，高领，束颈，颈部以下残。口沿外侧有一周折棱，颈部饰斜向篮纹。口径20.4、残高7厘米（图4-272，3）。

标本H105⑥：21，泥质红陶。喇叭口，圆唇，高领，束颈，颈部以下残。颈部饰斜向篮纹，内壁素面磨光。口径20.2、残高7厘米（图4-272，4）。

标本H105⑥：22，泥质红陶。喇叭口，窄平沿，圆唇，高领，束颈，颈部以下残。口沿外侧有一周折棱，颈部饰斜向篮纹。口径18.8、残高8.6厘米（图4-272，5）。

标本H105⑥：33，泥质红陶。侈口，窄平沿，尖唇，高领，束颈，颈部以下残。素面，内壁素面磨光。口径27、残高4厘米（图4-272，6）。

标本H105⑥：46，泥质红陶。喇叭口，窄平沿，尖唇，高领，束颈，颈部以下残。口沿外侧有一周折棱，上颈部饰斜向篮纹，下颈部素面磨光。残高12.8、残宽10厘米（图4-272，7）。

标本H105⑥：61，泥质橙黄陶。喇叭口，窄平沿，圆唇，高领，束颈，颈部以下残。颈部素面。残高3.5、残宽7.9厘米（图4-272，8）。

标本H105⑥：69，泥质橙黄陶。喇叭口，圆唇，高领，束颈，颈部以下残。口沿外侧有一周折棱，颈部饰斜向篮纹。残高5、残宽11.7厘米（图4-272，9）。

大口罐　2件。

标本H105⑥：8，夹砂红陶。侈口，方唇，高领，微束颈，上腹斜弧，下腹残。口沿外侧与上腹各饰一周泥条，器身通体饰竖向绳纹。口径28.4、残高12厘米（图4-272，10）。

标本H105⑥：86，夹砂橙黄陶。侈口，方唇，上腹斜直，下腹残。口沿外侧有一周折棱，器表饰横向篮纹。残高4.3、残宽7.3厘米（图4-272，11）。

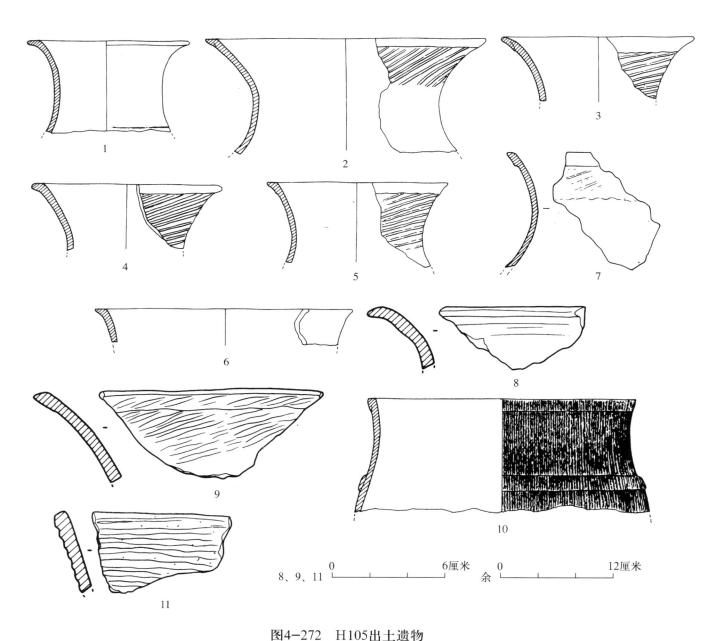

图4-272　H105出土遗物

1～9.高领罐H105⑥：18～22、33、46、61、69　10、11.大口罐H105⑥：8、86

盆 21件。

标本H105⑥：27，泥质红陶。敞口，圆唇，斜腹微弧，底残。口沿外侧有一周折棱，腹部饰斜向篮纹，内壁素面磨光。口径26.2、残高9.8厘米（图4-273，1）。

标本H105⑥：28，泥质红陶。敞口，圆唇，斜直腹，底残。口沿外侧有一周折棱，腹部饰斜向篮纹，内壁素面磨光。口径28、残高6.6厘米（图4-273，2）。

标本H105⑥：29，泥质红陶。敞口，圆唇，斜直腹，底残。口沿外侧有一周折棱，腹部饰横向篮纹，内壁素面磨光，有烟炱。口径35.8、残高5厘米（图4-273，3）。

标本H105⑥：30，泥质橙黄陶。敞口，尖唇，斜直腹，底残。口沿外侧有一周折棱，腹部饰横向篮纹，内壁素面磨光。残高6、残宽8厘米（图4-273，4）。

标本H105⑥：31，泥质红陶。敞口，方唇，斜直腹，底残。口沿外侧有一周折棱，腹部饰斜向篮纹，内壁素面磨光。残高4.6、残宽7.2厘米（图4-273，5）。

标本H105⑥：32，泥质红陶。敞口，方唇，斜弧腹，底残。腹部饰横向篮纹。残高4.8、残宽8.6厘米（图4-273，6）。

标本H105⑥：34，泥质橙黄陶。敞口，平沿，方唇，斜直腹，底残。口沿下饰一周附加泥条，泥条经手指按压呈波状，腹部素面。口径26、残高4厘米（图4-273，7）。

标本H105⑥：35，夹砂红陶。敞口，方唇，斜弧腹，底残。腹部饰横向篮纹。残高6.8、残宽7.2厘米（图4-273，8）。

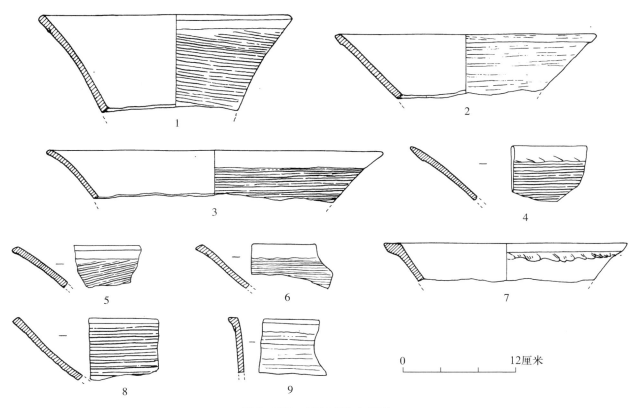

0   12厘米

图4-273 H105出土遗物

1～9.盆H105⑥：27～32、34～36

标本H105⑥：36，夹砂红陶。敞口，方唇，斜直腹，底残。腹部饰横向篮纹。残高6、残宽7.2厘米（图4-273，9）。

标本H105⑥：39，泥质橙黄陶。敞口，圆唇，斜直腹，底残。口沿外侧有一周折棱，腹部饰斜向篮纹。残高11.2、残宽10厘米（图4-274，1）。

标本H105⑥：40，泥质红陶。敞口，方唇，斜弧腹，底残。素面。残高4.4、残宽5.6厘米（图4-274，2）。

标本H105⑥：42，泥质红陶。敞口，圆唇，斜弧腹，底残。腹部饰斜向篮纹。残高3.8、残宽7厘米（图4-274，3）。

标本H105⑥：52，泥质红陶。敞口，圆唇，斜弧腹，底残。口沿外侧有一周折棱，腹部饰横向篮纹，内壁素面磨光。残高4.8、残宽8厘米（图4-274，4）。

标本H105⑥：53，泥质红陶。敞口，窄平沿，圆唇，斜直腹，底残。腹部饰斜向篮纹，内壁素面磨光。残高5、残宽7.6厘米（图4-274，5）。

标本H105⑥：54，泥质红陶。敞口，窄平沿，尖唇，斜直腹，底残。口沿外侧有一周折棱，

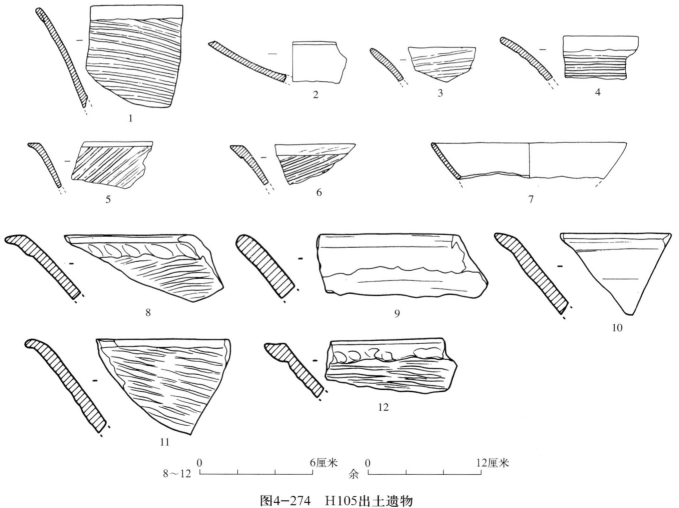

图4-274　H105出土遗物

1～12.盆H105⑥：39、40、42、52～56、60、62、65、67

腹部饰斜向篮纹，内壁素面磨光，有烟炱。残高4.2、残宽8.4厘米（图4-274，6）。

标本H105⑥：55，泥质红陶。敞口，圆唇，斜弧腹，底残。素面，有烟炱。口径20.8、残高3.8厘米（图4-274，7）。

标本H105⑥：56，泥质灰陶。敞口，平沿，圆唇，斜腹微弧，底残。口沿外侧饰一周折棱，腹部饰横向篮纹。残高3.7、残宽8.3厘米（图4-274，8）。

标本H105⑥：60，泥质红陶。敞口，圆唇，斜腹，底残。器表素面，泥条盘筑痕迹明显。残高3.5、残宽9.2厘米（图4-274，9）。

标本H105⑥：62，泥质灰陶。敞口，平沿，圆唇，斜腹微弧，底残。器表素面且有刮抹痕迹，内壁素面磨光。残高4.5、残宽6厘米（图4-274，10）。

标本H105⑥：65，泥质橙黄陶。敞口，圆唇，斜直腹，底残。腹部饰斜向篮纹，内壁素面磨光。残高5.1、残宽7厘米（图4-274，11）。

标本H105⑥：67，泥质灰陶。敞口，平沿，圆唇，斜腹微弧，底残。口沿外侧饰一周折棱，腹部饰横向篮纹，内壁素面磨光。残高2.9、残宽6.9厘米（图4-274，12）。

瓶　1件。

标本H105⑥：38，泥质橙黄陶。细长颈，口沿及腹部残，素面。残高11.8、残宽11.8厘米（图4-275，1）。

鬶　2件。

标本H105⑥：63，夹砂橙黄陶。牛角状空心足。素面。残高3.2、残宽3.6厘米（图4-275，2）。

标本H105⑥：87，泥质灰陶。牛角状空心足。素面。残高4、残宽4.2厘米（图4-275，3）。

豆　2件。

标本H105⑥：26，泥质灰陶。仅残存部分豆柄，高圈空心足，素面。残高4.6、残宽10.6厘米（图4-275，4）。

标本H105⑥：37，泥质橙黄陶。豆盘残，高圈空心足，圈足素面。残高12、底径20厘米（图4-275，5；彩版一三〇，1）。

器盖　1件。

标本H105⑥：2，完整，夹砂橙黄陶。近伞状，敞口，斜方唇，斜直盖面，圆形平顶柄，柄顶饰戳印纹，柄下方盖面上有两个对称管钻孔，孔径0.5厘米、盖面饰绳纹，纹饰有抹平痕迹，在边缘处有三道刻划纹，其内壁泥条盘筑痕迹明显，直径8.6、高3.4厘米（图4-275，6；彩版一三〇，2）。

彩陶罐　1件。

标本H105⑥：43，泥质红陶。微侈口，尖唇，高领，颈部以下残。器表饰斜向细条形与横向宽条形组合黑彩。口径6.4、残高4.4厘米（图4-275，7）。

彩陶片　1件。

标本H105⑥：48，泥质橙黄陶。素面磨光，器表饰枝权状黑彩。残高2.8、残宽4.2厘米（图4-275，8）。

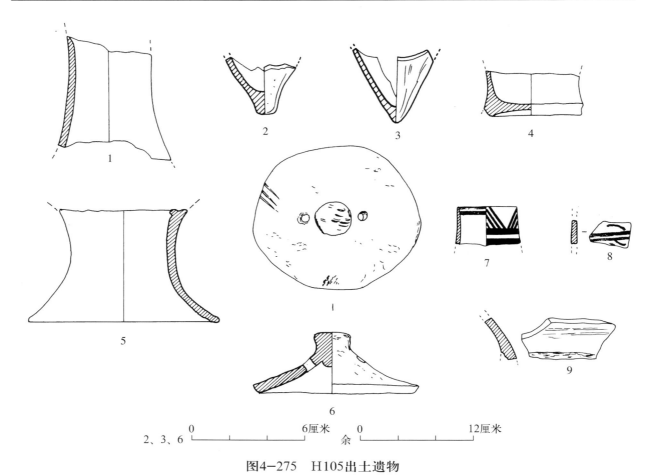

图4-275　H105出土遗物

1.瓶H105⑥：38　2、3.罕H105⑥：63、87　4、5.豆H105⑥：26、37　6.器盖H105⑥：2　7.彩陶罐H105⑥：43　8.彩陶片
H105⑥：48　9.罐腹底H105⑥：41

罐腹底　1件。

标本H105⑥：41，夹砂橙黄陶。上腹残，下腹斜弧，底残。近底部有刮抹痕迹。残高4.6、残宽10厘米（图4-275，9）。

石刀　1件。

标本H105⑥：1，残损，页岩。近长方形，基部及两侧残损，双面磨刃，基部与近刃部均有钻孔，外孔0.6、内孔0.3厘米。刃残长4.7厘米，刃角105°，器身残长6.4、残宽3.8厘米（图4-276，1；彩版一三〇，3）。

石锛　1件。

标本H105⑥：6，砂岩。方块状，器身边缘打磨痕迹明显，基部残，双面刃，刃部有使用时留下的打击痕迹。刃长6.8厘米，刃角77.5°，器身残长7.2、宽6.8、厚3.5厘米（图4-276，2；彩版一三〇，4）。

骨锥　1件。

标本H105⑥：3，动物骨骼磨制而成，截断面近三角棱状，尾端残损，中腰直尖端渐收磨成尖，器表光滑。残长9.7、宽0.9、厚0.4厘米（图4-276，3；彩版一三〇，5）。

骨器　1件。

标本H105⑥：50，动物角磨制而成，半圆弧形，尾端残，尖端双面磨制成刃部。残长10.2、直径2厘米（图4-276，5）。

鹿角　1件。

标本H105⑥：5，灰白色，三个枝杈有两个残损，其中一枝有磨痕，其他部分保留原角的棱和纹理。长21.5、宽8.1厘米（图4-276，4；彩版一三〇，6）。

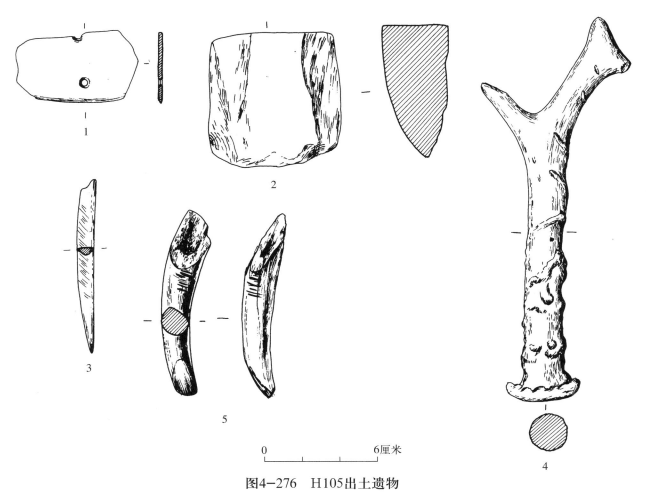

图4-276　H105出土遗物

1.石刀H105⑥：1　2.石锛H105⑥：6　3.骨锥H105⑥：3　4.鹿角H105⑥：5　5.骨器H105⑥：50

101. H106

H106位于ⅢT1003西南部，开口于第③层下（图4-277；彩版一三一，1）。平面呈椭圆形，口部边缘形态明显，底部边缘形态明显，剖面呈袋状，斜弧壁，未见工具痕迹，坑底平整。坑口东西1.06、南北1.20、坑底东西1.32、南北1.53、深1.06米。坑内堆积可分两层，第①层厚0.58米，土色浅灰色，土质疏松，包含物有大量红烧土颗粒、石块、兽骨，水平状堆积。第②层厚0.48米，土色深灰色，土质疏松，包含物有大量红烧土颗粒、石块、兽骨，水平状堆积。

坑内出土较多陶片。

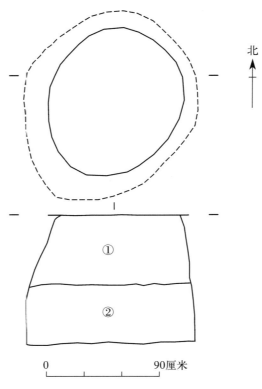

图4-277　H106平、剖面图

（1）H106①层

出土大量陶片，以腹部残片为主，可辨器形有圆腹罐、钵、罐腹底，另出土兽角1件（表4-411、412）。

表4-411　H106①层器形数量统计表

器形	泥质				夹砂				合计
	红	橙黄	灰	黑	红	橙黄	灰	黑	
圆腹罐						1	1		2
钵		1							1
罐腹底					1				1

表4-412　H106①层陶片统计表

纹饰	泥质				夹砂				合计
	橙黄	灰	红	灰底黑彩	橙黄	灰	红	褐	
素面	32	2	5		13				52
绳纹					6				6
篮纹	17	2	5						24
麻点纹					70		3		73
附加堆纹					2				2

圆腹罐 2件。

标本H106①：2，夹砂灰陶。侈口，圆唇，高领，束颈，上腹斜弧，下腹残。颈部饰斜向篮纹，上腹饰麻点纹，器身通体有烟炱。口径15.4、残高9.6厘米（图4-278，1）。

标本H106①：3，夹砂橙黄陶。侈口，圆唇，高领，束颈，颈部以下残。上颈部饰横向篮纹，下颈部饰麻点纹，有烟炱。残高6.4、残宽10.6厘米（图4-278，2）。

钵 1件。

标本H106①：5，泥质橙黄陶。敛口，圆唇，斜弧腹，底残。素面磨光，有烟炱。残高6.5、

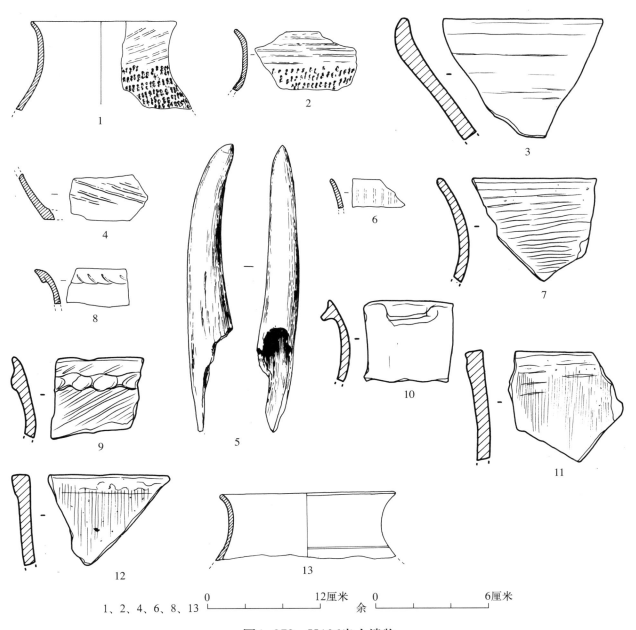

图4-278 H106出土遗物

1、2、6、7、13.圆腹罐H106①：2、3、H106②：2、5、8 3.钵H106①：5 4.罐腹底H106①：4 5.兽角H106①：1 8、9.花边罐H106②：1、3 10.单耳罐H106②：6 11、12.大口罐H106②：4、7

残宽8.5厘米（图4-278，3）。

罐腹底 1件。

标本H106①：4，夹砂红陶。上腹残，下腹斜弧，底残。下腹饰斜向篮纹。残高5、残宽8.2厘米（图4-278，4）。

兽角 1件。

标本H106①：1，一端残，一端磨制尖锐，中腰部分未磨。残长15.6、直径1.9厘米（图4-278，5）。

（2）H106②层

出土少量陶片，以腹部残片为主，可辨器形有圆腹罐、花边罐、单耳罐、大口罐（表4-413、414）。

表4-413 H106②层器形数量统计表

器形＼陶质／陶色	泥质				夹砂				合计
	红	橙黄	灰	黑	红	橙黄	灰	黑	
圆腹罐	1					2			3
花边罐						2			2
单耳罐		1							1
大口罐					2				2

表4-414 H106②层陶片统计表

纹饰＼陶质／陶色	泥质				夹砂				合计
	橙黄	灰	红	灰底黑彩	橙黄	灰	红	褐	
素面	20	2	10		13				45
绳纹					13				13
篮纹	10		7		7				24
麻点纹					29				29
刻划纹	2								2
篮纹＋麻点纹					1				1

圆腹罐 3件。

标本H106②：2，夹砂橙黄陶。侈口，圆唇，口沿以下残。器表有竖向刮抹痕迹，素面。残高3.2、残宽5.6厘米（图4-278，6）。

标本H106②：5，夹砂橙黄陶。侈口，圆唇，高领，束颈，颈部以下残。颈部饰横向篮纹，有烟炱。残高5.7、残宽6.6厘米（图4-278，7）。

标本H106②：8，泥质红陶，侈口，圆唇，矮领，束颈，颈部以下残。素面，颈部有一周凹槽，口径18.6、残高6.8厘米（图4-278，13）。

花边罐 2件。

标本H106②：1，夹砂橙黄陶。侈口，尖唇，高领，束颈，颈部以下残。口沿外侧饰一周折棱，颈部素面。残高4.2、残宽6.6厘米（图4-278，8）。

标本H106②：3，夹砂橙黄陶。侈口，尖唇，高领，束颈，颈部以下残。口沿外侧饰一周附加泥条，泥条经手指按压呈波状，颈部饰斜向篮纹，有烟炱。残高4.4、残宽4.7厘米（图4-278，9）。

单耳罐　1件。

标本H106②：6，泥质橙黄陶。侈口，尖唇，高领，束颈，颈部以下残。连口拱形单耳，颈部素面磨光。残高4.4、残宽4.7厘米（图4-278，10）。

大口罐　2件。

标本H106②：4，夹砂红陶。直口，方唇，高领，微束颈，上腹微弧，下腹残。器表饰竖向线纹。残高6、残宽6.1厘米（图4-278，11）。

标本H106②：7，夹砂红陶。直口，方唇，高领，微束颈，上腹微弧，下腹残。器表饰竖向线纹。残高4.9、残宽6.4厘米（图4-278，12）。

102. H107

H107位于ⅢT1102南部，开口于第③层下（图4-279；彩版一三一，2）。平面呈椭圆形，口部边缘形态明显，底部边缘形态不明显，剖面呈筒状，斜弧壁，未见工具痕迹，坑底平整。坑口

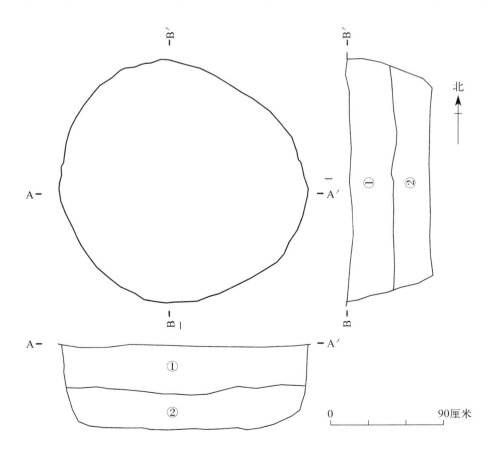

图4-279　H107平、剖面图

东西1.98、南北1.98、坑底南北1.54、东西1.74、深0.64米。坑内堆积可分两层，第①层厚40.5米，土色灰色，土质疏松，包含物有炭粒、红烧土颗粒、兽骨、石块，水平状堆积。第②层厚0.30米，土色黄色，土质疏松，包含物有炭粒、红烧土颗粒、兽骨、石块、白灰皮，水平状堆积。

坑内出土少量陶片。

（1）H107①层

出土少量陶片，以腹部残片为主，可辨器形有花边罐，另出土骨器、兽骨各1件（表4-415、416）。

表4-415　H107①层器形数量统计表

器形 ＼ 陶质 陶色	泥质				夹砂				合计
	红	橙黄	灰	黑	红	橙黄	灰	黑	
花边罐						1			1

表4-416　H107①层陶片统计表

纹饰 ＼ 陶质 陶色	泥质				夹砂				合计
	橙黄	灰	红	灰底黑彩	橙黄	灰	红	褐	
素面	18	4	4		5				31
绳纹					2				2
篮纹	3	1	8						12
麻点纹					26				26
篮纹＋麻点纹					2				2
附加堆纹＋麻点纹							1		1

花边罐　1件。

标本H107①：3，夹砂橙黄陶。侈口，圆唇，矮领，束颈，颈部以下残。口沿外侧饰一周附加泥条，泥条经手指按压呈波状，颈部饰交错刻划纹，有烟炱。残高3.9、残宽4.5厘米（图4-280，1）。

骨器　1件。

标本H107①：1，动物肢骨，整体呈锥状，器表粗磨，尾端系骨关节，前端残。残长6.3、宽1.5厘米（图4-280，2；彩版一三一，3）。

兽骨　1件。

标本H107①：2，动物肢骨，尾端系骨关节，前端残。残长8、厚3.5厘米（图4-280，3；彩版一三一，4）。

（2）H107②层

出土少量陶片，以腹部残片为主，可辨器形有圆腹罐、高领罐、盆、陶拍（表4-417、418）。

圆腹罐　3件。

标本H107②：2，夹砂橙黄陶。微侈口，圆唇，高领，微束颈，颈部以下残。唇部高低不平，颈部素面，肩部饰麻点纹。口径12.4、残高9厘米（图4-280，4）。

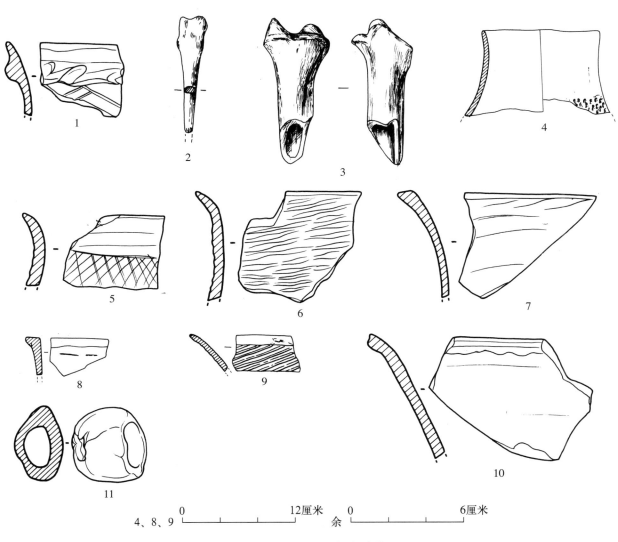

图4-280　H107出土遗物

1.花边罐H107①：3　2.骨器H107①：1　3.兽骨H107①：2　4~6.圆腹罐H107②：2、6、8　7.高领罐H107②：5　8~10.盆
H107②：3、4、7　11.陶拍H107②：1

表4-417　H107②层器形数量统计表

器形 ＼ 陶质 陶色	泥质				夹砂				合计
	红	橙黄	灰	白	红	橙黄	灰	黑	
圆腹罐						3			3
高领罐		1							1
盆		2		1					3

表4-418　H107②层陶片统计表

纹饰 ＼ 陶质 陶色	泥质				夹砂				合计
	橙黄	灰	红	白	橙黄	灰	红	褐	
素面	26	12	8	1	9				56

纹饰＼陶质＼陶色	泥质				夹砂				合计
	橙黄	灰	红	白	橙黄	灰	红	褐	
绳纹	6	1	2	1	5				15
篮纹	9	1	8		9				27
麻点纹					27				27
刻划纹	1	1			4				6
篮纹 + 麻点纹					3				3
篮纹 + 绳纹					3				3
席纹					2				2
刻划纹 + 篮纹					1				1
附加堆纹 + 刻划纹					1				1

标本H107②：6，夹砂橙黄陶。侈口，尖唇，矮领，束颈，上腹斜，下腹残。颈部素面，上腹饰交错刻划纹。残高4、残宽5.2厘米（图4-280，5）。

标本H107②：8，夹砂橙黄陶。侈口，圆唇，高领，束颈，颈部以下残。颈部饰横向篮纹，有烟炱。残高6、残宽6厘米（图4-280，6）。

高领罐　1件。

标本H107②：5，泥质灰陶。喇叭口，窄平沿，圆唇，高领，束颈，颈部以下残。颈部素面磨光。残高5.8、残宽7厘米（图4-280，7）。

盆　3件。

标本H107②：3，泥质橙黄陶。敞口，窄平沿，圆唇，斜直腹，底残。器表泥条盘筑痕迹明显，内壁素面磨光。残高4.2、残宽6.2厘米（图4-280，8）。

标本H107②：4，泥质橙黄陶。敞口，圆唇，斜直腹，底残。口沿外侧有一周折棱，腹部饰斜向篮纹，内壁素面磨光。残高4、残宽7.2厘米（图4-280，9）。

标本H107②：7，泥质白陶。敞口，方唇，斜弧腹，底残。唇面有一周凹槽，口沿外侧有一周折棱，腹部素面。残高6.7、残宽8.7厘米（图4-280，10）。

陶拍　1件。

标本H107②：1，泥质橙黄陶。器身中部有横向贯通圆孔，一头大一头小，大孔径2.5、小孔径1厘米，拍面圆弧且光滑，背面圆鼓。底径4、高2.6厘米（图4-280，11；彩版一三一，5）。

103. H108

H108位于ⅢT1101南部，开口于第③层下（图4-281）。平面呈椭圆形，口部边缘形态明显，底部边缘形态不明显，剖面呈锅状，斜弧壁，未见工具加工痕迹，坑底高低不平。坑口东西2.15、南北2.92、坑底东西1.68、深0.52米。坑内堆积未分层，土色深灰色，土质疏松，水平状堆积。

坑内出土少量陶片，以腹部残片为主，可辨器形有圆腹罐、盆（表4-419、420）。

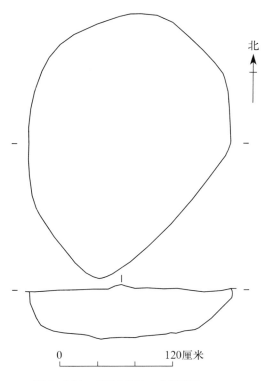

北

0 120厘米

图4-281　H108平、剖面图

表4-419　H108器形数量统计表

器形＼陶质＼陶色	泥质				夹砂				合计
	红	橙黄	灰	黑	红	橙黄	灰	黑	
盆						1			1
圆腹罐		1					1		2

表4-420　H108陶片统计表

纹饰＼陶质＼陶色	泥质				夹砂				合计
	橙黄	灰	红	灰底黑彩	橙黄	灰	红	褐	
素面	9	1			7				17
绳纹	8	1			5				14
篮纹					4				4
麻点纹					7				7
刻划纹	2								2
篮纹＋麻点纹					3				3

圆腹罐　2件。

标本H108：1，夹砂灰陶。侈口，方唇，矮领，束颈，上腹斜，下腹残。口沿外侧有一周折棱，器表素面。残高5.3、残宽6.2厘米（图4-282，1）。

标本H108：3，泥质橙黄陶。侈口，尖唇，高领，束颈，颈部以下残。颈部素面磨光，下颈

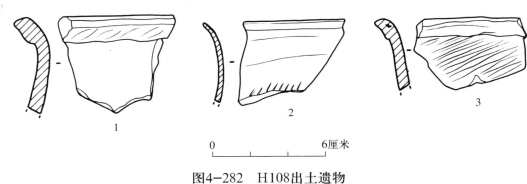

图4-282　H108出土遗物

1、2.圆腹罐H108：1、3　3.盆H108：2

部饰竖向刻划纹。残高4.5、残宽5.5厘米（图4-282，2）。

盆　1件。

标本H108：2，夹砂橙黄陶。敞口，方唇，斜直腹，底残。口沿外侧饰一周折棱，腹部饰斜向篮纹。残高3.9、残宽6厘米（图4-282，3）。

104. H109

H109位于ⅢT1103西南角，开口于第③层下，西北部被H117打破（图4-283）。平面呈不规则状，口部边缘形态明显，底部边缘形态明显，剖面呈筒状，直壁，未见工具痕迹，坑底平整。坑口南北3.26、东西2.56、坑底东西2.37、深0.24~0.36米。坑内堆积未分层，土色深灰色，土质疏松，包含物有红烧土颗粒、石块、兽骨，水平状堆积。

坑内出土少量陶片，以腹部残片为主，可辨器形有圆腹罐、花边罐、高领罐、大口罐、盆，另出土陶纺轮1件（表4-421、422）。

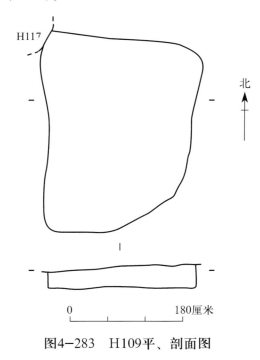

图4-283　H109平、剖面图

表4-421 H109器形数量统计表

陶质 / 陶色 / 器形	泥质				夹砂				合计
	红	橙黄	灰	黑	红	橙黄	灰	黑	
圆腹罐					4				4
花边罐		1					1		2
高领罐	1								1
大口罐		2				1			3
盆		2							2

表4-422 H109陶片统计表

陶质 / 陶色 / 纹饰	泥质				夹砂				合计
	橙黄	灰	红	灰底黑彩	橙黄	灰	红	褐	
素面	64	6	7		48				125
绳纹	2								2
篮纹	40				34	6			80
麻点纹					163		8		171
刻划纹							1		1
篮纹 + 麻点纹					3				3
附加堆纹					4				4
压印纹 + 麻点纹					2				2

圆腹罐 4件。

标本H109：1，夹砂橙黄陶。侈口，圆唇，高领，束颈，上腹斜，下腹残。颈部饰斜向篮纹，上腹饰麻点纹，有烟炱。口径21.4、残高10.2厘米（图4-284，1）。

标本H109：2，夹砂橙黄陶。侈口，圆唇，矮领，束颈，上腹圆，下腹残。颈部饰横向篮纹，腹部饰麻点纹且有烟炱。口径12.6、残高8.8厘米（图4-284，2）。

标本H109：9，夹砂橙黄陶。侈口，圆唇，高领，束颈，上腹圆，下腹残。颈部素面，上腹饰麻点纹。残高8.2、残宽9.3厘米（图4-284，3）。

标本H109：10，夹砂橙黄陶。侈口，圆唇，高领，束颈，颈部以下残。颈部饰横向篮纹，有烟炱。残高5.8、残宽8.2厘米（图4-284，4）。

花边罐 2件。

标本H109：3，夹砂橙黄陶。侈口，方唇，高领，束颈，颈部以下残。口沿外侧饰一周附加泥条，泥条之上饰有戳印纹，颈部素面且有烟炱。口径19、残高6.4厘米（图4-284，5）。

标本H109：13，夹砂灰陶。侈口，圆唇，高领，束颈，上腹斜弧，下腹残。颈部饰横向篮纹，篮纹之上饰一周附加泥条，泥条之上饰有戳印纹，上腹饰麻点纹。残高7.1、残宽3.9厘米（图4-284，6）。

高领罐 1件。

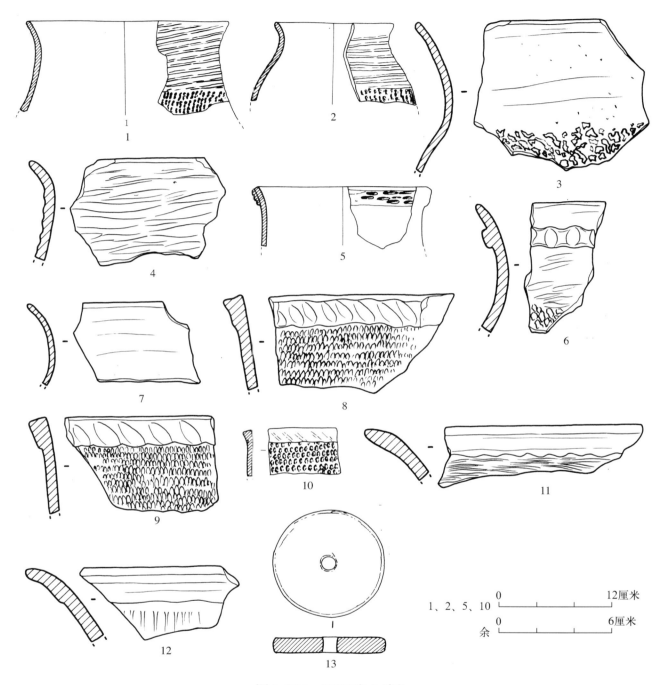

图4-284　H109出土遗物

1～4.圆腹罐H109：1、2、9、10　5、6.花边罐H109：3、13　7.高领罐H109：8　8～10.大口罐H109：11、6、4　11、12.盆 H109：7、12　13.陶纺轮H109：5

标本H109：8，泥质红陶。喇叭口，圆唇，高领，束颈，颈部以下残。颈部素面磨光。残高 4.3、残宽6.2厘米（图4-284，7）。

大口罐　3件。

标本H109：11，夹砂橙黄陶。微侈口，方唇，上腹直，下腹残。口沿外侧饰一周附加泥条，泥条经手指按压呈波状，上腹饰麻点纹。残高5.4、残宽9.8厘米（图4-284，8）。

标本H109：6，夹砂橙黄陶。微侈口，方唇，上腹弧，下腹残。口沿外侧饰一周折棱，上腹饰麻点纹。残高5.4、残宽7.9厘米（图4-284，9）。

标本H109：4，夹砂橙黄陶。微侈口，方唇，上腹直，下腹残。口沿外侧饰一周附加泥条，泥条上有按压痕迹，腹部饰麻点纹。残高5.2、残宽7.8厘米（图4-284，10）。

盆 2件。

标本H109：7，泥质橙黄陶。敞口，平沿，圆唇，斜腹，底残。口沿外侧素面，腹部饰横向篮纹，内壁素面磨光。残高3.4、残宽10.5厘米（图4-284，11）。

标本H109：12，泥质橙黄陶。敞口，平沿，圆唇，斜直腹，底残。口沿外侧有一周折棱，腹部饰竖向篮纹，内壁素面磨光。残高4、残宽8.5厘米（图4-284，12）。

陶纺轮 1件。

标本H109：5，夹砂橙黄陶。呈圆饼状，器表整体素面磨光，在器身中心位置有一管钻孔，孔径0.8、器体直径6.1、厚0.9厘米（图4-284，13）。

105. H110

H110位于ⅢT1103西北角，开口于第③层下，被H106打破（图4-285；彩版一三二，1）。根据遗迹现存部分推测H110平面近椭圆形，口部边缘形态明显，底部边缘形态明显，剖面呈筒

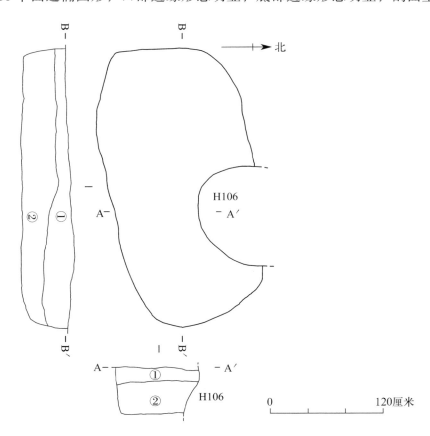

图4-285 H110平、剖面图

状，斜壁，未见工具痕迹，底部平整。坑口东西3.10、南北1.60、深0.44～0.56米。坑内堆积可分两层，第①层厚0.11～0.32米，土色浅灰色，土质疏松，包含物有植物根茎、石块、兽骨，水平状堆积。第②层厚0.20～0.38米，土色浅灰色，土质疏松，包含物有炭粒、红烧土颗粒、石块、兽骨，坡状堆积。

坑内出土少量陶片。

（1）H110①层

出土少量陶片，以腹部残片为主，可辨器形有圆腹罐、钵、盆（表4-423、424）。

表4-423　　110①层器形数量统计表

器形 \ 陶质 陶色	泥质				夹砂				合计
	红	橙黄	灰	黑	红	橙黄	灰	黑	
钵	1								1
圆腹罐						1			1
盆		1							1

表4-424　　H110①层陶片统计表

纹饰 \ 陶质 陶色	泥质				夹砂				合计
	橙黄	灰	红	灰底黑彩	橙黄	灰	红	褐	
素面	16				14				30
绳纹	3	1			8				12
篮纹	22				9				31
麻点纹					48				48
刻划纹					1				1
篮纹＋麻点纹							1		1

圆腹罐　1件。

标本H110①：2，夹砂橙黄陶。侈口，圆唇，高领，束颈，颈部以下残。颈部素面。残高5、残宽5.8厘米（图4-286，1）。

钵　1件。

标本H110①：1，泥质红陶。敛口，圆唇，上腹斜弧，下腹斜直，底残。腹部饰斜向篮纹。残高4.2、残宽4.4厘米（图4-286，2）。

盆　1件。

标本H110①：3，泥质橙黄陶。敞口，方唇，斜弧腹，底残。口沿外侧有一周折棱，器表饰斜向篮纹。残高7.1、残宽11.2厘米（图4-286，3）。

（2）H110②层

出土少量陶片，以腹部残片为主，可辨器形有双錾罐（表4-425、426）。

双錾罐　1件。

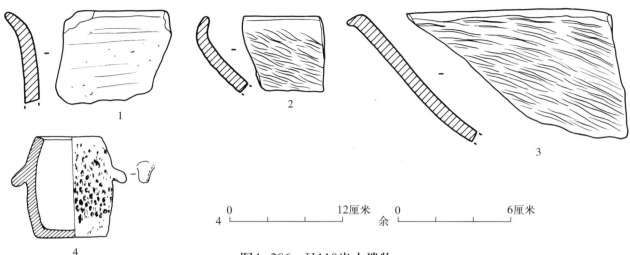

图4-286 H110出土遗物

1.圆腹罐H110①：2 2.钵H110①：1 3.盆H110①：3 4.双錾罐H110②：1

表4-425 H110②层器形数量统计表

器形 陶质 陶色	泥质				夹砂				合计
	红	橙黄	灰	黑	红	橙黄	灰	黑	
双錾罐						1			1

表4-426 H110②层陶片统计表

纹饰 陶质 陶色	泥质				夹砂				合计
	橙黄	灰	红	灰底黑彩	橙黄	灰	红	褐	
素面	10				15				25
绳纹	1		1						2
篮纹	8	3			2				13
麻点纹					21		3		24
戳印纹					1				1

标本H110②：1，夹砂橙黄陶。敛口，方唇，乳状錾，弧腹，平底。腹部饰麻点纹。口径7.2、高10.8、底径7.6厘米（图4-286，4；彩版一三二，2）。

106. H111

H111位于ⅢT1104南部，开口于第③层下（图4-287）。平面呈椭圆形，口部边缘形态明显，底部边缘形态较明显，剖面呈筒状，直壁，未见工具痕迹，底部平整。坑口东西1.48、南北1.12、坑底东西1.46、深0.28米。坑内堆积未分层，土色浅灰色，土质疏松，包含物有炭粒、红烧土颗粒、兽骨，水平状堆积。

坑内出土少量陶片，以腹部残片为主，可辨器形有圆腹罐、花边罐、高领罐、罐、盆、器盖（表4-427、428）。

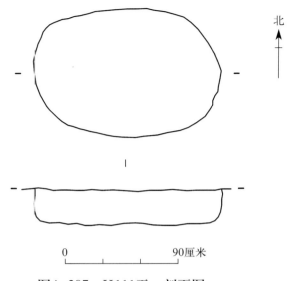

图4-287　H111平、剖面图

表4-427　H111器形数量统计表

器形 \ 陶色	泥质				夹砂				合计
	红	橙黄	灰	褐	红	橙黄	灰	白	
圆腹罐	1					2		1	4
花边罐						1			1
盆		2							2
高领罐	2	2		1					5
罐腹底						2			2

表4-428　H111陶片统计表

纹饰 \ 陶色	泥质				夹砂				合计
	橙黄	灰	红	灰底黑彩	橙黄	灰	红	褐	
素面	52	3	7		17				79
绳纹		3	1		23				27
篮纹	45	1	5		4				55
麻点纹					67				67
网格纹	1								1
压印纹					1				1

圆腹罐　4件。

标本H111：1，夹砂橙黄陶。侈口，圆唇，高领，束颈，颈部以下残。上颈部饰横向篮纹，下颈部饰麻点纹且有烟炱。口径16.6、残高8.8厘米（图4-288，1）。

标本H111：3，夹砂白陶。侈口，圆唇，矮领，束颈，上腹斜弧，下腹残。颈部素面，上腹饰麻点纹，有烟炱。口径16、残高7厘米（图4-288，2）。

标本H111：4，夹砂橙黄陶。侈口，圆唇，高领，束颈，颈部以下残。素面。口径14.4、残高6厘米（图4-288，3）。

标本H111：8，泥质红陶。侈口，圆唇，矮领，束颈，颈部以下残。颈部素面磨光。口径8、残高3.8厘米（图4-288，4）。

花边罐　1件。

标本H111：2，夹砂橙黄陶。侈口，圆唇，矮领，束颈，上腹斜弧，下腹残。口沿外侧与颈部各饰一周附加堆泥条且有刮抹痕迹，颈、腹部均饰麻点纹。口径26.4、残高11.2厘米（图4-288，5）。

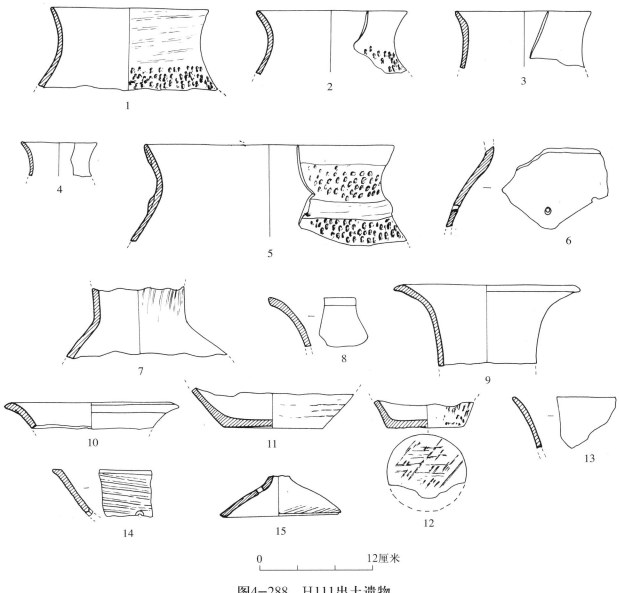

图4-288　H111出土遗物

1～4.圆腹罐H111：1、3、4、8　5.花边罐H111：2　6～10.高领罐H111：15、10、9、6、7　11、12.罐腹底H111：12、13　13、14.盆H111：5、11　15.器盖H111：14

高领罐　5件。

标本H111：15，泥质红陶。口沿及下腹残。上腹圆弧。素面，腹部有一个完整的圆孔，另一个圆孔残，呈半圆状。残高9、残宽11.2厘米（图4-288，6）。

标本H111：10，泥质橙黄陶。口沿与腹部残，高领，束颈，溜肩，颈部素面且有刮抹痕迹。残高7.8、残宽17厘米（图4-288，7）。

标本H111：9，泥质橙黄陶。喇叭口，圆唇，高领，束颈，颈部以下残。口沿外侧有一周折棱，颈部素面。残高5.4、残宽5厘米（图4-288，8）。

标本H111：6，泥质褐陶。喇叭口，圆唇，高领，束颈，颈部以下残。颈部素面磨光。口径19.8、残高8.8厘米（图4-288，9）。

标本H111：7，泥质红陶。喇叭口，圆唇，束颈，颈部以下残。口沿外侧有一周折棱，素面，内壁素面磨光。口径18.4、残高2.8厘米（图4-288，10）。

罐腹底　2件。

标本H111：12，夹砂橙黄陶。上腹残，下腹斜直，平底微凹，腹部泥条盘筑痕迹明显。残高3.8、底径10.4厘米（图4-288，11）。

标本H111：13，夹砂橙黄陶。上腹残，下腹斜直，平底，下腹饰麻点纹，底面饰交错绳纹。残高3、底径8厘米（图4-288，12）。

盆　2件。

标本H111：5，泥质橙黄陶。敞口，圆唇，斜弧腹，底残。素面。残高5.6、残宽6.4厘米（图4-288，13）。

标本H111：11，泥质橙黄陶。敞口，窄平沿，圆唇，斜弧腹，底残。腹部饰斜向篮纹，有一对向钻孔，其内壁素面磨光。残高5.2、残宽5.6厘米（图4-288，14）。

器盖　1件。

标本H111：14，泥质红陶。呈伞状，柄部残，斜弧盖面，敞口，斜方唇，盖面上端有一圆孔，面部饰斜向篮纹，直径12.8、残高4.4厘米（图4-288，15；彩版一三二，3）。

107. H112

H112位于ⅢT1201西南角，部分延伸至T1202内，北部被H95打破，开口于第③层下（图4-289；彩版一三二，4）。根据遗迹暴露部分推测H112平面近椭圆形，口部边缘形态明显，底部边缘形态不明显，剖面呈不规则状，弧壁，未见工具痕迹，坑底高低不平。坑口东西5.55、南北3.5、坑底东西5.28、深0.20～0.73米。坑内堆积未分层，土色深灰色，土质疏松，包含物有植物根茎、炭粒、石块，水平状堆积。

坑内出土少量陶片，出土石料1件。陶片以陶器腹部残片为主，无可辨器形标本，所以不具体介绍，只进行陶系统计（表4-429）。

石料　1件。

标本H112：1，石英岩。整体较平整，制作小石器材料。残长3.3、残宽2.8厘米（图4-290）。

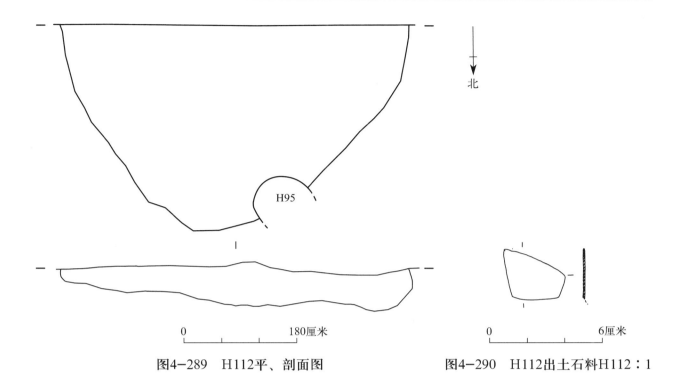

图4-289　H112平、剖面图　　　　　　　图4-290　H112出土石料H112：1

表4-429　H112陶片统计表

纹饰 \ 陶质 \ 陶色	泥质				夹砂				合计
	橙黄	灰	红	灰底黑彩	橙黄	灰	红	褐	
素面	28	5			10				43
绳纹	4	1			18				23
篮纹	25	2			5				32
麻点纹					19				19
刻划纹					1				1
附加堆纹＋绳纹					1				1
篮纹＋麻点纹					1				1

108. H113

H113 位于ⅢT1201 东南角，部分压于南壁下，开口于第③层下（图 4-291）。遗迹暴露部分平面呈半圆形，口部边缘形态明显，底部边缘形态明显，剖面呈筒状，斜直壁，未见工具痕迹。坑口东西 1.46、南北 0.73、坑底东西 1.30、深 0.52～0.56 米。坑内堆积未分层，土色褐色，土质疏松，包含物有红烧土颗粒、炭粒、兽骨，水平状堆积（表 4-430）。

坑内出土少量陶片，出土石镞 1 件。

石镞　1 件。

标本H113：1，石英岩。器体呈扁三角形，两侧边缘均为双面磨制的刃部，尖端磨制尖锐，尾端平整。长 2.9、宽 1.4、厚 0.2 厘米（图 4-292；彩版一三三，1）。

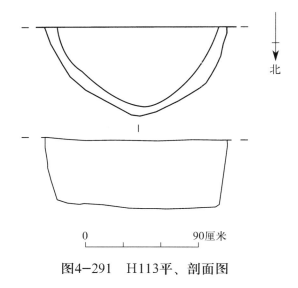

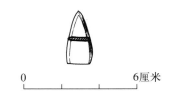

图4-291 H113平、剖面图　　　　　　　图4-292 H113出土石镞H113：1

表4-430 H113陶片统计表

纹饰	泥质				夹砂				合计
	橙黄	灰	红	灰底黑彩	橙黄	灰	红	褐	
素面	3	1			9				13
绳纹					7				7
刻划纹					1				1
篮纹	8	1			1				10
麻点纹					12				12
篮纹＋麻点纹					4				4

109. H114

H114 位于ⅢT1202 西北角，开口于第③层下（图4-293）。平面近椭圆形，口部边缘形态明显，底部边缘形态较明显，剖面呈筒状，弧壁，未见工具痕迹，斜坡底。坑口南北1.32、东西1.15、深0.67～0.79米。坑内堆积可分两层，第①层厚0.20～0.33米，土色褐色，土质疏松，包含物有炭粒、草木灰、红烧土、绿色烧熘土块、兽骨，坡状堆积。第②层厚0.35～0.6米，土色浅褐色，土质疏松，包含物有炭粒、红烧土颗粒，坡状堆积。

坑内出土少量陶片，以腹部残片为主，可辨器形有圆腹罐、花边罐、高领罐、罐腹底、刻槽盆，另出土石料、玉片各1件（表4-431、432）。

圆腹罐　6件。

标本H114：5，夹砂橙黄陶。侈口，圆唇，高领，束颈，上腹圆，下腹残。颈部饰横向篮纹，上腹饰麻点纹，麻点纹上饰有一附加泥饼。残高11、残宽12.4厘米（图4-294，1）。

标本H114：6，夹砂橙黄陶。侈口，圆唇，高领，束颈，上腹斜弧，下腹残。颈部素面有刮抹痕迹，上腹饰竖向绳纹。口径16.6、残高8.2厘米（图4-294，2）。

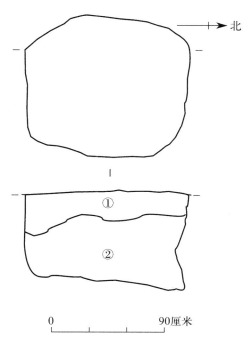

图4-293　H114平、剖面图

表4-431　H114器形数量统计表

器形 \ 陶质陶色	泥质				夹砂				合计
	红	橙黄	灰	黑	红	橙黄	灰	褐	
花边罐					1	5		1	7
圆腹罐		1			1	4			6
罐腹底						1			1
刻槽盆						1			1
大口圆腹罐						1			1
高领罐		1							1

表4-432　H114陶片统计表

纹饰 \ 陶质陶色	泥质				夹砂				合计
	橙黄	灰	红	灰底黑彩	橙黄	灰	红	白	
素面	60	20	12		37			3	132
绳纹					58				58
篮纹	58	6	6		19				89
麻点纹					148				148
刻划纹	1				3				4
网格纹					1				1
附加堆纹					3				3
交错绳纹					1				1

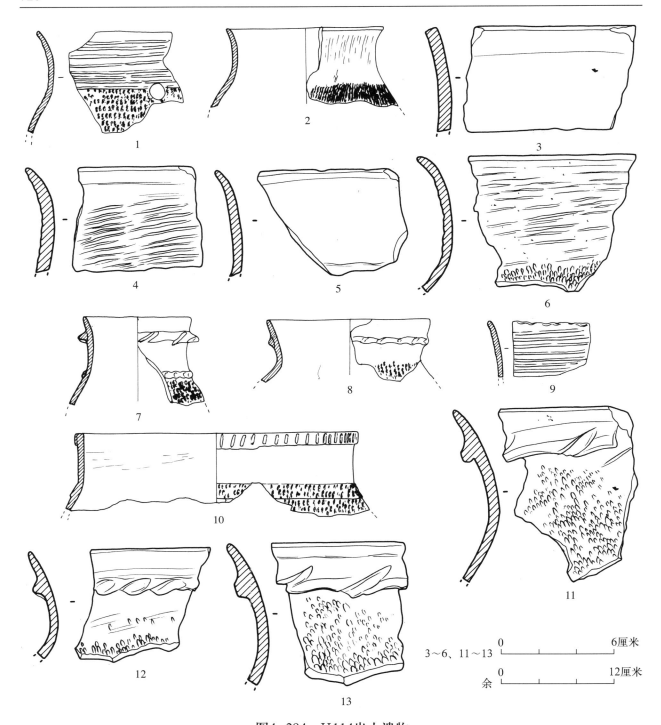

图4-294　H114出土遗物

1～6.圆腹罐H114：5、6、12～15　　7～13.花边罐H114：3、4、7、10、11、16、18

　　标本H114：12，夹砂橙黄陶。侈口，方唇，高领，束颈，颈部以下残。素面且有刮抹痕迹，有烟炱。残高5.6、残宽8.5厘米（图4-294，3）。

　　标本H114：13，夹砂橙黄陶。侈口，尖唇，高领，束颈，颈部以下残。颈部饰横向篮纹。残高5.7、残宽6.9厘米（图4-294，4）。

标本H114：14，泥质红陶。侈口，尖唇，高领，束颈，颈部以下残。颈部素面，下颈部饰一道凹槽。残高5.8、残宽7.5厘米（图4-294，5）。

标本H114：15，夹砂红陶。侈口，尖唇，高领，束颈，上腹斜，下腹残。颈部饰横向篮纹，上腹饰麻点纹。残高7.4、残宽8.9厘米（图4-294，6）。

花边罐　7件。

标本H114：3，夹砂橙黄陶。侈口，尖唇，高领，束颈，上腹圆，下腹残。口沿外侧饰一周附加泥条，泥条之上饰斜向戳印纹，肩部饰一周附加堆泥条，泥条经手指按压呈波状，上腹饰麻点纹，有烟炱。口径11.4、残高9.6厘米（图4-294，7）。

标本H114：4，夹砂橙黄陶。侈口，圆唇，矮领，束颈，上腹斜弧，下腹残。颈部饰一周附加泥条，泥条经手指按压呈波状，上腹饰麻点纹。口径17.4、残高6.8厘米（图4-294，8）。

标本H114：7，夹砂橙黄陶。侈口，锯齿唇，高领，微束颈，颈部以下残。颈部饰横向篮纹。残高6、残宽8.4厘米（图4-294，9）。

标本H114：10，夹砂橙黄陶。直口，方唇，高领，束颈，颈部以下残。口沿外侧饰一周附加泥条，泥条之上饰戳印纹，颈部饰一周附加泥条饰麻点纹。口径30、残高8.4厘米（图4-294，10）。

标本H114：11，夹砂红陶。侈口，尖唇，高领，束颈，上腹斜，下腹残。口沿外侧饰一周附加泥条，泥条之上饰斜向戳印纹，颈部与上腹饰麻点纹。残高9.6、残宽7.1厘米（图4-294，11）。

标本H114：16，夹砂橙黄陶。侈口，圆唇，高领，束颈，上腹斜弧，下腹残。颈部饰一周附加泥条，泥条经手指按压呈波状，上腹饰麻点纹。残高6.2、残宽6.4厘米（图4-294，12）。

标本H114：18，夹砂褐陶。侈口，圆唇，高领，束颈，上腹斜弧，下腹残。口沿外侧饰一周附加泥条，泥条之上饰斜向戳印纹，颈部与腹部饰麻点纹。残高7.8、残宽7.1厘米（图4-294，13）。

高领罐　1件。

标本H114：17，泥质橙黄陶。喇叭口，平沿，圆唇，高领，束颈，颈部以下残。素面。残高3.7、残宽9.2厘米（图4-295，1）。

罐腹底　1件。

标本H114：8，夹砂橙黄陶。上腹残，下腹斜弧，平底。腹部饰竖向绳纹，底面饰交错绳纹。残高8.3、底径10.8厘米（图4-295，2）。

刻槽盆　1件。

标本H114：9，夹砂橙黄陶。敛口，方唇，弧腹，底残。唇面饰一道凹槽，上腹部饰竖向绳纹且泥条盘筑痕迹明显，下腹部饰斜向绳纹，器表粗糙，有烟炱，内壁饰交错刻划纹。口径20.4、残高12.6厘米（图4-295，3）。

玉片　1件。

标本H114：2，淡绿色，半透明状，呈不规则状，器表磨制光滑。残长3.6、残宽2.4、厚0.5厘米（图4-295，5；彩版一三三，3）。

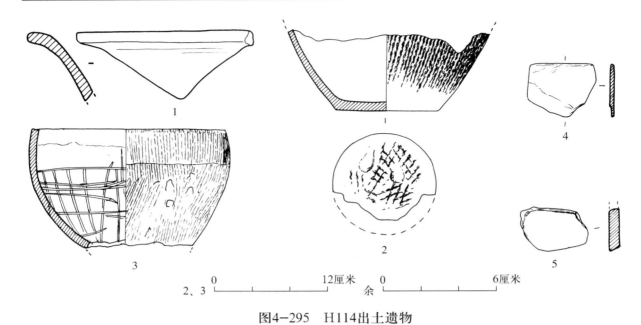

图4-295　H114出土遗物

1.高领罐H114：17　2.罐腹底H114：8　3.刻槽盆H114：9　4.石料H114：1　5.玉片H114：2

石料　1件。

标本H114：1，页岩。整体较平整，制作小石器材料。残长3.6、残宽2.9厘米（图4-295，4；彩版一三三，2）。

110. H115

H115位于ⅢT1206北部，开口于第③层下，被H100、H147打破（图4-296）。根据遗迹现存部分推测H115平面近椭圆形、口底部边缘形态明显、底部边缘形态明显，剖面略筒状，直壁，未见工具痕迹，坑底平整。坑口南北0.79、东西0.87、坑底东西0.79、深0.76米。坑内堆积未分层，土色浅黄色，土质较疏松，包含物有红烧土颗粒、炭粒，水平状堆积。

坑内出土少量陶片，以腹部残片为主，可辨器形有圆腹罐（表4-433、434）。

表4-433　H115器形数量统计表

器形 \ 陶质陶色	泥质				夹砂				合计
	红	橙黄	灰	黑	红	橙黄	灰	黑	
圆腹罐						1			1

表4-434　H115陶片统计表

纹饰 \ 陶质陶色	泥质				夹砂				合计
	橙黄	灰	红	灰底黑彩	橙黄	灰	红	褐	
素面	4								4
篮纹	3								3
麻点纹					5		3		8
戳印纹					1				1

圆腹罐　1件。

标本H115：1，夹砂橙黄陶。侈口，方唇，高领，束颈，颈部以下残。颈部素面。残高6.4、残宽5.4厘米（图4-297）。

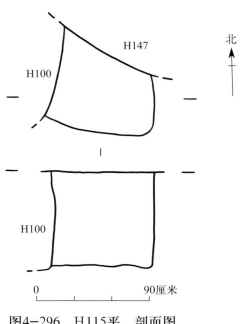

图4-296　H115平、剖面图　　　图4-297　H115出土圆腹罐H115：1

111. H116

H116位于ⅢT1003西南角，开口于第③层下，被H106、H130、H136打破（图4-298；彩版一三四，1）。根据遗迹现存部分推测H116平面近椭圆形，口部边缘形态明显，底部边缘形态明显，剖面呈不规则状，斜弧壁，未见工具痕迹，坑底西高东低。坑口南北2.20、东西2.2、坑底1.75、深1.34米。坑内堆积可分三层，第①层厚0.50米，土色深灰色，土质疏松，包含白灰皮、红烧土颗粒、炭粒，水平状堆积。第②层厚0.52～0.70米，土色褐色，土质疏松，包含草木灰、白灰皮、红烧土颗粒、炭粒、石块、兽骨，水平状堆积。第③层厚0.16～0.30米，土色灰色，土质疏松，包含红烧土颗粒、炭粒、石块、兽骨，坡状堆积。

坑内出土大量陶片。

（1）H116①层

出土少量陶片，以腹部残片为主，可辨器形有圆腹罐、陶拍，另出土骨器1件（表4-435、436）。

表4-435　H116①层器形数量统计表

器形 \ 陶质陶色	泥质				夹砂				合计
	红	橙黄	灰	黑	红	橙黄	灰	黑	
圆腹罐					1				1

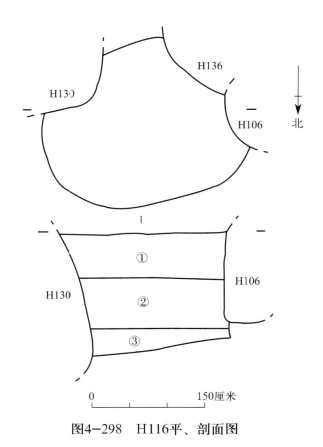

图4-298　H116平、剖面图

表4-436　H116①层陶片统计表

纹饰 \ 陶色 \ 陶质	泥质				夹砂				合计
	橙黄	灰	红	灰底黑彩	橙黄	灰	红	褐	
素面	25	3	10		14				52
绳纹	2				3				5
篮纹	28	2	6		16				52
麻点纹					47				47
刻划纹					4				4
篮纹＋麻点纹					4				4
篮纹＋绳纹					1				1
绳纹＋刻划纹					1				1

圆腹罐　1件。

标本H116①：2，夹砂红陶。侈口，圆唇，高领，束颈，上腹圆，下腹残。颈部饰横向篮纹，上腹饰麻点纹，有烟炱。口径13.2、残高13.4厘米（图4-299，1）。

陶拍　1件。

标本H116①：1，完整，泥质红陶。器身通体素面磨光，拍面圆弧且光滑，器身中部有横向贯通圆孔，大孔径3.7、小孔径2.2、长6、宽6.3、高4厘米（图4-299，2；彩版一三三，4）。

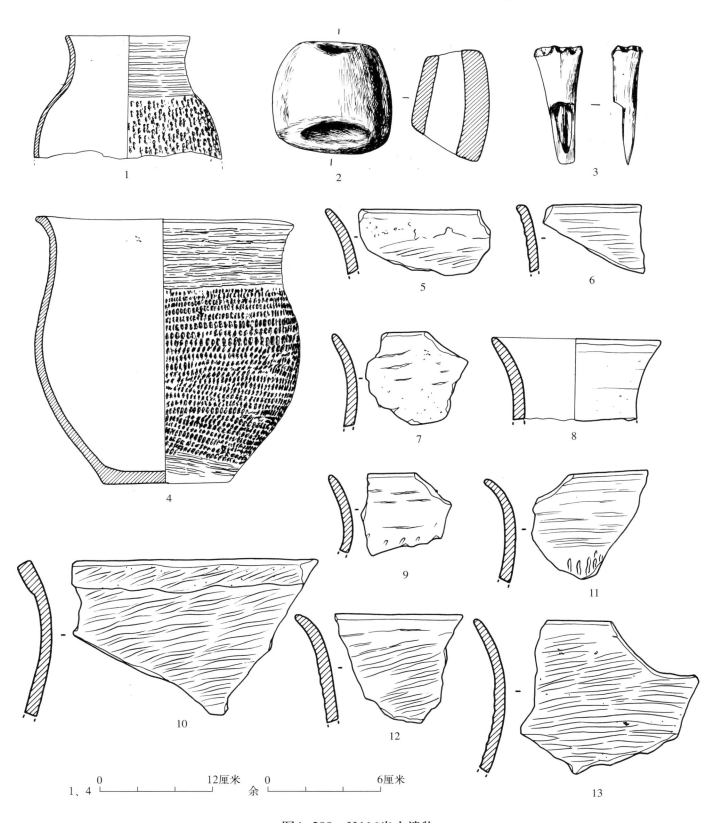

图4-299 H116出土遗物

1、4～13.圆腹罐H116①：2、H116②：4、9～14、16、19、21 2.陶拍H116①：1 3.骨器H116①：3

骨器　1件。

标本H116①：3，动物肢骨磨制而成，整体近锥状，尾端系骨关节，前端将肢骨破一半磨制成刃部，尖端磨制锋锐。残长6.4、宽2.6厘米（图4-299，3）。

（2）H116②层

出土少量陶片，以腹部残片为主，可辨器形有圆腹罐、单耳罐、高领罐、盆，另出土陶刀2件、石刀1件（表4-437、438）。

表4-437　H116②层器形数量统计表

器形＼陶质／陶色	泥质				夹砂				合计
	红	橙黄	灰	褐	红	橙黄	灰	黑	
盆	2	1		1					4
单耳罐						1	1		2
圆腹罐						9	1		10
高领罐		2							2

表4-438　H116②层陶片统计表

纹饰＼陶质／陶色	泥质				夹砂				合计
	橙黄	灰	红	灰底黑彩	橙黄	灰	红	褐	
素面	41	4	1						46
绳纹					3				3
篮纹	63		9		21				93
麻点纹					100				100
刻划纹		1							1
篮纹＋麻点纹					5				5
篮纹＋压印纹	1								1

圆腹罐　10件。

标本H116②：4，夹砂橙黄陶。侈口，圆唇，高领，束颈，圆腹，平底，颈部饰横向篮纹，腹部饰麻点纹，近底部饰斜向篮纹。口径27.2、高29、底径13.4厘米（图4-299，4；彩版一三三，5）。

标本H116②：9，夹砂橙黄陶。侈口，圆唇，矮领，束颈，颈部以下残。颈部饰篮纹，有烟炱。残高3.6、残宽7厘米（图4-299，5）。

标本H116②：10，夹砂橙黄陶。微侈口，方唇，矮领，束颈，颈部以下残。颈部饰横向篮纹。残高3.8、残宽5.5厘米（图4-299，6）。

标本H116②：11，夹砂橙黄陶。侈口，圆唇，高领，束颈，颈部以下残。颈部饰横向篮纹，纹饰被抹平。残高5.2、残宽5.4厘米（图4-299，7）。

标本H116②：12，夹砂橙黄陶。侈口，圆唇，高领，束颈，颈部以下残。素面，有烟炱。口径8.9、残高4.6厘米（图4-299，8）。

标本H116②：13，夹砂橙黄陶。侈口，圆唇，矮领，束颈，颈部以下残。上颈部饰篮纹，下颈部饰麻点纹。残高4.5、残宽4.8厘米（图4-299，9）。

标本H116②：14，夹砂橙黄陶。侈口，方唇，高领，束颈，上腹斜弧，下腹残。口沿外侧有一周折棱，器表饰横向篮纹，有烟炱。残高8.4、残宽13厘米（图4-299，10）。

标本H116②：16，夹砂橙黄陶。侈口，圆唇，高领，束颈，上腹斜弧，下腹残。颈部饰横向篮纹，上腹饰竖向绳纹。残高5.8、残宽6厘米（图4-299，11）。

标本H116②：19，夹砂灰陶。侈口，圆唇，矮领，束颈，上腹斜弧，下腹残。腹部饰斜向篮纹。残高5.9、残宽6.7厘米（图4-299，12）。

标本H116②：21，夹砂橙黄陶。侈口，圆唇，高领，束颈，颈部以下残。颈部饰横向篮纹。残高8.3、残宽9.5厘米（图4-299，13）。

单耳罐　2件。

标本H116②：6，夹砂灰陶。侈口，方唇，高领，束颈，上腹圆，下腹残。拱形单耳，耳面，颈部饰横向篮纹，上腹饰麻点纹。残高14.8、残宽12.4厘米（图4-300，1）。

标本H116②：7，夹砂橙黄陶。侈口，圆唇，矮领，束颈，上腹圆，下腹残。颈部饰有一周凹槽，上腹饰麻点纹。残高8.8、残宽5.2厘米（图4-300，2）。

高领罐　2件。

标本H116②：15，泥质橙黄陶。喇叭口，圆唇，高领，束颈，颈部以下残。口沿外侧饰一周折棱，颈部饰斜向篮纹。残高4.8、残宽8.5厘米（图4-300，3）。

标本H116②：17，泥质橙黄陶。喇叭口，窄平沿，圆唇，高领，束颈，颈部以下残。口沿外侧有一周折棱，颈部饰横向篮纹。口径15.9、残高3.6厘米（图4-300，4）。

盆　4件。

标本H116②：5，泥质红陶。敞口，方唇，斜弧腹，底残。口沿外侧有一周折棱，腹部饰横向篮纹。口径18.2、残高3.2厘米（图4-300，5）。

标本H116②：8，泥质橙黄陶。敞口，沿外翻，圆唇，斜直腹，底残。腹部饰斜向篮纹。口径29.6、残高3.2厘米（图4-300，6）。

标本H116②：18，泥质褐陶。敞口，圆唇，斜直腹，底残。口沿外侧有一周折棱，腹部饰斜向篮纹。残高5.5、残宽7厘米（图4-300，7）。

标本H116②：20，泥质红陶。敞口，平沿，圆唇，斜直腹，底残。沿下刮抹痕迹明显，腹部饰横向篮纹。残高5.3、残宽8.8厘米（图4-300，8）。

陶刀　2件。

标本H116②：2，泥质橙黄陶。由陶器残片磨制而成，器表饰篮纹，在器身中部有一对向钻孔，内孔径0.4、外孔径0.8厘米。单面刃，刃残长6.3厘米，刃角67.3°，器身长7、宽4、厚0.5厘米（图4-300，9；彩版一三四，2）。

标本H116②：3，泥质褐陶。由陶器残片磨制而成，器表饰篮纹，在器身中部有对向钻孔，外孔径0.8、内孔径0.4厘米。双面磨刃，背部残。刃残长6厘米，刃角68.6°，器身残长7.2、残宽4、厚0.5厘米（图4-300，10；彩版一三四，3）。

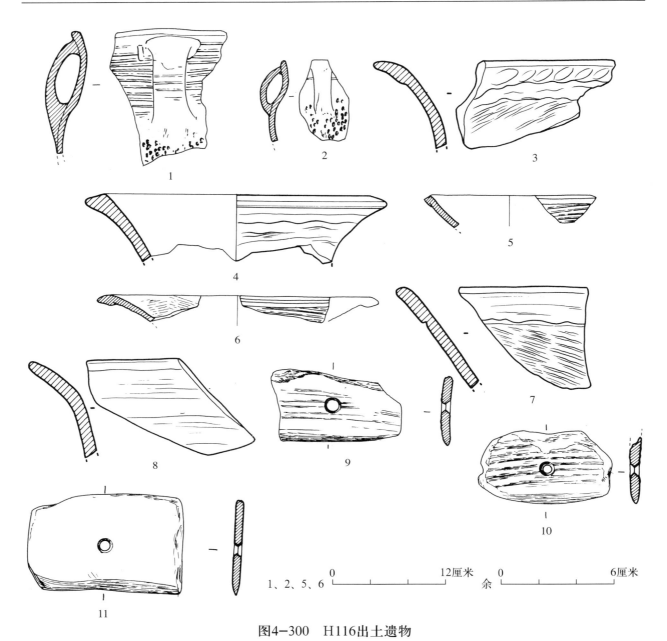

图4-300　H116出土遗物

1、2.单耳罐H116②：6、7　3、4.高领罐H116②：15、17　5～8.盆H116②：5、8、18、20　9、10.陶刀H116②：2、3　11.石刀H116②：1

石刀　1件。

标本H116②：1，页岩。长方形，器表通体磨制光滑，基部略残，侧边有磨痕，双面磨刃，刃部微凹。刃残长7.4厘米，刃角59.7°，器身中间有一个对向钻孔。内孔径0.5、外孔径0.8、器身残长8.2、宽5.4、厚0.5厘米（图4-300，11；彩版一三四，4）。

（3）H116③层

出土少量陶片，以腹部残片为主，可辨器形有高领罐、盆，另出土陶刀1件（表4-439、440）。

表4-439　H116③层器形数量统计表

器形＼陶质＼陶色	泥质				夹砂				合计
	红	橙黄	灰	褐	红	橙黄	灰	黑	
高领罐		1							1
盆	1		1	1					3

表4-440　H116③层陶片统计表

纹饰＼陶质＼陶色	泥质				夹砂				合计
	橙黄	灰	红	灰底黑彩	橙黄	灰	红	褐	
素面	5	9	3		38				55
绳纹					5				5
篮纹	10		4						14
麻点纹					25				25
刻划纹						3			3
篮纹＋麻点纹					1				1
交错绳纹		1							1
压印纹	1								1

高领罐　1件。

标本H116③：2，泥质橙黄陶。喇叭口，平沿，圆唇，高领，束颈，颈部以下残。口沿下饰斜向篮纹，内外壁有烟炱。口径19、残高10.4厘米（图4-301，1）。

盆　3件。

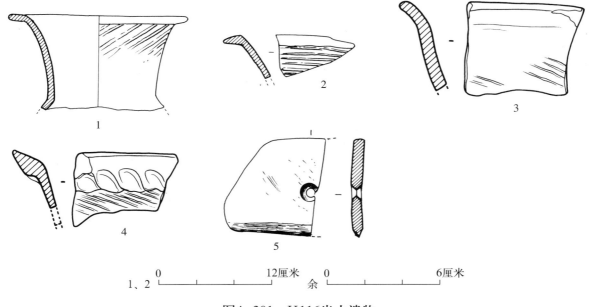

图4-301　H116出土遗物

1.高领罐H116③：2　2～4.盆H116③：3～5　5.陶刀H116③：1

标本H116③：3，泥质灰陶。敞口，折沿，尖唇，斜直腹，底残。腹部饰横向篮纹。残高4.6、残宽8.4厘米（图4-301，2）。

标本H116③：4，泥质红陶。敞口，圆唇，斜弧腹，底残。腹部饰斜向篮纹，纹饰被抹平。残高5.1、残宽6.3厘米（图4-301，3）。

标本H116③：5，泥质褐陶。敞口，折沿，尖唇，斜直腹，底残。口沿外侧饰一周压印纹，腹部饰斜向篮纹，内壁素面磨光。残高4、残宽5.6厘米（图4-301，4）。

陶刀　1件。

标本H116③：1，夹砂橙黄陶。由陶器残片磨制而成，平基部，双面磨刃，器表饰绳纹，在器身残断处有残对向钻孔，外孔1.1、内孔0.5厘米。刃残长4.1厘米，刃角67°，器身残长4.8、宽5.4、厚0.7厘米（图4-301，5；彩版一三四，5）。

112. H117

H117位于ⅢT1104东南部，开口于第③层下（图4-302）。平面近圆形，口部边缘形态明显，底部边缘形态较明显，剖面呈筒状，弧壁，未见工具痕迹，平底。坑口南北1.76、东西1.69、坑底南北1.60、深0.84米。坑内堆积未分层，土色褐色，土质疏松，包含石块、炭粒、红烧土颗粒、兽骨、白灰皮，水平状堆积。

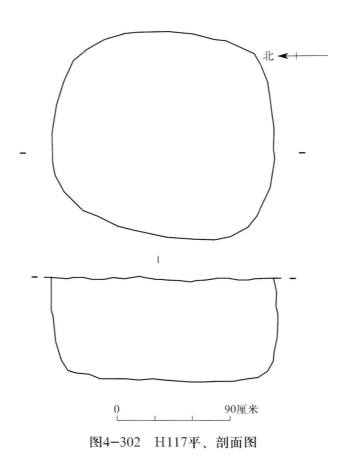

北　←

0　　　　　　　90厘米

图4-302　H117平、剖面图

坑内出土少量陶片，以腹部残片为主，可辨器形有单耳罐、圆腹罐、罐腹底，另出土石刀1件（表4-441、442）。

表4-441　H117器形数量统计表

器形＼陶质＼陶色	泥质				夹砂				合计
	红	橙黄	灰	黑	红	橙黄	灰	黑	
单耳罐	1				1				2
圆腹罐						2			2
罐腹底						2			2

表4-442　H117陶片统计表

纹饰＼陶质＼陶色	泥质				夹砂				合计
	橙黄	灰	红	灰底黑彩	橙黄	灰	红	褐	
素面	10				9				19
绳纹		1	2		2				5
篮纹	18				11				29
麻点纹					36				36
刻划纹					2				2
戳印纹					1				1
附加堆纹＋麻点纹					1				1
压印纹	1								1

单耳罐　2件。

标本H117：1，泥质红陶。侈口，圆唇，矮领，束颈，上鼓腹，下腹斜弧，平底微凹。连口拱形单耳，上腹饰交错刻划纹。口径10.6、高9、底径7厘米（图4-303，1；彩版一三五，1）。

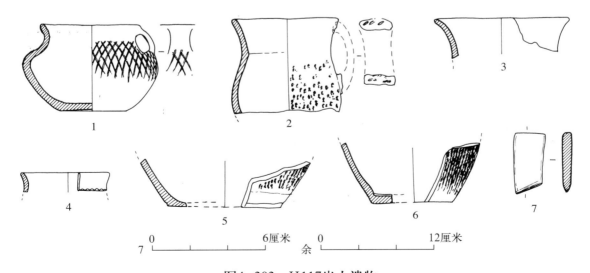

图4-303　H117出土遗物

1、2.单耳罐H117：1、3　3、4.圆腹罐H117：4、5　5、6.罐腹底H117：6、7　7.石刀H117：2

标本H117：3，夹砂橙黄陶。侈口，圆唇，高领，束颈，上腹圆，下腹残，耳残。颈部素面，上腹饰麻点纹，有烟炱。口径11.2、残高10厘米（图4-303，2）。

圆腹罐　2件。

标本H117：4，夹砂橙黄陶。侈口，圆唇，矮领，束颈，颈部以下残。素面，有烟炱。口径14.4、残高4.4厘米（图4-303，3）。

标本H117：5，夹砂橙黄陶。侈口，圆唇，微束颈，颈部以下残。颈部饰交错刻划纹。口径9.4、残高2.2厘米（图4-303，4）。

罐腹底　2件。

标本H117：6，夹砂橙黄陶。上腹残，下腹斜直，平底。下腹饰麻点纹。残高5、底径12厘米（图4-303，5）。

标本H117：7，夹砂橙黄陶。上腹残，下腹斜弧，平底。下腹饰竖向绳纹。残高6.6、底径8.4厘米（图4-303，6）。

石刀　1件。

标本H117：2，石英岩。器表磨光且有轻微划痕，边缘磨制痕迹明显，平基部，双面磨刃。刃残长1.5厘米，刃角50°，器身残长1.7、残宽3.2、厚0.4厘米（图4-303，7；彩版一三五，2）。

113. H118

H118位于ⅢT1205北部，开口于第④层下，被H135、H154打破（图4-304）。根据遗迹现存部分推测H118平面近椭圆形，口部边缘形态明显，底部边缘形态明显，剖面呈袋状，斜弧壁，未见工具痕迹，坑底平整。坑口东西1.84、南北0.64、坑底南北1.66、深1.15米。坑内堆积未分层，土色黄色，土质疏松，包含红烧土颗粒、炭粒、兽骨，水平状堆积。

坑内出土少量陶片，以腹部残片为主，可辨器形有圆腹罐、花边罐、高领罐（表4-443、444）。

表4-443　H118器形数量统计表

器形 \ 陶质陶色	泥质				夹砂				合计
	红	橙黄	灰	黑	红	橙黄	灰	黑	
圆腹罐					1	3			4
高领罐		1							1
花边罐		1							1

表4-444　H118陶片统计表

纹饰 \ 陶质陶色	泥质				夹砂				合计
	橙黄	灰	红	灰底黑彩	橙黄	灰	红	褐	
素面	16	1	1		7				25
绳纹		1			8				9
篮纹	11	2			3				16

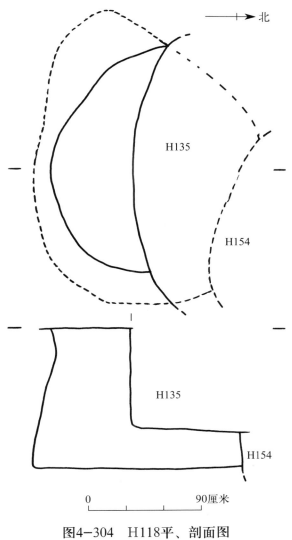

图4-304　H118平、剖面图

续表

纹饰＼陶色	泥质				夹砂				合计
	橙黄	灰	红	灰底黑彩	橙黄	灰	红	褐	
麻点纹					23				23
篮纹＋刻划纹					1		1		2
篮纹＋绳纹					4				4
篮纹＋麻点纹					2				2
席纹					1				1

圆腹罐　4件。

标本H118：1，夹砂红陶。侈口，圆唇，高领，束颈，上腹斜弧，下腹残。颈部素面，上腹饰麻点纹，内壁有修整痕迹。口径21、残高9.2厘米（图4-305，1）。

标本H118：2，夹砂橙黄陶。侈口，圆唇，高领，束颈，颈部以下残。颈部饰横向篮纹。口

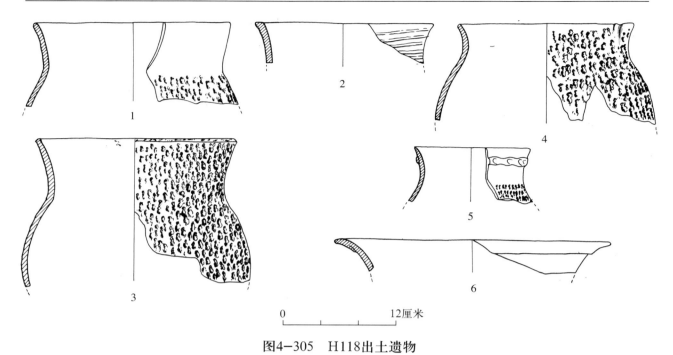

图4-305　H118出土遗物

1～4.圆腹罐H118：1、2、4、5　5.花边罐H118：6　6.高领罐H118：3

径 18.8、残高 4.6 厘米（图 4-305，2）。

　　标本H118：4，夹砂橙黄陶。侈口，方唇，高领，束颈，圆腹，底残。通体饰麻点纹，有烟炱。口径 21.2、残高 16 厘米（图 4-305，3）。

　　标本H118：5，夹砂橙黄陶。侈口，圆唇，矮领，束颈，上腹圆，下腹残。通体饰麻点纹，有烟炱。口径 18.8、残高 11.2 厘米（图 4-305，4）。

　　花边罐　1件。

　　标本H118：6，泥质橙黄陶。侈口，尖唇，矮领，束颈，上腹斜弧，下腹残。口沿下饰一周附加泥条，泥条经手指按压呈波状，上腹饰麻点纹，有烟炱。口径 12.2、残高 5.8 厘米（图 4-305，5）。

　　高领罐　1件。

　　标本H118：3，泥质橙黄陶。喇叭口，圆唇，高领，束颈，颈部以下残。口沿外侧有一周折棱，颈部素面。口径 29.2、残高 3.6 厘米（图 4-305，6）。

114. H119

　　H119 位于Ⅲ T1103 南部，开口于第③层下，被H109、H131 打破（图 4-306；彩版一三五，3）。平面呈不规则状，口部边缘形态明显，底部边缘形态明显，剖面呈筒状，直壁，未见工具痕迹，坑底高低不平。坑口南北 2.00、东西 0.90、深 0.46 米。坑内堆积未分层，土色深灰色，土质疏松，包含兽骨、石块、红烧土颗粒、白灰皮，水平状堆积。

　　坑内出土少量陶片，以腹部残片为主，可辨器形有圆腹罐、高领罐、盆、壶（表 4-445、446）。

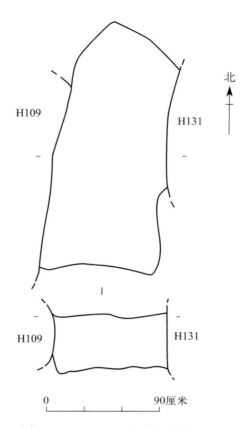

图4-306 H119平、剖面图

表4-445 H119器形数量统计表

器形＼陶质陶色	泥质				夹砂				合计
	红	橙黄	灰	黑	红	橙黄	灰	黑	
高领罐		1							1
盆		2							2
圆腹罐							2		2
壶	1								1

表4-446 H119陶片统计表

纹饰＼陶质陶色	泥质				夹砂				合计
	橙黄	灰	红	灰底黑彩	橙黄	灰	红	褐	
素面	26	1	1		18				46
绳纹		2			11				13
篮纹	16	2			2				20
麻点纹					34				34
篮纹＋刻划纹					1				1
篮纹＋麻点纹					1				1
篮纹＋绳纹					1				1

圆腹罐　2件。

标本H119①：6，夹砂灰陶。侈口，锯齿唇，高领，束颈，颈部以下残。唇面及颈部饰麻点纹。残高6.1、残宽7.8厘米（图4-307，1）。

标本H119①：5，夹砂灰陶。侈口，圆唇，矮领，束颈，上腹弧，下腹残。腹部饰横向篮纹，有烟炱。残高5.2、残宽7.6厘米（图4-307，2）。

高领罐　1件。

标本H119①：1，泥质橙黄陶。喇叭口，平沿，尖唇，高领，束颈，颈部以下残。口沿下有一周折棱，颈部素面。口径21.2、残高6厘米（图4-307，3）。

盆　2件。

标本H119①：3，泥质橙黄陶。平沿，圆唇，斜直腹，底残。口沿外侧有一周折棱，腹部饰斜向篮纹。残高7、残宽10.4厘米（图4-307，4）。

标本H119①：4，泥质橙黄陶。敞口，圆唇，斜弧腹，底残。口沿外侧有一周折棱，腹部饰斜向篮纹。残高4.2、残宽8.9厘米（图4-307，5）。

壶　1件。

标本H119①：2，泥质红陶。口沿及底残。圆腹，腹部有一拱形单耳，腹部饰竖向绳纹，绳纹之上饰横向刻划纹，纹饰下方饰一周戳印纹。残高10.6、残宽10.2厘米（图4-307，6）。

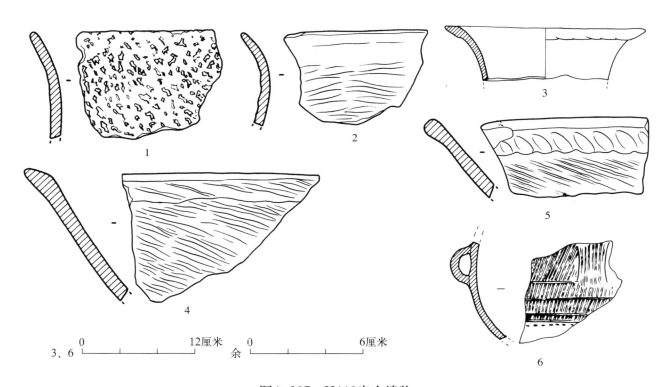

0　　　　　　　　12厘米
3、6 ┕━━━━━━━━┙

0　　　　　　　6厘米
余 ┕━━━━━━┙

图4-307　H119出土遗物

1、2.圆腹罐H119①：6、5　3.高领罐H119①：1　4、5.盆H119①：3、4　6.壶H119①：2

115. H120

H120 位于ⅢT1203 东北，开口于第③层下，被H131 打破（图 4-308；彩版一三六，1 ）。根据残存情况推测H120 平面呈不规则状，口部边缘形态明显，底部边缘形态明显，剖面呈袋状，斜弧壁，未见工具痕迹，底部平整。坑口东西 1.14、南北 1.44、坑底南北 1.5、深 0.76 米。坑内堆积可分四层，第①层厚 0.24～0.30 米，土色黄色，土质疏松，包含植物根茎、红烧土颗粒，坡状堆积。第②层厚 0.15～0.21 米，土色深灰色，土质疏松，包含植物根茎、红烧土颗粒、石块、兽骨，凸镜状堆积。第③层厚 0.11～0.20 米，土色深黄色，土质致密，凸镜状堆积。第④层厚 0.11～0.22 米，土色深灰色，土质致密，凸镜状堆积。

坑内出土大量陶片。

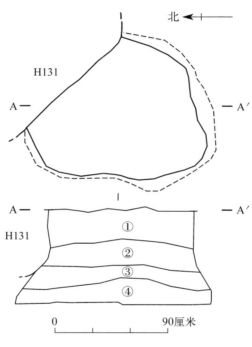

图4-308 H120平、剖面图

（1）H120①层

出土少量陶片，以腹部残片为主，可辨器形有圆腹罐、花边罐、单耳罐、钵（表 4-447、448 ）。

表4-447 H120①层器形数量统计表

器形 \ 陶色	泥质				夹砂				合计
	红	橙黄	灰	黑	红	橙黄	灰	黑	
花边罐						1			1
单耳罐		1							1
圆腹罐						1			1
钵		1							1

表4-448 H120①层陶片统计表

纹饰＼陶色＼陶质	泥质				夹砂				合计
	橙黄	灰	红	灰底黑彩	橙黄	灰	红	褐	
素面	15	2	2		3				22
绳纹		1			3		1		5
篮纹	9	2			5				16
麻点纹					45				45
篮纹＋麻点纹					2				2
篮纹＋绳纹					1				1

圆腹罐 1件。

标本H120①：3，夹砂橙黄陶。侈口，方唇，矮领，束颈，上腹斜弧，下腹残。口沿上有一道凹槽，口沿外侧有一周折棱，器表饰横向篮纹。残高5.3、残宽8.9厘米（图4-309，1）。

花边罐 1件。

标本H120①：1，夹砂橙黄陶。微侈口，锯齿唇，高领，微束颈，颈部以下残。颈部饰竖向绳纹，有烟炱。口径19.8、残高6.6厘米（图4-309，2）。

单耳罐 1件。

标本H120①：2，泥质橙黄陶。侈口，圆唇，高领，束颈，上腹圆，下腹残。连口拱形单耳。素面。残高8.6、残宽5.4厘米（图4-309，3）。

钵 1件。

标本H120①：4，泥质橙黄陶。敛口，圆唇，弧腹，底残。器表饰斜向篮纹，内壁素面磨光。残高4.7、残宽10.3厘米（图4-309，4）。

（2）H120②层

出土大量陶片，以腹部残片为主，可辨器形有圆腹罐、双耳罐、高领罐、盆，另出土石料、骨匕各1件（表4-449、450）。

圆腹罐 1件。

标本H120②：3，夹砂橙黄陶。侈口，圆唇，高领，束颈，上腹圆，下腹残。颈部饰横向篮纹，上腹饰斜向绳纹，颈腹间有一附加泥饼，有烟炱。口径17.4、残高9.4厘米（图4-309，5）。

表4-449 H120②层器形数量统计表

器形＼陶色＼陶质	泥质				夹砂				合计
	红	橙黄	灰	黑	红	橙黄	灰	黑	
圆腹罐						1			1
双耳罐	1								1
高领罐		1							1
盆						2			2

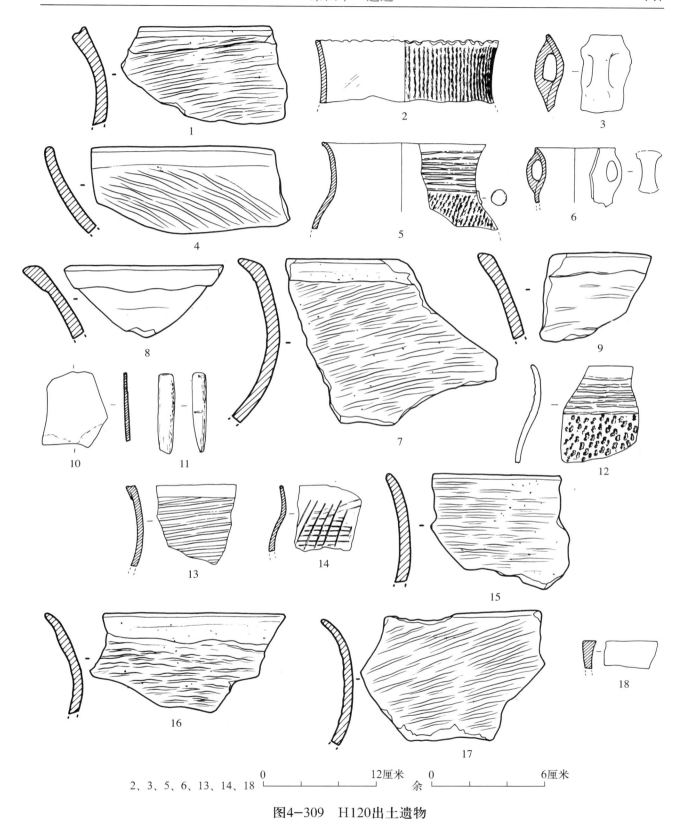

图4-309　H120出土遗物

1、5、12～17.圆腹罐H120①：3、H120②：3、H120③：1、3、4、6、8、9　2.花边罐H120①：1　3.单耳罐H120①：2　4.钵H120①：4　6.双耳罐H120②：4　7.高领罐H120②：5　8、9.盆H120②：6、7　10.石料H120②：1　11.骨匕H120②：2　18.敛口罐H120③：5

表4-450　H120②层陶片统计表

纹饰 \ 陶质 \ 陶色	泥质				夹砂				合计
	橙黄	灰	红	灰底黑彩	橙黄	灰	红	褐	
素面	34	4	11		17				66
绳纹					10		2		12
篮纹	54	1	6		2				63
麻点纹					55				55
刻划纹	1				1				2
网格纹							1		1
篮纹＋麻点纹					4		1		5

双耳罐　1件。

标本H120②：4，泥质红陶。侈口，圆唇，高领，束颈，鼓腹，底残。拱形单耳，素面，有烟炱。口径8.6、残高6厘米（图4-309，6）。

高领罐　1件。

标本H120②：5，泥质橙黄陶。喇叭口，圆唇，高领，束颈，颈部以下残。口沿外侧有一周折棱，颈部饰斜向篮纹。残宽11.3、残高9.1厘米（图4-309，7）。

盆　2件。

标本H120②：6，泥质橙黄陶。敞口，方唇，斜腹微弧，底残。口沿外侧有一周折棱，腹部素面。残高3.9、残宽8.4厘米（图4-309，8）。

标本H120②：7，泥质橙黄陶。敞口，方唇，斜腹微弧，底残。口沿外侧有一周折棱，腹部饰篮纹。残高4.9、残宽5.6厘米（图4-309，9）。

石料　1件。

标本H120②：1，页岩。整体较平整，制作小石器材料。残长3.5、残宽4.2厘米（图4-309，10；彩版一三六，2）。

骨匕　1件。

标本H120②：2，动物骨骼磨制而成，长方形，器身磨制精细，柄部平整，中腰至刃部渐收磨制成刃部。长4.4、宽0.9厘米（图4-309，11；彩版一三六，3）。

（3）H120③层

出土大量陶片，以腹部残片为主，可辨器形有圆腹罐、敛口罐、彩陶罐、盆，另出土石刀2件（表4-451、452）。

表4-451　H120③层器形数量统计表

器形 \ 陶质 \ 陶色	泥质				夹砂				合计
	红	橙黄	灰	黑	红	橙黄	灰	黑	
圆腹罐						4	2		6
盆			1						1

器形 / 陶质 / 陶色	泥质				夹砂				合计
	红	橙黄	灰	黑	红	橙黄	灰	黑	
敛口罐		1							1
彩陶罐		1							1

表4-452　H120③层陶片统计表

纹饰 / 陶质 / 陶色	泥质				夹砂				合计
	橙黄	灰	红	橙黄底黑彩	橙黄	灰	红	褐	
素面	98	25		1	23				147
绳纹	3	1			25				29
篮纹	67	1	5		33				106
麻点纹					137	2			139
刻划纹	1				3				4
戳印纹	1								1

圆腹罐　6件。

标本H120③：1，夹砂橙黄陶。侈口，圆唇，高领，束颈，上腹弧，下腹残。颈部饰横向篮纹，上腹饰麻点纹。残高5.3、残宽4厘米（图4-309，12）。

标本H120③：3，夹砂橙黄陶。侈口，方唇，高领，束颈，颈部以下残。唇上有两道凹槽，口沿外侧有一周折棱，颈部饰横向篮纹，有烟炱。残高8.6、残宽8.4厘米（图4-309，13）。

标本H120③：4，夹砂灰陶。侈口，圆唇，矮领，微束颈，上腹圆，下腹残。颈部及腹部饰横向绳纹，纹饰之上有斜向刻划纹。残高7.2、残宽6.8厘米（图4-309，14）。

标本H120③：6，夹砂灰陶。侈口，圆唇，高领，束颈，上腹斜，下腹残。颈部饰横向篮纹。残高6.2、残宽7.4厘米（图4-309，15）。

标本H120③：8，夹砂灰陶。侈口，圆唇，高领，束颈，颈部以下残。颈部饰横向篮纹。残高5.4、残宽10.3厘米（图4-309，16）。

标本H120③：9，夹砂橙黄陶。侈口，圆唇，高领，束颈，颈部以下残。颈部饰横向篮纹。残高7、残宽9.7厘米（图4-309，17）。

敛口罐　1件。

标本H120③：5，泥质橙黄陶。敛口，方唇，口沿以下残。素面。残高3、残宽5.6厘米（图4-309，18）。

彩陶罐　1件。

标本H120③：7，泥质橙黄陶。微侈口，圆唇，高领，微束颈，颈部以下残。素面磨光，器表饰条带形黑彩和方格黑彩组成。残高4.2、残宽3.8厘米（图4-310，1）。

盆　1件。

标本H120③：2，泥质灰陶。敞口，窄平沿，尖唇，斜直腹，底残。口沿外侧饰一周折棱，

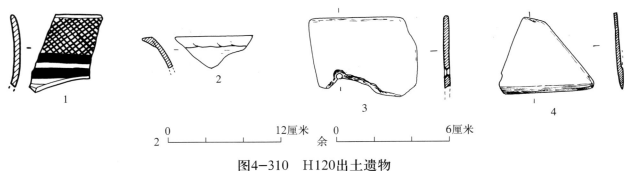

0   12厘米   0   6厘米
2   余

图4-310   H120出土遗物

1.彩陶罐H120③：7   2.盆H120③：2   3、4.石刀H120④：1、2

腹部素面。残高3.4、残宽8.2厘米（图4-310，2）。

（4）H120④层

出土石刀2件，出土少量陶片，以陶器腹部残片为主，无可辨器形标本，所以不具体介绍，只进行陶系统计（表4-453）。

表4-453   H120④层陶片统计表

纹饰 \ 陶色	泥质				夹砂				合计
陶质	橙黄	灰	红	灰底黑彩	橙黄	灰	红	褐	
素面	17				5				22
绳纹					5				5
篮纹	8		2						10
麻点纹					29				29
戳印纹							1		1

石刀   2件。

标本H120④：1，残损，页岩。近长方形，器表有磨痕，平基部，刃部残，残断处有一残孔。残长5.6、残宽4.4、厚0.3厘米（图4-310，3；彩版一三六，4）。

标本H120④：2，残损，页岩。近三角形，残存部分刃部，双面磨刃。刃残长4.9厘米，刃角85°，器身残长5、残宽4.1、厚0.2厘米（图4-310，4；彩版一三六，5）。

116. H121

H121位于ⅡT0707西南角，部分延伸至T0807西北角，开口于第④层下，被H215、H216打破（图4-311）。根据遗迹现存部分推测H121平面近圆形，口部边缘形态较明显，底部边缘形态不明显，剖面呈不规则状，斜弧壁，未见工具痕迹，坑底北高南低。坑口南北2.95、东西1.10、深0.20～0.55米。坑内堆积未分层，土色深灰色，土质致密，包含草木灰、炭粒、红烧土颗粒，水平状堆积。

坑内出土少量陶片（表4-454）。

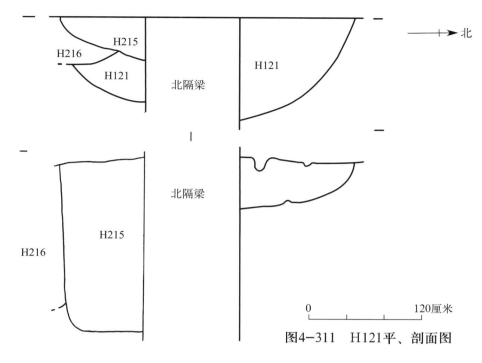

图4-311　H121平、剖面图

表4-454　H121陶片统计表

纹饰	陶质 陶色	泥质				夹砂				合计
		橙黄	灰	红	灰底黑彩	橙黄	灰	红	褐	
素面		15	2	2		3				22
绳纹			1			3		1		5
篮纹		9		2		5				16

117. H122

H122位于ⅢT1004东南角，开口于第④层下（图4-312；彩版一三五，4）。根据遗迹暴露部分推测H122平面近椭圆形，口部边缘形态明显，底部边缘形态明显，剖面呈袋状，壁面不规整，未见工具痕迹，坑底平整。坑口东西2.07、南北2.01、坑底东西2.40、深1.50米。坑内堆积可分六层，第①层厚0.10～0.15米，土色褐色，土质疏松，包含零星炭粒，坡状堆积。第②层厚0.10～0.25米，土色浅灰色，土质疏松，包含炭粒，红烧土颗粒，坡状堆积。第③层厚0～0.10米，土色浅灰色，土质疏松，包含红烧土颗粒、烧焦的黑土，坡状堆积。第④层厚0.30～0.45米，土色浅黄色，土质疏松，坡状堆积。第⑤层厚0.10～0.30米，土色浅黄色，土质致密，包含红烧土颗粒、兽骨，不规则状堆积。第⑥层厚0.15～0.50米，土色浅黄色，土质致密，包含红烧土颗粒，不规则状堆积。

坑内出土大量陶片。

（1）H122①层

出土陶片见下表（表4-455）。

（2）H122③层

出土少量陶片，以腹部残片为主，可辨器形有盆。H122③层挑选陶器标本盆1件（表4-456、457）。

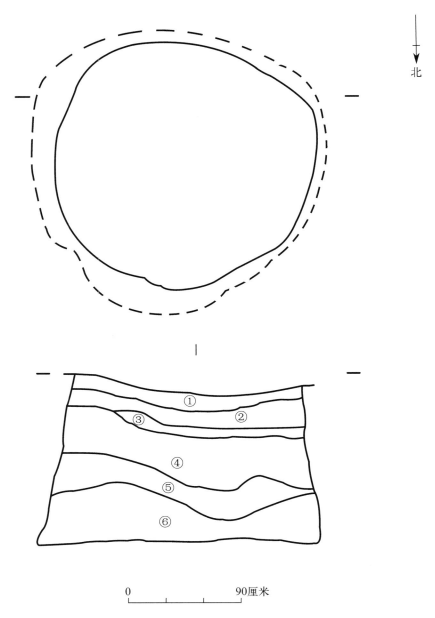

北

0　　　　　　90厘米

图4-312　H122平、剖面图

表4-455　H122①层陶片统计表

纹饰＼陶色	泥质				夹砂				合计
	橙黄	灰	红	灰底黑彩	橙黄	灰	红	褐	
素面	21	2	1		22				46
绳纹	1				10				11
篮纹	18				4				22
麻点纹					36				36

续表

纹饰 \ 陶色	泥质				夹砂				合计
	橙黄	灰	红	灰底黑彩	橙黄	灰	红	褐	
网格纹	1								1
附加堆纹	3								3
篮纹＋绳纹	1					2			3

表4-456 H122③层器形数量统计表

器形 \ 陶色	泥质				夹砂				合计
	红	橙黄	灰	黑	红	橙黄	灰	黑	
盆		1							1

表4-457 H122③层陶片统计表

纹饰 \ 陶色	泥质				夹砂				合计
	橙黄	灰	红	灰底黑彩	橙黄	灰	红	褐	
素面	5	1			2				8
绳纹					2		1		3
篮纹	4				1				5
麻点纹					2				2
篮纹＋麻点纹					1				1
篮纹＋压印纹		1							1

盆 1件。

标本H122③：1，泥质红陶。敞口，圆唇，斜直腹，底残。口沿外侧饰一周折棱，腹部饰斜向篮纹，内壁素面磨光。残高5.6、残宽6.1厘米（图4-313，1）。

（3）H122④层

出土少量陶片，以腹部残片为主，可辨器形有圆腹罐、双耳罐、高领罐、盆（表4-458、459）。

圆腹罐 1件。

标本H122④：5，夹砂橙黄陶。侈口，圆唇，高领，束颈，颈部以下残。颈部饰横向篮纹，有烟炱。残高6、残宽5.5厘米（图4-313，2）。

表4-458 H122④层器形数量统计表

器形 \ 陶色	泥质				夹砂				合计
	红	橙黄	灰	黑	红	橙黄	灰	黑	
圆腹罐						1			1
双耳罐						1			1
高领罐	1	1							2
盆		1							1

表4-459　H122④层陶片统计表

纹饰＼陶质	泥质				夹砂				合计
	橙黄	灰	红	灰底黑彩	橙黄	灰	红	褐	
素面	50	7			7				64
绳纹					3				3
篮纹	18	2			4				24
麻点纹					16				16
戳印纹					1				1
交错绳纹					1				1

双耳罐　1件。

标本H122④：1，夹砂橙黄陶。侈口，方唇，矮领，束颈，上腹圆，下腹残。连口拱形双耳。耳面饰一附加泥条，泥条经手指按玉呈波状，耳上下各有三个戳印纹，口沿外侧饰一周泥条呈斜凸棱状，颈部素面，上腹饰麻点纹，有烟炱。口径20、残高10.8厘米（图4-313，3）。

高领罐　2件。

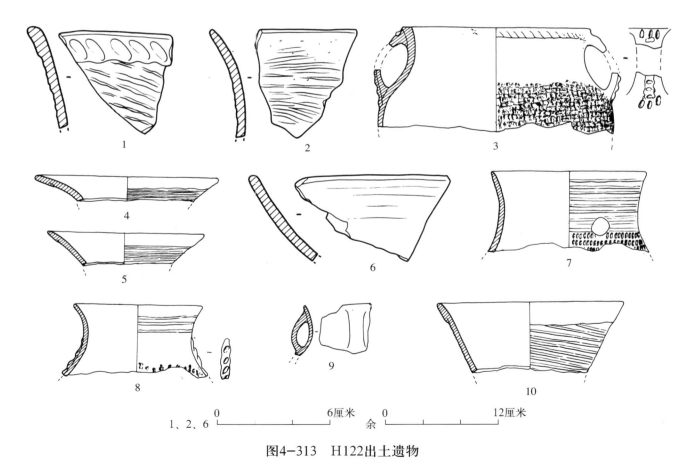

图4-313　H122出土遗物

1、10.盆H122③：1、H122⑥：4　2、7、8.圆腹罐H122④：5、H122⑥：1、2　3.双耳罐H122④：1　4、5.高领罐H122④：2、3　6.盆H122④：4　9.单耳罐H122⑥：3

标本H122④：2，泥质红陶。喇叭口，圆唇，高领，束颈，颈部以下残。口沿下有一周折棱，颈部饰横向篮纹。口径19.4、残高2.6厘米（图4-313，4）。

标本H122④：3，泥质橙黄陶。喇叭口，尖唇，高领，束颈，颈部以下残。口沿下有一周折棱，颈部饰横向篮纹。口径16.6、残高3.6厘米（图4-313，5）。

盆 1件。

标本H122④：4，泥质灰陶。敞口，圆唇，弧腹，底残。器表及内壁素面磨光。残高4.8、残宽8.2厘米（图4-313，6）。

（4）H122⑥层

出土少量陶片，以腹部残片为主，可辨器形有圆腹罐、单耳罐、盆（表4-460、461）。

表4-460 H122⑥层器形数量统计表

器形＼陶色（陶质）	泥质				夹砂				合计
	红	橙黄	灰	黑	红	橙黄	灰	黑	
圆腹罐						2			2
单耳罐	1								1
盆	1								1

表4-461 H122⑥层陶片统计表

纹饰＼陶色（陶质）	泥质				夹砂				合计
	橙黄	灰	红	灰底黑彩	橙黄	灰	红	褐	
素面	13				1				14
绳纹	2								2
篮纹	7				3				10
麻点纹					12				12
戳印纹					1				1
交错篮纹					1				1
麻点纹+篮纹					1				1
刻划纹					3				3

圆腹罐 2件。

标本H122⑥：1，夹砂橙黄陶。侈口，尖唇，高领，束颈，上腹斜弧，下腹残。颈部饰横向篮纹，上腹部饰麻点纹，颈腹间有一附加泥饼。口径16.4、残高8.4厘米（图4-313，7）。

标本H122⑥：2，夹砂橙黄陶。侈口，圆唇，矮领，束颈，上腹斜，下腹残。口沿下饰横向篮纹，颈部饰长约2厘米的竖向附加泥条，泥条之上饰戳印纹，上腹饰麻点纹。口径13.6、残高7.9厘米（图4-313，8）。

单耳罐 1件。

标本H122⑥：3，泥质红陶。侈口，圆唇，矮领，束颈，颈部以下残。拱形单耳，素面。残高5.4、残宽5.6厘米（图4-313，9）。

盆　1件。

标本H122⑥：4，泥质红陶。敞口，圆唇，斜直腹，底残。口沿外侧有一周折棱，腹部饰斜向篮纹。口径19.8、残高7.6厘米（图4-313，10）。

118. H124

H124位于ⅢT1101东北角，开口于第③层下（图4-314）。平面近矩形，口部边缘形态明显、底部边缘形态较明显，剖面呈筒状，斜弧壁，未见工具痕迹，坑底平整。坑口南北1.65～2.06、东西1.25、坑底东西0.98、深0.76米。坑内堆积未分层，土色浅灰色，土质疏松，水平状堆积。

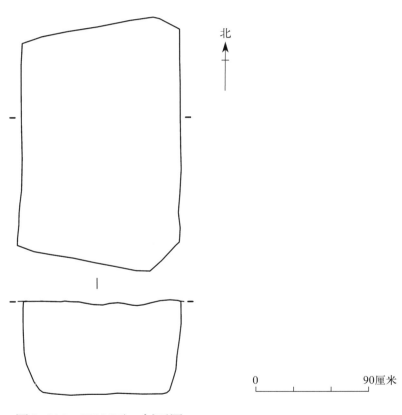

北

0　　　　　　　90厘米

图4-314　H124平、剖面图

坑内出土少量陶片，以腹部残片为主，可辨器形有折腹罐，另出土石刀1件（表4-462、463）。

表4-462　H124器形数量统计表

器形 ＼ 陶质 陶色	泥质				夹砂				合计
	红	橙黄	灰	黑	红	橙黄	灰	黑	
折腹罐	1								1

表4-463　H124陶片统计表

纹饰 ＼ 陶质 陶色	泥质				夹砂				合计
	橙黄	灰	红	灰底黑彩	橙黄	灰	红	褐	
素面	21	1	2		4				28
绳纹					11				11
篮纹	11		1						12
麻点纹					14				14

折腹罐　1件。

标本H124①：2，泥质红陶。折腹，上腹残，平底微凹，素面。底径3.2、残高2.6厘米（图4-315，1）。

石刀　1件。

标本H124①：1，片岩。长方形，两面磨制平整，四个边缘均有打制豁口，其中一边打制成刃部，器身中间有一钻孔痕迹。刃残长7.6厘米，刃角76°，器身长8.2、宽5.3、厚0.6厘米（图4-315，2；彩版一三七，1）。

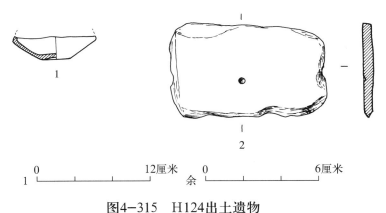

图4-315　H124出土遗物
1.折腹罐H124①：2　2.石刀H124①：1

119. H125

H125位于ⅢT1106东北部，开口于第④层下（图4-316）。平面呈椭圆形，口部边缘形态明显，底部边缘形态较明显，剖面呈筒状，弧壁，未见工具痕迹，坑底平整。坑口南北1.2、东西1、坑底东西0.93、深0.6米。坑内堆积可分三层，第①层厚0.15～0.18米，土色浅灰色，土质疏松，包含植物根茎、石块、兽骨，水平状堆积。第②层厚0.20～0.30米，土色褐色，土质疏松，包含炭粒、红烧土颗粒、兽骨，水平状堆积。第③层厚0.15～0.20米，土色黑色，土质致密，包含白灰皮、炭粒，水平状堆积。

坑内出土较多陶片，以腹部残片为主，可辨器形有圆腹罐、单耳罐、高领罐、盆、陶杯、罐腹底（表4-464～468），另出土石刀、石凿各1件。

圆腹罐　2件。

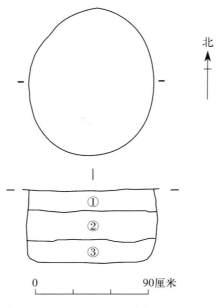

图4-316　H125平、剖面图

表4-464　H125①层陶片统计表

纹饰＼陶质陶色	泥质				夹砂				合计
	橙黄	灰	红	灰底黑彩	橙黄	灰	红	褐	
素面	33	1	5		7				46
绳纹	2	1			9				12
篮纹	19	2			6				27
麻点纹					28				28
刻划纹	1								1
篮纹＋麻点纹					1				1

表4-465　H125②层器形数量统计表

器形＼陶质陶色	泥质				夹砂				合计
	红	橙黄	灰	黑	红	橙黄	灰	黑	
圆腹罐					1		1		2
高领罐	1								1
单耳罐	1								1
盆	1								1
杯					1				1
罐腹底	1								1

标本H125②：3，夹砂红陶。侈口，圆唇，矮领，束颈，上腹斜弧，下腹残。颈部饰横向篮纹，上腹饰麻点纹，有烟炱。残高10、残宽8.8厘米（图4-317，1）。

表4-466 H125②层陶片统计表

纹饰 \ 陶色（陶质）	泥质				夹砂				合计
	橙黄	灰	红	灰底黑彩	橙黄	灰	红	褐	
素面	3	1			1				5
篮纹	4				2				6
麻点纹					4				4
篮纹＋绳纹	1								1

表4-467 H125③层陶片统计表

纹饰 \ 陶色（陶质）	泥质				夹砂				合计
	橙黄	灰	红	灰底黑彩	橙黄	灰	红	褐	
素面	2		1		4				7
篮纹	1				1				2
麻点纹					8				8

表4-468 H125⑤层陶片统计表

纹饰 \ 陶色（陶质）	泥质				夹砂				合计
	橙黄	灰	红	灰底黑彩	橙黄	灰	红	褐	
素面	28	4	13		8	1			54
绳纹	4	1			10				15
篮纹	11	5	8		6				30
麻点纹					44				44
刻划纹	1								1
篮纹＋麻点纹					1				1

标本H125②：8，夹砂灰陶。侈口，圆唇，矮领，束颈，颈部以下残。颈部素面且有刮抹痕迹。残高3.9、残宽6.4厘米（图4-317，2）。

单耳罐 1件。

标本H125②：7，泥质红陶。侈口，圆唇，高领，束颈，上鼓腹，下腹残。拱形单耳，颈部饰横向绳纹，腹部饰竖向绳纹。残高8.2、残宽7.2厘米（图4-317，3）。

高领罐 1件。

标本H125②：4，泥质红陶。喇叭口，圆唇，高领，束颈，颈部以下残。口沿外侧有一周折棱，颈部素面。口径13.6、残高7.8厘米（图4-317，4）。

盆 1件。

标本H125②：9，泥质红陶。敞口，斜平沿，圆唇，斜直腹，底残。口沿外侧有一周折棱，器表素面，内壁素面磨光。残高4.3、残宽4.9厘米（图4-317，5；彩版一三七，2）。

陶杯 1件。

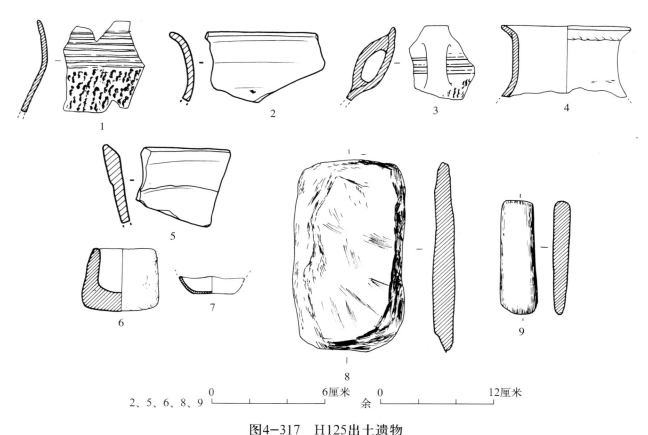

图4-317　H125出土遗物

1、2.圆腹罐H125②：3、8　3.单耳罐H125②：7　4.高领罐H125②：4　5.盆H125②：9　6.陶杯H125②：1　7.罐腹底 H125②：5　8.石刀H125②：2　9.石凿H125②：6

标本H125②：1，夹砂红陶。直口，圆唇，斜直腹，微弧底。器表素面且凹凸不平，有烟炱。口径3.2、高3.4、底径3.8厘米（图4-317，6；彩版一三七，3）。

罐腹底　1件。

标本H125②：5，泥质红陶。上腹残，下腹斜弧，平底。素面。残高1.8、底径4.2厘米（图4-317，7）。

石凿　1件。

标本H125②：6，石英岩。器体呈长条状，器表磨制痕迹明显，基部平整，中腰至刃部渐收磨成刃部，双面磨刃，刃部圆钝，器身长6.2、宽2、厚0.9厘米（图4-317，9）。

石刀　1件。

标本H125②：2，石英岩。器体呈长方形，器身打磨痕迹明显，平基部，一边缘打制后粗磨似刃部，表面一面略粗磨。器身长10.4、宽5.7、厚1.2厘米（图4-317，8；彩版一三七，4）。

120. H126

H126位于ⅢT1106西北部，开口于第④层下，被H139打破（图4-318）。平面近圆形，口部边缘形态明显，底部边缘形态不明显，剖面呈筒状，直壁，未见工具痕迹，凹底。坑口南北1.32、东西0.87、坑底东西1.17、深0.42米。坑内堆积可分两层，第①层厚0.20米，土色褐色，土质疏松，包含白灰皮、炭粒、红烧土颗粒，水平状堆积。第②层厚0.15～0.18米，土色浅黄色，土质致密，包含硬土块、石块，坡状堆积。

坑内出土少量陶片，出土石镞1件。陶片以陶器腹部残片为主，无可辨器形标本，所以不具体介绍，只进行陶系统计（表4-469、470）。

表4-469 H126①层陶片统计表

纹饰 \ 陶色	泥质				夹砂				合计
	橙黄	灰	红	灰底黑彩	橙黄	灰	红	褐	
素面	3								3
麻点纹					3				3
交错篮纹					1				1

表4-470 H126②层陶片统计表

纹饰 \ 陶色	泥质				夹砂				合计
	橙黄	灰	红	灰底黑彩	橙黄	灰	红	褐	
麻点纹					5				5

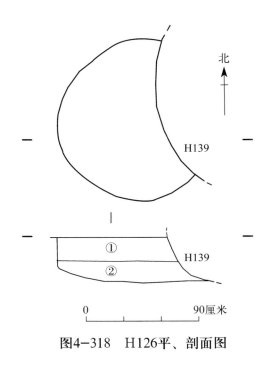

图4-318 H126平、剖面图

图4-319 H126出土石镞H126②：1

石镞 1件。

标本H126②：1，页岩。器体呈扁三角形，两侧边缘均为双面磨刃部，较为锋利，尖部残，尾端平整。长2.9、宽1.7、厚0.3厘米（图4-319；彩版一三七，5）。

121. H127

H127 位于Ⅲ T1101 西北角，开口于第③层下（图 4-320；彩版一三八，1）。平面呈椭圆形，口部边缘形态明显，底部边缘形态明显，剖面呈袋状，斜弧壁，未见工具痕迹，坑底西低东高呈坡状。坑口南北 1.40、东西 1.14、坑底东西 1.76、深 0.94 米。坑内堆积未分层，土色浅灰色，土质疏松，包含红烧土块、炭粒、白灰皮，坡状堆积。

坑内出土少量陶片，以腹部残片为主，可辨器形有圆腹罐、大口罐、盆、陶杯（表 4-471、472），另出土骨器 1 件。

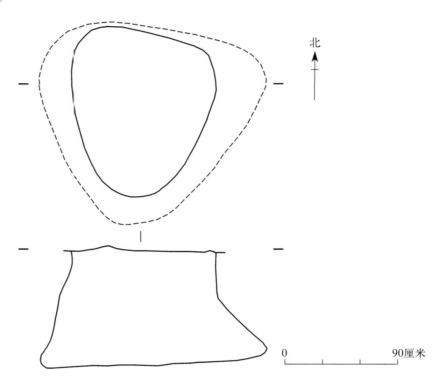

图4-320　H127平、剖面图

表4-471　H127器形数量统计表

器形 \ 陶色 \ 陶质	泥质				夹砂				合计
	红	橙黄	灰	黑	红	橙黄	灰	黑	
圆腹罐					1	1			2
大口罐						1			1
盆	1								1
陶杯		1							1

表4-472　H127陶片统计表

纹饰 \ 陶色 \ 陶质	泥质				夹砂				合计
	橙黄	灰	红	灰底黑彩	橙黄	灰	红	褐	
素面	22	2			16				40

续表

纹饰　＼　陶质	泥质				夹砂				合计
陶色	橙黄	灰	红	灰底黑彩	橙黄	灰	红	褐	
绳纹					5				5
篮纹	52	2			5				59
麻点纹					43		1		44
席纹					1				1
交错篮纹			2						2

圆腹罐　2件。

标本H127：2，夹砂红陶。侈口，圆唇，矮领，束颈，上腹圆，下腹残。颈部素面，上腹饰麻点纹。口径12、残高6.6厘米（图4-321，1）。

标本H127：4，夹砂橙黄陶。口沿及下腹残。微束颈，上腹弧，颈部素面，上腹饰竖向绳纹。残高7.4、残宽8厘米（图4-321，2）。

大口罐　1件。

标本H127：3，夹砂红陶。微敛口，方唇，上腹微弧，下腹残。口沿外侧有一周折棱，器表通体饰麻点纹。残高4、残宽7.2厘米（图4-321，3）。

盆　1件。

标本H127：5，泥质红陶。敞口，圆唇，斜直腹，底残。口沿外侧有一周折棱，腹部饰斜向篮纹，内壁素面磨光。残高2.6、残宽7.4厘米（图4-321，4）。

陶杯　1件。

标本H127：1，泥质橙黄陶。直口，方唇，直腹，平底。器体呈方柱状，底部有修整刮抹痕迹，素面，有烟炱。口径3.4、高3.3、底径3.5厘米（图4-321，5；彩版一三八，2）。

骨器　1件。

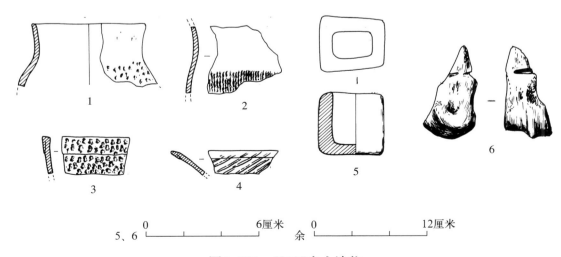

0　　　　　　6厘米　　　0　　　　　　12厘米
5、6　└──┴──┘　　余　└──┴──┘

图4-321　H127出土遗物

1、2.圆腹罐H127：2、4　3.大口罐H127：3　4.盆H127：5　5.陶杯H127：1　6.骨器H127：6

标本H127：6，动物肢骨关节部位，整体近锥状，一端磨制尖锐，近尖端有磨制凹槽，器身长5.1、宽2.7厘米（图4-321，6）。

122. H128

H128位于ⅢT1102南部，开口于第③层下，被H107打破（图4-322；彩版一三八，3）。根据遗迹现存部分推测H128平面近椭圆形，口部边缘形态明显，底部边缘形态较明显，剖面呈倒梯状，斜弧壁，未见工具痕迹，坑底平整。坑口东西2.10、南北1.16、坑底东西1.73、南北0.94、深0.54米。坑内堆积未分层，土色灰色，土质疏松，包含炭粒、红烧土颗粒、白灰皮、兽骨，水平状堆积。

坑内出土少量陶片，出土陶器陶纺轮1件（表4-473）。

表4-473　H128陶片统计表

纹饰 \ 陶色 \ 陶质	泥质				夹砂				合计
	橙黄	灰	红	灰底黑彩	橙黄	灰	红	褐	
素面	15	2			1				18
绳纹					5				5
篮纹	5				10				15
麻点纹					19				19
附加堆纹 + 麻点纹					1				1

陶纺轮　1件。

标本H128：1，夹砂红陶。整体略呈椭圆形，顶部有一圆孔，内空，平底素面。高5.8、底径3.2厘米（图4-323；彩版一三八，4）。

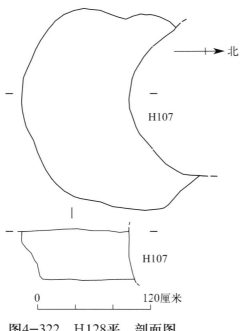

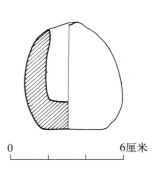

图4-322　H128平、剖面图　　　　　图4-323　H128出土陶纺轮H128：1

123. H130

H130 位于ⅢT1103 东北角,开口于第③层下(图 4-324;彩版一三九,1)。平面呈椭圆形,口部边缘形态明显,底部边缘形态明显,剖面呈袋状,斜弧壁,未见工具痕迹,坑底高低不平。坑口南北 1.84、东西 2.00、坑底南北 2.60、深 1.90~2.17 米。坑内堆积可分十一层,第①层厚 0.27~0.53 米,土色浅灰色,土质疏松,包含植物根茎、硬土块、炭粒、红烧土颗粒、石块、兽骨,坡状堆积。第②层厚 0~0.12 米,土色浅黄色,土质致密,包含植物根茎、炭粒、石块、兽骨等,凹镜状堆积。第③层厚 0.12~0.27 米,土色褐色,土质疏松,包含植物根茎、硬土块、炭粒、红烧土颗粒,凹镜状堆积。第④层厚 0~0.07 米,土色褐色,土质疏松,包含炭粒、红烧土

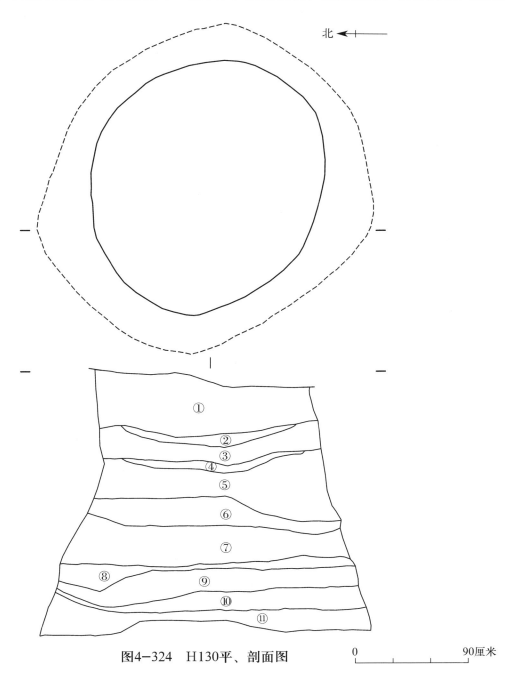

图4-324 H130平、剖面图

0　　　　　　　　　90厘米

颗粒，凹镜状堆积。第⑤层厚 0.19～0.59 米，土色浅褐色，土质疏松，包含炭粒，不规则状堆积。第⑥层厚 0.06～0.24 米，土色灰黄色，土质疏松，坡状堆积。包含炭粒、红烧土颗粒，坡状堆积。第⑦层厚 0.18～0.42 米，土色浅灰色，土质疏松，白灰皮、炭粒、红烧土颗粒、石块、兽骨，坡状堆积。第⑧层厚 0.03～0.22 米，土色褐色，土质致密，包含炭粒、红烧土颗粒，不规则状堆积。第⑨层厚 0.06～0.26 米，土色浅黄色，土质疏松，包含白灰皮、炭粒，不规则状堆积。第⑩层厚 0.04～0.18 米，土色浅灰色，土质疏松，包含炭粒，坡状堆积。第⑪层厚 0.06～0.35 米，土色深灰色，土质致密，包含炭粒、兽骨，凸镜状堆积。

坑内出土大量陶片。

（1）H130①层

出土少量陶片，以腹部残片为主，可辨器形有圆腹罐，另出土石刀 1 件（表 4-474、475）。

表4-474　H130①层器形数量统计表

器形＼陶质 陶色	泥质				夹砂				合计
	红	橙黄	灰	黑	红	橙黄	灰	黑	
圆腹罐	1								1

表4-475　H130①层陶片统计表

纹饰＼陶质 陶色	泥质				夹砂				合计
	橙黄	灰	红	白	橙黄	灰	红	褐	
素面	24	6	4	1	29				64
绳纹		1			5				6
篮纹	27	1			7				35
麻点纹					50				50

圆腹罐　1 件。

标本H130①：2，泥质红陶。侈口，尖唇，高领，束颈，颈部以下残。颈部素面磨光。残高 6.2、残宽 10 厘米（图 4-325，1）。

石刀　1 件。

标本H130①：1，页岩。一半残，近正方形，做工较规整，器身磨制痕迹明显，平基部，双面磨刃，中间有一钻孔。外孔 0.7、内孔 0.4 厘米。刃残长 4.3、器身残长 4.5、宽 4.7、厚 0.3 厘米（图 4-325，2；彩版一三九，2）。

（2）H130②层

出土少量陶片，以腹部残片为三，可辨器形有单耳罐（表 4-476、477）。

表4-476　H130②层器形数量统计表

器形＼陶质 陶色	泥质				夹砂				合计
	红	橙黄	灰	黑	红	橙黄	灰	黑	
单耳罐						1			1

表4-477 H130②层陶片统计表

纹饰 \ 陶色 \ 陶质	泥质				夹砂				合计
	橙黄	灰	红	灰底黑彩	橙黄	灰	红	褐	
绳纹					1				1
篮纹					4				4
麻点纹					1				1

单耳罐 1件。

标本H130②：1，夹砂橙黄陶。侈口，圆唇，矮领，束颈，鼓腹，底残。连口拱形双耳。耳面上下有两个附加泥饼，颈部素面，腹部饰交错刻划纹。口径9.6、残高7.2厘米（图4-325，3）。

(3) H130③层

出土陶片见下表（表4-478）。

表4-478 H130③层陶片统计表

纹饰 \ 陶色 \ 陶质	泥质				夹砂				合计
	橙黄	灰	红	灰底黑彩	橙黄	灰	红	褐	
素面	1	2			3				6
篮纹	3	1			1				5
麻点纹					9				9
戳印纹					1				1
附加堆纹					1				1

(4) H130④层

出土陶片见下表（表4-479）。

表4-479 H130④层陶片统计表

纹饰 \ 陶色 \ 陶质	泥质				夹砂				合计
	橙黄	灰	红	灰底黑彩	橙黄	灰	红	褐	
素面	1		1						2
篮纹		1	1						2
麻点纹					1				1

(5) H130⑤层

出土少量陶片，以腹部残片为主，可辨器形有圆腹罐、鸮面罐（表4-480、481）。

表4-480 H130⑤层器形数量统计表

器形 \ 陶色 \ 陶质	泥质				夹砂				合计
	红	橙黄	灰	黑	红	橙黄	灰	黑	
圆腹罐					1	1			2
鸮面罐							1		1

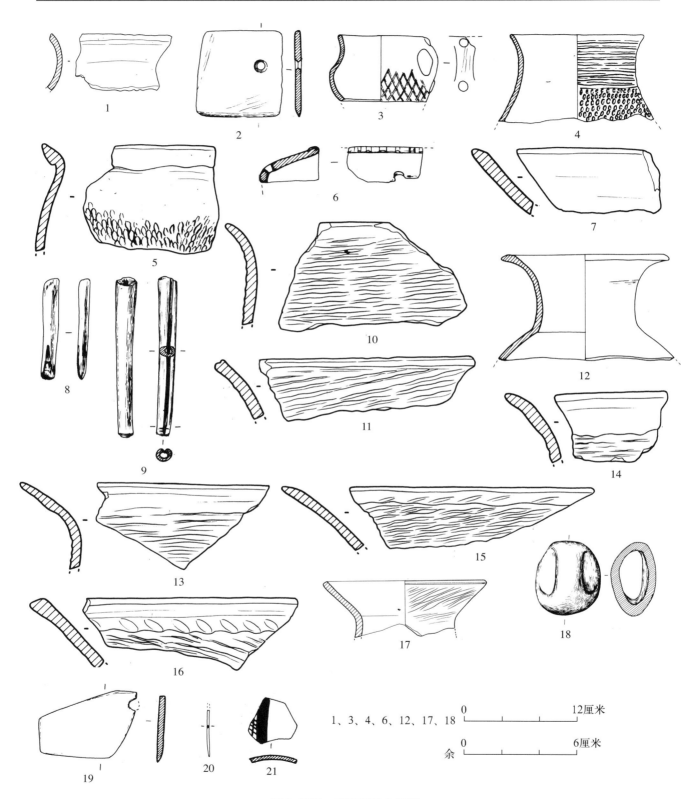

图4-325　H130出土遗物

1、4、5、10、11.圆腹罐H130①：2、H130⑤：1、3、H130⑦：6、8　2.石刀H130①：1　3.单耳罐H130②：1　6.鸮面罐H130⑤：2　7、15、16.盆H130⑥：3、H130⑦：9、10　8.骨锥H130⑥：2　9.骨器H130⑥：1　12～14.高领罐H130⑦：3、7、11　17.豆H130⑦：5　18.陶拍H130⑦：4　19.陶刀H130⑦：2　20.骨针H130⑦：1　21.彩陶片H130⑧：1

表4-481 H130⑤层陶片统计表

	泥质				夹砂				合计
	橙黄	灰	红	灰底黑彩	橙黄	灰	红	褐	
素面	15	1		3					19
篮纹	14				7				21
麻点纹					25		1		26

圆腹罐 2件。

标本H130⑤：1，夹砂红陶。侈口，圆唇，高领，束颈，上腹斜弧，下腹残。颈部饰横向篮纹，上腹部饰麻点纹。口径14.2、残高9.6厘米（图4-325，4）。

标本H130⑤：3，夹砂橙黄陶。侈口，圆唇，矮领，束颈，上腹圆，下腹残。腹部饰麻点纹，有烟炱。残高6、残宽7.2厘米（图4-325，5）。

鸮面罐 1件。

标本H130⑤：2，夹砂灰陶。敛口，圆唇，斜弧面，腹部残，口沿外侧饰一周附加泥条呈凸棱状，器身有残孔，素面。残高3.8、残宽8厘米（图4-325，6）。

（6）H130⑥层

出土少量陶片，以腹部残片为主，可辨器形有盆，另出土骨锥、骨器各1件（表4-482、483）。

表4-482 H130⑥层器形数量统计表

器形	陶质 陶色	泥质				夹砂				合计
		红	橙黄	灰	黑	红	橙黄	灰	黑	
盆				1						1

表4-483 H130⑥层陶片统计表

	泥质				夹砂				合计
	橙黄	灰	红	灰底黑彩	橙黄	灰	红	褐	
素面	13	2							15
篮纹		3			7				10
麻点纹					18				18
篮纹＋麻点纹					3		3		6

盆 1件。

标本H130⑥：3，泥质灰陶。敞口，圆唇，弧腹，底残。素面磨光。残高3.5、残宽7.6厘米（图4-325，7）。

骨锥 1件。

标本H130⑥：2，动物骨骼磨制而成，尾端圆弧，中腰至尖部渐收磨成尖。长5.5、宽0.8、厚0.6厘米（图4-325，8）。

骨器　1件。

标本H130⑥：1，动物肢骨，呈管状，器表有磨痕。残长8.7、直径1.1厘米（图4-325，9）。

（7）H130⑦层

出土少量陶片，以腹部残片为主，可辨器形有圆腹罐、高领罐、盆、豆、陶拍，另出土陶刀、骨针各1件（表4-484、485）。

表4-484　H130⑦层器形数量统计表

器形 \ 陶色 \ 陶质	泥质				夹砂				合计
	红	橙黄	灰	褐	红	橙黄	灰	黑	
圆腹罐					1	1			2
高领罐	1	1		1					3
盆		1	1						2
豆	1								1

表4-485　H130⑦层陶片统计表

纹饰 \ 陶色 \ 陶质	泥质				夹砂				合计
	橙黄	灰	红	灰底黑彩	橙黄	灰	红	褐	
素面	54	10	9		14				87
绳纹					3		1		4
篮纹	31	3	14		23		15		86
麻点纹					96				96
篮纹＋麻点纹					2				2

圆腹罐　2件。

标本H130⑦：6，夹砂红陶。侈口，圆唇，矮领，束颈，上腹斜弧，下腹残。器表饰横向篮纹。残高6、残宽10.1厘米（图4-325，10）。

标本H130⑦：8，夹砂橙黄陶。侈口，方唇，口沿以下残。唇面有一道凹槽，口沿下饰横向篮纹。残高3.4、残宽11.4厘米（图4-325，11）。

高领罐　3件。

标本H130⑦：3，泥质红陶。喇叭口，沿外翻，圆唇，高领，束颈，溜肩，腹部残，素面。口径17.8、残高11.4厘米（图4-325，12）。

标本H130⑦：7，泥质橙黄陶。喇叭口，圆唇，高领，束颈，颈部以下残。口沿下有一周折棱，颈部饰横向篮纹，内壁素面磨光。残高4.7、残宽9厘米（图4-325，13）。

标本H130⑦：11，泥质褐陶。喇叭口，圆唇，高领，束颈，颈部以下残。口沿外侧有一周折棱，颈部饰横向篮纹，内壁素面磨光。残高3.7、残宽6厘米（图4-325，14）。

盆　2件。

标本H130⑦：9，泥质橙黄陶。敞口，圆唇，斜腹，底残。口沿外侧有一周折棱，腹部饰斜向篮纹，内壁素面磨光。残高3.2、残宽12.9厘米（图4-325，15）。

标本H130⑦：10，泥质灰陶。敞口，方唇，斜腹，底残。口沿外侧有一周折棱，腹部饰横向篮纹，内壁素面磨光。残高3.8、残宽11.3厘米（图4-325，16）。

豆　1件。

标本H130⑦：5，泥质红陶。豆座部分，高圈空心足，方唇，器表饰斜向篮纹。底径17.1、残高6厘米（图4-325，17）。

陶拍　1件。

标本H130⑦：4，泥质橙黄陶。拍面圆弧且光滑，器身通体素面磨光，拱形把手。器身长8.2、宽6.9、高4.8厘米（图4-325，18；彩版一三九，3）。

陶刀　1件。

标本H130⑦：2，残损，泥质橙黄陶。单面磨刃，残断处有残孔。素面。残长5.2、残宽3.6厘米（图4-325，19）。

骨针　1件。

标本H130⑦：1，米黄色，呈细圆柱状，尾端残，尖端磨制尖锐。残长2.5厘米（图4-325，20）。

（8）H130⑧层

出土少量陶片，以腹部残片为主。H130⑧层挑选陶器标本彩陶片1件（表4-486）。

表4-486　H130⑧层陶片统计表

纹饰 ＼ 陶质 陶色	泥质				夹砂				合计
	橙黄	灰	红	白	橙黄	灰	红	褐	
素面	13		1	2	14				30
绳纹					14				14
篮纹			3		5				8
麻点纹					10				10
戳印纹＋麻点纹					1				1

彩陶片　1件。

标本H130⑧：1，泥质橙黄陶。素面磨光，器表饰宽条形与网格黑彩。残长2.5、残宽2.5厘米（图4-325，21）。

（9）H130⑨层

出土少量陶片，以腹部残片为主，可辨器形有圆腹罐、单耳罐、高领罐、敛口罐、盆，另出土石刀2件、骨锥1件（表4-487、488）。

圆腹罐　4件。

标本H130⑨：5，夹砂灰陶。侈口，尖唇，高领，束颈，上腹斜，下腹残。颈、腹饰横向篮纹，有烟炱。残高7.3、残宽8厘米（图4-326，1）。

标本H130⑨：10，夹砂红陶。侈口，方唇，高领，束颈，颈部以下残。口沿外侧有一周折棱，颈部饰横向绳纹，有烟炱。残高6.8、残宽8.8厘米（图4-326，2）。

标本H130⑨：11，泥质橙黄陶。侈口，尖唇，矮领，束颈，上腹圆，下腹残。器表素面磨光。残高6、残宽7.3厘米（图4-326，3）。

标本H130⑨：12，泥质橙黄陶。侈口，圆唇，矮领，束颈，上鼓腹，下腹残。器表素面磨光。残高5.5、残宽7.3厘米（图4-326，4）。

表4-487　H130⑨层器形数量统计表

器形 \ 陶质陶色	泥质				夹砂				合计
	红	橙黄	灰	黑	红	橙黄	灰	黑	
圆腹罐		2			1		1		4
单耳罐	1								1
高领罐			1						1
敛口罐					1	1			2
盆	1	1							2

表4-488　H130⑨层陶片统计表

纹饰 \ 陶质陶色	泥质				夹砂				合计
	橙黄	灰	红	灰底黑彩	橙黄	灰	红	褐	
素面	46	15	19		14				94
绳纹					1		6		7
篮纹	45	6	10		26		2		89
麻点纹					104				104
戳印纹					1				1
篮纹＋麻点纹					1				1

单耳罐　1件。

标本H130⑨：13，泥质红陶。侈口，尖唇，高领，束颈，上腹圆，下腹残。连口拱形双耳，耳面上饰篮纹。器表素面磨光。残高5.6、残宽4.5厘米（图4-326，5）。

高领罐　1件。

标本H130⑨：6，泥质灰陶。喇叭口，平沿，圆唇，高领，束颈，颈部以下残。口沿外侧有一周折棱，颈部素面磨光。口径12.4、残高7.1厘米（图4-326，6）。

敛口罐　2件。

标本H130⑨：4，夹砂红陶。敛口，方唇，上腹圆，下腹残。口沿外侧饰有刻划纹，腹部饰麻点纹，有烟炱。残高4.4、残宽8.6厘米（图4-326，7）。

标本H130⑨：7，夹砂橙黄陶。敛口，方唇，上腹圆，下腹残。上腹饰麻点纹，有烟炱。残高4.4、残宽8.5厘米（图4-326，8）。

盆　2件。

标本H130⑨：8，泥质红陶。敞口，方唇，斜直腹，底残。口沿外侧有一周折棱，腹部饰斜向篮纹，内壁素面磨光。残高5.9、残宽8.7厘米（图4-326，9）。

标本H130⑨：9，泥质橙黄陶。敞口，圆唇，斜直腹，底残。口沿外侧有一周折棱，器表

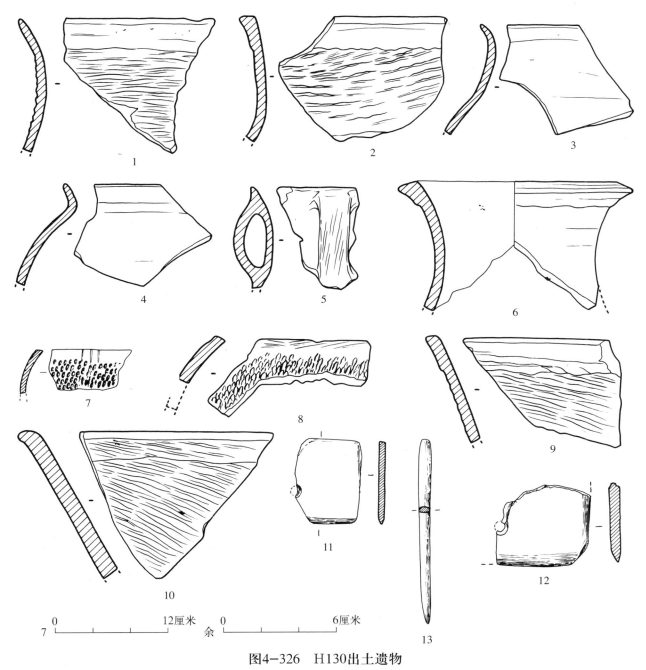

图4-326　H130出土遗物

1～4.圆腹罐H130⑨：5、10、11、12　5.单耳罐H130⑨：13　6.高领罐H130⑨：6　7、8.敛口罐H130⑨：4、7　9、10.盆 H130⑨：8、9　11、12.石刀H130⑨：2、3　13.骨锥H130⑨：1

通体饰斜向篮纹，腹部泥条盘筑痕迹明显，内壁素面磨光。残高8、残宽10.2厘米（图4-326，10）。

石刀　2件。

标本H130⑨：2，石英岩。一半残，平基部，双面磨刃，残断处有一残孔。刃残长2.6厘米，刃角56.7°，器身残长3.5、宽4.6、厚0.3厘米（图4-326，11）。

标本H130⑨：3，残损，灰岩。基部残，双面磨刃，残断处有一残孔。刃残长4.5厘米，刃角 48.3°，器身残长 4.8、残宽 4.5、厚 0.5 厘米（图 4-326，12）。

骨锥　1 件。

标本 H130⑨：1，动物骨骼磨制而成，截断面呈椭圆形，柄部圆弧，尖端磨制尖锐。长 10、宽 0.7、厚 0.3 厘米（图 4-326，13）。

（10）H130⑩层

出土少量陶片，以腹部残片为主，可辨器形有高领罐，另出土石凿，骨针各 1 件。H130⑩层挑选陶器标本高领罐 1 件，出土骨针 1 件、骨器 1 件，石凿 1 件（表 4-489、490）。

表4-489　H130⑩层器形数量统计表

陶质 陶色 器形	泥质				夹砂				合计
	红	橙黄	灰	黑	红	橙黄	灰	黑	
高领罐	1								1

表4-490　H130⑩层陶片统计表

陶质 陶色 纹饰	泥质				夹砂				合计
	橙黄	灰	红	灰底黑彩	橙黄	灰	红	褐	
素面	17	1	4		3				25
篮纹	13								13
麻点纹					20				20
篮纹＋麻点纹					7				7
交错篮纹			1						1
交错绳纹	1								1

高领罐　1 件。

标本 H130⑩：4，泥质红陶。喇叭口，窄平沿，尖唇，高领，束颈，颈部以下残。口沿下饰斜向篮纹且有一周折棱，颈部素面。口径 20.2、残高 7.6 厘米（图 4-327，1）。

石凿　1 件。

标本 H130⑩：3，石英岩。黑色，器体呈长条状，器表磨制痕迹明显，基部平整，中腰至刃部渐收磨成刃部，双面磨刃。刃长 1.5、器身长 5.7、宽 2.2、厚 1.5 厘米（图 4-327，4；彩版一三九，5）。

骨针　1 件。

标本 H130⑩：2，米黄色，呈细圆柱状，圆形针孔，中腰至针尖渐收磨制尖锐。长 4 厘米（图 4-327，2；彩版一三九，4）。

骨器　1 件。

标本 H130⑩：1，动物肢骨磨制而成，长条扁平状，截断面呈椭圆形，器表粗磨。残长 10.4、宽 1、厚 0.4 厘米（图 4-327，3）。

（11）H130⑪层

出土少量陶片，以腹部残片为主，可辨器形有圆腹罐。H130⑪层挑选陶器标本圆腹罐 3 件（表 4-491、492）。

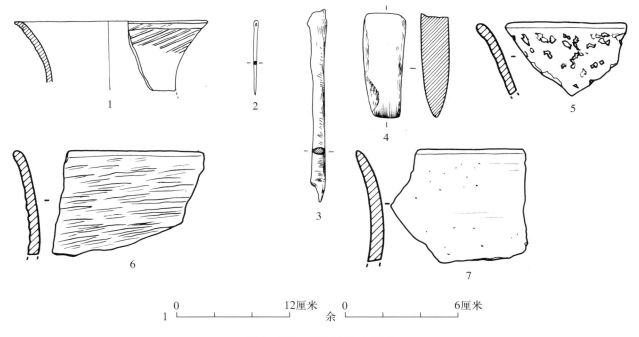

图4-327　H130出土遗物

1.高领罐H130⑩：4　2.骨针H130⑩：2　3.骨器H130⑩：1　4.石凿H130⑩：3　5～7.圆腹罐H130⑪：1～3

表4-491　H130⑪层器形数量统计表

陶色 器形	陶质 泥质				夹砂				合计
	红	橙黄	灰	黑	红	橙黄	灰	黑	
圆腹罐						3			3

表4-492　H130⑪层陶片统计表

陶色 纹饰	陶质 泥质				夹砂				合计
	橙黄	灰	红	灰底黑彩	橙黄	灰	红	褐	
素面	6				1				7
篮纹	5				2				7
麻点纹					6				6
篮纹＋麻点纹					3				3

圆腹罐　3件。

标本H130⑪：1，夹砂橙黄陶。侈口，圆唇，矮领，束颈，颈部以下残。颈部饰麻点纹，有烟炱。残高4、残宽6.5厘米（图4-327，5）。

标本H130⑪：2，夹砂橙黄陶。侈口，圆唇，高领，束颈，颈部以下残。颈部饰横向篮纹。残高5.8、残宽8.2厘米（图4-327，6）。

标本H130⑪：3，夹砂橙黄陶。侈口，尖唇，高领，束颈，颈部以下残。颈部素面。残高6.1、残宽7.2厘米（图4-327，7）。

（12）H130⑫层

出土陶片见下表（表4-493）。

表4-493 H130⑫层陶片统计表

纹饰 \ 陶色	泥质				夹砂				合计
	橙黄	灰	红	灰底黑彩	橙黄	灰	红	褐	
素面	1								1
麻点纹					2				2

124. H131

H131分布于ⅢT1102、ⅢT1103、ⅢT1202、ⅢT1203四个探方，开口于第③层下，被H114、H128打破（图4-328；彩版一四〇，1）。平面呈不规则状，口部边缘形态明显，底部边缘形态不明显，剖面近筒状，斜弧壁，未见工具痕迹，坑底高低不平。坑口南北4.8、东西3.72、坑底

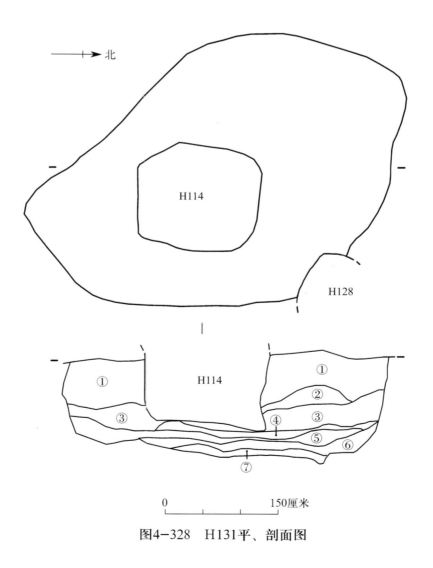

图4-328 H131平、剖面图

南北 2.82、深 0.94～1.56 米。坑内堆积可分七层，第①层厚 0.48～0.70 米，土色浅灰色，土质疏松，包含炭粒、红烧土颗粒，坡状堆积。第②层厚 0～0.26 米，土色褐色，土质疏松，包含炭粒、红烧土颗粒、兽骨，凸镜状堆积。第③层厚 0.14～0.42 米，土色褐色，土质疏松，包含炭粒、红烧土颗粒、石块，不规则状堆积。第④层厚 0.02～0.13 米，土色浅灰色，土质疏松，包含炭粒、红烧土颗粒、石块，坡状堆积。第⑤层厚 0.04～0.3 米，土色黄色，土质疏松，包含炭粒、红烧土颗粒、石块，坡状堆积。第⑥层厚 0.06～0.20 米，土色浅灰色，土质疏松，包含炭粒、红烧土颗粒、石块，坡状堆积。第⑦层厚 0.04～0.14 米，土色深褐色，土质疏松，包含炭粒、红烧土颗粒、石块，坡状堆积。

坑内出土大量陶片。

（1）H131①层

出土少量陶片，以腹部残片为主，可辨器形有圆腹罐、高领罐、盆，另出土骨匕 1 件（表 4-494、495）。

表4-494　H131①层器形数量统计表

陶质 陶色 器形	泥质				夹砂				合计
	红	橙黄	灰	黑	红	橙黄	灰	黑	
圆腹罐		1			1	3			5
高领罐		1	1						2
盆			1						1

表4-495　H131①层陶片统计表

陶质 陶色 纹饰	泥质				夹砂				合计
	橙黄	灰	红	灰底黑彩	橙黄	灰	红	褐	
素面	52	6			33				91
篮纹	35				6				41
麻点纹					52				52

圆腹罐　5件。

标本H131①：4，夹砂橙黄陶。侈口，圆唇，高领，束颈，颈部以下残。颈部饰横向篮纹。残高 5.4、残宽 7.7 厘米（图 4-329，1）。

标本H131①：5，夹砂红陶。侈口，圆唇，矮领，束颈，上腹圆弧，下腹残。颈部饰横向篮纹，有烟炱。残高 5.1、残宽 4.8 厘米（图 4-329，2）。

标本H131①：6，夹砂橙黄陶。侈口，圆唇，高领，束颈，颈部以下残。颈部饰横向篮纹。残高 4.6、残宽 10 厘米（图 4-329，3）。

标本H131①：7，夹砂橙黄陶。侈口，圆唇，矮领，束颈，颈部以下残。颈部饰麻点纹。残高 4.8、残宽 5.2 厘米（图 4-329，4）。

标本H131①：8，泥质橙黄陶。侈口，圆唇，高领，束颈，上腹斜弧，下腹残。器表素面。

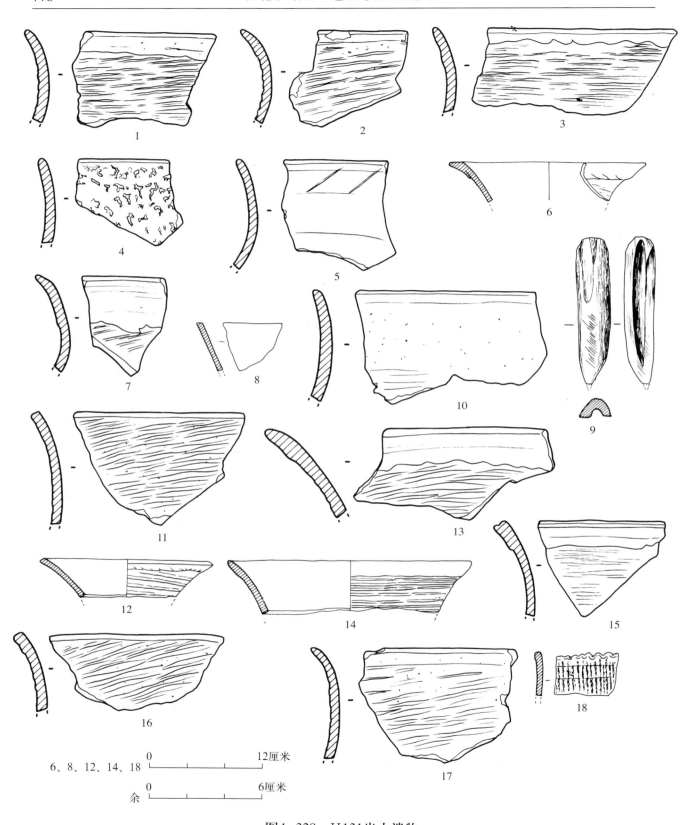

6、8、12、14、18

0　　　　　　　12厘米

余

0　　　　　　　6厘米

图4-329　H131出土遗物

1~5、10、11、15~17.圆腹罐H131①：4~8、H131③：4、5、H131④：2~4　6、7、12、13.高领罐H131①：2、9、
H131③：2、3　8、14.盆H131①：3、H131③：1　9.骨匕H131①：1　18.花边罐H131④：1

残高6、残宽5.3厘米（图4-329，5）。

高领罐　2件。

标本H131①：2，泥质橙黄陶。喇叭口，窄平沿，圆唇，高领，束颈，颈部以下残。口沿下有一周折棱，颈部饰斜向绳纹。口径20.8、残高4.2厘米（图4-329，6）。

标本H131①：9，泥质灰陶。喇叭口，圆唇，高领，束颈，颈部以下残。口沿外侧有一周折棱，颈部饰横向篮纹，内壁素面磨光。残高5.2、残宽4.5厘米（图4-329，7）。

盆　1件。

标本H131①：3，泥质灰陶。敞口，方唇，斜直腹，底残。素面。残高5.4、残宽6.2厘米（图4-329，8）。

骨匕　1件。

标本H131①：1，乳黄色，动物肢骨磨制而成，长条状，柄部磨制圆弧，刃部略残。残长8、宽1.7厘米（图4-329，9；彩版一四〇，2）。

（2）H131③层

出土少量陶片，以腹部残片为主，可辨器形有圆腹罐、高领罐、盆（表4-496、497）。

表4-496　H131③层器形数量统计表

器形 \ 陶色 \ 陶质	泥质				夹砂				合计
	红	橙黄	灰	黑	红	橙黄	灰	黑	
圆腹罐						2			2
高领罐		1	1						2
盆	1								1

表4-497　H131③层陶片统计表

纹饰 \ 陶色 \ 陶质	泥质				夹砂				合计
	橙黄	灰	红	灰底黑彩	橙黄	灰	红	褐	
素面	9	4			2		3		18
麻点纹					17				17

圆腹罐　2件。

标本H131③：4，夹砂橙黄陶。侈口，圆唇，高领，束颈，颈部以下残。颈部素面，有烟炱。残高6、残宽9.5厘米（图4-329，10）。

标本H131③：5，夹砂橙黄陶。侈口，方唇，高领，束颈，颈部以下残。颈部饰斜向篮纹，有烟炱。残高6.1、残宽9.1厘米（图4-329，11）。

高领罐　2件。

标本H131③：2，泥质灰陶。喇叭口，方唇，高领，束颈，颈部以下残。口沿外侧有一周折棱，颈部饰斜向篮纹。口径18.4、残高4.4厘米（图4-329，12）。

标本H131③：3，泥质橙黄陶。喇叭口，圆唇，高领，束颈，颈部以下残。口沿外侧有一周折棱，颈部饰横向篮纹。残高5、残宽10.7厘米（图4-329，13）。

盆　1件。

标本H131③：1，泥质红陶。敞口，圆唇，斜弧腹，底残。腹部饰横向篮纹，内壁素面磨光。口径26、残高6厘米（图4-329，14）。

（3）H131④层

出土少量陶片，以腹部残片为主，可辨器形有圆腹罐、花边罐（表4-498、499）。

表4-498　H131④层器形数量统计表

器形＼陶质陶色	泥质				夹砂				合计
	红	橙黄	灰	黑	红	橙黄	灰	黑	
圆腹罐						3			3
花边罐					1				1

表4-499　H131④层陶片统计表

纹饰＼陶质陶色	泥质				夹砂				合计
	橙黄	灰	红	灰底黑彩	橙黄	灰	红	褐	
素面	6	3	5		7				21
绳纹					17				17
篮纹	6		3		6				15

圆腹罐　3件。

标本H131④：2，夹砂橙黄陶。侈口，方唇，高领，束颈，颈部以下残。唇面有一周道凹槽，口沿外侧有一周折棱，颈部饰篮纹。残高5.3、残宽6.7厘米（图4-329，15）。

标本H131④：3，夹砂橙黄陶。侈口，方唇，高领，束颈，颈部以下残。颈部饰斜向篮纹，有烟炱。残高4.1、残宽9.2厘米（图4-329，16）。

标本H131④：4，夹砂橙黄陶。侈口，圆唇，高领，束颈，颈部以下残。颈部饰横向篮纹，有烟炱。残高6.2、残宽8.4厘米（图4-329，17）。

花边罐　1件。

标本H131④：1，夹砂红陶。微侈口，锯齿状唇，口沿以下残。器表饰竖向绳纹，泥条盘筑痕迹明显。残高4.6、残宽6.4厘米（图4-329，18）。

（4）H131⑤层

出土陶片见下表（表4-500）。

表4-500　H131⑤层陶片统计表

纹饰＼陶质陶色	泥质				夹砂				合计
	橙黄	灰	红	灰底黑彩	橙黄	灰	红	褐	
素面	15				3				18
篮纹	14				5				19

纹饰 \ 陶质 陶色	泥质				夹砂				合计
	橙黄	灰	红	灰底黑彩	橙黄	灰	红	褐	
麻点纹					17		1		18

（5）H131⑥层

出土少量陶片，以腹部残片为主，可辨器形有高领罐、陶纺轮，另出土骨针1件（表4-501、502）。

高领罐 1件。

标本H131⑥：3，泥质橙黄陶。喇叭口，窄平沿，尖唇，高领，束颈，颈部以下残。颈部素面，内壁素面磨光。残高5.1、残宽6.4厘米（图4-330，1）。

陶纺轮 1件。

表4-501 H131⑥层器形数量统计表

器形 \ 陶质 陶色	泥质				夹砂				合计
	红	橙黄	灰	黑	红	橙黄	灰	黑	
高领罐		1							1

表4-502 H131⑥层陶片统计表

纹饰 \ 陶质 陶色	泥质				夹砂				合计
	橙黄	灰	红	灰底黑彩	橙黄	灰	红	褐	
素面	13		2						15
篮纹		3			1				4
麻点纹					9				9
篮纹＋麻点纹					2		3		5

标本H131⑥：2，泥质灰陶。呈圆饼状，器表通体为素面磨光，边缘光滑，器身中心位置有一管钻孔，孔径0.5、器身直径4、厚0.7厘米（图4-330，2；彩版一四〇，3）。

骨针 1件。

标本H131⑥：1，米黄色，呈细圆柱状，斜长条形针孔，中腰至针尖渐收磨制尖锐。长6.7厘米（图4-330，3；彩版一四〇，4）。

（6）H131⑦层

挑选陶器标本2件，其中圆腹罐1件、陶杯1件（表4-503、504）。

表4-503 H131⑦层器形数量统计表

器形 \ 陶质 陶色	泥质				夹砂				合计
	红	橙黄	灰	黑	红	橙黄	灰	黑	
圆腹罐						1			1

续表

陶质	泥质				夹砂				合计
器形　　陶色	红	橙黄	灰	黑	红	橙黄	灰	黑	
陶杯			1						1

表4-504　H131⑦层陶片统计表

陶质	泥质				夹砂				合计
纹饰　　陶色	橙黄	灰	红	灰底黑彩	橙黄	灰	红	褐	
素面	30	1	9		8				48
绳纹					5		1		6
篮纹	12		14		23		1		50
麻点纹					27				27
篮纹＋麻点纹					1				1

圆腹罐　1件。

标本H131⑦：2，夹砂橙黄陶。侈口，圆唇，矮领，束颈，颈部以下残。颈部饰横向篮纹。残高4.5、残宽7.2厘米（图4-330，4）。

陶杯　1件。

标本H131⑦：1，泥质灰陶。敛口，圆唇，圆腹，底残。器表素面做工粗糙。口径2.3、残高4.6厘米（图4-330，5）。

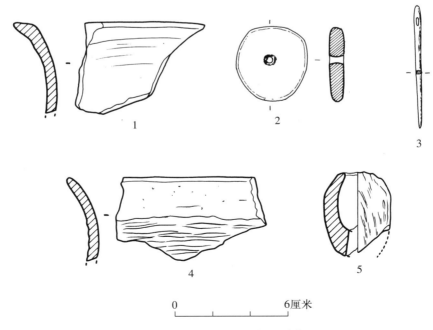

0　　　　　　6厘米

图4-330　H131出土遗物

1.高领罐H131⑥：3　2.陶纺轮H131⑥：2　3.骨针H131⑥：1　4.圆腹罐H131⑦：2　5.陶杯H131⑦：1